DEUTSCHLANDS NEUE AUSSENPOLITIK
BAND 3: INTERESSEN UND STRATEGIEN

SCHRIFTEN DES FORSCHUNGSINSTITUTS
DER DEUTSCHEN GESELLSCHAFT
FÜR AUSWÄRTIGE POLITIK E.V.

Reihe: Internationale Politik und Wirtschaft
Band 62

Diese Studie wurde gefördert
durch die
Otto Wolff von Amerongen-Stiftung

Deutschlands neue Außenpolitik

Band 3: Interessen und Strategien

Herausgegeben von

Karl Kaiser und Joachim Krause

unter Mitarbeit von
Sebastian Bartsch

Autoren
Steffen Angenendt, Wilfried von Bredow, Eberhard Feess,
Joachim Glaubitz, Christian Hacke, Erwin Häckel,
Rolf Hofmeier, Uwe Holtz, Helmut Hubel, Josef Janning,
Josef Joffe, Karl Kaiser, Thomas Kielinger, Ingo Kolboom,
Joachim Krause, Michael Kreile, Winrich Kühne,
Manfred Mols, Hans Neusel, Friedbert Pflüger, Manfred Pohl,
Joachim Ragnitz, Ulrich Steger, Udo Steinbach,
Christian Tomuschat, Heinrich Vogel, Hans-Georg Wieck

R. OLDENBOURG VERLAG MÜNCHEN 1996

DEUTSCHE GESELLSCHAFT FÜR AUSWÄRTIGE POLITIK E.V.
D-53113 Bonn, Adenauerallee 131, Telefon (02 28) 26 75-0
D-10787 Berlin, Rauchstraße 18, Telefon (030) 25 42 31-0

Die Deutsche Gesellschaft für Auswärtige Politik hat nach ihrer Satzung die Aufgabe, die Probleme der internationalen, besonders der europäischen Politik, Sicherheit und Wirtschaft zu erörtern und ihre wissenschaftliche Untersuchung zu fördern, die Dokumentation über diese Forschungsfragen zu sammeln und das Verständnis für internationale Fragen durch Vorträge, Studiengruppen und Veröffentlichungen anzuregen und zu vertiefen. Sie unterhält zu diesem Zweck ein Forschungsinstitut, eine Bibliothek und Dokumentationsstelle sowie die Zeitschrift »Internationale Politik«. Die Deutsche Gesellschaft für Auswärtige Politik bezieht als solche auf Grund ihrer Satzung keine eigene Stellung zu internationalen Problemen. Die in den Veröffentlichungen der Gesellschaft geäußerten Meinungen sind die der Autoren.

ISBN 3-486-56114-6
Gesamtherstellung: Richarz Publikations-Service, Sankt Augustin

Die Deutsche Bibliothek – CIP-Einheitsaufnahme
Deutschlands neue Außenpolitik / [Forschungsinstitut der Deutschen Gesellschaft für Auswärtige Politik]. – München : Oldenbourg
NE: Kaiser, Karl [Hrsg.]

Bd. 3. Interessen und Strategien / hrsg. von Karl Kaiser und Joachim Krause unter Mitarb. von Sebastian Bartsch. Autoren Steffen Angenendt ... – 1996
(Schriften des Forschungsinstituts der Deutschen Gesellschaft für Auswärtige Politik e.V., Bonn : Reihe: Internationale Politik und Wirtschaft ; Bd. 62)
ISBN 3-486-56114-6
NE: Kaiser, Karl [Hrsg.]; Angenendt, Steffen; Deutsche Gesellschaft für Auswärtige Politik / Forschungsinstitut: Schriften des Forschungsinstituts der Deutschen Gesellschaft für Auswärtige Politik e.V., Bonn / Reihe: Internationale Politik und Wirtschaft

INHALT

ERHALTUNG UND FORTENTWICKLUNG INTERNATIONALER KOOPERATIONSZUSAMMENHÄNGE

GLOBALE GESTALTUNGSAUFGABEN

ABKÜRZUNGSVERZEICHNIS

AA	–	Auswärtiges Amt
ABC-Waffen	–	Atomare, biologische und chemische Waffen
AKP-Staaten	–	Staaten Afrikas, der Karibik und des Pazifik
AOSIS	–	Alliance of Small Island States (Verband kleiner Inselstaaten)
APEC	–	Asia-Pacific Economic Cooperation (Organisation für Asiatisch-Pazifische Wirtschaftskooperation)
ARF	–	ASEAN Regional Forum
ASEAN	–	Association of Southeast Asian Nations (Verband Südostasiatischer Staaten)
AWACS	–	Airborne Warning and Control System (Luftgestütztes Frühwarn- und Leitsystem)
BAOR	–	British Army of the Rhine (Britische Rheinarmee)
BGBl	–	*Bundesgesetzblatt*
BMFT	–	Bundesministerium für Forschung und Technologie
BMI	–	Bundesministerium des Innern
BMJ	–	Bundesministerium der Justiz
BMPT	–	Bundesministerium für Post und Telekommunikation
BMVg	–	Bundesministerium der Verteidigung
BMWi	–	Bundesministerium für Wirtschaft
BMZ	–	Bundesministerium für wirtschaftliche Zusammenarbeit und Entwicklung
BSE	–	Bovine Spongiforme Enzephalopathie (sog. »Rinderwahnsinn«)
Bulletin	–	*Bulletin des Presse- und Informationsamtes der Bundesregierung*, Bonn
Cal.	–	California
CDU	–	Christlich-Demokratische Union
CIA	–	Central Intelligence Agency (US-Geheimdienst)
CIRAC	–	Centre d'Information et de Recherche sur l'Allemagne Contemporaine, Paris
Col.	–	Colorado
CO_2	–	Kohlendioxyd
CSCAP	–	Council for Security Cooperation in the Asia Pacific
CSU	–	Christlich-Soziale Union
DAC	–	Development Assistance Committee (Ausschuß für Entwicklungshilfe der OECD)
DC	–	District of Columbia
DDR	–	Deutsche Demokratische Republik
DEA	–	Drug Enforcement Agency (US-Drogenpolizei)
DGAP	–	Deutsche Gesellschaft für Auswärtige Politik e.V.
DPKO	–	Department of Peacekeeping Operations (Abteilung für Friedenssichernde Maßnahmen im UN-Sekretariat in New York)
EA	–	*Europa-Archiv. Zeitschrift für Internationale Politik*
ECE	–	Economic Commission for Europe (UN-Wirtschaftskommission für Europa)
ECOSOC	–	Economic and Social Council (UN-Wirtschafts- und Sozialrat)
efms	–	Europäisches Forum für Migrationsstudien, Bamberg
EFTA	–	European Free Trade Association (Europäische Freihandelsassoziation)
EG	–	Europäische Gemeinschaft
epd	–	Evangelischer Pressedienst
EPZ	–	Europäische Politische Zusammenarbeit
EU	–	Europäische Union
Europol	–	Europäisches Polizeiamt

EVG	–	Europäische Verteidigungsgemeinschaft
EWG	–	Europäische Wirtschaftsgemeinschaft
EWR	–	Europäischer Wirtschaftsraum
EWS	–	Europäisches Währungssystem
E+Z	–	*Entwicklung und Zusammenarbeit*
FAZ	–	*Frankfurter Allgemeine Zeitung*
FBI	–	Federal Bureau of Investigation (US-Bundespolizei)
FDP	–	Freie Demokratische Partei
FP	–	*Foreign Policy*
GASP	–	Gemeinsame Außen- und Sicherheitspolitik
GATT	–	General Agreement on Tariffs and Trade (Allgemeines Zoll- und Handelsabkommen)
GTZ	–	Deutsche Gesellschaft für Technische Zusammenarbeit
GUS	–	Gemeinschaft Unabhängiger Staaten
G–7	–	Gruppe der sieben größten Industrienationen
HSFK	–	Hessische Stiftung Friedens- und Konfliktforschung, Frankfurt a.M.
HWWA	–	HWWA-Institut für Wirtschaftsforschung Hamburg
IAEO	–	Internationale Atomenergie-Organisation
IFOR	–	Implementation Force (multinationale Truppe zur Implementierung des Friedensabkommens von Dayton)
ILO	–	International Labour Organization (Internationale Arbeitsorganisation)
IOM	–	International Organization for Migration
IP	–	*Internationale Politik*
IRELA	–	Instituto de Relaciones Europeo-Latinoamericanas (Institut für Europäisch-Lateinamerikanische Beziehungen, Madrid)
IWF	–	Internationaler Währungsfonds
IWH	–	Institut für Wirtschaftsforschung Halle
JDZB	–	Japanisch-Deutsches Zentrum Berlin
KfW	–	Kreditanstalt für Wiederaufbau
KSE	–	Konventionelle Streitkräfte in Europa
KSZE	–	Konferenz über Sicherheit und Zusammenarbeit in Europa
Mass.	–	Massachusetts
Mercosur	–	Mercado Común Sudamericano (Südamerikanischer Gemeinsamer Markt)
NACC	–	North Atlantic Cooperation Council (Nordatlantischer Kooperationsrat)
NAFTA	–	North American Free Trade Agreement (Nordamerikanisches Freihandelsabkommen)
NATO		North Atlantic Treaty Organization (Nordatlantikpakt)
NGO	–	Non-Governmental Organization (Nichtregierungs-Organisation)
N.J.	–	New Jersey
NVA	–	Nationale Volksarmee
OAS	–	Organization of American States (Organisation Amerikanischer Staaten)
OAU	–	Organization of African Unity (Organisation für Afrikanische Einheit)
OECD	–	Organization for Economic Cooperation and Development (Organisation für Wirtschaftliche Zusammenarbeit und Entwicklung)
OSZE	–	Organisation für Sicherheit und Zusammenarbeit in Europa
PDS	–	Partei des Demokratischen Sozialismus
PfP	–	Partnership for Peace (Partnerschaft für den Frieden)
PKK	–	Partıya Karkeren Kurdistan (Arbeiterpartei Kurdistans)
PRIF	–	Peace Research Institute Frankfurt (= HSFK)
RAF	–	Rote-Armee-Fraktion
RGW	–	Rat für Gegenseitige Wirtschaftshilfe
RWI	–	Rheinisch-Westfälisches Institut für Wirtschaftsforschung, Essen

SAARC	–	South Asian Association for Regional Cooperation (Südasiatischer Verband für Regionale Zusammenarbeit)
SADC	–	Southern African Development Community (Südafrikanische Entwicklungsgemeinschaft)
SPD	–	Sozialdemokratische Partei Deutschlands
SWP	–	Stiftung Wissenschaft und Politik, Ebenhausen
SZ	–	*Süddeutsche Zeitung*
TAFTA	–	Transatlantic Free Trade Area (Transatlantische Freihandelszone)
TREVI	–	Terrorisme, radicalisme et violence internationale (Arbeitsprogramm der EG-Mitgliedstaaten zur Verbesserung der Zusammenarbeit im Bereich der inneren Sicherheit)
UN(O)	–	United Nations (Organization) (Vereinte Nationen)
UNAMIR	–	UN Mission to Ruanda (Mission der Vereinten Nationen in Ruanda)
UNEP	–	UN Environment Programme (Umweltprogramm der Vereinten Nationen)
UNHCR	–	UN High Commissioner for Refugees (UN-Hochkommissar für Flüchtlinge)
UNPROFOR	–	UN Protection Force (Schutztruppe der Vereinten Nationen im ehemaligen Jugoslawien)
UPI	–	United Press International
US, USA	–	United States of America (Vereinigte Staaten von Amerika)
VR	–	Volksrepublik
WEU	–	Westeuropäische Union
WTO	–	World Trade Organization (Welthandelsorganisation)
WWU	–	Wirtschafts- und Währungsunion

VORWORT

Die vielfältigen Wandlungsprozesse im internationalen Umfeld und die neuen Herausforderungen, vor die sich die Bundesrepublik und ihre Partner gestellt sehen, werden in Deutschland zwar wissenschaftlich behandelt und unter Experten diskutiert, doch die systematische Analyse der *Konsequenzen* für die Außenpolitik befindet sich erst in den Anfängen. Die öffentliche Aufmerksamkeit für außenpolitische Fragen ist derzeit allenfalls mäßig ausgeprägt und auf wenige Themen verengt. Außenpolitische Debatten des Deutschen Bundestages finden häufig vor leeren Bänken statt. Diese Lage hinterläßt insbesondere bei ausländischen Beobachtern den Eindruck, daß die Deutschen mit ihrer neuen Rolle als weltpolitische Mittelmacht und europäische Großmacht wenig anzufangen wissen und auch keine besondere Neigung zur Übernahme weltpolitischer oder regionaler Verantwortung an den Tag legen. Die Ausnahme stellt die Europapolitik dar, wo das deutsche Engagement nicht nur Lob und Ermutigung, sondern auch Kritik und Mißtrauen auslöst.

Daß Deutschland sich diese außenpolitische Zurückhaltung auf Dauer leisten kann, ist zu bezweifeln: Zu groß ist die Verflechtung mit dem Rest der Welt, zu nachhaltig sind die damit verbundenen Abhängigkeiten, zu hart auch die »Strafen« für Nichthandeln oder falsches Agieren eines so gewichtigen Landes in einer Welt raschen Wandels.

Die außenpolitischen Aufgaben des vereinten Deutschland an der Schwelle zum 21. Jahrhundert sind in zweierlei Hinsicht mit denen des Deutschen Kaiserreichs nach 1871 vergleichbar: Zum einen gilt es, für ein größer gewordenes und neu konstituiertes Deutschland einen Platz in Europa und in einem internationalen Umfeld zu finden, welches sich rapide verändert und auf dessen Gestaltung Deutschland Einfluß nehmen muß. Zum anderen entscheiden Geschick oder Ungeschick in der Außenpolitik, Tätigwerden oder Nichthandeln mit darüber, ob das neugegründete Deutschland eine erfolgreiche Zukunft hat. Die Rahmenbedingungen sind allerdings grundlegend andere. Vor 120 Jahren war die Struktur der Staatenwelt – wie auch die der nationalen Gesellschaften – noch relativ einfach gestaltet. Es war die hohe Zeit der Kabinettspolitik, in der es Otto *von Bismarck* gelang, Deutschland im europäischen Staatensystem einen sicheren und geachteten Platz zu verschaffen – einen Status, den seine Nachfolger leichtsinnig verspielten. Die heutige Struktur der internationalen Politik ist sehr viel komplexer. Staatliches Handeln nach außen findet in einer Vielzahl von Bereichen – von der eher »klassischen« Außen- und Sicherheitspolitik bis hin zu den neuen globalen Herausforderungen – im Verbund mit außenpolitischen Partnern und im Rahmen international verflochtener Entscheidungsstrukturen statt.

Die vorliegende Studie ist der dritte Band in einem größeren Forschungsprojekt, das – dank der Unterstützung der Otto Wolff von Amerongen-Stiftung – die Grundlagen der neuen deutschen Außenpolitik nach der Vereinigung sowie die zentralen außenpolitischen Herausforderungen in einer gewandelten Umwelt untersuchen will und auf dieser analytischen Grundlage außenpolitische Handlungsstrategien und

-optionen zur Diskussion stellen möchte. In diesem Buch geht es um die *Policy*-Dimension: um die deutschen Interessen, Ziele und Strategien in den wichtigsten außenpolitischen Betätigungsfeldern und Sachbereichen. Dabei mag für manchen die Frage nach den nationalen Interessen im Zeitalter europäischer Integration und transatlantischer Anbindung überholt klingen. Dies ist jedoch eine Fehleinschätzung. Gerade um international mitwirken und Einfluß nehmen zu können, bedarf es der Klarheit über die nationalen Interessen. Diese lassen sich allerdings nicht – wie oft behauptet – zu einzelnen Sachfragen isoliert definieren oder festschreiben. Das aufgeklärte nationale Interesse der Gegenwart legt es vielmehr nahe, zwischen dem Interesse an einer Sache und dem Interesse an der Erhaltung internationaler Kooperationsstrukturen, Organisationen oder Institutionen, den unentbehrlichen Rahmenbedingungen der Interessenverwirklichung, abzuwägen. An die Stelle des Nullsummenspiels zwischenstaatlicher Beziehungen tritt die im Einzelfall schwierige Verknüpfung von nationalen Einzelinteressen mit dem internationalen Gesamtwohl. Auf die damit verbundenen Fragen wird im ersten Abschnitt dieses Buches eingegangen. Dabei wird zuerst die grundsätzliche Frage nach der Natur nationaler Interessen im Zeitalter interdependenter Staaten und Gesellschaften aufgeworfen. Es folgt sodann eine Analyse der nationalen Interessenlage in einem spezifischen Bereich, der in der Öffentlichkeit besonders kontrovers diskutiert wird. Dabei handelt es sich um die Mitwirkung deutscher Truppen an multinationalen Friedensmissionen.

In den Beiträgen des zweiten Abschnitts geht es um die Erhaltung und Fortentwicklung internationaler Kooperationszusammenhänge. Dieser Komplex wird relativ breit behandelt, weil die Einbindung in funktionierende internationale Institutionen für die Friedenssicherung und für die Fortentwicklung moderner Industriegesellschaften von zentraler Bedeutung ist. Ein Blick auf die deutsche Geschichte vor 1945 lehrt, wie fatal die Vernachlässigung dieses Aspektes sein kann, während die Entwicklung ab 1949 zeigt, wie wichtig die deutsche Mitwirkung bei der Gestaltung dieser Strukturen war und weiterhin ist. Die einzelnen Beiträge thematisieren die deutschen Interessen sowie die strategischen Alternativen in den wesentlichen Bereichen: die Zukunft der europäischen Einigung, die künftige Gestaltung der weltwirtschaftlichen Ordnung, die Organisation kooperativer Sicherheitspolitik, die Rolle Deutschlands in den Vereinten Nationen sowie die Aufgaben Deutschlands und der Europäischen Union als Teile einer trilateralen Welt, in der wesentliche Fragen im Zusammenwirken zwischen Europa, den USA und Japan entschieden werden.

Der dritte Abschnitt beschäftigt sich mit den bilateralen Beziehungen der Bundesrepublik – ein Bereich der klassischen Außenpolitik, dessen Bedeutung in der heutigen Zeit zwar im Wandel begriffen ist, der aber dennoch nichts an Relevanz einbüßt. Da Deutschland zu weit mehr als 150 Staaten offizielle Beziehungen unterhält, können hier nur einige wenige Bilateralismen von besonderem Gewicht analysiert werden. Den deutsch-französischen Beziehungen – und auch den deutsch-britischen – kommt ein zentraler Stellenwert für alle Architekturfragen der Gestaltung der Europäischen Union zu, während die Beziehungen zu den USA ein bestimmender Faktor für die Struktur der atlantischen Gemeinschaft sind. Das Verhältnis Deutschlands zu Rußland wird in entscheidender Weise die Struktur der gesamteuropäischen Sicherheitsordnung mitbeeinflussen, und auch die Beziehungen zu anderen Staaten, wie etwa Polen, werden wichtige Bausteine für eine künftige europäische Ordnung sein. Ferner werden mit Japan, China und Indien die Beziehungen Deutschlands zu drei außereuropäischen Staaten analysiert, deren weltpolitische Bedeutung in den kommenden Jahren erheblich zunehmen könnte.

Deutschlands Außenpolitik wird sich in Zukunft noch mehr als in der Vergangenheit im Rahmen regionaler Zusammenhänge abspielen. Regionalisierung ist ein wichtiges Kennzeichen der heutigen weltpolitischen Strukturentwicklung, und die deutsche Außenpolitik tut gut daran, regionale Schwerpunkte zu setzen. Die Beiträge des vierten Abschnitts behandeln die für Deutschland nach Westeuropa und den USA wichtigsten Regionen und fragen nach deutschen Interessen und strategischen Handlungsmöglichkeiten in Osteuropa, auf dem Balkan, im Nahen und Mittleren Osten sowie im pazifischen Asien. Auch die Interessen und Strategien deutscher Politik gegenüber dem subsaharischen Afrika und Lateinamerika werden erörtert, wenngleich diese beiden Regionen bislang keine zentrale Bedeutung für die deutsche Außenpolitik haben.

Im letzten Abschnitt werden die Interessen und Strategien Deutschlands in einigen zunehmend »globalisierten« Sach- und Problembereichen aufgegriffen. Dabei handelt es sich um die Entwicklungspolitik, um die Politik zur Steuerung internationaler Migration, um die Umweltpolitik, um Bemühungen zur Nichtverbreitung von Massenvernichtungswaffen sowie um die Bekämpfung der internationalen Kriminalität. Diese Liste ließe sich erweitern, denn die Zahl der grenzüberschreitend – und damit auch außenpolitisch – relevanten Sachbereiche ist erheblich angestiegen. Aus Platzgründen war jedoch auch hier eine Schwerpunktsetzung unerläßlich.

Die Herausgeber hoffen, mit diesem Band einige Impulse für die deutsche Diskussion über Strategiefragen der Außenpolitik zu geben. Diese Diskussion ist überfällig in einer Republik, die sich daran gewöhnt hat, daß es keine großen Bedrohungen mehr gibt, und die sich im Glanz früherer Erfolge – der Überwindung des Ost-West-Konflikts und der Erreichung der deutschen Einheit – zur Ruhe setzen möchte. Nichts ist in der Außenpolitik jedoch gefährlicher, als sich auf den Früchten vergangener Ruhmestaten in dem Irrglauben auszuruhen, daß eigentlich nichts Schlimmes mehr passieren kann. Eine aktive, strategisch orientierte und konzeptionell durchdachte Außenpolitik, die den komplexen Gegebenheiten der heutigen Weltpolitik Rechnung trägt, ist eine wichtige Voraussetzung für die Wohlfahrt und für das Überleben der politischen und gesellschaftlichen Ordnung Deutschlands.

Die Herausgeber möchten drei Personen danken, die zum Gelingen dieses Buches beigetragen haben. An erster Stelle ist Dr. Gabriele Brenke zu nennen, die bis zu ihrem frühen Tod am 13. August 1995 die Vorbereitung dieser Veröffentlichung mit viel Können und Einfühlungsvermögen betreut hatte. Besonderer Dank gilt Dr. Sebastian Bartsch, der das Projekt in einer schwierigen Phase übernommen und fortgeführt hat. Er hat die mühevolle und aufwendige redaktionelle Arbeit mit Sorgfalt und großem Geschick wahrgenommen. Auch danken wir Ingrid Bodem für die wertvolle Unterstützung in vielen Phasen des Projekts.

Vor allem aber danken die Herausgeber an dieser Stelle der Otto Wolff von Amerongen-Stiftung für die großzügige Förderung. Es ist keine Selbstverständlichkeit, daß sich eine private deutsche Stiftung für ein Forschungsvorhaben so intensiv und langfristig engagiert, wie es die Otto Wolff von Amerongen-Stiftung getan hat. Sie hat damit beispielhaft gezeigt, wie ein dem Allgemeinwohl verpflichteter Unternehmergeist, den es in den USA im großen Umfang gibt, auch in Deutschland Schule machen kann.

Karl Kaiser Joachim Krause

NATIONALE INTERESSEN IN EINER INTERDEPENDENTEN WELT

NATIONALES INTERESSE ALS HANDLUNGSMAXIME FÜR DIE AUSSENPOLITIK DEUTSCHLANDS

Christian Hacke

Die Wiederherstellung der nationalen Einheit und Souveränität Deutschlands, das Ende des Ost-West-Konflikts, der Zusammenbruch des Sowjetimperiums sowie die Neuentstehung von Nationalstaaten in Mittel- und Osteuropa haben die Rahmenbedingungen für deutsche Außenpolitik nachhaltig verändert. Westbindung, die Schlüsselmaxime der Außenpolitik der alten Bundesrepublik, sowie die neue geopolitische Mittellage des vereinten Deutschland könnten dabei neue Spannungen verursachen. Auf diesem Hintergrund wird die Frage nach den deutschen Interessen dringlicher gestellt. Das ist legitim, aber der Ruf nach den nationalen Interessen gilt in Deutschland immer noch als fragwürdig, weil er für manche Rückfall auf nationale Überheblichkeit und auf egoistische Machtpolitik beinhaltet. Das ist historisch verständlich. Während noch Otto *von Bismarck* das nationale Interesse Deutschlands mit einer Staatsräson der klugen Einhegung der Macht umhüllte, geriet die Interessenpolitik seiner Nachfolger auf eine abschüssige Bahn und mündete 1933 in eine rassistische und menschenvernichtende Politik ein. Auf diesem Hintergrund erschien nach 1945 in Deutschland der Begriff des »nationalen Interesses« unzeitgemäß. Umgekehrt führte die erfolgreiche Westbindung der Bundesrepublik im Zuge der vergangenen vier Jahrzehnte zu einer Multilateralisierung der deutschen Außenpolitik, die eine völlig neue und wertvolle Tradition für die Außenpolitik der Bundesrepublik begründet hat.[1] Die Nation wurde dämonisiert, die europäische Integration idealisiert. Gleichzeitig wurde der Begriff der »Macht« aufgehoben und durch »Verantwortung« und »Friedenspolitik« ersetzt.

Deutsche Interessen seit der Vereinigung

Die Vereinigung Deutschlands 1989/90 während der Zeitenwende, im Zeichen nationalstaatlicher Renaissance und im Zeichen des Niedergangs globaler Ideologien hat die Interessen- und die Ideenkonstellation verändert. Deutsche Außenpolitik muß sich neuen Herausforderungen stellen; gleichzeitig ist der Erwartungsdruck auf Deutschland gestiegen.[2] Daraus resultiert, daß die Frage nach den Interessen Deutschlands in der internationalen Politik neu gestellt werden muß. Dabei ist zu

---

1 Vgl. Helga *Haftendorn*, Gulliver in der Mitte Europas. Internationale Verflechtung und nationale Handlungsmöglichkeiten, in: Karl *Kaiser*/Hanns W. *Maull* (Hrsg.), Deutschlands neue Außenpolitik, Band 1: Grundlagen, München 1994, S. 129-154; hier S. 139-146.

2 Vgl. Gregor *Schöllgen*, Angst vor der Macht. Die Deutschen und ihre Außenpolitik, Berlin 1993; Ludger *Kühnhardt*, Revolutionszeiten. Das Umbruchjahr 1989 im geschichtlichen Zusammenhang, München 1994.

berücksichtigen, daß das außenpolitische Interesse Deutschlands sich auf unterschiedliche Partner und unterschiedliche außenpolitische Aggregatzustände einstellen muß.

Deutsche Interessenpolitik leugnen zu wollen wäre falsch. Niemand hat das klarer zum Ausdruck gebracht als Bundespräsident Roman *Herzog* in seiner Rede zum vierzigjährigen Bestehen der Deutschen Gesellschaft für Auswärtige Politik, als er sagte:

> »Deutsche Interessen, das sind zunächst unsere unmittelbaren nationalen Interessen wie Sicherheit und Bewahrung von Wohlstand. Es hat keinen Sinn, das verschweigen zu wollen. Unsere Partner würden uns ohnehin nicht glauben, daß wir nur internationalen Altruismus im Schilde führen. Ganz besonders verlangt es die Wahrhaftigkeit, zuzugeben, daß wir auch deshalb für weltweite Freiheit des Handels eintreten, weil das in unserem eigenen Interesse liegt.«[3]

Verantwortungsrhetorik, die den Begriff des Interesses vermeidet, ist auf dem Hintergrund der Aversion der Deutschen gegen nationale und interessenorientierte Rhetorik verständlich, aber problematisch, denn sie vernachlässigt die Neubestimmung der nationalen Interessen Deutschlands, die durch die weltpolitischen Veränderungen der vergangenen Jahre notwendig geworden ist.

Deutschland ist umgeben von Freunden und Partnern. Die jahrhundertealten Erbfeindschaften sind begraben. Deutschland ist in die Gemeinschaft westlicher Demokratien integriert, und nach Osten eröffnen sich seit dem Zusammenbruch des Kommunismus und des ideologischen Gegensatzes neue Handlungsspielräume. Was folgt daraus für die Definition deutscher Interessen in der Außenpolitik? Diese Frage ist nicht einfach zu beantworten, denn es gibt unterschiedliche Hierarchien von Interessen, und je stärker man in Details geht, desto stärker werden bestimmte Rahmenbedingungen und Faktoren wirksam, die die Interessenbestimmung beeinflussen.

Oberstes Interesse ist die Sicherung von Deutschlands Wohlfahrt, seiner Bevölkerung und seines Territoriums, seiner politischen, wirtschaftlichen und sozialen Lebensgrundlagen. Staat und Gesellschaft, das bewährte Regierungssystem, die Institutionen und Werte bilden die innenpolitische Grundlage und den Kern außenpolitischer Interessen. So gesehen ist Außenpolitik die Fortsetzung der Innenpolitik mit anderen Mitteln und unter anderen Bedingungen.[4] Andererseits hängt außenpolitische Interessendefinition von der Haltung der Bürger zu Grundfragen der Außenpolitik ab, wobei die zentralen Interessen auf einem möglichst breiten Konsens beruhen sollten.

---

3 Roman *Herzog*, Die Globalisierung der deutschen Außenpolitik ist unvermeidlich. Rede des Bundespräsidenten beim Festakt zum 40. Jahrestag der Gründung der Deutschen Gesellschaft für Auswärtige Politik am 13.3.1995 in Bonn, abgedruckt in: *Bulletin* (Presse- und Informationsamt der Bundesregierung), Nr. 20, 15.3.1995, S. 161-165; hier S. 164.

4 Ralf *Dahrendorf* meint zu Recht, »daß die äußere Stellung Deutschlands sich an seiner inneren Kraft entscheidet. Wenn Rechtsstaat und Demokratie fest verankert sind, gibt es keine Frage des deutschen Störenfrieds in Europa oder gar des ›Reiches als europäische Ordnungsmacht‹ mehr.« Ralf *Dahrendorf*, Die Zukunft des Nationalstaates, in: Karl Heinz *Bohrer*/Kurt *Scheel* (Hrsg.), Deutschland in der Welt. Über Außenpolitik und Nationalstaat (Sonderheft *Merkur*, Nr. 9/10, 1994), Stuttgart 1994, S. 751-761; hier S. 758.

Somit wird die außenpolitische Interessenstruktur Deutschlands durch folgende Faktoren geprägt:
- durch seine geographische und geopolitische Lage in der Mitte Europas,
- durch seine Vergangenheit,
- durch die Einstellung seiner außenpolitischen Nachbarn und Partner,
- durch die weltpolitischen Entwicklungen,
- durch die Wertvorstellungen des Grundgesetzes,
- durch die konzeptionellen Überlegungen und den außenpolitischen Willen der Bundesregierung sowie schließlich
- durch die Einstellung der Bürger zu Grundfragen der Außenpolitik.

Doch weder die Bundesregierung noch das Auswärtige Amt haben bisher ein umfassendes Interessenkonzept vorgelegt. Lediglich das Weißbuch des Bundesministeriums der Verteidigung aus dem Jahr 1994 gibt Aufschluß über die Interessenstruktur. Dort heißt es:

> »Die Außen- und Sicherheitspolitik Deutschlands wird von fünf zentralen Interessen geleitet: die Bewahrung von Freiheit, Sicherheit und Wohlfahrt der Bürger Deutschlands und der Unversehrtheit seines Staatsgebietes; die Integration mit den europäischen Demokratien in der Europäischen Union...; das dauerhafte, auf eine Wertegemeinschaft und gleichgerichtete Interessen gegründete transatlantische Bündnis mit den Vereinigten Staaten als Weltmacht...; eine auf Ausgleich und Partnerschaft bedachte Heranführung unserer östlichen Nachbarstaaten an westliche Strukturen und die Gestaltung einer neuen, alle Staaten Europas umfassenden kooperativen Sicherheitsordnung; die weltweite Achtung des Völkerrechts und der Menschenrechte und eine auf marktwirtschaftlichen Regeln basierende gerechte Weltwirtschaftsordnung...«[5]

Dialog, Kooperation, Verteidigungsbereitschaft und Multilateralismus sind dabei die tragenden Instrumente dieser Politik, die eine Balance zwischen Werten und Interessen verfolgen muß. Transformiert man diese Interessen in Handlungsmaximen deutscher Außenpolitik, dann könnte folgendes Bild entstehen:
- Schutz Deutschlands und seiner Staatsbürger vor äußerer Gefahr und politischer Erpressung;
- Vorbeugung, Eindämmung und Beendigung von Krisen und Konflikten, die die Unversehrtheit und Stabilität Deutschlands oder seiner Verbündeten beeinträchtigen könnten;
- Ausbau des auf gemeinsamen Werten und gleichgerichteten Interessen beruhenden nordatlantischen Sicherheitsverbundes mit den USA;
- Stärkung des Nordatlantikpaktes (NATO) als Wertegemeinschaft und Verteidigungsbündnis der europäisch-atlantischen Demokratien und weitere Anpassung des Bündnisses an die aktuellen sicherheitspolitischen Herausforderungen, einschließlich seiner Öffnung nach Osten;
- gleichberechtigte Partnerschaft zwischen einem geeinten Europa und Nordamerika;

5 *Bundesministerium der Verteidigung*, Weißbuch 1994 zur Sicherheit der Bundesrepublik Deutschland und zur Lage und Zukunft der Bundeswehr, Bonn 1994, S. 42.

- Vertiefung der europäischen Integration durch den Ausbau der Europäischen Union (EU) mit einer gemeinsamen Außen- und Sicherheitspolitik und einer europäischen Sicherheits- und Verteidigungsidentität; Ausbau und Entwicklung der Westeuropäischen Union (WEU) als Verteidigungskomponente der Europäischen Union und als europäischer Pfeiler des atlantischen Bündnisses;
- Erweiterung von EU und WEU um neue Mitglieder;
- Stärkung der Vereinten Nationen (UN) als globaler Konfliktregelungsinstanz und der Organisation für Sicherheit und Zusammenarbeit in Europa (OSZE) als regionaler Abmachung im Sinne von Kapitel VIII der UN-Charta;
- Gestaltung einer neuen kooperativen Sicherheitsordnung zwischen allen OSZE-Teilnehmerstaaten;
- Festigung und Ausbau einer regional und global wirksamen Sicherheitsordnung mit einander ergänzenden und stärkenden Organisationen;
- Fortsetzung eines an dem Ziel vorausschauender Konfliktverhütung orientierten Rüstungskontrollprozesses in der Perspektive der Gestaltung einer kooperativen Sicherheitsordnung als Grundlage für dauerhaften Frieden und Stabilität in und für Europa;
- Förderung der Demokratisierung und des wirtschaftlichen und sozialen Fortschritts in Europa und weltweit.[6]

Die Verfolgung nationaler Interessen muß mit dem Ziel der Mitverantwortung für die Weltgemeinschaft in Gleichklang gebracht werden. Roman *Herzog* hat in seiner oben bereits zitierten Rede dazu ausgeführt:

> »Diese Interessen anzuerkennen heißt natürlich auch, die Folgen daraus ehrlich zuzugeben, also zum Beispiel, daß dafür materielle Lasten übernommen werden müssen; daß aber das Scheckbuch nicht immer ausreicht, sondern daß möglicherweise auch einmal der Einsatz von Leib und Leben gefordert ist. Dazu gehört aber auch, daß es in Fragen von nationaler Bedeutung kein parteipolitisches Klein-Klein geben darf und daß darüber nicht nach Kassenlage, nach dem politischen Meinungsbarometer, auf Parteitagen oder durch Gerichte entschieden werden kann.«[7]

Er fügte jedoch hinzu, die Forderung nach stärkerer Berücksichtigung nationaler Interessen bedeute nicht, »daß jetzt wieder einmal am deutschen Wesen die Welt genesen soll«.[8]

Die Globalisierung deutscher Außenpolitik verlangt dann aber auch zwingend eine differenzierte Analyse und Wertung deutscher Interessen nach globalen, regionalen und sachpolitischen Gesichtspunkten. Ziele und Mittel der Politik müssen für sich, aber auch in Relation zueinander deutlich ausformuliert werden. Nur dann wächst das Verständnis der eigenen Bevölkerung für die außenpolitischen Interessen, so daß schließlich eine außenpolitische Kultur in Deutschland entstehen könnte, die den veränderten Interessen entspricht und eine dem angemessene innenpolitische Diskussion mit sich bringt. Leider regt die Bundesregierung die Diskussion

6 Vgl. ebd., S. 44f.
7 *Herzog*, a.a.O. (Anm. 3), S. 164.
8 Ebd.

über die Außenpolitik zu wenig an, kommt die innenpolitische Diskussion über außenpolitische Interessen zu kurz. Man wird zuweilen das Gefühl nicht los, als sei die Bundesrepublik für viele Bürger eine Trauminsel. Mangelndes Interesse an der Außenpolitik und eine steigende Konzentration auf innenpolitische Themen haben eine Verständnislücke entstehen lassen, die der politischen Kultur der Bundesrepublik und der komplexen Wechselwirkung zwischen Staat und Gesellschaft, zwischen Außen- und Innenpolitik abträglich ist.[9] Außenpolitik muß öffentlich und demokratisch mehrheitsfähig bleiben. Sie wird von der Exekutive ausgeführt, aber sie muß stärker als bisher im Parlament diskutiert werden. Es fehlt der Wille der Bundesregierung, die eigene Bevölkerung nüchtern über die Risiken und Gefahren wachsender Globalisierung der eigenen Interessenpolitik aufzuklären. Der gesamte außenpolitische Handlungsrahmen Deutschlands wird wie mit einem Weichzeichner dargestellt. Nicht wie das Leben ist, mit all seinen Härten und Gefahren, sondern wie man es sich harmonisierend wünscht, ist die außenpolitische Darstellungsmaxime. Vor allem fehlt eine befriedigende Antwort auf die Frage, wo die nationalen Interessen enden und wo der Gemeinschaftscharakter der deutschen Außenpolitik beginnt. Eine Antwort ist unabdingbar, weil der Bürger die Außenpolitik der Bundesrepublik nur dann verstehen kann, wenn die Interessen unverfälscht im Kontext der internationalen Verflechtungen dargestellt werden. Der Grundcharakter der verflochtenen Interessen zeigt, daß unsere Außenpolitik auch das Schicksal anderer Länder berührt, wie auch deren Außenpolitik auf unsere Innenpolitik Rückwirkungen hat.

Der Primat der verflochtenen Interessen

Der interdependente Grundcharakter der internationalen Politik, vor allem in der Weltwirtschaft, fordert Anpassungs- und Kooperationsfähigkeit besonders von Ländern, die wie die Bundesrepublik durch einen hohen Grad an internationaler Verflechtung und Abhängigkeit gekennzeichnet sind. Dabei wird die genaue Definition des Nationalinteresses immer schwieriger. Manche Interessen müssen als gemeinschaftliche, andere als primär nationale definiert werden. Vor allem darf dabei Integrationspolitik nicht vordergründig idealisiert werden, als sei sie ein Prozeß, in dem nationale Macht und nationale Interessen keine Rolle mehr spielten.[10] Das Gegenteil ist der Fall: Die einzelnen Staaten versuchen sehr wohl, nationalen Einfluß auf die Politik und auf die Gemeinschaftsinstitutionen selbst auszuüben. Die Ziele der Europäischen Union mögen zunehmend trans- und supranational formuliert sein, aber Motive und Orientierungspunkte entwickeln sich aus nationalen Perspektiven. Gleichwohl bleibt die Notwendigkeit, das integrationspolitische Handeln der Staaten nach Maßgabe nationaler und übernationaler Interessen zu beurteilen. Aber stärker

9 Vgl. *Hacke*, Weltmacht wider Willen. Die Außenpolitik der Bundesrepublik Deutschland, Frankfurt a.M./Berlin 1993, S. 15f.

10 Vgl. Hans-Dieter *Heumann*, Nationale Interessen und Sicherheit in Europa, in: *Aus Politik und Zeitgeschichte*, Nr. B 8/89, 17.2.1989, S. 13-22; hier S. 14.

als bisher müßten die einzelnen Außenpolitiken vergleichend analysiert werden, um die unterschiedlichen Interessen der einzelnen Mitgliedsländer im europäischen Einigungsprozeß zu verdeutlichen. Supranationale Übereinkünfte, ob wirtschaftlich, finanzpolitisch, militärisch oder politisch gesehen, stellen sich nur ein, wenn alle Staaten am gleichen Strang ziehen, d.h. wenn sie diese Schritte auch in ihrem eigenen nationalen Interesse begrüßen. Das Prinzip der verflochtenen nationalen Interessen bleibt für die Analyse der Außenpolitik der Bundesrepublik wegweisend. Aber diese Verflechtungen müssen von Zeit zu Zeit analytisch und politisch entflochten und vor allem entmythologisiert werden, um Grad und Umfang, um die Stärken und Schwächen der Verflochtenheit unter verschiedenen nationalstaatlichen Interessenperspektiven zu untersuchen. Nicht selten werden dann hinter dem stromlinienförmigen Begriff der »verflochtenen Interessen« die einzelnen Stränge nationaler Interessen deutlich. Vor allem die Sicherheitspolitik, historisch und politisch die Domäne des Nationalstaats, bleibt auch im integrierten Europa im Kern bisher national orientiert.

Die Schlüsselfrage des nationalen Interesses ist deshalb heute nicht, ob es sich auflöst, sondern welche außenpolitischen nationalen Interessen vergemeinschaftet, also einem übergeordneten, integrationspolitisch gefaßten Interesse zugeordnet werden können, ohne daß Sicherheit, Wohlfahrt und Demokratie der eigenen Nation in Gefahr geraten, vielmehr zusätzlich an Wert und Stabilität gewinnen. Auch hier kann die Bundesrepublik nicht nur abstrakte Werte wie Frieden, Menschenrechte, politische Einigung Europas in Grundsatzreden anbieten, sondern muß ihre eigenen Interessen deutlicher und konkreter darlegen. Hans-Peter *Schwarz* verweist auf den entscheidenden Punkt:

> »Nicht ob der Nationalstaat sich auflöst ist die Frage, sondern welche seiner Zuständigkeiten er vergemeinschaften kann, ohne die Demokratie und die Wohlfahrt der eigenen Wirtschaftsbürger aufs Spiel zu setzen. Es kann sich dabei immer nur um eine Optimierung beim Ausgleich von Interessen sowie bei der Durchführung von Gemeinschaftsaufgaben handeln.«[11]

Wieviel Autonomie will Deutschland den multilateralen Organisationen übertragen? Wieviel Außenpolitik soll national interessenorientiert bleiben? Das sind die Schlüsselfragen der kommenden Jahre, vor allem weil seit 1990 die Unzulänglichkeiten der multilateralen Instrumente der Außenpolitik des Westens deutlich geworden sind. Die Probleme europäischer Sicherheit haben sprunghaft zugenommen, ohne daß sie bislang durch multilaterale, d.h. gemeinschaftliche Außenpolitik hätten gelöst werden können. Gerade die Bundesrepublik, deren außenpolitische Interessenstruktur im Kern auf dem Multilateralismus aufbaut,[12] ist vom offensichtlichen Verfall multilateraler Entscheidungsstrukturen in der Außenpolitik besonders berührt.

Im Zentrum Europas gelegen, ist Deutschland auf funktionierende multilaterale Strukturen angewiesen. Es hat dank seiner Schrittmacherfunktion für multilaterale

11 Hans-Peter *Schwarz*, Die Zentralmacht Europas. Deutschlands Rückkehr auf die Weltbühne, Berlin 1994, S. 85.

12 Zum Multilateralismus vgl. grundlegend John Gerard *Ruggie* (Hrsg.), Multilateralism Matters. The Theory and Praxis of an Institutional Form, New York 1993.

Außenpolitik vermutlich manchen Nachbarstaat vor blinden Renationalisierungstendenzen und überzogener nationaler Interessenwahrnehmung bewahren können. Aber die vergangenen fünf Jahre zeigen, daß multilaterale Außenpolitik kein »Selbstläufer« ist – auch in Westeuropa nicht mehr. Nicht nur zur nationalen, auch zur multilateralen Ausgestaltung außenpolitischen Handelns gehört Macht:

> »Der im Sinne von Macht verstandene Begriff des Interesses ist das Bindeglied zwischen der Vernunft, die sich bemüht, internationale Politik zu verstehen, und den zu bewältigenden Tatsachen. Er macht die Politik zu einem selbständigen Bereich von Handlungen und Einsichten, die von anderen Bereichen, wie etwa der Wirtschaft, abgegrenzt ist.«[13]

Die deutsche Außenpolitik der vergangenen Jahrzehnte hat sich nicht der traditionellen Machtattribute bedient, sondern vielmehr die Macht der Diplomatie, die Wirtschaftsmacht, die Macht des guten Vorbilds und des vernünftigen Arguments genutzt.[14] Dabei ist der komplexe Wirkungszusammenhang zwischen politischem Willen und Macht zentral geblieben. Er gilt besonders für gemeinschaftsorientierte Außenpolitik. Außenpolitische Integration darf nicht zur Aufgabe des außenpolitischen Willens führen: »Wille ist wirkungslos ohne Macht, aber Macht ist ohne Willen nur eine Wirkung ohne Ziel.«[15]

Deutschland darf sich nicht hinter integrationspolitischer Gemeinsamkeit verstecken, wenn diese Formel lediglich gemeinsame Fehler und Versäumnisse vertuschen soll, wie beim Versagen des Westens auf dem Balkan. Die Gemeinschaftsinstitutionen und die integrationspolitischen Ansätze aus der Zeit vor 1989 haben ihre Bewährungsprobe im Lichte der neuen Krisen und Kriege noch nicht bestanden. Das Prinzip der »ineinandergreifenden Institutionen« – Vereinte Nationen, OSZE, NATO, WEU und EU – hat auf dem Balkan kläglich versagt, und die Strahlkraft des Westens und der freien Welt ist dramatisch geschwunden. Die Gemeinschaftsinstitutionen und das Prinzip des Multilateralismus in der Außenpolitik befinden sich deshalb in einer tiefen Krise. Flucht in nationalen Egoismus sowie der Zerfall der politischen Verantwortung und Kultur sind Anzeichen von Niedergang und Schwache, aber keine Alternative zum außenpolitischen Multilateralismus.

Aussenpolitische Schlüsselrollen Deutschlands

Die Frage bleibt, wie diese eher allgemeinen Erwägungen sich in konkrete Politik umsetzen. Angesichts des begrenzten Raumes kann diese Frage nur unter Hinweis auf Schwerpunkte bzw. außenpolitische Schlüsselrollen beantwortet werden. Die Interessenstruktur Deutschlands ist und wird auch in Zukunft durch folgende außenpolitische Schlüsselrollen geprägt:

---

13 Hans J. *Morgenthau*, Macht und Frieden. Grundlegung einer Theorie der internationalen Politik, Gütersloh 1963, S. 50.

14 Vgl. *Hacke*, a.a.O. (Anm. 9), S. 167.

15 Karl W. *Deutsch*, Politische Kybernetik. Modelle und Perspektiven, Freiburg 1969, S. 170.

Deutschland als Zivilmacht

Kooperation, Integration und Multilateralisierung bilden die Eckpunkte der Diplomatie und des Stils für eine Interessendefinition entsprechend der zivilisatorischen Vorbildrolle Deutschlands.[16] Die besondere Rolle der bundesdeutschen Außenpolitik liegt demgemäß darin, »als Initiator und Kooperationsmotor mit dem Ziel der Zivilisierung auf die internationalen Beziehungen einzuwirken«.[17] Damit werden Kernelemente des »Genscherismus« aufgegriffen, denn dieser stellte die Außenpolitik der Bundesrepublik auf Institutionalisierung, Verrechtlichung und Kooperation ab.

Deutschland als Handelsstaat

Schon 1969 umschrieb Helmut *Schmidt* die Rolle der Bundesrepublik im Weltwirtschaftssystem als »Weltmacht«.[18] Deutschlands Rolle in der Triade zwischen den USA, Japan und Europa bleibt gekennzeichnet durch seine herausragende Bedeutung als Exportland; gleichzeitig ist Deutschland nicht nur mit Blick auf die Rohstoffe importabhängig vom Weltwirtschaftssystem. Aber anders als Japan ist Deutschland stark regional in Europa eingebunden: Über die Hälfte des Exportvolumens geht in die Länder der Europäischen Union. Deutschland wird im kommenden Jahrzehnt in der Triade weiter als Weltwirtschaftsmacht wachsen. Es hat wirtschaftlich nach der Vereinigung keine nationalistische Großmacht- oder gar Weltmachtattitüde eingenommen. Im Gegenteil: Deutschland besitzt als Handels- und Wohlfahrtsstaat Beispielcharakter, aber mit Blick auf internationale Interessenwahrnehmung reicht eine ökonomische und zivilisatorische Vorbildrolle nicht mehr aus. Die sicherheitspolitische Rolle wird wichtiger.

Die sicherheitspolitische Rolle Deutschlands

Über drei Jahrzehnte hat die Bundeswehr eine Völkergemeinschaft geschützt, die sich im Wettbewerb mit dem Kommunismus als die stärkere Kraft erwiesen hat. Krieg in Europa war im Zeitalter des Ost-West-Konflikts zwar denkbar, aber wenig wahrscheinlich. Militärische Macht wurde bis 1989 als nachgeordnet verstanden, quasi als abstrakte Versicherungspolice. Jetzt hat sie eine reale Bedeutung erhalten, seitdem nach dem Zusammenbruch des Sowjetimperiums neue Krisen und Kriege eingedämmt bzw. beendet werden müssen. Die Bundesrepublik muß ein erweitertes sicherheitspolitisches Interessenverständnis entwickeln[19] und darf sich nicht von ihren

16 Vgl. *Hacke*, a.a.O. (Anm. 9), S. 468.

17 Hanns W. *Maull*, Großmacht Deutschland? Anmerkungen und Thesen, in: Karl *Kaiser*/Hanns W. *Maull* (Hrsg.), Die Zukunft der deutschen Außenpolitik (Forschungsinstitut der Deutschen Gesellschaft für Auswärtige Politik, Arbeitspapiere zur internationalen Politik, Nr. 72), Bonn 1993, S. 53-72; hier S. 64.

18 Vgl. Helmut *Schmidt*, Strategie des Gleichgewichts. Deutsche Friedenspolitik und die Weltmächte, Stuttgart 1969, S. 236.

19 Vgl. Ulrich *Weisser*, NATO ohne Feindbild. Konturen einer europäischen Sicherheitspolitik, Bonn 1992; Klaus *Naumann*, Die Bundeswehr in einer Welt im Umbruch, Berlin 1994.

Bündnispartnern isolieren, wenn militärische Solidarität und verteidigungspolitischer Beistand gefordert werden. Das integrative Moment deutscher Sicherheitspolitik zwingt auch militärisch zur Übernahme größerer Pflichten. Die Sicherheitslage Deutschlands ist objektiv nach dem Ende des Kalten Krieges besser als je zuvor. Aber diese Lage kann sich schnell ändern. Der Krieg auf dem Balkan hat gezeigt, daß die Bundesrepublik ein erweitertes sicherheitspolitisches Interessenverständnis entwickeln muß, das über kollektive Selbstverteidigung hinausgeht.

Die zentrale Aufgabe der Bundeswehr bleibt jedoch die Landesverteidigung. Sie darf nicht zu einer nebulösen Restgröße schrumpfen. Deutschland darf sich strategisch, psychologisch und materiell nicht übernehmen. Gerade Krisen und Kriege in Deutschlands unmittelbarer Nähe müssen eingedämmt werden, wenn aggressiver Nationalismus, ethnischer und religiöser Fanatismus nicht weiter um sich greifen sollen. Deshalb sollten die Streitkräfte der mittel- und osteuropäischen Staaten so schnell wie möglich nach westlichem verteidigungspolitischem Vorbild ausgerichtet werden. Das Konzept der »Inneren Führung«, die Leitidee des »Staatsbürgers in Uniform« sowie der verteidigungs- und bündnispolitische Primat der Bundeswehr wirken anziehend auf die Streitkräfte der noch instabilen Demokratien in Mittel- und Osteuropa. Diese Zusammenarbeit muß Deutschland ausdehnen. Langfristig ist dies vielleicht der wichtigste Beitrag, den die Bundeswehr für die europäische Sicherheitsstruktur leisten kann.

Deutschland als Entspannungsvormacht

Deutschlands gewachsenes Ansehen in Mittel- und Osteuropa beruht vor allem auf seiner Rolle als Entspannungsvormacht in Europa. Dazu haben insbesondere die Ostverträge der siebziger und achtziger Jahre beigetragen.[20] Das vereinte Deutschland kann bei der Wahrnehmung seiner ostpolitischen Interessen auf dieser Tradition aufbauen. Aber die völlig veränderte Landschaft verlangt ein neues politisches Konzept für Mittel- und Osteuropa. Hier liegt vielleicht die größte Herausforderung für die konzeptionelle Gestaltung deutscher Interessenpolitik.

Deutschland als Integrationslokomotive Westeuropas

Die EU bietet den deutschen Interessen weiterhin einen optimalen Rahmen.[21] Wirtschaftliche Prosperität und liberaldemokratische Entwicklung von Staat und Gesellschaft bilden zugleich Schutz vor dem Rückfall in nationalistisches Handeln. Aber Deutschland ist das einzige Land, das gleichzeitig westliche Strukturen in Politik, Staat und Gesellschaft reformieren und die Folgen von sowjetischer Unterdrückung,

---

20 Vgl. Timothy *Garton Ash*, Im Namen Europas. Deutschland und der geteilte Kontinent, München 1993, S. 48-75.

21 Vgl. Eckart *Gaddum*, Die deutsche Europapolitik in den achtziger Jahren. Interessen, Konflikte und Entscheidungen der Regierung Kohl, Paderborn 1994.

Diktatur und Staatssozialismus überwinden muß. Deshalb ist eine angemessene Interessendefinition für Deutschland besonders schwierig. Kein anderes Land muß seine außenpolitischen Rollen und Interessen so dicht am Schnittpunkt östlicher und westlicher Krisenentwicklung definieren. Nur Deutschland ist Teil des Westens und zugleich Experimentierfeld für die Folgen des Zusammenbruchs von Kommunismus und Planwirtschaft. Deshalb müssen die Bindungen nach Westen gefestigt, nach Osten verstärkt und global ausgebaut werden.

Fazit

Seit 1990 ist ein neuer Nationalstaat entstanden, nicht nur eine neue Bundesrepublik. Neue Erfahrungen und Neubewertungen von alten Traditionslinien werden zwingend. Die politische Kultur und das politische Spektrum des vereinten Deutschland werden vielfältiger und spannungsreicher sein als die Kultur der alten Bundesrepublik.[22] Nation, nationale Einheit, nationale Identität sind den Deutschen aber noch ungewohnt, und doch ist die Anerkennung ihrer Existenz Voraussetzung für die Definition nationaler Interessen.[23] Die Skepsis der Deutschen gegenüber dem traditionellen Nationalstaatsgedanken bedeutet Risiko und Chance zugleich. Das Risiko besteht darin, daß Deutschland und die Deutschen im Vergleich zu ihren Nachbarn ein unzureichendes nationales Selbstbewußtsein entwickeln.[24] Die Chance besteht darin, daß Deutschland und die Deutschen vorleben, daß nationale Interessen erst in Verbindung mit universellen Werten Sinn machen und kooperativ verfolgt werden müssen. Die von Thomas *Mann* geprägte, vom früheren Außenminister Hans-Dietrich *Genscher* gern gebrauchte Formel vom »europäischen Deutschland« verweist auf den Wunsch, zwischen nationalen und europäischen Interessen auszugleichen.[25]

Es war das Schicksal Deutschlands bis 1945, daß Interessenpolitik – ohne liberaldemokratische und humane Vision – zu einer Politik von Gewalt und Unterdrückung degenerierte. Deutschland fehlte im Vergleich zu den westeuropäischen und

22 Vgl. Margarita *Mathiopoulos*, Das Ende der Bonner Republik. Beobachtungen einer Europäerin, Stuttgart 1993; Gerd *Langguth*, Suche nach Sicherheiten. Ein Psychogramm der Deutschen, Stuttgart 1995.

23 Vgl. Matthias *Zimmer*, Nationales Interesse und Staatsräson. Zur Deutschlandpolitik der Regierung Kohl 1982-1989, Paderborn 1992.

24 So bemängelt Ralf *Dahrendorf*: »Man kann die Bedingungen aufzählen, die erfüllt werden müssen, wenn die Kraft der alten Bundesrepublik und die Erfahrungen und Hoffnungen des ganzen Deutschlands zu einem respektierten und respektablen Gemeinwesen vereinigt werden sollen. Eine davon ist die Anerkennung des Nationalstaates in seiner Rolle selbst. Wer immerfort dem Nationalstaat das Totenglöcklein läutet, zerstört damit ungewollt auch die Fundamente von Rechtsstaat und Demokratie, die einstweilen nur im Nationalstaat sicher sind. Deutschland ist ein Nationalstaat und wird es auch in fünfzig und hundert Jahren sein. Das anzuerkennen ist der erste Schritt der Wahrnehmung der Wirklichkeit und damit die Voraussetzung aller weiteren Schritte«. *Dahrendorf*, a.a.O. (Anm. 4), S. 758.

25 »Gerade in dieser dynamischen Phase der europäischen Politik ist es bedeutsam, sich Gewißheit über das Verhältnis unserer nationalen und unserer europäischen Interessen zu verschaffen. Diese Interessen sind identisch.« Rede des Bundesministers des Auswärtigen, Hans-Dietrich *Genscher*, am 8.11.1989 vor dem Deutschen Bundestag, in: *Auswärtiges Amt*, Außenpolitik der Bundesrepublik Deutschland. Vom Kalten Krieg zum Frieden in Europa. Dokumente von 1949-1989, Stuttgart/München/Landsberg 1990, S. 764-770; hier S. 768.

nordamerikanischen Demokratien bis 1945 eine vitale und attraktive außenpolitische Vision mit universalem Standard. Das hat sich seit 1949 verändert. Deutschlands »Außenpolitik des guten Beispiels« in der Tradition von Hans-Dietrich *Genscher* hat in der Welt einen guten Ruf. Doch vorbildliches friedenspolitisches Verhalten allein reicht heute nicht mehr aus. Was fehlt, ist ein neues außenpolitisches Selbstverständnis, in dem eine neue Balance zwischen Macht und Ethik, zwischen Verantwortung und Interesse, zwischen nationalem Handlungsspielraum und globalen Verpflichtungen gefunden wird. Eine kraftvolle Diplomatie, gestützt auf den Willen, militärische Macht dann in letzter Instanz einzusetzen, wenn Diktatur und Aggression erneut Freiheit, Selbstbestimmung und Wohlfahrt gefährden, ist unabdingbar:

> »Nicht der Gebrauch der Macht verdirbt die Menschen, vielmehr geschieht dies durch Anwendung einer Gewalt, die unrechtmäßig erscheint, und durch den Gehorsam gegenüber einer Macht, die sie für angemaßt und tyrannisch halten.«[26]

Erst eine neue Balance zwischen Integration und Nation bietet die Chance, ein modernes außenpolitisches Konzept zu entwickeln und jene Identifikation des Bürgers mit seinem Staat und seiner Außenpolitik zuwege zu bringen, die für die Sicherung der Existenz von Staat und Gesellschaft im internationalen Umfeld notwendig ist.

Helmuth *Plessner* hat das von *Bismarck* geeinte Deutsche Reich als Großmacht ohne Staatsidee charakterisiert. Es diente keinem werbenden Gedanken. Die Deutschen wollten lediglich eine Nation werden, weil die anderen es auch waren.[27] Heute ist Deutschland nicht nur wieder eine Nation geworden, weil andere dies auch sind, sondern weil Deutschland die nationale Idee in den vergangenen vier Jahrzehnten mit einem übernationalen Ideal verbinden konnte: Die Rolle der Zivilmacht, des Handelsstaates, der Entspannungsvormacht wurden in den Dienst einer freiheitlich-demokratischen Zivilisation im atlantischen Maßstab gestellt. Zum ersten Mal in seiner Geschichte ist das ganze Deutschland Teil des Westens, Teil einer großen Zivilisation, in die auch das Erbe des 19. Jahrhunderts, des weltbürgerlichen Humanismus mit eingewoben werden kann. Diese Werte zu erhalten und auszubauen, bleibt unverzichtbarer Maßstab für die Formulierung des nationalen Interesses der Deutschen.

---

26 Alexis *de Tocqueville*, Über die Demokratie in Amerika, München 1976, S. 294f.

27 Vgl. Helmuth *Plessner*, Die verspätete Nation. Über die politische Verführbarkeit bürgerlichen Geistes, 4. Auflage, Stuttgart 1966.

MULTINATIONALE FRIEDENSMISSIONEN UND NATIONALE INTERESSEN

Winrich Kühne

Das Ende des Trittbrettfahrens ist erreicht. Deutschland gehört zum Konzert der großen Demokratien, ob es will oder nicht, und wenn eine dieser Demokratien beiseite steht, schadet sie unweigerlich nicht nur den anderen – sondern letztlich auch sich selbst ... Immer deutlicher sehen wir, daß risikoscheues Nichthandeln auf die Dauer risikoreicher sein kann als risikobereites Handeln ... Wenn wir den Risiken nicht vor Ort begegnen, kommen sie zu uns.

Bundespräsident Roman *Herzog*[1]

Seit dem Urteil des Bundesverfassungsgerichts im Juli 1994 ist es nicht gelungen, eine klare und von der Öffentlichkeit mitgetragene Politik der Beteiligung der Bundeswehr an internationalen Friedensmissionen zu konzipieren. Während das deutsche Engagement in Einsätzen der Vereinten Nationen (UN) rückläufig ist, hat man bei der Durchsetzung des Friedensabkommens von Dayton im Rahmen des Nordatlantikpaktes (NATO) eine substantielle Rolle übernommen. Obwohl hierdurch beträchtliche Ressourcen der Bundeswehr gebunden werden, hat sich die Frage einer Beteiligung deutscher Streitkräfte an weiteren Friedenseinsätzen – sei es unter dem Dach der UN, der Organisation für Sicherheit und Zusammenarbeit in Europa (OSZE) oder anderer Einrichtungen, sei es innerhalb oder außerhalb Europas – nicht erledigt. Vordergründig hat das mit dem von der Bundesregierung (und weiten Teilen der Opposition) angestrebten ständigen Sitz im UN-Sicherheitsrat zu tun, grundsätzlicher jedoch damit, daß eine Weigerung, bei Friedensmissionen größere Verantwortung zu übernehmen, mit einem Grundpostulat deutscher Außenpolitik nicht zu vereinbaren wäre: mit der Stärkung multilateraler Formen der regionalen und globalen Friedenssicherung als einem außenpolitischen Grundinteresse.

Es ist die schwierige Frage der Definition deutscher Interessen an der Beteiligung an internationalen Friedensmissionen, mit der sich dieser Beitrag befaßt. Sie wirft methodisch und inhaltlich erheblich andere Probleme auf als jene, die sich in der Vergangenheit bei der Definition nationaler Interessen im Kontext traditioneller sicherheitspolitischer Herausforderungen stellten.

---

1 Roman *Herzog*, Die Globalisierung der deutschen Außenpolitik ist unvermeidlich. Rede des Bundespräsidenten beim Festakt zum 40. Jahrestag der Gründung der Deutschen Gesellschaft für Auswärtige Politik am 13.3.1995 in Bonn, in: *Bulletin* (Presse- und Informationsamt der Bundesregierung), Nr. 20, 15.3.1995, S. 161-165; hier S. 162.

Trends des deutschen Engagements

Beobachter der deutschen Politik gegenüber den Vereinten Nationen, sei es am Sitz der Weltorganisation oder in verschiedenen Hauptstädten, sind verunsichert und fragen sich, was die Deutschen eigentlich wollen. Einerseits scheinen sie einen ständigen Sitz im UN-Sicherheitsrat anzustreben, mit allen Rechten und Pflichten, die damit verbunden wären. Andererseits hat das Auswärtige Amt im letzten Jahr mehrere Anfragen aus New York hinsichtlich einer Beteiligung von Kontingenten der Bundeswehr an Friedenseinsätzen der Vereinten Nationen abschlägig beantwortet; der mit den Einsätzen in Namibia, Kambodscha und Somalia anfänglich zu verzeichnende Trend einer schrittweisen Ausweitung des deutschen Engagements hat sich nicht fortgesetzt. In einer Statistik über die Beteiligung an UN-Blauhelmeinsätzen lag Deutschland im Frühjahr 1995 auf dem 56. Rang – hinter der Schweiz und knapp vor Dschibuti.

Der Eindruck eines Rückzugs wurde noch verstärkt, als der Bundesminister der Verteidigung, Volker *Rühe*, dem Generalsekretär der Vereinten Nationen, Butros *Butros Ghali*, bei dessen Besuch in Bonn Anfang 1995 mitteilte, daß Bonn keine Kontingente der Bundeswehr für das sogenannte »Stand-by Arrangement Register« melden werde.[2] Diese Entscheidung löste nicht nur in New York, sondern auch im eigenen Land Überraschung aus, hatte die deutsche Diplomatie bis dahin doch deutlich signalisiert, daß sie sich an diesem Instrument beteiligen werde, sobald die rechtlichen Fragen durch das Bundesverfassungsgericht geklärt seien. Insbesondere fragte man sich, wie diese Entscheidung mit der zuvor vom Verteidigungsminister und der Bundeswehrführung wiederholt vorgebrachten Forderung zu vereinbaren sei, die Vereinten Nationen müßten die Voraussetzungen für die Planung von Peacekeeping-Einsätzen verbessern. Das Register war genau zu diesem Zweck eingeführt worden.

Ende 1995 trat dann – zwar nicht im Hinblick auf die Vereinten Nationen, wohl aber bezüglich der Teilnahme an Einsätzen im Rahmen der NATO – eine Wende ein. Nachdem die Verhandlungen in Dayton über eine Friedensregelung im ehemaligen Jugoslawien zu einem erfolgreichen Abschluß gekommen waren, sagte die Bundesregierung eine Beteiligung mit mehr als 4 000 Soldaten und schwerem Gerät an der multinationalen Truppe zur Implementierung des Friedensabkommens (IFOR) zu. Diese Zusage steht zweifellos im Einklang mit der von Verteidigungsminister *Rühe* im Nachgang zu Somalia mehrfach vertretenen Auffassung, daß die deutsche Hauptverantwortung in Europa und seiner Peripherie liege, nicht jedoch in Afrika und anderen Teilen der Dritten Welt.[3] Offen blieb bisher allerdings, ob das eine Linie

---

2 Vgl. *Der Spiegel*, Nr. 4, 1995, S. 25-27. In verschiedenen Pressemitteilungen wurde dieses Register, das ein Planungsinstrument der Abteilung für Friedenssichernde Maßnahmen (DPKO) im UN-Sekretariat in New York ist, mit – weder existierenden noch in konkreter Planung befindlichen – »UN Standing Intervention Forces« oder »Quick Reaction Forces« verwechselt. Die Anmeldung zum Register zieht übrigens keine rechtlich bindende Verpflichtung nach sich, diese Truppen tatsächlich zu entsenden.

3 Vgl. Volker *Rühe*, Europa und Amerika – neue Partnerschaft für die Zukunft. Rede auf der 32. Münchner Konferenz für Sicherheitspolitik am 4.2.1995, abgedruckt in: *Bulletin*, Nr. 9, 6.2.1995, S. 73-76.

ist, die von der Bundesregierung insgesamt vertreten wird. Der Bundesaußenminister und Mitarbeiter des Auswärtigen Amtes sind wiederholt für eine globale Verantwortung der deutschen Politik eingetreten und haben damit auch die Beteiligung an Friedensmissionen der Vereinten Nationen gemeint.

Ansehensverlust und ungelöste Grundprobleme des Peacekeeping

Zwei Grundprobleme sind es vor allem, die es in Deutschland ebenso wie in einigen anderen Ländern gegenwärtig so schwierig machen, eine klare und von der Öffentlichkeit mitgetragene Politik der Beteiligung an Friedensmissionen unter dem Dach der Vereinten Nationen zu konzipieren. An erster Stelle ist die durch den Verlauf der Missionen in Somalia, Ruanda und Bosnien evidente Krise der Blauhelmeinsätze zu nennen. Der Ansehensverlust der Blauhelme, denen 1988 kollektiv der Friedensnobelpreis verliehen worden war, ist dramatisch. Im Zentrum der konzeptionellen Krise dieser Einsätze steht die heftig umstrittene Frage, ob traditionelle Blauhelmeinsätze für die Bewältigung der sogenannten »neuen Konflikte«[4] ausreichen, bzw., wenn nicht, welche Rolle dann gegebenenfalls die Anwendung militärischer Gewalt bei internationalen Friedensmissionen spielen soll.

In den Vereinten Nationen selbst besteht gegenwärtig eine starke Neigung, sich in Reaktion auf die verbreitete Kritik an den »neuen« Friedensmissionen wieder strikt auf die Prinzipien des traditionellen Peacekeeping[5] als Erfolgsrezept zurückzuziehen. Im Sinne eines taktischen Rückzugs mag das vernünftig sein. Zugleich ist jedoch offensichtlich, daß Konflikte wie jene in Ruanda oder Bosnien mit dem traditionellen Peacekeeping nicht in den Griff zu bekommen sind; es sei denn, man ließe sie – wie in Mosambik und Angola – bis zur totalen Erschöpfung und Zerstörung

4 In ihrem Ausgangspunkt sind diese Konflikte zumeist innerstaatlicher Natur, also Bürgerkriege. Charakteristisch ist der Zusammenbruch des staatlichen Gewaltmonopols. An seine Stelle tritt der Kampf verschiedener, meist ethnisch oder religiös definierter Bevölkerungsgruppen um Macht und wirtschaftliche Ressourcen. Zugleich verfallen zivilisatorische Grundwerte, die im Zusammenleben der Menschen vormals Gültigkeit hatten. Anders als es auf den ersten Blick erscheint, haben Rivalitäten innerhalb ethnischer oder religiöser Gruppen häufig eine dynamisierende Wirkung auf die inter-ethnischen und inter-religiösen Auseinandersetzungen. Und bei dem innerstaatlichen Charakter der Konflikte muß es keineswegs bleiben, wie das Beispiel des früheren Jugoslawien zeigt. Es entstehen dann für das Konfliktmanagement besonders komplizierte Mischformen von Konflikten, die zugleich Merkmale von Bürgerkriegen als auch von zwischenstaatlichen Konflikten aufweisen. Eine gute Übersicht über Konflikte dieses Typs geben verschiedene Beiträge zum Themenschwerpunkt »Die Herren des Krieges«, in: *Der Überblick. Zeitschrift für ökumenische Begegnung und internationale Zusammenarbeit*, Nr. 2, 1995.

5 Als Charakteristika des traditionellen Peacekeeping gelten vor allem die Voraussetzung eines stabilen Waffenstillstands, der Konsens der Konfliktparteien über den Einsatz von Blauhelmen, die Unparteilichkeit der Blauhelme gegenüber den am Konflikt Beteiligten sowie eine nur leichte Bewaffnung der Friedenstruppen.

»ausbluten«. Das stellt eine Politik der Kapitulation vor der Gewalt dar, die kein verantwortungsvoller Politiker unterschreiben kann.[6]

Die Diskussion über robuste Friedenseinsätze, sei es unter dem Dach der Vereinten Nationen oder anderer Sicherheitseinrichtungen, ist also keineswegs erledigt, sondern bleibt ein grundlegendes Thema der internationalen Friedenspolitik und damit auch der deutschen Außen- und Sicherheitspolitik. Und in der Tat entspricht IFOR genau dem, was in einer früheren Studie als der Wesensgehalt von robustem Peacekeeping beschrieben worden war: Die Friedenstruppen bleiben

> »trotz eventueller Kampfhandlungen im Prinzip in der Rolle des neutralen Dritten und Vermittlers zwischen den Konfliktparteien (und) verhalten sich dementsprechend im Hinblick auf Eskalation, Repressalien, Kampfmittel etc. auch nicht wie eine kriegführende Partei. Die Zustimmung der Konfliktparteien wird im Prinzip weiter angestrebt, spielt aber nicht eine derart absolute Rolle wie beim traditionellen Peace-keeping.«[7]

Die zweite grundlegende Frage ist die nach dem nationalen Interesse. Wie ist dieses im Kontext der neuen Konflikte und multilateraler Friedenssicherung zu definieren? Für eine kurze Phase schienen das Schlagwort von der Neuen Weltordnung und der Ruf nach einem besseren Schutz der Menschen- und Minderheitenrechte diese Frage überflüssig zu machen. Humanitäre Interventionen waren kurzzeitig en vogue, doch in der brutalen Realität der neuen Konflikte hat sich die Begeisterung von Politik und Öffentlichkeit schnell verflüchtigt. Bei dem Völkermord in Ruanda gab es in keinem der westlichen Staaten einen Aufschrei der Bevölkerung zugunsten eines Eingreifens, trotz Bildern in den Massenmedien, die in ihrem Schrecken jene aus Somalia noch übertrafen. Humanität allein stellt offenbar keine ausreichende politische Basis für riskante und kostspielige Friedensmissionen dar. Die Lektionen der Einsätze in Somalia, Ruanda und Bosnien sind eindeutig: Ohne den Nachweis handfester nationaler Interessen ist der für die erfolgreiche Durchführung solcher Einsätze notwendige politische Wille nicht vorhanden. Wie jedoch sind nationale Interessen in einer hochgradig interdependenten und multilateralisierten Welt im Hinblick auf die Bewältigung der neuen Konflikte zu definieren? Vor allem: Wann

---

6 Es ist Joschka *Fischer* als Verdienst anzurechnen, daß er angesichts dieser Tatsache in der Partei Bündnis 90/Die Grünen am Beispiel Bosniens eine Debatte über das Prinzip der Gewaltfreiheit eröffnet hat. In einem Grundsatzpapier vom 30.7.1995 forderte er dazu auf, den Grundsatz der Gewaltfreiheit als absolutes Prinzip zu überprüfen und für die militärische Absicherung der UN-Schutzzonen in Bosnien einzutreten. Vgl. Joschka *Fischer*, »Wir müssen für den militärischen Schutz der UN-Zonen sein«. Was die Eskalation der Gewalt im Bosnien-Krieg für Bündnis 90/Die Grünen bedeutet, in: *Frankfurter Rundschau*, 2.8.1995.

7 *Kühne*, Völkerrecht und Friedenssicherung in einer turbulenten Welt. Eine analytische Zusammenfassung der Grundprobleme und Entwicklungsperspektiven, in: *ders.* (Hrsg.), Blauhelme in einer turbulenten Welt. Beiträge internationaler Experten zur Fortentwicklung des Völkerrechts und der Vereinten Nationen (Internationale Politik und Sicherheit, Band 37), Baden-Baden 1993, S. 17-100; hier S. 55. Vgl. ferner *ders.*, The United Nations, Fragmenting States and the Need for Enlarged Peacekeeping, in: Christian *Tomuschat* (Hrsg.), The United Nations at Age Fifty. A Legal Perspective, The Hague/London/Boston 1995, S. 91-112.

ist es gerechtfertigt, Leib und Leben von Soldaten, Polizisten und zivilen Helfern in Einsätzen in fernen Ländern zu riskieren?[8]

In der deutschen Politik spitzt sich die Frage nach den nationalen Interessen gegenwärtig vor allem auf die Kontroverse zu, inwieweit sich eine deutsche Beteiligung an Friedenseinsätzen entsprechend der These des Verteidigungsministers auf Europa und seine Peripherie beschränken soll, oder ob es darüber hinaus auch Interesse und Notwendigkeit an einer Beteiligung im globalen Rahmen gibt. Seit 1991 haben die Außenminister Hans-Dietrich *Genscher* und Klaus *Kinkel* in ihren Reden vor der Generalversammlung der Vereinten Nationen wiederholt von einer »globalen Verantwortlichkeit« gesprochen, auch was den Bereich der Friedensmissionen betrifft. Das hat seine Logik, zumindest im Hinblick auf den Anspruch Deutschlands auf einen ständigen Sitz im Sicherheitsrat. Denn zentrales Argument für diesen Anspruch ist, daß die Bundesrepublik eine Macht ist, die fähig und willens ist, globale – und nicht nur regionale – Verantwortung zu übernehmen.[9] Da Europa bei den ständigen Mitgliedern im Verhältnis zu anderen Regionen bereits stark überrepräsentiert ist, liegt darin ein für die Erlangung eines ständigen Sitzes möglicherweise ausschlaggebendes Argument. Denn falls Deutschland sich auf dem Gebiet der multilateralen Friedenssicherung, die gemäß Artikel 24 der Charta der Vereinten Nationen ja die Hauptaufgabe des Sicherheitsrats ist, rein regional definieren würde, entfiele ein wesentlicher Grund für eine derart privilegierte Stellung in der Weltorganisation. Ein Großteil der Staaten hat in ihren Stellungnahmen zur Reform des Sicherheitsrats denn auch keinen Zweifel daran gelassen, daß für sie die Bereitschaft zur Beteiligung auch an den militärischen Aufgaben der Friedenssicherung ein entscheidendes Kriterium für einen ständigen Sitz ist.[10] Und damit hat man vor allem Japan und Deutschland gemeint.

Nationale Sicherheitsinteressen in einer interdependenten Welt

Unter den im Deutschen Bundestag vertretenen Parteien besteht weitgehend Einigkeit darüber, daß multilaterales Handeln in internationalen Kooperationszusammenhängen ein Grundpfeiler deutscher Außen- und Sicherheitspolitik ist. Und ein gewisser Konsens bildet sich auch hinsichtlich der Notwendigkeit aus, anders als während des Kalten Krieges mit seiner festen Verortung der Bundesrepublik in

8 Der amerikanische Stratege Edward *Luttwak* hat mit Recht darauf hingewiesen, daß diese Frage in den demokratischen und durch Kleinfamilien geprägten, modernen Industriegesellschaften anders beantwortet wird als in kinderreichen und zumeist autoritär regierten, vorindustriellen Gesellschaften. Vgl. Edward N. *Luttwak*, Where Are the Great Powers? At Home with the Kids, in: *Foreign Affairs*, Nr. 4, 1994, S. 23-28.

9 Vgl. Günther *Altenburg*, Deutschland auf dem Prüfstand. Die nichtständige Mitgliedschaft im Sicherheitsrat der Vereinten Nationen, in: *Europa-Archiv*, 24/1994, S. 693-700.

10 Vgl. *Kühne*/Katja *Baumann*, Reform des VN-Sicherheitsrats zum 50jährigen Jubiläum. Auswertung und Analyse der Stellungnahmen der Mitgliedstaaten im Überblick (Stiftung Wissenschaft und Politik, SWP-AP 2919), Ebenhausen 1995.

der Ost-West-Konfliktstruktur, deutsche Interessen explizit zu definieren.[11] Großer Streit und Verwirrung treten allerdings dann ein, wenn diese Interessen im einzelnen definiert werden sollen. Die Diskussion der letzten Jahre über die Beteiligung der Bundeswehr an internationalen Friedensmissionen ist dafür der beste Beweis.[12]

Daß es der Politik – und übrigens auch der Wissenschaft[13] – so schwer fällt, eine konkrete und überzeugende Definition deutscher Interessen anzubieten, kommt nicht von ungefähr. Denn in pluralen Demokratien sind nationale Interessen, abgesehen vom Verteidigungsfall, nicht unmittelbar vorgegeben oder einsichtig; sie müssen erst in einem »Dialog« der unterschiedlichsten Gruppen zu einem Konsens über nationale Grundinteressen, genauer: zu Grundmustern des nationalen Interessen-, Wert- und Rollenverständnisses verdichtet werden. Denn Interessen, darüber dürfte heute in Theorie und Praxis Einigkeit bestehen, sind keine unabhängigen, objektiven Größen;[14] sie sind in Wertvorstellungen über wirtschaftliche, soziale, kulturelle Lebensqualität und Perspektiven eingebunden, die sich praktisch in einem bestimmten Rollenverständnis einer Gemeinschaft in der internationalen Politik äußern. Zudem bereitet der deutschen Politik nicht zuletzt aufgrund der Belastungen der Vergangenheit die Verdichtung zu derartigen Grundmustern so außerordentliche Schwierigkeiten – gerade hinsichtlich der Beteiligung der Bundeswehr an Friedenseinsätzen.[15]

Die Frage nach den deutschen Interessen im Zusammenhang mit der Beteiligung der Bundeswehr an multinationalen Friedensmissionen ist also in erster Linie gar keine Frage nach dem Inhalt von Interessen, sondern danach, ob der außen- und sicherheitspolitische Diskurs und die Entscheidungsfindung des Gemeinwesens in einer Weise organisiert sind, daß wenigstens die Chance besteht, zu einer für die Tagespolitik ausreichend kohärenten Definition deutscher Interessen bzw. zu Mustern nationaler Interessen-, Wert- und Rollenverständnisse zu gelangen. In

11 Eine Ausnahme hiervon bilden Teile der Bundestagsfraktion Bündnis 90/Die Grünen sowie die Gruppe der Partei des Demokratischen Sozialismus (PDS).

12 Zur diesbezüglichen Debatte in Deutschland vgl. Franz-Josef *Meiers*, Germany: The Reluctant Power, in: *Survival*, Nr. 3, Herbst 1995, S. 82-103.

13 Die vielfältige wissenschaftliche Literatur offenbart ein weites Meinungsspektrum. Den meisten Beiträgen sind lediglich drei generelle Feststellungen gemeinsam: Zunehmende Interdependenz ist in den internationalen Beziehungen eine Realität; die Einbettung in multilaterale Strukturen ist eine außenpolitische Notwendigkeit für die Bundesrepublik; die Stärkung von Demokratie, Menschenrechten und internationaler Stabilität liegt im deutschen Interesse. Für operative Entscheidungen sind diese Grundsätze natürlich völlig unzureichend. Ansätze zu einer Operationalisierung finden sich zwar in den vom Auswärtigen Amt und vom Bundesministerium der Verteidigung ausgearbeiteten Entwürfen für Leitlinien und Prinzipien einer Beteiligung der Bundeswehr an Friedensmissionen. Diese befassen sich jedoch nur mit Rahmenbedingungen und Einsatzmodalitäten, nicht aber mit einer konkreten Definition deutscher Interessen.

14 Gleichwohl tun politische Parteien und wirtschaftliche Akteure meist so, als wüßten sie genau, was das nationale Interesse ist. Dabei meinen sie in der Regel allerdings nur ihre eigenen Interessen oder bestenfalls ihr Verständnis von nationalen Interessen. Die daraus resultierende »Verwirbelung« in der Debatte über nationale Interessen muß man als ein normales, konstitutives Element des außenpolitischen Diskurses in pluralistischen Demokratien akzeptieren.

15 Großbritannien, Frankreich oder auch die skandinavischen Länder tun sich da offensichtlich leichter, obwohl die Aufgabe, nationale Interessen in einer hochinterdependenten, multilateralisierten Welt zu definieren, für diese Staaten im Prinzip nicht weniger schwierig ist.

diesem Zusammenhang hat sich Elisabeth *Noelle-Neumann* über den Zustand im vereinten Deutschland recht skeptisch geäußert. Sie wirft der politischen Klasse vor, daß sie vor einer öffentlichen Debatte über die Prioritäten deutscher Außen- und Sicherheitspolitik zurückschrecke: »Es gibt eine sehr ausgeprägte Abneigung der politischen Klasse, sich mit der Bevölkerung über Grundsatzfragen, also auch Fragen der Außenpolitik auseinanderzusetzen.«[16] Die Kurzsichtigkeit dieses Verhaltens im Hinblick auf die internationalen Friedensmissionen liegt auf der Hand: Ohne eine ausreichende Akzeptanz in der Bevölkerung können diese Aufgaben kaum bewältigt werden. Diese Tatsache wird die Politiker spätestens dann einholen, wenn eine Friedensmission mit deutscher Beteiligung in ernsthafte Schwierigkeiten geraten sollte.

Eine Schlüsselrolle spielen in diesem Prozeß die Medien, die Führungsfähigkeit von einzelnen Politikern und Parteien sowie auch die Art und Weise, wie der außenpolitische Entscheidungsprozeß im Kabinett und zwischen den Ressorts organisiert ist. Thomas *Kielinger* hat zweifellos recht mit der Feststellung, daß mit dem sicherheitspolitischen Entscheidungsprozeß in der Hauptstadt etwas nicht in Ordnung ist, wenn der Bundessicherheitsrat das Thema Jugoslawien im Jahr 1991 – dem Jahr, in dem die Krise dort außer Kontrolle gerät – nicht einmal auf die Tagesordnung setzt.[17] Und die Tatsache, daß zwischen Ministerien und Ministern bei der Koordination der deutschen Beteiligung an Friedensmissionen erhebliche Rivalitäten und Kompetenzstreitigkeiten zu verzeichnen sind, ist hinlänglich bekannt. Wissenschaft schließlich ist in diesem Prozeß zwar nur ein Akteur unter anderen, aufgrund ihrer relativen Interessenungebundenheit für Qualität und Konsistenz des außenpolitischen Dialogs in demokratischen Gemeinschaften aber dennoch wichtig.

Blockaden des deutschen aussenpolitischen Diskurses

Ein wichtiger Grund für die Defizite im außen- und sicherheitspolitischen Diskurs des vereinten Deutschland liegt darin, daß die Last der nationalsozialistischen Vergangenheit wie auch der Ost-West-Konflikt über mehrere Jahrzehnte eine Diskussion über deutsche Interessen blockiert haben. Anders als in den meisten Partnerländern gibt es keine eingeübte und bewährte Selbstverständlichkeit im Umgang mit nationalen Sicherheitsinteressen. Die fast paranoide Befürchtung bei einigen Akteuren, daß die Beteiligung deutscher Soldaten an multilateralen Friedensoperationen automatisch den erneuten Einstieg Deutschlands in Militarismus und imperiale Weltpolitik bedeute,[18] ist eine wohl unvermeidliche Folge dieser Diskontinuität.

16 Elisabeth *Noelle-Neumann*, Öffentliche Meinung und Außenpolitik. Die fehlende Debatte in Deutschland, in: *Internationale Politik (IP)*, 8/1995, S. 3-12; hier S. 12.

17 Vgl. Thomas *Kielinger*, Die deutsche Außenpolitik – schlecht beraten. Essay über Bonn und das Land Kakanien, in: *IP*, 4/1995, S. 38-44; hier S. 43.

18 Vgl. Rudolf *Walther*, Verantwortungsethik als Passierschein zur Macht. Unser Umgang mit Geschichte angesichts der Forderung militärischer Interventionen, in: *Süddeutsche Zeitung (SZ)*, 14.6.1993, wo ein

Die Realität des deutschen Engagements und dessen internationaler Kontext sehen demgegenüber erheblich anders aus.[19] Denn erstens sind multilaterale Friedenseinsätze als ein Instrument für die Durchsetzung militärisch definierter, nationaler Interessen nicht besonders geeignet. Es ist nun einmal das Wesen des Multilateralismus und des Vorgehens in internationalen Friedensmissionen, daß die eigenen Interessen mit denen anderer Staaten abgeglichen werden müssen. In den USA verliert eine wachsende Zahl von Politikern nicht zuletzt aus diesem Grund die Lust am Handeln in multilateralen Institutionen. Und was Deutschland betrifft, so werden Partner wie Frankreich, Großbritannien, Italien und andere aufmerksam darüber wachen, daß die deutschen Interessen nicht »ins Kraut schießen«. Zweitens ist fraglich, ob die militärischen Machtressourcen Deutschlands durch die Vereinigung überhaupt größer geworden sind. Einige Fakten sprechen ganz offensichtlich gegen diese Annahme. So ist die Bundeswehr mit der Eingliederung der Nationalen Volksarmee (NVA) nicht etwa vergrößert worden, was unter den Vorzeichen einer militärischen Großmachtpolitik nur konsequent gewesen wäre; statt dessen wurde ihr Umfang im Zusammenhang mit der Regelung der internationalen Aspekte der Vereinigung signifikant verringert. Zugleich wurde der Verteidigungshaushalt erheblich gekürzt. Außerdem hat die Belastung mit internen Problemen zu- und das Interesse an außenpolitischen Problemen dementsprechend abgenommen. Nicht umsonst geht das Wort von einer »Provinzialisierung« der Bonner Außenpolitik um. Der Politologe Peter *Graf Kielmannsegg* hat auf einem Symposion der Stiftung Wissenschaft und Politik im Frühsommer 1995 deswegen mit Recht darauf hingewiesen, daß die nach wie vor populäre Formel »mehr Bevölkerung + mehr Territorium = mehr Macht« wohl allzusehr im Denken des 19. Jahrhunderts befangen ist.

Ein weltweiter militärischer Interventionismus der westlichen Industriestaaten insgesamt, wie er Anfang der neunziger Jahre von vielen befürchtet wurde, ist ebenfalls nicht zu erkennen. Im Gegenteil: Diese Mächte sind dabei, sich von den Konflikten und Kriegen im Süden in einer beklagenswerten Weise abzuwenden. Selbst Völkermord, zu dessen Verhinderung mit allen Mitteln nach den Schrecken der Naziherrschaft sämtliche Eide geschworen worden waren, ist kein ausreichender Grund für ein energisches Eingreifen. Nicht »sicherheitspolitischer Imperialismus«, sondern Isolationismus und Verantwortungsverweigerung ist der dominierende Trend.

Wichtig ist weiter die Feststellung, daß – wie in der Äußerung von *Graf Kielmannsegg* bereits angedeutet – die Notwendigkeit, deutsche Interessen neu und anders als früher zu definieren, weniger eine Konsequenz der Vereinigung und

Schreckbild von »militärischen Interventionen rund um den Globus« entworfen wird; ferner Wolfram *Wette*, Der Wunsch nach Weltmacht, in: *Die Zeit*, 30.7.1993, S. 4, der meint, einen »weltweiten deutschen Militärinterventionismus« zu erkennen; schließlich Kerstin *Müller*/Jürgen *Trittin*, Germans to the Front? Grünes Positionspapier zur Interventionsdebatte, in: *Die Tageszeitung*, 16.6.1995, die den Ministern *Rühe* und *Kinkel* die erfolgreiche Etablierung einer »militärisch gestützten neuen deutschen Großmachtpolitik« attestieren.

19 So argumentierte der Autor schon im August 1993 in einer Erwiderung auf Wolfram *Wette* und Gerd *Schmückle*. Vgl. *Kühne*, Es geht nicht um Weltmacht. Für eine neue, robuste Form von Blauhelmeinsätzen, in: *Die Zeit*, 20.8.1993, S. 5.

Vergrößerung Deutschlands ist, sondern eine Folge grundlegender Veränderungen in der Welt, von denen die Herstellung der deutschen Einheit nur eine ist. Daß deutsche, ja sogar die europäischen und westlichen Sicherheitsinteressen insgesamt, nicht mehr durch eine bipolare Blockstruktur vorgegeben sind, ist zweifellos die wichtigste dieser Veränderungen. In jener Struktur war der Umgang mit dem Ereignis Krieg in beiden Teilen Deutschlands zu einem Nichtthema geworden, mit der Folge, daß die Frage, unter welchen Bedingungen der Staat Leben und Gesundheit seiner Bürger zur Sicherung nationaler Interessen riskieren darf, nur als ein der Tagespolitik entzogenes Megaproblem existierte, nämlich in Form der Gefahr des nuklearen Holocausts. Unter der Drohung des absoluten Ernstfalls kam die Möglichkeit des Ernstfalls abhanden. Das bedeutete im übrigen auch, wie Ulrich *Beck* feststellt, daß man zur Bundeswehr gehen konnte, ohne auch nur ernsthaft über den Kriegseinsatz nachgedacht zu haben.[20]

Daß Krieg und Gewalt in einem für die meisten Westeuropäer unerwarteten Maße wieder zu einem Faktor internationaler Politik geworden sind, zwingt dazu, den gewohnten Umgang mit diesem Thema in Frage zu stellen. Das wurde wohl auch in der These von der »Zivilmacht Bundesrepublik« nicht ausreichend bedacht.[21] In gewisser Weise war sie ein Versuch, den vormals komfortablen Zustand in einer sehr aufgeklärten Weise fortzuschreiben. Zwar ist richtig, daß der Einsatz militärischer Mittel zwischen modernen Industrienationen kontraproduktiv geworden und deswegen von geringer Wahrscheinlichkeit ist. Für den »Rest« der Welt, und das sind immerhin rund zwei Drittel der Menschheit und der Staaten, gilt diese Feststellung jedoch ganz offensichtlich nicht. Die Welle der neuen Konflikte mit Millionen von Toten, über 30 Millionen Flüchtlingen sowie ungeheurer Zerstörung wirtschaftlicher, kultureller und ökologischer Werte spricht für sich. Es gibt eine Menge Akteure in der Welt, die den Einsatz von Gewalt zur Erreichung ihrer politischen Ziele für zweckmäßig halten. Ähnlich wie bei der innerstaatlichen Verbrechensbekämpfung ist es illusorisch, zu glauben, daß die Einhegung dieser Gewalt ohne die Ausübung jeglichen Zwanges seitens international legitimierter Akteure erfolgen kann. In dem gegenwärtigen Streit über den Einsatz militärischer Mittel bei Friedensmissionen geht es nicht um die Frage, ob auf alte Weise Krieg geführt werden soll, sondern darum, ob eine neuartige internationale Ordnungspolitik – gegen die Bedrohungen des Friedens, gegen Völkermord und ähnlich massive Menschenrechtsverletzungen – durch ein Mindestmaß an Zwangsbewehrung realpolitisch glaubwürdig wird.[22]

Schließlich haben das Ende des Ost-West-Konflikts und die Vereinigung die deutsche Politik wieder in enge Tuchfühlung mit den Problemen und Interessen des Baltikums und der Staaten Mittel-, Ost- und Südosteuropas gebracht. Da diese Gebiete sicherheitspolitisch überwiegend instabil sind, taucht – neben der Frage der Ost-Erweiterung von Europäischer Union (EU) und NATO – zwangsläufig die

20 Vgl. Ulrich *Beck*, Der Pazifismusstreit, in: *SZ*, 17.8.1995.

21 Vgl. vor allem Hanns W. *Maull*, Zivilmacht Bundesrepublik? Das neue Deutschland in der internationalen Politik, in: *Blätter für deutsche und internationale Politik*, Nr. 8, 1993, S. 934-948.

22 Vgl. *Kühne*, Völkerrecht und Friedenssicherung, a.a.O. (Anm. 7).

schwierige Frage auf, wieviel Aufmerksamkeit und Ressourcen seitens der deutschen Politik dieser Region gebühren und wieviel den Regionen des sogenannten südlichen Krisenbogens, nämlich Zentralasien, dem Mittleren und Nahen Osten sowie Afrika.

Die besondere Problematik der neuen Konflikte

Gemessen an den Maßstäben traditioneller Sicherheitspolitik erscheint die Antwort von Verteidigungsminister *Rühe* auf diese Fragen, daß nämlich die deutsche Hauptverantwortung in Europa und seiner Peripherie liege, überzeugend. Der Anteil Afrikas am deutschen Export lag 1994 bei ca. zwei Prozent, jener des subsaharischen Teils des Kontinents sogar nur bei etwas über einem Prozent. Die Investitionen sind ähnlich verteilt. Wird weiter berücksichtigt, daß Flüchtlingsströme natürlich am stärksten aus geographisch nahen Gebieten zu befürchten sind, dann spricht auch das für eine regionale Einschränkung des deutschen Engagements. Und auch ein Blick auf die neuen Konflikte – etwa die Kriege in Georgien, Berg-Karabach, Somalia, Ruanda, Liberia, dem Sudan – führt zu dem Ergebnis, daß diese einzeln für sich natürlich keine Gefährdung vitaler deutscher Interessen darstellen. Sie alle haben keine globalstrategische Bedeutung im Sinne traditioneller Sicherheitspolitik.

Eine derartige sicherheitspolitische Einzelfallbewertung verkennt jedoch die grundsätzlich andersartige Problematik der neuen Konflikte. Diese können nicht wie konventionelle Sicherheitsrisiken behandelt werden, denn es sind nicht die einzelnen Konflikte, die eine Bedrohung darstellen, sondern ihre Summierung und die Summierung ihrer Auswirkungen. Diese äußerst komplexe Realität kann hier nur in ihren wichtigsten Elementen angedeutet werden. Die steigende Zahl der Flüchtlinge – weltweit inzwischen über 30 Millionen, zusammen mit den sogenannten *internally displaced persons* wohl sogar über 50 Millionen – und die mit ihrer Versorgung verbundenen Kosten sind relativ bekannte Auswirkungen. Immerhin wurden 1992 allein in Deutschland neun Milliarden D-Mark für die Unterbringung von Flüchtlingen und Asylbewerbern aufgewendet.[23] Die Verwaltungs- und Justizkosten sind dabei nicht einmal berücksichtigt, ebensowenig wie das Geld, das an internationale Einrichtungen für die Betreuung von Flüchtlingen außerhalb Deutschlands gezahlt wird. Humanitäre Hilfe ist ein zweiter gewaltiger Kostenfaktor. Allein in Ruanda dürfte die internationale Hilfe demnächst die Summe von zwei Milliarden US-Dollar erreichen.[24] Rechnet man zur humanitären Hilfe noch die ungeheuren Summen an Aufbauhilfe oder *post-conflict peacebuilding*, wie es jetzt in Anlehnung an die »Agenda für den Frieden« des UN-Generalsekretärs heißt, dann steigen die Summen ins

23 Vgl. Klemens *van de Sand*, Ein erweiterter Sicherheitsbegriff für die Entwicklungszusammenarbeit, in: *Nord-Süd aktuell*, Nr. 4, 1994, S. 658-663; hier S. 658.

24 Zum Vergleich: Die veranschlagten jährlichen Kosten für eine internationale Schnelle Eingreiftruppe von maximal 5 000 Mann, die nach Aussage des kommandierenden Generals der UN-Mission in Ruanda (UNAMIR), des Kanadiers Romeo *Dalaire*, das dortige Massenmorden hätte verhindern können, lagen bei ca. 250 Mio. US-Dollar. Diese Information geht auf ein Gespräch des Autors zurück.

kaum Ermeßliche. Man denke nur an die Milliarden, die auf die EU-Mitgliedstaaten bereits jetzt und noch in Zukunft zukommen, wenn der Friedensprozeß im früheren Jugoslawien erfolgreich sein sollte.

Eine weit weniger thematisierte Auswirkung, weil schleichend und für die Öffentlichkeit weitgehend nicht greifbar, ist die »Mafiasierung« der internationalen Beziehungen. Sie wird vor allem durch drei Phänomene charakterisiert. Erstens kommt es zu einer Erosion regionaler und internationaler Verhaltens- und Ordnungsstrukturen bezüglich der Ächtung von Gewalt und der Einhaltung von Mindeststandards auf dem Gebiet der Menschenrechte und des Minderheitenschutzes. Dramatischer könnte man von einem Prozeß der Entzivilisierung und Brutalisierung sprechen. Damit in engem Zusammenhang steht zweitens die Ausweitung des Drogen-, Waffen- und Menschenhandels. Die neuen Konflikte schaffen dafür – wie auch für die Ausweitung des internationalen Terrorismus – geradezu ideale Voraussetzungen. Ethnisch oder religiös motivierte Demagogen, *warlords* und das internationale Verbrechen könnten sich keine besseren »Arbeitsbedingungen« wünschen. Sie sind es auch, die »stabile Strukturen des Unfriedens« schaffen und eine Beendigung dieser Konflikte so schwierig machen. Drittens schließlich wird in Politik und Öffentlichkeit der negative Demonstrationseffekt unterschätzt, den die Unentschlossenheit und Hilflosigkeit der internationalen Gemeinschaft beim Umgang mit diesen Konflikten bei der Vielzahl derjenigen hat, die noch bereitstehen, ethnische, religiöse oder andere Interessen auf ähnlich brutale Weise durchzusetzen, wie das in Bosnien, Ruanda, Somalia, dem Sudan und andernorts der Fall ist. Das Scheitern der Blauhelme in Somalia war in dieser Hinsicht fatal. Von Afrika bis Zentralasien ist die Botschaft schnell begriffen worden: Gewalt und Brutalität lohnen sich.

Die Bewertung der neuen Konflikte im Hinblick auf die Frage nationaler Interessen im allgemeinen und der Beteiligung der Bundeswehr an Friedensmissionen im besonderen stellt also – gemessen an der traditionellen Sicherheitspolitik – ein methodisch und inhaltlich völlig neues Problem dar. Die grundlegende theoretische und praktische Schwierigkeit ist, daß alle mit diesen Konflikten verbundenen Gefahren – anders als die Gefahr eines militärischen Angriffs – schleichend und für den einzelnen Bürger nicht ohne weiteres erfahrbar sind. Ihre Relevanz im Hinblick auf nationale Interessen läßt sich deswegen in der Regel nicht direkt erfassen, sondern häufig nur auf dem Umweg über die immensen Kosten, die zur Beseitigung des durch sie angerichteten Schadens aufgewendet werden müssen.[25]

An einem Versuch, alle diese Auswirkungen und die Kosten ihrer Bekämpfung systematisch zu erfassen und zu bewerten, fehlt es bislang. Das ist jedoch dringend geboten, um ihre Relevanz für die deutschen und europäischen Interessen besser bewerten zu können. Schlagworte wie »Weltrisikogesellschaft« oder »verflochtene

25 Im Vergleich dazu sind die angeblich so dramatisch angestiegenen Kosten des Peacekeeping-Haushalts der Vereinten Nationen – um zwei bis drei Milliarden US-Dollar – moderat.

Interessen« sind zwar gut gewählt und haben beträchtlichen Appeal in der politischen Klasse, sind aber für die Tagespolitik zu unkonkret.[26]

Neue Konflikte, Multilateralismus und nationales Interesse

Multidimensionalität, Indirektheit und geographische Diffusität sind also die Grundcharakteristika der durch die neuen Konflikte geschaffenen Gefahren. Ein breites Spektrum militärischer und ziviler Maßnahmen im Sinne eines integrierten Ansatzes ist notwendig, um diese Konflikte und die von ihnen ausgehenden Gefahren einzudämmen. Insbesondere müssen in den betroffenen Regionen nach innen und außen ausreichend legitimierte Ordnungsstrukturen und Verhaltensmuster bei der Organisation von Staat und Gesellschaft wiederhergestellt werden. Weitgehende Einigkeit besteht heute in der Regel darüber, daß es nicht möglich ist, Lösungen militärisch zu erzwingen. Davon jedoch ist die Frage des erweiterten Peacekeeping – inwieweit begrenzte militärische Maßnahmen zur Stabilisierung von Friedensprozessen sowie zum Schutz humanitärer Mindeststandards zweckmäßg sind – zu unterscheiden.

Angesichts der Bandbreite der Maßnahmen, des Problems ihrer Legitimierung und ihrer Kosten kann unilaterales Handeln einzelner Staaten diese Aufgaben mit Sicherheit nicht bewältigen. Notwendig ist vielmehr ein von den Staaten koordiniertes und in die Legitimität regionaler oder globaler Einrichtungen eingebundenes Agieren. Das gilt zumal dann, wenn die betreffenden Friedensmissionen eine militärische Komponente haben. Betrachtet man die Reihe der seit Ende der achtziger Jahre erfolgreich bewältigten Konflikte (etwa Zentralamerika, Namibia, Mosambik), dann ist eine wichtige Lehre zu ziehen: Die Chancen für erfolgreiches Konfliktmanagement steigen eindeutig, wenn sich regionale und außerregionale Akteure sowie die Vereinten Nationen in ihren Bemühungen zusammenfinden. Die gegenwärtig zu beobachtende Tendenz, die regionalen Organisationen gegen die Vereinten Nationen auszuspielen, ist unsinnig. Denn es geht darum, regionale Einrichtungen und Vereinte Nationen arbeitsteilig optimal miteinander zu verbinden, je nach den spezifischen Bedingungen in der jeweiligen Konfliktregion. Erste Schritte in dieser Richtung sind unternommen worden.

Es ist kein Zufall, daß selbst die USA sich im Falle Haitis so nachhaltig um eine breite Beteiligung und Legitimierung sowohl durch Staaten der Region und die Organisation Amerikanischer Staaten (OAS) als auch durch außerregionale Mächte und die Vereinten Nationen bemüht haben; die USA hätten das Machtpotential und die Ressourcen gehabt, allein zu handeln. Man stelle sich ferner vor, die maßgeblichen Mächte hätten im Jugoslawienkonflikt 1991 auf eigene Faust gehandelt und nicht im Rahmen der Europäischen Union und später der Vereinten Nationen. Die Folgen

26 Vgl. Ulrich *Beck*, Weltrisikogesellschaft. Zur politischen Dynamik globaler Gefahren, in: *IP*, 8/1995, S. 13-20; Dieter *Senghaas*, Deutschlands verflochtene Interessen, in: *IP*, 8/1995, S. 31-37.

im Hinblick auf eine Ausweitung und Eskalation des Konflikts wären vermutlich fatal gewesen – man denke an den Verlauf früherer Balkankriege. Bei aller Kritik an der Erfolglosigkeit der UN-Schutztruppen (UNPROFOR) wird häufig übersehen, daß die Einbindung der externen Mächte in einen gemeinsamen multilateralen Rahmen ein großer Erfolg war und den wichtigsten Unterschied zum Verlauf früher Konflikte in der Region ausmachte.

Die Notwendigkeit zum Handeln im multilateralen Kontext führt allerdings beim Umgang mit nationalen Interessen zu einem gewissen Paradox. Einerseits erfordert das nationale Interesse, im multilateralen Zusammenhang zu handeln. Andererseits verlangt ein effizientes Handeln in diesem Rahmen den Verzicht auf eine engstirnige, traditionelle Durchsetzung nationaler Interessen. An Stelle eines derartigen Vorgehens treten mehr oder weniger komplizierte Verhandlungen und Prozesse des Gebens und Nehmens. Das nationale Interesse transformiert sich zu einem Interesse an effizienten multilateralen Strukturen und Vorgehensweisen, im Falle der Vereinten Nationen zum Beispiel an einer besseren Planbarkeit der Friedensmissionen durch ein »Stand-by Arrangement Register« und durch Kommandostrukturen, die nicht andauernd durch nationale Sonderwege und Vetos behindert werden.

Die »Peripherie« ist nicht Peripherie

Es wurde festgestellt, daß die These von der Hauptverantwortung Deutschlands in Europa und seiner Peripherie plausibel ist, wenn man die regionale Verteilung der deutschen Handels- und Wirtschaftsinteressen betrachtet und die neuen Konflikte im Hinblick auf ihre sicherheitspolitische Relevanz wie konventionelle Kriege behandelt. Das Ergebnis ändert sich jedoch, wenn man erstens die ungeheuren Kosten und längerfristigen Risiken, die die neuen Konflikte in ihrer Summierung verursachen und noch verursachen werden, und zweitens die Notwendigkeit zu multilateralem Handeln ins Bild bringt. Dann steht Europa zwar immer noch im Zentrum der deutschen Interessen. Die außerhalb Europas liegenden Gebiete sind dann aber keineswegs mehr eine vernachlässigbare Größe, denn die Mehrzahl der gegenwärtigen – und wohl auch der zukünftigen – Konflikte liegt in diesen Gebieten. Auch sind Deutschland und Europa bei der Gestaltung der für die Bekämpfung dieser Konflikte notwendigen Institutionen, also insbesondere der Vereinten Nationen, auf die Zusammenarbeit mit den Staaten der außereuropäischen Regionen angewiesen.[27] Und schließlich verbietet das vitale deutsche Interesse an einer Fortentwicklung Europas, nicht zuletzt auf dem Gebiet der Gemeinsamen Außen- und Sicherheitspolitik (GASP), eine Vernachlässigung dieser Regionen; Frankreich, Großbritannien, Portugal und Italien haben etwa ein mehr oder weniger starkes Interesse an einer Eindämmung der Konflikte in Afrika und sind dabei aktiv tätig. Großbritannien und Frankreich haben in der EU

27 Gut zwei Drittel der Mitglieder der Vereinten Nationen gehören zugleich der Bewegung der blockfreien Staaten an. Allein Afrika ist mit über 50 Staaten in der Weltorganisation präsent.

und der Westeuropäischen Union (WEU) Initiativen gestartet, um der Organisation für Afrikanische Einheit (OAU) bei der Verbesserung ihrer Fähigkeiten zur Konfliktprävention, zum Konfliktmanagement und zur Konfliktlösung zu helfen. Das schließt äußerstenfalls auch die Entsendung von Truppenkontingenten ein, obwohl die Bestrebungen in erster Linie darauf abzielen, genau dies durch eine Stärkung afrikanischer Strukturen und Kapazitäten überflüssig zu machen. Die deutsche Politik hat sich diesem Projekt nach einigem Zögern angeschlossen.

Schlussfolgerungen

Deutschland braucht dringend eine »große Debatte« über die Bedeutung der Welle ethnischer, religiöser und anderer Konflikte für seine nationalen Interessen. In dieser Debatte muß es vor allem um die Bewältigung von vier grundlegenden Schwierigkeiten gehen:

- erstens um die grundsätzliche Andersartigkeit der sicherheitspolitischen Bewertung der neuen Konflikte und ihrer Gefahren;
- zweitens um die Paradoxie von Multilateralismus und nationalen Interessen;
- drittens um die Problematik der Bewehrung einer internationalen Ordnungspolitik zur Friedenssicherung sowie zur Verhinderung von Völkermord und massiven Menschenrechtsverletzungen;
- viertens schließlich um eine »Philosophie der multiplen Beteiligung« an Friedensmissionen, gerade was Einsätze im außereuropäischen Raum unter dem Dach der Vereinten Nationen betrifft.[28]

Politik und Öffentlichkeit in Deutschland sind – wie auch in anderen Staaten, insbesondere den USA – noch weit von einem Grundkonsens entfernt, der die Tagespolitik im Umgang mit den neuen Konflikten zu einem zielgerichteten Handeln befähigen würde. Es sind nicht hochfliegende Pläne von einer »Neuen Weltordnung«, die einen solchen Konsens verlangen, sondern die sehr realen Gefahren und Risiken, die von den neuen Konflikten in ihrer Gesamtheit ausgehen.

28 Der Großeinsatz in Bosnien ist nicht charakteristisch für die Mehrzahl der Friedensmissionen unter dem Dach der Vereinten Nationen. Typisch ist vielmehr, daß – nicht zuletzt aus Gründen einer angestrebten »universalen« Legitimität – eine möglichst gut ausgewählte Komposition von Elementen der zahlreichen truppenstellenden Staaten gefunden wird. Ein Denken in Großkonflikten und Großeinsätzen nach dem Muster des Ost-West-Konflikts geht an der Realität der neuen Konflikte vorbei.

ERHALTUNG UND FORTENTWICKLUNG INTERNATIONALER KOOPERATIONS-ZUSAMMENHÄNGE

DEUTSCHLAND UND DIE EUROPÄISCHE UNION: INTEGRATION UND ERWEITERUNG

Josef Janning

Deutschland wird in der Perspektive der kommenden zehn bis fünfzehn Jahre wenn nicht die Zentralmacht Europas, wie Hans-Peter *Schwarz* umfassend dargelegt hat,[1] so doch zumindest die zentrale Macht des westlich des russischen Einflußraums gelegenen Europa sein. Gleichzeitig werden sich die Bedeutung nationaler Macht, die Kategorien ihrer Bestimmung und die Formen ihres Ausdrucks im Vergleich zur heutigen Lage nachhaltig verändern – sei es als Folge des Gelingens von Erweiterung und Vertiefung der Europäischen Union (EU), sei es infolge einer Relativierung oder Neubestimmung der Art und der Bedeutung der Integration für die Staatenbeziehungen auf dem europäischen Kontinent. Kommt es zur Realisierung der bereits heute in den verschiedenen Verträgen und politischen Festlegungen enthaltenen Zukunftskonzepte, so wird ein Integrationsraum von 27 oder mehr Staaten entstehen, dessen Steuerungsprobleme, innerer Zusammenhalt und externe Verbindungen eine neue Qualität der Europapolitik erforderlich machen, und dies um so mehr, wenn es – wie zu erwarten steht – nicht zur Ausbildung supranationaler Staatlichkeit im klassischen Sinne kommt. In diesem Europa befände sich Deutschland in der Mitte, jedoch eindeutig nicht mehr in einer Mittellage zwischen unterschiedlich organisierten Teilräumen des Kontinents.

Gänzlich anders gelagerte, doch in ihren Wirkungen nicht weniger weitreichende Konsequenzen dürfte ein Mißlingen der Erweiterungsperspektive im Rahmen der EU, aber auch der Westeuropäischen Union (WEU) oder des Nordatlantikpakts (NATO) nach sich ziehen. Die daraus folgende Auflockerung der Integration oder ihre Überlagerung durch andere Strukturen verdichteter Kooperation würde für Deutschland erneut das Mehrebenenproblem seiner zentralen Position im politischen, ökonomischen und geographischen Koordinatensystem Europas aufwerfen. Aufgrund dieser Lage wäre keine eindeutige Entscheidung Deutschlands für die Bindung an nur einen Bezugsrahmen möglich, sondern es würde die Mitwirkung in vielen institutionellen Zusammenhängen nötig, deren Kompatibilität nicht ohne weiteres als gegeben angenommen werden kann.[2]

Vor diesem Hintergrund wird die deutsche Europapolitik ihre bisher in den Grundfragen fast vorbehaltlose Integrationsbereitschaft durch eine kalkulierte Integrationsstrategie ablösen müssen, um eigene Interessen und Handlungsmöglichkeiten

---

1 Vgl. Hans-Peter *Schwarz*, Die Zentralmacht Europas. Deutschlands Rückkehr auf die Weltbühne, Berlin 1994. Zum Kontext der Debatte vgl. *Janning*, A German Europe – a European Germany? On the Debate over Germany's Foreign Policy, in: *International Affairs*, Nr. 1, 1996, S. 33-41.

2 Vgl. die Abwägung bei Michael *Stürmer*, Deutsche Interessen, in: Karl *Kaiser*/Hanns W. *Maull* (Hrsg.), Deutschlands neue Außenpolitik, Band 1: Grundlagen, München 1994, S. 39-61.

im Blick auf beide Entwicklungsstränge intakt zu halten.[3] Zwar sprechen die im folgenden darzulegenden Szenarien und Optionen meistenteils für eine konsequente Realisierung des gesamteuropäischen Integrationsmodells, doch auch für diesen Fall ist, wie zu zeigen sein wird, nicht von einer im Prozeß schon angelegten Berücksichtigung der Interessen und Anliegen Deutschlands in Europa auszugehen, deren Wahrung sich durch die Beförderung des Integrationsprozesses gleichsam von selbst ergibt. Fortschritte in der Integration werden mit großer Wahrscheinlichkeit neue Mischungen zwischen- und überstaatlicher Integration erfordern. Dabei wird die Erkennbarkeit des Nutzens weiterer Integration an Bedeutung zunehmen, je weiter die diffuse Akzeptanz des Einigungsprozesses in der Bevölkerung schwindet und die Evidenz der Gemeinschaftsbildung im politischen Bewußtsein sich verflüchtigt.

Deutschlands Lage und Interessen in Europa

Als bevölkerungsreichster und zugleich wirtschaftlich starker, zentral gelegener Staat besitzt auch das vereinte Deutschland ein vorrangiges Interesse an der Einbindung in die europäische Integration sowie an der Fortentwicklung und Ausdehnung dieses Rahmens. Aus deutscher Sicht stehen drei Faktoren im Vordergrund: Erstens hat sich der Integrationsprozeß in der Vergangenheit zur Absicherung der Entwicklungs-, Wohlfahrts- und Sicherheitsinteressen hervorragend geeignet. Zweitens haben seine Strukturen die Artikulation und die erfolgreiche Vertretung deutscher Interessen in Europa ermöglicht. Und drittens hat die Bundesrepublik über die gemeinsame Politik feste Partner unter ihren unmittelbaren westlichen Nachbarn gefunden. Im Zuge der deutschen Vereinigung hat sich allerdings auch gezeigt, daß der Integrationsprozeß die Kalküle der Gleichgewichtspolitik nicht aufgehoben, sondern eher sublimiert hatte. Der unter den Nachbarn perzipierte Zuwachs an Macht und Handlungsspielraum Deutschlands brachte das im Gefüge der Integration aufbewahrte Gleichgewicht ins Wanken und rief zwei Verhaltensreaktionen hervor, die auch für die künftige Entwicklung von Belang sein dürften: zum einen die Betonung der nationalen Ebene, in der Kritik am Tempo der Vereinigung und am Vorgehen des Bundeskanzlers deutlich ablesbar, zum anderen die Forcierung der europäischen Einbettung.

In Deutschland ist das letztgenannte Muster nicht als Problem empfunden worden, auch weil die oben skizzierte Perzeption nicht die der eigenen politischen Elite war. Diese war und ist auf die Fortführung der Integration und damit auf Fortdauer und Vertiefung der deutschen Bindung in Europa ausgerichtet. Deutschland konnte deshalb die Perzeptionen der Nachbarn zumindest partiell zur Durchsetzung der eigenen Präferenzen in den Verhandlungen zum Vertrag von Maastricht nutzen.

3 Der Beitrag verzichtet hier wie im gesamten Text auf den Begriff der »Verantwortung« als einem politischen Synonym von Interessen und folgt damit der Argumentation von Michael *Kreile*, Verantwortung und Interesse in der deutschen Außen- und Sicherheitspolitik, in: *Aus Politik und Zeitgeschichte*, Nr. B 5/96, 26.1.1996, S. 3-11.

Das Mißlingen des deutschen Anliegens einer Symmetrie zwischen Wirtschafts- und Währungsunion (WWU) einerseits und Politischer Union andererseits zeigt allerdings auch die Grenzen der aus dieser Perzeptionsdifferenz resultierenden Gestaltungsmacht.

Für Deutschland wie für seine Nachbarn bleibt die »deutsche Frage« die nach der Verträglichkeit des Gewichts Deutschlands mit der politischen Ordnung Europas. Unter den Bedingungen der neunziger Jahre geht es dabei um Gegenmachtbildungen und Kooperationsvorbehalte innerhalb eines Verflechtungsraumes, die die Handlungsfähigkeit der gemeinsamen Institutionen schwächen und die Effizienz und damit den Nutzen der Integration mindern könnten. Beide Folgen würden der deutschen Interessenlage einer möglichst effektiven Nutzung des Gemeinschaftsrahmens widersprechen. Die deutsche Europapolitik sollte daher bestrebt sein, Balancekalküle dieser Art durch Integration zu unterlaufen. Dabei sind im Blick auf die größere Europäische Union Zielkonflikte nicht auszuschließen: Dem Bemühen, die eigene Macht in der der Gemeinschaft aufgehen zu lassen, steht bisher die machtpolitische Begrenztheit der Union entgegen. Zugleich dürfte sich aus den künftigen Verteilungsentscheidungen und Strukturanpassungen ein zunehmender Bedarf an politischer Führung ergeben, der auch sichtbar zu machen wäre. Wenn Deutschland also eine Führungsrolle in der Union übernehmen müßte, um seine Gestaltungsinteressen zu sichern, wäre die Diffusion seiner Macht nicht die geeignete Strategie. Vielmehr müßte es im Interesse deutscher Integrationspolitik liegen, die Akzentuierung von Führungsrollen frühzeitig im Gemeinschaftskonsens zu verankern und Partner in der Führung zu gewinnen, die nicht allein dem Kreis der großen Mitgliedstaaten angehören sollten.

Ein wichtiger Teil dieser konstellationsbezogenen Interessenlagen in der Europapolitik betrifft die Position Deutschlands in der Frage der Ost-Erweiterung der EU. Über die weiter unten skizzierten Optimierungsinteressen hinaus liegt in der Realisierung der Öffnung der Union gegenüber den neuen Demokratien ein spezifisch deutscher Vorteil: Eine nach Osten erweiterte Union wendet die Kooperationsstruktur, die sich für Deutschland im Verhältnis zum Westen als so erfolgreich erwiesen hat, auf die östliche Nachbarschaft an. Angesichts der offensichtlichen Attraktion Deutschlands für Mittel- und Osteuropa und des deutlich fühlbaren politischen Gewichts der deutschen Leistungsfähigkeit bietet die Integration die Chance, Widerstände und Kooperationsreserven sowohl im Westen – zur Kontrolle einer quasi-hegemonialen Position Deutschlands – als auch im Osten – als Kompensation perzipierter Inferiorität – integrativ zu minimieren, wenn nicht gar aufzuheben. Die Aktualisierung historischer Wahrnehmungsmuster in Mittelosteuropa legt es nahe, die Erfahrung der Aussöhnung im Westen, exemplarisch in den deutsch-französischen und deutsch-niederländischen Beziehungen, auf die östliche Nachbarschaft und speziell auf die deutsch-polnischen und deutsch-tschechischen Beziehungen zu übertragen.

Prioritäten in der Erweiterung

Aus dieser Erwartung resultiert jedoch keineswegs eine generelle Ausdehnung der EU, sondern eher eine abgestufte Prioritätensetzung. Vorrangig und im unmittelbaren Interesse liegend wäre eine Erweiterung um Polen und die Tschechische Republik, sodann um Ungarn und die Slowakei. Die Aufnahme weiterer Staaten, die die Bundesregierung ebenfalls prononciert vertritt, erscheint demgegenüber von mittelbarem Interesse. Die Realisierung der Ost-Erweiterung würde ein Paradigma aufheben, dessen Ausdeutung in der Vergangenheit eher konfliktverschärfend gewirkt hat: Die »Mittellage« Deutschlands, deren Brisanz in der politisch-kulturellen Differenz der jeweiligen Nachbarschaft lag, wäre in eine Zentrallage gewandelt,[4] die sich in mehreren Dimensionen geltend machen würde:

- Bedingt durch seine Wirtschaftskraft wie auch durch den Positionswandel anderer Akteure (etwa Italiens) wäre Deutschland in einer erweiterten EU in mehr Räumen als relevante Größe präsent als jeder der anderen großen Mitgliedstaaten: im Ostseeraum, in Mittelosteuropa, im alten Kern Westeuropas, aber auch im Süden der Union.
- Die Fortentwicklung der Integration trifft in Deutschland insgesamt auf geringere innenpolitische Widerstände bzw. verhält sich kompatibler zur eigenen Rollendefinition als in anderen großen Mitgliedstaaten, wenngleich das Maß diffuser Akzeptanz der Integration auch in Deutschland zurückgegangen ist.
- Die Positionen und Präferenzen Deutschlands sind für eine größere Zahl von Themen auf der europäischen Agenda relevanter als die der meisten anderen Mitgliedstaaten.

Die Bundesrepublik wird damit noch mehr als bisher zu einem gesuchten Partner in der Realisierung von Integrationszielen. Möglicherweise wird sich diese Attraktion Deutschlands als das wirksamste Instrument zur Kontrolle derjenigen Balancekalküle erweisen, die eine als hegemonial perzipierte Position Deutschlands auszugleichen suchen.

Spezifische Integrationsinteressen

Erweiterung und Vertiefung der Europäischen Union sind Zielsetzungen, die dem jahrzehntelangen Anliegen der deutschen Europapolitik Rechnung tragen: die Dynamik des Integrationsprozesses durch weitergehende Ambitionen aufrechtzuerhalten. In diesem Sinne liegt in der Erweiterung der Union die große Vision der Europapolitik: das Prinzip der Integration auf das ganze demokratische und integrationsbereite Europa auszudehnen und damit gewissermaßen die Gründungsidee der Integration im größtmöglichen Kreis zu realisieren. Für das an Stabilität und Offenheit im Verhältnis zu seinen vielen Nachbarn besonders interessierte Deutschland ist diese Zielsetzung

---

4 Bis dahin besteht auch für das vereinte Deutschland das Dilemma von Größe und Lage fort. Vgl. Hans-Peter *Schwarz*, Das deutsche Dilemma, in: *Kaiser/Maull*, a.a.O. (Anm. 2), S. 81-97.

eine nahezu idealtypische Verlängerung der eigenen Interessen auf die europäische Ebene.

Gleichwohl sollten die spezifischen Interessen an Erweiterung und Vertiefung nicht aus dem Blick geraten, denn in beiden Feldern lassen sich für die deutsche Politik konkrete Präferenzen benennen, die in der Verfolgung der Vision eines geeinten Europa von Belang sein werden. In der Weiterentwicklung des Binnenmarktes und der Wirtschaftsgemeinschaft sollte aus deutscher Sicht die Optimierung des Nutzens im Vordergrund stehen. Nach einer Phase der Deregulierung und der Marktöffnung stehen künftig Entscheidungen über eine Ordnungspolitik für den Binnenmarkt an, die auch soziale und ökologische Aspekte einbeziehen. Wenngleich unter den Anhängern von Freihandel und reiner Marktwirtschaft wenig geliebt, wird infolge der globalen Marktöffnungsstrategien die Wahrung der öffentlichen Güter zum Thema werden. Ohne entsprechendes Regelwerk auf europäischer Ebene dürfte eine Umsetzung europäischer Interessen auf globaler Ebene, etwa im Rahmen der Welthandelsorganisation (WTO), schwierig werden.

Das Optimierungskalkül sollte daneben auch die Folgefragen des Binnenmarktes einbeziehen. Eine gemeinsame Asyl- und Einwanderungspolitik würde nicht nur die innenpolitischen Schwierigkeiten mit diesen Fragen gewissermaßen europäisch aufheben, sondern wäre zugleich eine Konsequenz des Abbaus der Binnengrenzen und der Freizügigkeit im Binnenmarkt. Ähnlich gelagerte deutsche Interessen liegen im Bereich der inneren Sicherheit.

Institutionell ist das Leitbild einer weiterentwickelten EU in Deutschland das einer handlungsfähigen Gemeinschaft, deren Legitimität nicht allein aus ihren Ergebnissen, sondern auch aus der demokratischen Qualität ihrer Verfahren resultiert. Damit auf dem Weg nach Europa die Demokratie nicht verloren gehe, hat das Bundesverfassungsgericht in seinem Urteil zum Maastrichter Vertrag die politischen Akteure auf die Wahrung demokratischer Normen in der Vertiefung verpflichtet.[5] In der deutschen Sicht ist darüber hinaus die Akzeptanz der Union auch als Folge ihrer Transparenz verstanden worden.

Wichtige Optimierungsinteressen besitzt Deutschland schließlich auch in der Effizienz des gemeinsamen Handelns, insbesondere angesichts des in den letzten Jahren stark gestiegenen deutschen Finanzbeitrags. In den zurückliegenden Phasen der Gemeinschaftsentwicklung haben sich die finanziellen Ressourcen der Bundesrepublik häufig als konfliktentscheidender Machtfaktor der deutschen Europapolitik erwiesen – so etwa noch 1988, als die Verwirklichung des Binnenmarktprogramms am Konflikt über die Verdopplung der Strukturfondsmittel zu scheitern drohte. Künftig wird Deutschland angesichts schwindender eigener Mittel die Politik der »Paketlösungen« und des »Zukaufs« der fehlenden Zustimmung nur noch im Ausnahmefall unterstützen wollen und deshalb härter verhandeln müssen. Daraus resultiert eine

5 Vgl. Hans Hugo *Klein*, Maastrichter Vertrag und nationale Verfassungsgerichtssprechung (Konrad-Adenauer-Stiftung, Interne Studien und Berichte, Nr. 66), Sankt Augustin 1993.

Präferenz zugunsten der Stärkung des institutionellen Rahmens und der Ausdehnung von Mehrheitsentscheidungen.

Die Gestaltungsinteressen Deutschlands in bezug auf Mittelosteuropa und auf die Erweiterung der EU gehen über die griffige Formulierung des Bundespräsidenten Roman *Herzog* hinaus, derzufolge der Westen seine östliche Nachbarschaft stabilisieren müsse, damit diese nicht den Westen destabilisiere.[6] Die Reformstaaten benötigen aus deutscher Sicht den wirtschaftlichen Erfolg ihrer Transformationspolitik, da sonst die Externalisierung der Kosten und der sozialen Spannungen zu Migrationsschüben, wachsender Kriminalität und einer Nationalisierung der Europapolitik führen könnte. Zugleich werden die Wirtschaften Mittelosteuropas als Märkte und Produktionsstandorte zum Wettbewerbsfaktor Europas in der Weltwirtschaft. Durch ihre Nähe erzeugen sie insbesondere in Deutschland zusätzlichen Modernisierungsdruck. Das Regelwerk von Assoziierung und Erweiterung wird in diesem Kontext zum Instrument der Vorsorge gegen Tendenzen des Sozial- oder Umwelt-Dumpings[7], die für Deutschland wegen der direkten Nachbarschaft schwierigere Probleme aufwerfen würden als vergleichbare Entwicklungen etwa in Ostasien. Zum Erfolg der Transformation gehört deshalb aus deutscher Sicht die Integration in den europäischen Binnenmarkt.

Politisch liegt das Interesse Deutschlands in der demokratischen Stabilisierung seiner östlichen Nachbarschaft. Sie ist nicht nur eine notwendige Komponente des wirtschaftlichen Modernisierungsprozesses, sondern auch eine Voraussetzung für die Entwicklung einer pluralen politischen Kultur, welche die mit der Integration verbundene Internationalisierung von Wirtschaft und Gesellschaft tragen und vermitteln kann. Eine konkrete Erweiterungsperspektive kann hierzu einen wichtigen Beitrag leisten.

In der Summe ergibt sich ein spezifisches Interesse Deutschlands am Erfolg der Ost-Erweiterung. Die Parallelität von Erweiterungs- und Vertiefungsinteressen unterscheidet die deutsche Position von der anderer Mitgliedstaaten. Da kein straffer Zeitrahmen für die Weiterentwicklung des Maastrichter Vertrages realistisch erschien, hat sich die deutsche Politik für eine Strategie der gleichzeitigen Forcierung beider Zielsetzungen entschieden und damit einen dritten Weg zwischen den Positionen Frankreichs und Großbritanniens eingeschlagen. Doch keine der bisherigen Erweiterungsrunden ist diesem Muster gefolgt; vielmehr haben die Erweiterungen zumeist erst den nötigen politischen Druck für eine Anpassung von Strukturen und Entscheidungsprozessen erzeugt. Die deutsche Europapolitik kann somit zwar darauf setzen, daß eine Forcierung der Erweiterung günstigere Voraussetzungen zur Umsetzung

6 Vgl. Roman *Herzog*, Die Globalisierung der deutschen Außenpolitik ist unvermeidlich. Rede des Bundespräsidenten beim Festakt zum 40. Jahrestag der Gründung der Deutschen Gesellschaft für Auswärtige Politik am 13.3.1995 in Bonn, abgedruckt in: *Bulletin* (Presse- und Informationsamt der Bundesregierung), Nr. 20, 15.3.1995, S. 161-165; hier S. 163.

7 Zum Umgang mit Umwelt-Dumping vgl. aus wirtschaftswissenschaftlicher Sicht den Beitrag von Eberhard *Feess* und Ulrich *Steger* in diesem Band.

der deutschen Vertiefungsinteressen schafft. Allerdings müssen dann diese Vertiefungsinteressen bereits auf die Erfordernisse einer Europäischen Union mit 27 oder mehr Mitgliedern bezogen werden, müssen die Folgen der Erweiterung frühzeitig abgeschätzt werden.

Politische und institutionelle Folgen der Erweiterung

Das Szenario einer EU im »XXL-Format« läßt sich bereits heute recht eindeutig umreißen.[8] Es ist in seinen Auswirkungen mit keiner der bisherigen Erweiterungen vergleichbar, sondern verändert die Grundlage der Integrationspolitik radikal.

Mit der Erweiterung um drei Staaten der Europäischen Freihandelsassoziation (EFTA) – Österreich, Schweden und Finnland – im Jahr 1995 ist die Union näher an die für das künftige Gefüge Europas kritischen Räume gerückt: an den Ostseeraum von Dänemark bis zum Baltikum und an den südosteuropäischen Raum von Ungarn bis nach Griechenland. Alle drei neuen Mitglieder teilen weitgehend Deutschlands besonderes Interesse an der Stabilisierung der Nachbarn durch die EU, selbst wenn diese auf Jahre hinaus noch nicht zum Kreis der Mitglieder gehören.

Im Mittelmeerraum stehen mit Malta und Zypern zwei Kandidaten bereit, denen die Aufnahme von Beitrittsverhandlungen bereits zugesagt worden ist. Ihre Mitgliedschaft wirft wenige, doch nicht unbedeutende Probleme auf. Malta und Zypern sind zu Finanzplätzen für »schwarzes« Kapital geworden, das von dort aus »gewaschen« seinen Weg in die EU nehmen könnte. Zypern würde nur mit dem griechischen Teil beitreten, woraus weitere Entscheidungsblockaden der EU resultieren könnten. Beide Staaten würden zudem die »Zwergstaatenproblematik« im institutionellen Geflecht der Integration verschärfen, da mit ihrem Beitritt bereits drei Mitglieder mit erheblich geringerer Ausdehnung und Bevölkerung institutionelle Berücksichtigung finden müßten.[9]

Ab dem Ende des Jahrzehnts könnten dann diejenigen Staaten Mitglieder werden, denen die Europa-Abkommen den Beitritt eröffnen. Entsprechend den Zusagen der Gipfelerklärung von Madrid aus dem Jahr 1995 wird die Aufnahme von Beitrittsverhandlungen wohl im zeitlichen Kontext mit der sogenannten »zweiten Süd-Erweiterung« erfolgen. Zu einer ersten Welle dürften Polen, die Tschechische Republik und Ungarn gehören, aus politischen Gründen wohl ergänzt um die Slowakei, sofern die dort sichtbaren politischen, verfassungsrechtlichen und ethnischen Konfliktlagen zumindest annähernd überwunden werden können. Für diesen Kreis sind die Motive zur Aufnahme von Verhandlungen am stärksten, da sie in der Umsetzung der

8 Vgl. ausführlicher *Janning*, Tendenzen politischer Integration in Europa. Szenarien, Gestaltungsoptionen und Konfliktpotentiale der europäischen Politik, in: Jürgen *Nötzold* (Hrsg.), Wohin steuert Europa? Erwartungen zu Beginn der 90er Jahre (Internationale Politik und Sicherheit, Band 39), Baden-Baden 1995, S. 107-143.

9 Die Problematik würde sich fortsetzen, wenn mit Slowenien und den baltischen Staaten weitere kleine Staaten mit geringer Bevölkerung beitreten sollten.

Europa-Abkommen am weitesten vorangeschritten sind.[10] Bulgarien und Rumänien wenden die Assoziierungsabkommen bereits an, doch ihre Reformbilanz bleibt hinter den sogenannten »Visegrád-Staaten« – Polen, Ungarn, Tschechische Republik und Slowakei – zurück. Andere Staaten mit gegenwärtig guten Transformationserfolgen, wie Estland oder Slowenien, kommen wegen ihrer spezifischen Lage ebenfalls wohl erst für eine weitere Welle in Betracht. Ob die beiden übrigen baltischen Staaten gleichzeitig mit Estland beitreten, kann sich anhand ihres Reformprofils entscheiden. Zwar wäre ein gemeinsamer Beitritt der drei Staaten zweckmäßig und für die Anwendung der EU-Grenzregime vorteilhaft, doch könnte ein »Vorreiterabschluß« mit einem Land auch im Blick auf die Vermittlung dieses Schrittes gegenüber Rußland den Prozeß erleichtern. Der Beitritt Sloweniens dagegen ist von der Entwicklung im übrigen ehemaligen Jugoslawien insoweit zu trennen, als keine nachteiligen Wirkungen des Konflikts zu erwarten sind.

Diese Stufen der Erweiterung von 15 auf 27 Mitglieder beschreiben die potentielle Reichweite der EU noch nicht abschließend. Im weiteren Prozeß ist eine Überprüfung bisheriger Entscheidungen durch die Schweiz (mit Liechtenstein) und Norwegen zu erwarten, die im positiven Fall auch eine Entscheidung Islands zum Beitritt herbeiführen dürfte. Diese Staaten sind in hohem Maße beitrittsfähig und mit der EU durch den Europäischen Wirtschaftsraum (EWR) – bzw. im Fall der Schweiz durch eine EWR-äquivalente Praxis – eng verflochten.

Eine weitere Gruppe möglicher künftiger Mitglieder bilden die nichtassoziierten südosteuropäischen Staaten.[11] Wenn die Friedensregelungen für Bosnien-Herzegowina wirksam implementiert sind und Schritte über einen »kalten Frieden« hinaus möglich werden, stellt sich für Kroatien die Entscheidung zwischen zwei Handlungsmustern: einer nationalen Option, gestützt durch westliche Stabilitätstransfers zur Absicherung des Gleichgewichts mit Serbien, und einer europäischen Option, begünstigt durch die Erwartung zusätzlicher Entwicklungsanreize und Stabilitätsleistungen in der Folge einer Annäherung. Auch für die Bundesrepublik Jugoslawien (Serbien/Montenegro) existiert eine europäische Option, zumal die EU-Staaten an einer Zementierung des Pariah-Status dieses Landes nicht dauerhaft interessiert sein können. Die mit Kroatien und der Bundesrepublik Jugoslawien politisch verbundenen Eliten in Bosnien-Herzegowina dürften den Entscheidungen in Zagreb und Belgrad folgen, da der Bedarf an externer Stabilisierung dort deutlich höher eingeschätzt wird. Um die Frage der Nähe zur EU nicht zum Sprengsatz zwischen Kroaten, Muslimen und Serben werden zu lassen, sollten die EU-Mitglieder das Verhältnis Bosnien-Herzegowinas zur Union aktiv mitbestimmen.

---

10 Zum bisherigen Verfahren vgl. Roland *Freudenstein*, Die neuen Demokratien in Ostmitteleuropa und die Europäische Union, in: Karl *Kaiser*/Hanns W. *Maull* (Hrsg.), Deutschlands neue Außenpolitik, Band 2: Herausforderungen, München 1995, S. 103-119. Zum aktuellen Stand vgl. die jährlichen Berichte zum Stand der Integrationsfähigkeit, zuletzt: Werner *Weidenfeld* (Hrsg.), Mittel- und Osteuropa auf dem Weg in die Europäische Union. Bericht zum Stand der Integrationsfähigkeit, Gütersloh 1995.

11 Vgl. zum Folgenden die Analyse von Klaus *Becher*, Nationalitätenkonflikte auf dem Balkan, in: *Kaiser*/*Maull*, a.a.O. (Anm. 10), S. 137-155.

Im Blick auf Albanien und Mazedonien sind für die EU keine wesentlichen Faktoren zu erkennen, die eine Integration dieser Staaten dauerhaft ausschließen würden. Mit einer Zivilisierung der Bundesrepublik Jugoslawien erhielte die wesentliche externe Variable der albanischen Integrationsperspektive ein positives Vorzeichen. Aus der Entwicklung eines neuen Modus vivendi für die Albaner im Kosovo zöge auch Mazedonien Nutzen. Das Spannungsverhältnis zu Griechenland und die bisherigen Stolpersteine der Anerkennung und schrittweisen Integration sind überwindbar, so daß von der Entwicklung einer auf Europa bezogenen Außenpolitik Mazedoniens im Lauf der kommenden Jahren auszugehen ist.

In bezug auf die Ukraine und die Türkei werden dagegen die integrationsausschließenden Faktoren überwiegen. Unter den drei großen slawischen Republiken ist die EU-Option wohl nur für die Ukraine interessant, und auch für diese möglicherweise überwiegend aus einem taktischen Kalkül der Bewahrung nationaler Souveränität, was bereits Probleme für die EU aufwirft. Zwar entspricht es nicht der gegenwärtigen Politik der EU und ihrer Mitgliedstaaten, die Anerkennung einer russischen Einflußzone zu betreiben, doch signalisiert die Kluft zwischen rhetorischer Bekräftigung ukrainischer Eigenständigkeit und faktischer Unterstützung des in seiner Energiebasis (und damit maßgeblich auch in seiner Modernisierungsfähigkeit) völlig von Rußland abhängigen Landes die schweigende Anerkennung einer Trennlinie zwischen der Ukraine und ihren westlichen Nachbarn. Weißrußland befindet sich bereits heute auf dem Weg der Reintegration mit Rußland unter Aufgabe einer eigenständig definierten Außenpolitik.

Die Türkei stößt mit der Herstellung der Zollunion an die Grenze ihrer Integrationsfähigkeit. Zwar ist die türkische Beitrittsoption formal nicht weniger verbindlich als die der mittelosteuropäischen Reformstaaten, und die Zollunion wird die Verflechtung der Außenwirtschaft mit der EU weiter vergrößern; dennoch stehen gewichtige Gründe gegen eine Mitgliedschaft des Landes: rasches Bevölkerungswachstum verbunden mit erheblichen Modernisierungsproblemen, anhaltende Instabilität von Demokratie und Rechtsstaatlichkeit sowie eine zunehmend islamische Prägung der politischen Entwicklung. In ihrer Entscheidung wird die EU abwägen müssen zwischen den negativen, regressiven Folgen der endgültigen Zurückweisung einer türkischen Mitgliedschaft und den Möglichkeiten der Entwicklung der Türkei zum Stabilitätsproduzenten in ihrer zentralasiatischen und nahöstlichen Nachbarschaft.

Die maximal zu erwartende Reichweite der Europäischen Union umfaßt mithin 35 Staaten; 20 davon könnten im Ergebnis dieses Szenarios im Lauf der kommenden 15 bis 20 Jahre über die verschiedenen Zwischenstufen der Annäherung als neue Mitglieder zur EU stoßen. Außerhalb dieses Kreises verblieben dann nur diejenigen Staaten im Übergangsraum von Europa nach Asien, deren politisch-kulturelle Verfaßtheit bzw. deren Statusansprüche und Größenordnung eine Mitgliedschaft unmöglich oder unattraktiv erscheinen lassen.

Die Realisierung dieses Szenarios bedeutet auch, daß sich die EU über die kommenden 20 Jahre hinweg in einem Prozeß andauernder Wandlung, Anpassung und Neuausrichtung befinden wird, dessen Dimension die Folgen der Nord- und Süd-

Erweiterungen in den siebziger und achtziger Jahren erheblich übersteigen wird. Dabei wird sich beinahe zwangsläufig eine variable politische Geometrie ergeben, diktiert von den Eigenarten der Beitrittsaspiranten und von den Fahrplänen der Übernahme und Anwendung des *acquis communautaire* der Union. Die Schlüsselfrage in der Entscheidung über Realisierbarkeit und Wünschbarkeit dieser Perspektive betrifft deren Kompatibilität mit der Bewahrung der Stabilität, der Leistungsfähigkeit und der Kalkulierbarkeit des Integrationsprozesses.

Strategischer Szenenwechsel der Europapolitik

Für die Europapolitik und die europapolitischen Strategien der Mitgliedstaaten bedeutet die Umsetzung dieser Perspektive einen umfassenden Szenenwechsel. Die europäische Integration wird nach innen und nach außen mit neuen Problemstellungen konfrontiert, die sich mit den bisher praktizierten Konzepten und durch die heute bestehenden Institutionen nicht adäquat verarbeiten lassen. Ohne nüchterne Analyse und die Bereitschaft zu umfassender Anpassung wird das strategische Ziel dieses Szenarios verfehlt, das zugleich das Grundmotiv der europäischen Einigung seit ihren ersten Anfängen ist: das Prinzip der Integration für das gesamte freie und demokratische Europa verbindlich zu machen.

Mit dem Verschwinden des Systemantagonismus in Europa bedarf auch die europäische Integration einer Neubestimmung ihres Gehalts. Nach innen ist die Vertragsreform von Maastricht zum Fixpunkt der Legitimationsbemühungen geworden, auch wenn sie in ihrem Ursprung nicht darauf angelegt war. Nach außen entspricht diesem Vorgang die Fähigkeit der EU zur Ausdehnung im gesamteuropäischen Kontext. Die Stabilität Mittelosteuropas hängt von der Integrationsperspektive der Staaten dieser Region in die EU ab. Ohne die erfolgreiche Integration der fortgeschrittenen Staaten aus der Visegrád-Gruppe erscheint die Aufnahme weiterer Mitglieder aus dem Südosten Europas oder dem Baltikum kaum vorstellbar. In diesem Sinne entscheidet sich mit jeder Stufe im Prozeß der Erweiterung zugleich auch die Tragfähigkeit des Ordnungsmodells der Integration für Gesamteuropa.

Unter den materiellen Folgen dieses Szenenwechsels steht die Reform der Subventionsregime der Integration an erster Stelle, verbunden mit einer Neuverhandlung des Finanzrahmens der EU-Politiken. Eine Verlängerung der Gemeinsamen Agrarpolitik auf den Rahmen einer auf mehr als 20 Mitglieder erweiterten Union würde die Systemlogik der bisherigen Politik überdehnen.[12] Zugleich würde sie die Konfliktlage zwischen Nettoempfängern und Nettozahlern in der EU verschärfen, nicht nur aufgrund der absoluten Höhe der notwendig werdenden Transfers, sondern auch durch die Herausbildung konkurrierender Empfängerpositionen. Ähnliche Herausforderungen stellen sich im Bereich der Strukturfonds, wenn mit der Erweiterung praktisch der gesamte Beitrittsraum in den Genuß umfassender Förderung kommt. Mit dem Zuwachs der Aufwendungen dürften zugleich die Effizienzprobleme der

12 Vgl. Richard E. *Baldwin*, Towards an Integrated Europe, London 1994.

Förderungsprogramme selbst wachsen, da in den neuen Mitgliedstaaten ähnlich der südlichen Peripherie dezentral angelegte und effektiv operierende politische Handlungsebenen weitgehend fehlen.

Insbesondere vor dem Hintergrund einer abnehmenden Konsensbasis über die Grundlagen der EU-Politik und einer Auffächerung der Interessenlagen wird diese neue Qualität der Verteilungsentscheidungen den politischen Prozeß komplizieren. Die wachsende Kluft zwischen den Leistungsfähigkeiten der einzelnen Mitgliedstaaten dürfte tendenziell zur Zunahme der Leistungserwartung an die Gemeinschaftsebene führen. Diese Perspektive verweist auf Schranken der Handlungsfähigkeit in der Europapolitik: Die Logik des gemeinschaftlichen Interessenausgleichs versagt, wenn die Kosten der Integrationspolitik zum dauernden Streitfall zwischen den bisherigen und den künftigen, zwischen den reichen und den ärmeren und, letztlich, auch zwischen den größeren und den kleineren Mitgliedstaaten werden. Es liegt im Interesse der heutigen wie der künftigen Mitglieder, dieses Konfliktpotential aufzulösen: Einerseits müssen die jetzigen Mitglieder vermeiden, in die »Beitragsfalle« zu tappen, andererseits läuft die Blockierung der Union in diesen Bereichen den elementaren Beitrittsinteressen der mittelosteuropäischen Staaten entgegen.

Anders gelagerte, doch im Ergebnis vergleichbare Folgewirkungen ergeben sich für die Politik der EU nach außen. Die Erweiterung würde – sieht man von der Zwischenlage der Ukraine ab – insofern ein Europa ohne Pufferzonen schaffen, als sie einen Teil der Sicherheitsproblematik auf das Innenverhältnis der Mitgliedstaaten in der Union überführt. Nach Süden und Südosten grenzte eine große Europäische Union unmittelbar an den arabisch-islamischen Staatengürtel, während sie im Osten von der Barentssee bis zum Schwarzen Meer zum direkten Nachbarn Rußlands bzw. des russisch dominierten Raumes würde. Auf absehbare Zeit wird dieser Raum der ehemaligen Sowjetunion nach anderen Normen, Prinzipien und Verfahren regiert werden als die Staaten der Europäischen Union, werden die Einwirkungsmöglichkeiten westlicher Politik auf die inneren Verhältnisse Rußlands eher gering bleiben. Beide Faktoren sprechen jedoch zugleich für eine kalkulierte Kooperation.[13] Berücksichtigt man das ökonomische Gefälle entlang dieser Grenze und die bereits heute bestehenden Migrations- und Kriminalitätsrisiken,[14] so erscheint die Herausbildung neuer Trennlinien in Europa als faktisch unvermeidliche Konsequenz der Erweiterung. Aus dieser Lage ergeben sich für die Europäische Union ungelöste Strategiefragen, die sich bei einer Erweiterung nur um die Visegrád-Staaten nicht oder nicht in dieser Schärfe stellen würden: nach der Stabilisierung der Grenzregionen und den Perspektiven grenzüberschreitender Kooperation, nach der inneren Sicherheit, nach der Akzeptanz der politischen, wirtschaftlichen und sicherheitspolitischen Integration der baltischen Staaten in EU, WEU oder NATO, nach der Gestaltung ungeteilter Sicherheit und der Regelung von Minderheitenkonflikten im Grenzraum zwischen der EU und Rußland.

---

13 Vgl. Heinrich *Vogel*, Rußland als Partner der europäischen Politik, in: *Frankfurter Allgemeine Zeitung (FAZ)*, 29.2.1996.

14 Vgl. Hans-Georg *Wieck*, Transnationale Gefährdungen der internationalen Sicherheit, in: *Kaiser/Maull*, a.a.O. (Anm. 10), S. 225-237; ferner die Beiträge von Steffen *Angenendt* und Hans *Neusel* in diesem Band.

Die strategischen Konsequenzen eines Europa ohne Pufferzonen sind bisher kaum durchdacht.[15] Eine Regelung der genannten Fragen scheint weder gegen die unmittelbar betroffenen Anrainerstaaten, noch ohne die zentrale Mitwirkung der westeuropäischen Staaten über die Institutionen der EU möglich zu sein. Die Intensivierung der europäischen Ostpolitik erübrigt sich nicht mit der Realisierung der Ost-Erweiterung, sondern dürfte Teil der Absicherung dieses Prozesses und wichtiger Bestandteil einer Partnerschaftsstrategie gegenüber Rußland werden, die bisher fast ausschließlich in bezug auf die sicherheits- und verteidigungspolitische Integration Mittelosteuropas konzipiert wird.

Institutionelle Folgen der Erweiterung

Ohne eine Anpassung der Entscheidungsverfahren würde die Erweiterung der Europäischen Union zur Entscheidungsunfähigkeit führen: Was die EU einerseits an materiellem und politischem Gewicht gewinnen würde, dürfte sie auf der anderen Seite durch die Überdehnung ihrer Prozesse verlieren.[16] Sollte die Erweiterung zur institutionellen Blockade von Problemlösungen und Interessenausgleich führen, wäre das »Ende der Regierbarkeit« erreicht. Eine Delegitimierung der Integration wäre die Folge.

Bislang konnte sich die materielle und institutionelle Entwicklung des Integrationsprozesses auf den Grundkonsens einer Mehrheit der Mitgliedstaaten stützen. In der Tendenz verlief sie hin zu einer deutlicheren Ausgestaltung der supranationalen Elemente: Der Kompetenzbereich wurde erweitert, die Bereiche der Mehrheitsentscheidung wurden ausgedehnt, die intergouvernementalen Kooperationsbereiche wurden institutionalisiert. Solange und soweit die materiellen und ordnungspolitischen Interessen der Mitgliedstaaten aus der Sicht der Akteure innerhalb der Gemeinschaft besser zu realisieren waren als außerhalb, funktionierte das politische System der Integration. Das gegenwärtige politische System der Europäischen Union, das in wesentlichen Zügen der Sechsergemeinschaft entstammt, hat jedoch bereits heute eine Größe erreicht, in der die Prozeßbedingungen den Output des politischen Systems eingrenzen und die Frustrationskosten für die handlungswilligen Mitgliedstaaten erhöhen. Es wäre erst recht nicht der geeignete Rahmen, in dem 27 oder mehr Staaten ihre gemeinsamen Interessen in wirksames politisches Handeln umsetzen könnten. Eine lineare Ausdehnung der Institutionen würde die Effektivität des Europäischen Parlaments und der Europäischen Kommission untergraben und den Europäischen Rat schwächen, nicht nur durch den gesteigerten Zeitaufwand der bisherigen Verfahren, sondern auch durch die Verschärfung der Ungleichgewichte zwischen großen und kleinen Mitgliedern, wodurch die Tendenz zunehmen würde, daß viele Verhinderungsmacht besitzen, doch kaum Gestaltungsmehrheiten zusammenfinden.

15 Vgl. Alexander *Rahr*, Rußland in Europa, in: *Kaiser/Maull*, a.a.O. (Anm. 10), S. 121-136.

16 Vgl. zum Folgenden *Janning*, Politische und institutionelle Konsequenzen der Erweiterung, in: Werner *Weidenfeld* (Hrsg.), Reform der Europäischen Union. Materialien zur Revision des Maastrichter Vertrages 1996, Gütersloh 1995, S. 265-280.

Schon die früheren Erweiterungsrunden hatten die Grenzen des Grundkonsenses klarer zutage treten lassen. Die künftigen Erweiterungen werden die Entscheidungsprozesse weiter schwächen. Abnehmende Leistungsdichte könnte zur Zunahme zentrifugaler Tendenzen führen; eine Verstetigung von Konfliktkonstellationen müßte zur Fraktionierung oder Lagerbildung beitragen; mangelnde Steuerungs- und Entscheidungsfähigkeit der Institutionen würde die Machtkonkurrenz beleben. Um der Gefahr einer Fragmentierung der Europäischen Union entgegenzuwirken, erscheint eine Präzisierung der Entscheidungsverfahren erforderlich.

Diese Skizze der Folgen legt nahe, die Bruchstelle des überdehnten Systems im Rat der Union zu sehen, dessen Doppelrolle als Forum der Mitgliedstaaten und als zentrales Gesetzgebungsorgan den Ankerpunkt des institutionellen Gefüges bildet. Sollten alle künftigen Teilnehmer auf ihre protokollarische Gleichbehandlung pochen, würden sich nach den heutigen Regeln die Sitzungszeiten im Rat erheblich verlängern. Noch folgenreicher dürfte sein, daß der Turnus der Präsidentschaften für jeden Mitgliedstaat auseinanderfiele und kaum noch einen politischen Zusammenhang der Ratspräsidentschaften zuließe. Innergemeinschaftlich wenig erfahrene Regierungen würden mehr als die Hälfte der Präsidentschaften stellen. Gleichzeitig würde die Rotation ohne Ansehen des Gewichts und des Einflusses der Mitgliedstaaten die internationale Stellung der Union und die Glaubwürdigkeit ihrer Politik schwächen. Hinzu kommt, daß Neumitglieder und kleinere Staaten durch die Präsidentschaft übermäßig belastet oder sogar überfordert werden könnten. Das Verbleiben im Status quo würde somit zu einer Aufwertung der zeremoniellen Rolle der Präsidentschaft führen, politische Führung würde gleichzeitig in den vor- oder außergemeinschaftlichen multilateralen Bereich verlagert.

In machtpolitischen Kategorien gehen die Erweiterungsfolgen für die Ebene des Rates über diesen prozeduralen Charakter weit hinaus. Die zu erwartenden Interessenkoalitionen und politischen Präferenzen werden die Machtbalance in der Gemeinschaft verschieben, zumindest aber zum politischen Thema aufwerfen und damit die latente Machtkonkurrenz in der Integration forcieren. Im Zuge der Erweiterung wird die EU immer weniger über einstimmig zu fassende Beschlüsse zu regieren sein. Das bisherige Verfahren der qualifizierten Mehrheitsentscheidung weist jedoch ebenfalls Defizite auf, die sich im Zuge der Erweiterung weiter zuspitzen werden. Zentraler Schwachpunkt ist die Stimmgewichtung, die für eine Gemeinschaft mit sechs Mitgliedern entwickelt wurde und nur durch den wachsenden Konsens unter den den Kern der Union bildenden Mitgliedstaaten bewahrt werden konnte.[17] Sie wird den Proportionen einer erweiterten Europäischen Union nicht mehr gerecht. Die Aufnahme zahlreicher kleiner Staaten wird das relative Gewicht der großen Mitglieder in dramatischer Weise mindern und damit die Ausweitung von Mehrheitsentscheidungen faktisch verhindern, da die Balance zwischen der Gleichrangigkeit der Mitglieder

17 Vgl. hierzu die systematischen, aber zum Teil recht ökonomistisch geratenen Analysen und Modellrechnungen von Claudia *Wilming*, Institutionelle Konsequenzen einer Erweiterung der Europäischen Union. Eine ökonomische Analyse der Entscheidungsverfahren im Ministerrat, Baden-Baden 1995.

als souveräne Staaten und ihrer stark unterschiedlichen Größe, Wirtschaftskraft und Finanzbeiträge, kurz: dem Gefälle an politischem Einfluß und an national verfügbarer Macht, verlorengeht.

In der großen Union werden, wenn sie nach den Verfahren der heutigen EU regiert werden sollte, Mehrheiten gegen die Gründerstaaten, gegen die großen Mitgliedstaaten und gegen die Nettozahler möglich sein. Diejenigen, vor allem unter den großen Mitgliedern, deren Strategie prioritär auf die Wahrung der eigenen Rolle und des eigenen Einflusses ausgerichtet ist, werden nach Modifikationen zugunsten einer Festschreibung der Konstellationen einer qualifizierten Minderheit verlangen, so wie dies in der Schlußphase der Erweiterung um die EFTA-Staaten von Großbritannien und Spanien demonstriert worden ist. Dies wiederum berührt die Gestaltungsinteressen derjenigen Mitgliedstaaten, die – wie Deutschland – an der Nutzung des Instruments der Mehrheitsentscheidung interessiert sind. Ihnen muß an der Sicherung der Akzeptanz von Mehrheitsentscheidungen gelegen sein. Zugleich dürften sie eine Reform aus eigenem Interesse befürworten, denn die Mehrheitsfindung wird unter den Vorzeichen der Erweiterung komplizierter werden, selbst wenn es zu keiner Verstärkung der Quoren kommt. Die Konsenserfordernisse zur Erreichung einer Mehrheit nehmen zu und damit die möglichen Kosten von Mehrheitspaketen, die durch die Einbindung zusätzlicher Staaten und durch die Kompensation ihrer Forderungen entstehen. Wenn die deutsche Europapolitik zusätzliche Kostenbelastungen vermeiden will, muß sie an der Bewahrung »realer«, d.h. erreichbarer Mehrheiten interessiert sein.

In dieser Perspektive wird auch die Brisanz eines scheinbar nachgeordneten Themas deutlich. Das bisherige disproportionale System der Stimmenwägung mit seiner Bandbreite von zwei Stimmen für den kleinsten Mitgliedstaat Luxemburg (rund 400 000 Einwohner) und je zehn Stimmen für die vier größten Mitgliedstaaten, darunter Deutschland mit rund 79 Millionen Einwohnern, nimmt durch die Ausdehnung nur noch an Skurrilität zu. Während Staaten bis zu zehn Millionen Einwohnern untereinander annähernd proportional vertreten sind, findet die Nivellierung einseitig zu Lasten der größeren Mitglieder statt. Reichten in der Zwölfer-Gemeinschaft die Stimmen von zwei großen und einem kleinen Mitgliedstaat zur Verhinderung der Mehrheit, so werden es in der »Union der 20« schon drei große und ein kleiner, nach der Ost-Erweiterung sogar vier große und zwei kleine sein müssen. Die Staaten Mittelosteuropas werden mehr Stimmgewicht aufbringen als Großbritannien, Frankreich und Deutschland zusammen. Hierin nur einen möglichen Interessenkonflikt zwischen großen und kleineren Mitgliedstaaten zu sehen, wird dem Problem nicht gerecht; es ist zugleich ein möglicher Konflikt zwischen denjenigen Mitgliedstaaten, die an einer weiteren Vertiefung der Integration interessiert sind, und solchen, die eine derartige Entwicklung verhindern wollen.

Strategische Optionen deutscher Europapolitik

Angesichts der voraussehbaren Folgen der Erweiterung verlangen die Bewahrung der Handlungsfähigkeit und die Regierbarkeit einer großen Europäischen Union nach vertiefter Integration. Es ist nicht erkennbar, wie die Gestaltungsinteressen Deutschlands mit einem vom britischen Ansatz inspirierten Konzept umgesetzt werden könnten. Da bereits die Bewahrung des Status quo nur über Reformen zu erzielen sein wird, liefe die Verweigerung institutioneller Anpassungen im Ergebnis auf eine Renationalisierung der Integration hinaus. In ähnlicher Weise wirft die französische Grundposition, die Ankündigung weitgehender Fortschritte im intergouvernementalen Bereich – insbesondere in den machtsensiblen Feldern der Sicherheits- und Verteidigungspolitik – mit Absagen an die Effektivierung supranationalen Handelns zu verknüpfen, Probleme auf. Es bleibt fraglich, ob die darin liegende faktische Herausbildung eines informellen Direktoriums schon ausreichende Ansatzpunkte für den Zusammenhalt der Union mit sich brächte. Zwar stimmen die französischen Überlegungen an Eckpunkten mit deutschen »Kerneuropa«-Gedanken überein, doch bleibt ein gravierender Unterschied: Während die deutschen Überlegungen auf eine Kernbildung innerhalb einer vertieften Union abzielen und damit eine moderne Interpretation des Modells der abgestuften Integration darstellen,[18] knüpfen die französischen Vorstellungen an das Modell konzentrischer Kreise mit abnehmender Integrationsdichte in den äußeren Ringen an und ordnen den Bereich supranationaler Integration weitgehend nur dem inneren Kreis zu.

Für die deutsche Europastrategie stellt sich deshalb die Frage nach der Überprüfung des eigenen Integrationskonzeptes. Die alte normative Präferenz der Integrationspolitik lief auf die Herausbildung eines europäischen Bundesstaates hinaus, wenn auch nicht vollständig analog zu klassischen Bundesstaatsmodellen. Diese Finalität scheint für die Zukunft praktisch ausgeschlossen zu sein; regressive Tendenzen nehmen sogar zu. Die Reichweite eines linearen Integrationsfortschritts, in dem immer weitere Bereiche einer immer weitergehenden supranationalen Struktur zugeordnet werden, wird sich in der Realisierung der großen Union erschöpfen. Benötigt wird eine neue Mischung von Reformschritten und Differenzierung, die der gewandelten Lage Deutschlands wie auch den Anforderungen an den Integrationsprozeß Rechnung trägt.

Zunehmend kehrt sich die Wirkung des funktionalen *spill-over*, die alte »List der Integration«, gegen die Akzeptanz der Fortentwicklung der EU. Nicht nur in Großbritannien, sondern auch in anderen Mitgliedstaaten wachsen die Vorbehalte gegen den fallweisen Kompetenztransfer auf die europäische Ebene. Selbst in Deutschland sind in der öffentlichen Debatte über den Vertrag von Maastricht und vor allem in den Positionen der Bundesländer Vorbehalte deutlich geworden. Das deutsche

18 Vgl. Wolfgang *Ischinger*/Rudolf *Adam*, Alte Bekenntnisse verlangen nach neuer Begründung. Die deutschen Interessen nach der Wiedervereinigung und ihre außenpolitische Verwirklichung in Europa und der Welt, in: *FAZ*, 17.3.1995.

Integrationskonzept sollte daher künftig in der Neubestimmung der Präferenzen auf eine schärfere Unterscheidung der Kompetenzen und auf eine klare Zuordnung der Zuständigkeiten setzen. Dies wäre über eine Normenhierarchie der Gesetzgebung, besser noch in Verbindung mit einem Kompetenzkatalog zu erreichen, der durch regulative Prinzipien der Kompetenzausübung zu ergänzen wäre. Der Europäische Gerichtshof, dessen rechtsfortbildende Tendenz in der Vergangenheit zumeist im Sinne des deutschen Integrationsinteresses gewirkt hat, erhielte somit eine Rechtsgrundlage zur Wahrung der mitgliedstaatlichen Kompetenzen, das Subsidiaritätsprinzip würde justiziabel.[19]

Präferenzen der Politikreform

Im Bereich der ersten Säule des Maastrichter Vertrages werden weitgehende Anpassungen der Politiken erforderlich. Zielperspektive der Reform der Gemeinsamen Agrarpolitik sollte ein Binnenmarkt für Agrarprodukte sein, in dem die Wettbewerbsvorteile der Produktionsstandorte zur Geltung kommen können. Daraus würden dezentrale Wachstumsimpulse entstehen, die sowohl für die künftigen Mitglieder als auch für strukturschwache Gebiete der heutigen EU mit günstiger Faktorausstattung attraktiv sind. Es wäre belastend für den Zusammenhalt der EU und wirtschaftlich unrentabel, wenn die Reformwirtschaften Mittelosteuropas die Modernisierung ihrer Landwirtschaft im Blick auf ihre EU-Mitgliedschaft an den Rahmenbedingungen des bestehenden Subventionssystems ausrichten würden. Die struktur-, sozial- und umweltpolitischen Intentionen der Einkommenssicherung für die Landwirte würden in einem solchen Ansatz strikt von der Produktionsseite getrennt und – wie bereits jetzt erkennbar ist – auf die Mitgliedstaaten rückverlagert. Auf europäischer Ebene würde ein Subventionskontrollregime erforderlich sowie ein Überleitungsprogramm für die wirtschaftlich schwächsten Mitgliedstaaten.

Nach den heutigen Standards fiele praktisch der gesamte Bereich der künftigen neuen Mitglieder unter die Förderkriterien der Strukturfonds, so daß mit einer Erweiterung eine rapide Zunahme der Kosten verbunden wäre. Zwar wird die Erweiterung nicht kostenneutral bleiben können, doch sollten die Fonds konsequent nach den Kriterien der Bedürftigkeit und der Effizienz des Mitteleinsatzes reformiert werden. Geeignete Ansatzpunkte der Reform wären die Überprüfung der Qualifikationsschwelle von derzeit 75 Prozent des durchschnittlichen gemeinsamen Bruttoinlandsprodukts,[20] eine Erhöhung der nationalen Finanzierungsanteile in Projekten der

19 Vgl. *Europäische Strukturkommission*, Europa '96 – Reformprogramm für die Europäische Union, abgedruckt in: *Weidenfeld*, Reform der Europäischen Union, a.a.O. (Anm. 16), S. 11-55; ferner Werner *Maihofer*, Föderativverfassung und Kompetenzverteilung einer Europäischen Union, ebd., S. 61-74; Gert *Nicolaysen*, Funktionalität und Kontrolle der Subsidiarität, ebd., S. 156-165; Ulrich *Everling*, Kompetenzordnung und Subsidiarität, ebd., S. 166-176; Heinz *Laufer*, Kriterien der Kompetenzabgrenzung, ebd., S. 201-213.

20 Im Prozeß der Erweiterung sind Versuche der südeuropäischen Mitgliedstaaten zu erwarten, diese Bezugsgröße nicht nur nicht zu verändern, sondern sogar eine Einbeziehung der beitretenden Staaten in die Berechnungsbasis zu begrenzen.

Strukturförderung oder auch die Einsetzung von regionalen Entwicklungsagenturen, die anstelle ineffizienter Zentralverwaltungen die Entwicklung und Durchführung von Projekten übernehmen könnten, sowie die Einführung einer Obergrenze für Transfers, die sich an der in Südeuropa ermittelten Absorptionsfähigkeit von drei bis maximal fünf Prozent des Bruttoinlandsprodukts des Empfängerstaates orientieren sollte.

1998, zeitgleich mit der Entscheidung über die Wirtschafts- und Währungsunion sowie mit der Aufnahme von Beitrittsverhandlungen, steht die Reform der Finanzverfassung der EU auf der Agenda, während in Deutschland die Legislaturperiode zu Ende geht. In mehrfacher Hinsicht wird damit die Nettozahlerposition Deutschlands zum Schlüsselthema werden. Die Gesamtleistungen aus dem Bundeshaushalt an die EU könnten von derzeit 44 auf 58 Milliarden D-Mark jährlich anwachsen, ohne daß die heute überproportional geringen Rückflüsse sichtbar steigen dürften. Ab 1996 dürften etwa 30 Prozent der EU-Ausgaben aus deutschen Beiträgen stammen. Die deutsche Nettoposition beträgt heute bereits pro Kopf der Bevölkerung das Achtfache Frankreichs. An politischer Brisanz gewinnen diese Zahlen in doppelter Hinsicht: zum einen, weil die deutsche Landwirtschaft weder arm noch produktiv genug ist, um mehr Zuwendungen zu erhalten, zum anderen, weil mit dem Schwinden der deutschen Exportüberschüsse die Gegenrechnung der außenwirtschaftlichen Vorteile nicht mehr aufgeht.[21] Immerhin sind durch die Reform der Agrarpolitik zwar kaum Einsparungen, doch immerhin Wachstumsgrenzen der Agrarausgaben erreichbar, und die politische Anspruchsgrundlage des britischen Beitragsrabatts entfiele. In der Summe liegt jedoch das Interesse Deutschlands eindeutig in klaren Kostengrenzen der Integration und in einer Verstärkung der Regeln zur Haushaltsdisziplin.

Die Kontroversen um die Wirtschafts- und Währungsunion zeigen darüber hinaus, daß einige Folgefragen der wirtschaftlichen Integration künftig erst von einer bestimmten Integrationstiefe an relevant werden. Die Ausgestaltung der Wirtschaftsunion (dem vernachlässigten Zwilling der Währungsunion) wird primär eine Angelegenheit der WWU-Teilnehmer sein, so daß die Einwirkungsmöglichkeiten Deutschlands in diesem Bereich höher einzuschätzen sind. Die Reichweite gemeinsamer Politik dürfte jedoch durch den Wettbewerbsdruck der übrigen Mitgliedstaaten im Binnenmarkt begrenzt bleiben.

Im zweiten Pfeiler des Vertrages von Maastricht, der Gemeinsamen Außen- und Sicherheitspolitik (GASP), könnte sich eine der Wirtschafts- und Währungsunion vergleichbare Konstellation ergeben, in der einige der deutschen Präferenzen durch eine Reform des Vertrages, andere Bereiche dagegen wohl nur durch Konzentration auf einen kleineren Kreis von Staaten umzusetzen sind. Letzteres betrifft insbesondere die Fortsetzung der Verteidigungsintegration und die Gewährung von Sicherheitszusagen, die als sichtbare europäische *commitments* ihrerseits eine wichtige Voraussetzung der

21 Vgl. Gerd *Walter*, Größer und billiger – das geht nicht. Zur künftigen Finanzierung der Europäischen Union, in: *FAZ*, 28.4.1995.

amerikanischen Bereitschaft zu einer Ost-Erweiterung der NATO bilden könnten.[22] Bereits das sogenannte »Schäuble-Lamers-Papier« ging davon aus, daß die im Vertrag von Maastricht skizzierte Zukunft, in der die Europäische Union eine Verteidigungspolitik mit der Perspektive gemeinsamer Verteidigung entwickeln werde, von den Herausforderungen her betrachtet schon heute gekommen ist und Entscheidungen nicht erst nach dem Beitritt zusätzlicher Staaten fällig werden, sondern in der Perspektive der Ost-Erweiterung der EU bereits 1996.[23] Unter den politischen Optionen einer Verstärkung der GASP liegen die deutschen Präferenzen recht deutlich im Bereich der Nachbarschaftspolitik, d.h. der Stabilisierung der an eine erweiterte Union angrenzenden Räume der ehemaligen Sowjetunion sowie Nordafrikas und des Nahen Ostens. Europäische Außenpolitik sollte, wie die Außenpolitik großer Mächte im allgemeinen, ein höheres Maß an Verbindlichkeit aufweisen als die anderer Akteure, deren Interessen im Lavieren innerhalb bestehender Konstellationen besser zu wahren sind.[24] Als »Ordnungsmacht im Werden« ist es ratsam und stabilitätsfördernd für die EU, ihre wesentlichen Positionen, Interessen und Präferenzen klar zu formulieren und damit für die Nachbarn an Kalkulierbarkeit zu gewinnen. Dies muß nicht die Form von Doktrinen annehmen, sollte aber im Gehalt auch nicht wesentlich dahinter zurückbleiben. Im Bereich der Sicherheitspolitik schließt dieser Ansatz die Explizierung der impliziten Sicherheitszusage der Mitgliedstaaten untereinander ein.

In bezug auf den dritten Pfeiler, die Zusammenarbeit in der Justiz- und Innenpolitik, konzentrieren sich die deutschen politischen Präferenzen auf die Kompatibilität des europäischen Binnenmarktes, seiner Freizügigkeitsziele und des Abbaus der Binnengrenzen mit der Wahrung der inneren Sicherheit und der Anpassung der Asyl- und Einwanderungspolitik.[25] Die sachliche Plausibilität einer europäischen Zuwanderungs- und Asylpolitik bringt für die deutsche Innenpolitik den Vorteil, auf diesem Wege auch eine Korrektur der bisherigen nationalen Regelung einzuleiten, die im Fall der Asylpolitik erst unter dem »Druck der großen Zahl« möglich wurde, in der Frage von Einwanderung und Integration in Deutschland lebender Ausländer hingegen blockiert erscheint.

Präferenzen institutioneller Reform

Die institutionellen Präferenzen der deutschen Europapolitik weisen eine große Kontinuität auf. Was unter früheren Bedingungen als Teil der bundesstaatlichen

22 Sicherheits- und verteidigungspolitische Fragen werden hier nur am Rande angesprochen. Vgl. hierzu den Beitrag von Joachim *Krause* in diesem Band.

23 Vgl. Überlegungen zur europäischen Politik. Positionspapier der CDU/CSU-Bundestagsfraktion vom 1.9.1994, abgedruckt in: *Blätter für deutsche und internationale Politik*, Nr. 10, 1994, S. 1271-1280.

24 Vgl. hierzu die skeptische Einschätzung von Curt *Gasteyger*, An Ambiguous Power. The European Union in a Changing World, Gütersloh 1996; ferner Wolfgang *Wessels*, Die Europäische Union als Ordnungsfaktor, in: Karl *Kaiser*/Hans-Peter *Schwarz* (Hrsg.), Die neue Weltpolitik (Schriften des Forschungsinstituts der Deutschen Gesellschaft für Auswärtige Politik), Baden-Baden 1995, S. 486-496.

25 Vgl. Steffen *Angenendt*, Migration: Herausforderung deutscher und europäischer Politik, in: *Kaiser*/*Maull*, a.a.O. (Anm. 10), S. 175-199.

Finalität sinnvoll erschien, kann künftig auch ohne vergleichbare Zielsetzung im Sinne größerer Transparenz, Effizienz und demokratischer Qualität genutzt werden. Die EU braucht eine durchgreifende Vereinfachung und eine größere Übersichtlichkeit ihres Gefüges und ihrer Verfahren, damit das Vertrauen der Bürger in das politische System der Union erhalten bleibt. Aus dieser Sicht haftet den Bedenken gegen eine föderale Ordnung etwas Künstliches an, denn versteht man diese als Form der Arbeitsteilung zwischen verschiedenen Ebenen politischer Entscheidung, dann stehen allenfalls semantische Alternativen bereit. Der föderale Staatsaufbau in Deutschland bietet sich wegen seiner eindeutig zentripetalen Tendenz zwar nicht als Bauplan für Europa an, doch bestehen in Deutschland aufgrund des positiven Bildes föderaler Strukturen wenig Vorbehalte.

Zur Verbesserung demokratischer Legitimation und Kontrolle sollte die Zahl der Entscheidungsverfahren drastisch reduziert und der Bereich der Mehrheitsentscheidung im Rat ausgeweitet werden.[26] Auf mittlere Sicht sollte die Gesetzgebung der Union im Bereich ihrer Zuständigkeiten grundsätzlich gemeinsam und gleichberechtigt durch den Ministerrat und das Europäische Parlament erfolgen. Das heutige Mitentscheidungsverfahren würde vereinfacht zum Regelverfahren im Rahmen eines Zwei-Kammer-Systems. Diese Zielperspektive deckt sich mit den Grundpositionen Deutschlands in der Regierungskonferenz 1996; ein Zwei-Kammer-System liegt in der Konsequenz der dort verfolgten Vereinfachung auf drei Entscheidungsverfahren. Das Europäische Parlament sollte in diesem Kontext als Arbeitsparlament fortentwickelt werden, dessen Größe auch nach der Aufnahme neuer Mitgliedstaaten deutlich unter 700 Sitzen bleiben sollte. Die Europäische Kommission sollte gestrafft werden und stärker an das Votum des Europäischen Parlaments gebunden sein.

Eine Überprüfung der Präferenzen ist auch für die künftige Gestaltung politischer Führung in einer erweiterten EU geboten. Hier sollte das deutsche Integrationskonzept zur Absicherung der eigenen Gestaltungsinteressen die bisherige Grundlinie der informellen Steuerung und der Vermeidung von Machtkonstellationen zugunsten eines Ansatzes modifizieren, der auf straffere Führung und sichtbare Führungsrollen setzt und damit Anreize für die integrationsbereiten und leistungsfähigen Mitgliedstaaten bietet. Wesentlicher Ansatzpunkt dazu wäre die Steuerung der großen Europäischen Union durch die Präsidentschaft im Rat.[27] Die besondere Rolle der in allen Feldern der Integration beteiligten Mitgliedstaaten sollte auch im Gesamtsystem der EU zum Ausdruck kommen; effektive politische Führung entsteht nicht im

26 Vgl. zum Folgenden die Analysen, Positionen und Positionsdifferenzen in dem Reader von *Weidenfeld*, Reform der Europäischen Union, a.a.O. (Anm. 16), insbesondere Fritz W. *Scharpf*, Autonomieschonend und gemeinschaftsverträglich. Zur Logik einer europäischen Mehrebenen-Politik, ebd., S. 75-96; Klaus *von Beyme*, Zentripetale Kräfte und funktionale Sachzwänge, ebd., S. 97-110; Joachim *Bitterlich*, Der Vertrag von Maastricht aus deutscher Perspektive, ebd., S. 127-132; Ernst *Benda*, Die USA, Deutschland und Maastricht: Erfahrungen mit und Prognosen über Föderalismus und Subsidiarität, ebd., S. 135-155; Meinhard *Hilf*, Thesen zur föderalen Balance, ebd., S. 223-225; Peter *Graf Kielmannsegg*, Läßt sich die Europäische Union demokratisch verfassen?, ebd., S. 229-242; Karl Dietrich *Bracher*, Europa zwischen Demokratie und Nationalstaat, ebd., S. 243-255.

27 Vgl. zum Folgenden *Europäische Strukturkommission*, a.a.O. (Anm. 19).

Sechs-Monats-Takt. Mittelfristig wirksamer wäre eine Wahlpräsidentschaft von drei Mitgliedstaaten für die Dauer von mindestens einem Jahr. Bis zu ihrer Verwirklichung sollte der Modus der Troika bei gleichfalls verlängerter Amtszeit so verändert werden, daß stets eine Kombination von zwei kleinen und einem großen Mitgliedstaat die Präsidentschaft ausübt. Daneben wäre eine Teilung der Präsidentschaft sinnvoll, die dem gewachsenen Aufgabenumfang der Union Rechnung trägt, insbesondere für den Bereich der Gemeinsamen Außen- und Sicherheitspolitik: Eine eigene »Außenpräsidentschaft« eines Mitgliedstaates böte die Möglichkeit der kontinuierlichen und politisch gewichtigen Vertretung der Unionsinteressen.

Die Sicherung der Akzeptanz von Mehrheitsentscheidungen wird ohne eine Neugewichtung der Stimmen nicht zu erreichen sein. Verlängerte man die früheren deutschen Präferenzmuster, so wäre bei zunehmender Kohärenz unter den Mitgliedstaaten auch ein Bundesratsmodell – mit einer geringeren Spreizung der Stimmgewichte als heute in der EU – stimmig zu den deutschen Vorstellungen. Die Voraussetzungen dazu scheinen jedoch künftig nicht gegeben, so daß die Sicherung der Handlungsfähigkeit Priorität besitzen sollte. Die Ergänzung der heutigen Gewichtung durch ein weiteres Mehrheitskriterium, die einfache Mehrheit der vertretenen Bevölkerungen, steht dabei im Vordergrund; sie scheint leichter erreichbar und ändert nichts, selbst für eine Union von über 20 Mitgliedern. Eindeutiger und unmittelbar wirksam wäre eine Korrektur der Stimmgewichte der großen Staaten nach einem degressiv-proportionalen Schlüssel, bezogen auf die Bevölkerungszahlen als Verrechnungsgröße der Machtunterschiede.[28] Dem Problem der daraus folgenden Sonderstellung Deutschlands als größtem Mitgliedstaat wäre mit einer Erklärung zu begegnen, nach der Deutschland nicht mehr Stimmgewicht für sich beansprucht als Frankreich.

Differenzierung der Integration

Die bisher angesprochenen Präferenzen und Gestaltungsoptionen sind plausibel, wenn nicht gar notwendig unter den Prämissen der Erweiterungsfolgen und der deutschen Interessenlage. Ihre Realisierung würde das politische System der künftigen EU qualitativ verändern. Den Gewinnen an Effizienz und Handlungsfähigkeit stünden jedoch auch Kosten gegenüber, die abzuwägen sind. Alle Optionen würden zu einer Akzentuierung der Unterschiede zwischen den Mitgliedstaaten führen, indem sie die formale Gleichheit im Rat, die annähernd gleichmäßige Vertretung in der Kommission und die disproportionale nationale Repräsentanz im Europäischen Parlament aufhöben. Am stärksten würden die Überlegungen zur Modifikation auf der Ratsebene greifen; hier würden die Folgen der Machtkonkurrenz und Statuswahrung zweifellos am sichtbarsten ausfallen. Zugunsten der skizzierten Reformoptionen spricht, daß auch eine Rücksichtnahme auf die genannten Kosten nicht umsonst

28 Zur Abwägung der beiden Optionen vgl. *Janning*, Wer regiert Europa? Die kontinentale Perspektive überfordert eine Kerngruppe, in: *Blätter für deutsche und internationale Politik*, Nr. 11, 1994, S. 1342-1346.

zu haben wäre, sondern eine Zunahme zentrifugaler Kräfte, möglicherweise sogar die Delegitimierung des Integrationsprozesses und eine nachlassende Bindung der integrationsbereiten Staaten nach sich zöge.

Ohne eine Differenzierung droht die Lähmung der EU in den wahrscheinlichen Zielkonflikten von Erweiterung und Vertiefung. Aus dieser Lähmung entstünde erneut die Gefahr des Zerfalls und der Renationalisierung, denn mit der Stagnation zerbräche zugleich die Ordnungsidee des Prozesses. Was fehlt, ist ein Konzept für eine Europäische Union, in der Integration auf hohem, aber unterschiedlichem Niveau mehrgleisig organisiert werden kann.[29]

Die Differenzierung der Integration kann auf dem Erfahrungsbestand abgestufter Integration und verschiedener Geschwindigkeiten aufbauen, d.h. auf gemeinsam vereinbarten, in der Regel zeitlich beschränkten Ausnahmen von der vollen Anwendung des Gemeinschaftsrechts für einen Teil der Mitgliedstaaten. Diese Verfahren sind bei den bisherigen Erweiterungen erfolgreich angewendet worden. Ausnahmeregeln finden sich gleichfalls in den Verträgen, etwa im Bereich des Umwelt- und Gesundheitsschutzes. Ausreichende Flexibilität würde mit solchen Maßnahmen, die im Grunde Übergangsregelungen sind, jedoch nicht gewährleistet. Wenn es um eine dauerhafte Differenzierung der Integrationsdichte und um eine Differenzierung der Rollen und Beiträge von Mitgliedstaaten geht, reicht die Bandbreite abgestufter Integration nicht mehr aus.

Die Alternative liegt in einer bewußten Differenzierung der Integration, ausgehend von dem mit dem Maastrichter Vertrag erreichten Stand. Ähnlich dem von Eberhard *Grabitz* und anderen entwickelten Ansatz der abgestuften Integration[30] verfolgt die differenzierte Integration das Ziel, die Entwicklung der Union voranzubringen, doch im Unterschied dazu setzt sie einen einheitlichen Vertragsrahmen und ein verbindliches Zeitgerüst nicht zwingend voraus. Und ähnlich dem Modell der konzentrischen Kreise[31] geht eine differenzierte Integration von der Kernbildung aus, beschränkt sich jedoch nicht auf einen Kern, der alle Integrationsbereiche gleichzeitig vertieft, sondern läßt mehrere Kerne mit unterschiedlicher Mitgliedschaft zu. Angesichts der Pluralisierung der Interessenlagen und Leistungsdaten in einer Union von 27 oder mehr Staaten unterstützt die differenzierte Integration ein *opting-in* leistungsbereiter Mitgliedstaaten – jedoch nicht ad hoc und ohne Regeln. Grundgedanke der Differenzierung wäre vielmehr, auf die spezifischen Anforderungen tiefer Integration ausgerichtete Strukturen zu schaffen und dazu den jeweils maximalen oder optimalen Kreis von Mitgliedstaaten zu gewinnen. Diese würden gemeinsam realisieren, was für die Gesamtheit der Mitgliedstaaten nicht erreichbar scheint, doch gleichwohl

29 Vgl. *Janning*, Europa braucht verschiedene Geschwindigkeiten, in: *Europa-Archiv*, 18/1994, S. 527-536.

30 Vgl. Eberhard *Grabitz* (Hrsg.), Abgestufte Integration. Eine Alternative zum herkömmlichen Integrationskonzept?, Kehl am Rhein 1984.

31 Vgl. Michael *Mertes*/Norbert J. *Prill*, Der verhängnisvolle Irrtum eines Entweder-Oder. Eine Vision für Europa, in: *FAZ*, 19.7.1989; Gianni *De Michelis*, Die EG als Gravitationszentrum: Für ein Europa der vier Kreise, in: *Integration*, Nr. 4, 1990, S. 143-149.

die Leistungsfähigkeit des Gesamtsystems erhöht. Damit würde der in den Überlegungen von Wolfgang *Schäuble* und Karl *Lamers*[32] sowie im Kernmodell Christian *Deubners*[33] impliziten Tendenz zu Paketlösungen im Kern der Boden entzogen. Die Erfüllung der WWU-Kriterien würde nicht für einzelne Staaten deshalb weicher bestimmt werden müssen, um sie in der sicherheits- und verteidigungspolitischen Komponente integrieren zu können oder um eine bestimmte räumliche Geschlossenheit des Kernes zu erzielen.

Sinn der Differenzierung ist nicht zuletzt, den für alle gemeinsam geltenden Integrationsbereich nicht zu gefährden – weder durch die Überforderung der einen durch zu ambitionierte Vertiefungsprojekte, noch durch die Frustration der anderen, deren Integrationsziele verfehlt werden. Der Differenzierung entzogen würde in diesem Sinne der Europäische Binnenmarkt und die um diesen herum gewachsene Rechtsgemeinschaft. Abstufungen sollten möglich sein, im wesentlichen über die bewährte Praxis der zeitlich befristeten Ausnahmeregeln für beitretende Mitglieder. Damit würde die Aufweichung des heutigen Standes zu einer gehobenen Form der Freihandelszone verhindert und die Vollmitgliedschaft in der EU an die Fähigkeit zur Teilnahme am Binnenmarkt gebunden.

Gegenstand der Kernbildung wäre, die Verwirklichung einer gemeinsamen Währung und einer gemeinsamen Verteidigung auch in einer sich erweiternden EU zu ermöglichen. Diese Schritte würden nur von dem dazu bereiten und fähigen Teil der Mitgliedstaaten, wenn nötig auf der Basis besonderer Verträge vorgenommen. Ihre Konstruktion sollte die Erweiterung nach definierten Regeln zulassen; Mitwirkungsrechte sollten allein den teilnehmenden Mitgliedstaaten vorbehalten bleiben. Deshalb sollten Koordinations- und Kooperationsinstitutionen fortentwickelt werden, die das Zusammenwirken der Kerne mit den übrigen Teilen der Union fördern.

Für den Bereich der Wirtschafts- und Währungsunion sieht der Vertrag von Maastricht bereits das zeitlich unbefristete Vorangehen derjenigen Mitgliedstaaten vor, welche die Kriterien der Teilnahme erfüllen – in der Erwartung, daß in der Folge alle übrigen Mitgliedstaaten ebenfalls die Stabilitätsziele erreichen und beitreten. Ein differenziertes Integrationskonzept geht davon aus, daß diese Fristen in der großen EU deutlich länger ausfallen werden, eine Reihe von Mitgliedstaaten die Stabilitätsziele langfristig verfehlt und andere selbst dann nicht zum Beitritt bereit sein könnten, wenn sie die Kriterien erfüllen. Unter diesen Voraussetzungen bleibt die Währungsunion für den Kreis der teilnehmenden Staaten ebenso sinnvoll wie für die stabilitätsorientierten EU-Mitglieder, die nicht dem gemeinsamen Währungsraum angehören. Zur Absicherung differenzierter Währungsintegration sollten diejenigen Staaten, die als erste die Währungsunion bilden, mit dem Eintritt einige verbindliche Grundregeln untereinander festlegen, die die Fortgeltung der Eintrittskriterien in der Währungsunion sicherstellen, und sie sollten das Gewicht ihrer gemeinsamen

32 Positionspapier der CDU/CSU-Bundestagsfraktion, a.a.O. (Anm. 23).

33 Christian *Deubner*, Deutsche Europapolitik: Von Maastricht nach Kerneuropa? (Aktuelle Materialien zur Internationalen Politik, Band 42), Baden-Baden 1995.

Währung in ein erneuertes Europäisches Währungssystem mit angepaßten Bandbreiten einbringen, um die Stabilitätspolitik nichtteilnehmender Mitgliedstaaten zu unterstützen.

Für den Bereich der gemeinsamen Verteidigungspolitik und der gemeinsamen Verteidigung hat der Vertrag von Maastricht keine vergleichbaren Festlegungen getroffen. Es ist erkennbar, daß der Kreis der heutigen Vollmitglieder der WEU bereits zu heterogen ist, um Träger eines Sicherheits- und Verteidigungskerns zu werden. In diesem Fall müßte eine Verteidigungsunion mit einem eigenen Vertragswerk begründet werden. Sie würde die bestehenden gemischten Verbände ihrer Mitglieder integrieren, die Entwicklung europäischer Strukturen und militärischer Infrastruktur mit den gebündelten eigenen Mitteln vorantreiben, den Rahmen für die europäische Funktion der französischen und britischen Nuklearwaffen bereitstellen und Sicherheitszusagen der EU sichtbar machen. In jedem Fall wäre darauf zu achten, grundsätzlich jedem Mitglied der Europäischen Union die Teilnahme zu eröffnen, die Mitwirkung jedoch konsequenter, als dies in EU und WEU für diesen Bereich bisher praktiziert wird, an Fähigkeit und Bereitschaft zu gemeinsamer Verteidigung zu knüpfen. Wie im Bereich der Währungsunion sollte die Sicherheitsunion eng mit einer weiterentwickelten Gemeinsamen Außen- und Sicherheitspolitik verknüpft werden, d.h. die in der Verteidigungsunion »fusionierten« Mitgliedstaaten könnten als Ganzes Teil der GASP sein und mit dem kombinierten Gewicht ihrer Mitglieder an den Entscheidungen in ihrem Rahmen mitwirken.

In der praktischen Umsetzung differenzierter Integration wären die negativen Folgen institutioneller Zersplitterung eines Europa *à la carte* und zusätzlicher Unübersichtlichkeit der Entscheidungsprozesse nicht zu befürchten, denn der Schwerpunkt der Differenzierung läge in zwei klar umrissenen Politikbereichen mit hohen Eintrittsvoraussetzungen. Ihre institutionellen Strukturen könnten aufgrund der hohen Konvergenzvoraussetzungen sehr einfach angelegt sein. Im Bereich der Union würden diese Kerne in vielen Fällen als *caucus* auftreten und damit zum Abbau von Unübersichtlichkeit in einer Union von 27 Mitgliedstaaten beitragen. In der Praxis würde sich die Führung der EU auf diejenigen Mitgliedstaaten konzentrieren, die gewissermaßen die Schnittmenge der verschiedenen Integrationsbereiche bilden, d.h. die in allen Feldern der Integration in vollem Umfang beteiligt sind. Diese Gruppe würde sich mit zunehmender Dauer als Steuerungszentrum konsolidieren, das keiner forcierten Form der Institutionalisierung bedarf, weil die Verflechtungslogik von Währungsunion oder Verteidigungsunion ohnehin die Herausbildung einer »Schicksalsgemeinschaft« impliziert.

Ausblick: Ein »deutsches« Europa?

Die hier umrissenen Gestaltungsoptionen einer deutlich erweiterten, in ihren Entscheidungsabläufen vertieften und durch funktionale Kernbildungen differenzierten EU von Portugal bis Estland würden Deutschland politisch deutlich mehr exponieren, als es das wirtschaftliche Gewicht der alten Bonner wie der neuen Berliner Republik bisher vermochte. Die Integration des demokratisch und marktwirtschaftlich verfaßten Europa unter dem Dach der EU wird kein »Selbstläufer« sein, sondern wird »regiert« werden müssen – und Deutschland besitzt spezifische Interessen an den Ergebnissen und an den Modalitäten dieses Regierungshandelns. Das für frühere Phasen deutscher Europapolitik kennzeichnende Grundinteresse am Gelingen des Integrationsprozesses lag in der verwundbaren Lage und in der deutschen Geschichte begründet. Künftig wird die europäische Ebene eine nicht weniger zentrale Bezugsgröße deutscher Politik sein, doch weniger als Kompensationsinstrument denn als essentieller Rahmen zur Umsetzung der eigenen Interessen. Die Debatte um die Währungsunion zeigt, daß die Ansprüche an spezifische Ergebnisse mit zunehmender Integrationsdichte wachsen. In diesem Sinne wird das integrierte Europa insoweit auch ein »deutsches Europa« sein, als in den Schlüsselfeldern des eigenen Integrationsbeitrags die deutschen Präferenzen Ausdruck finden müssen. Ohne diese Komplementarität könnte ein »europäisches Deutschland« an den Einsprüchen der politischen Klasse und der öffentlichen Meinung in der Bundesrepublik scheitern.

In den Stationen von Vertiefung und Erweiterung taugt Thomas *Manns* zeitgebundenes Diktum vom »deutschen Europa« kaum als Maxime deutscher Europapolitik, weil es die politikstrategischen Optionen nicht mehr zutreffend erfaßt. Darin liegt kein Grund zur Sorge, denn dieser Vorgang ist Teil der Rolle Deutschlands als »normales« Land und läßt sich gleichermaßen auf Deutschlands Nachbarn anwenden. Auf den Ausgleich dieser Ansprüche kommt es an: Wer ihn ins Werk setzen will, muß seine eigenen Präferenzen klar definieren, darf Führung nicht scheuen und sollte dennoch nicht zögern, seine Macht in den Dienst der Integration zu stellen.

DEUTSCHLAND UND DIE EUROPÄISCHE UNION ALS TEILE DER TRILATERALEN WELT

Michael Kreile

Der Begriff der »Triade« bezeichnet zunächst eine Dreieckskonstellation von Wirtschaftsmächten, die durch Handelsströme, Direktinvestitionen und integrierte Finanzmärkte hochgradig miteinander verflochten sind. Die daraus erwachsende Interdependenz zwischen Westeuropa, Nordamerika und Japan begründet gemeinsame Interessen: die Erhaltung und Stärkung der Institutionen, die eine offene Weltwirtschaft gewährleisten, die Vermeidung systemgefährdender Krisen sowie ein Mindestmaß an währungspolitischer Kooperation und wirtschaftspolitischer Abstimmung. Andererseits zerfällt die Triade in drei Paarbeziehungen, die ganz unterschiedliche Muster wechselseitiger Abhängigkeit in den Bereichen Wirtschaft und Sicherheit aufweisen. Im Verhältnis zwischen der Europäischen Union (EU) und den USA ist die Bilanz wirtschaftlicher Verflechtung im wesentlichen ausgeglichen, während die USA weiterhin als Garant für die Sicherheit Westeuropas eintreten. Auch für Japan ist die amerikanische Sicherheitsgarantie bis auf weiteres unverzichtbar. Hohen Handelsbilanzdefiziten der USA mit Japan stehen japanische Kapitalanlagen in den USA gegenüber, welche die amerikanische Sparlücke füllen helfen. Dennoch ist diese Asymmetrie der wirtschaftlichen Verflechtung eine Quelle politischer Konflikte, die aufgrund der kulturellen Distanz zwischen den beiden Ländern oft eine ausgeprägte psychologische Eigendynamik gewinnen. Im Vergleich dazu sind die EU und Japan füreinander weit weniger wichtig. Sicherheitspolitisch sind sie im strengen Sinn nicht aufeinander angewiesen, und die Verflechtung in den Bereichen Handel und Direktinvestitionen ist noch schwach entwickelt bei einem deutlichen Übergewicht der japanischen Präsenz auf den Märkten Westeuropas. Es sind japanische Unternehmen, welche die Maßstäbe in einigen Hochtechnologie-Sektoren setzen, und die Märkte der Triade sind die Hauptschauplätze eines scharfen High-Tech-Wettbewerbs, in dem Regierungen die Position »ihrer« Unternehmen mit Hilfe strategischer Handelspolitik und technologiepolitischer Offensiven zu stärken suchen.[1]

Die Triade als aussenpolitisches Handlungsfeld

In der Außenpolitik der Triadenmächte hat die Gestaltung derjenigen Zweierbeziehungen Vorrang, die lebenswichtige Interessen berühren. Dies erklärt, warum es bisher nur in Ansätzen gelungen ist, die strukturell gegebenen gemeinsamen Interessen der Triade in eine umfassende trilateral konzertierte Politik umzusetzen, wie sie

1 Vgl. Konrad *Seitz*, Die japanisch-amerikanische Herausforderung. Deutschlands Hochtechnologie-Industrien kämpfen ums Überleben, München 1990; Reinhard *Rode*, High Tech Wettstreit 2000. Strategische Handels- und Industriepolitik, Frankfurt a.M./New York 1993.

die Trilaterale Kommission seit mehr als 20 Jahren zu fördern sucht. Der Kommission ist es zwar gelungen, die Japaner in das transatlantische Elitennetzwerk zu kooptieren, aber die Einbindung Japans »durch internationale Institutionen in mehr globale Funktionen«[2] gilt als Herausforderung und als Programm, von dem die politische Elite Japans noch überzeugt werden müsse.[3] Die Grenzen des Trilateralismus sind mithin in der Geometrie der Triade angelegt. Die militärische Sicherheit Japans und Westeuropas läßt sich kaum trilateral organisieren, und die Existenz privilegierter bilateraler Beziehungen, welche die Partner auch in Konflikten aneinander binden, eröffnet Optionen eines pazifischen bzw. atlantischen Regionalismus, bei denen die USA als Scharniermacht den einzigen echten trilateralen Akteur abgeben würden. Diese Feststellungen unterstreichen, daß die trilaterale Kooperation ausbaufähig ist und daß dieser Ausbau einer Aufwertung der Beziehungen zwischen der EU und Japan bedarf.

Wenn es darum geht, deutsche Interessen und Optionen in der »trilateralen Welt« zu bestimmen, sind folgende Voraussetzungen zu beachten: Die deutschen Interessen ergeben sich weitgehend, aber nicht ausschließlich, aus den Bedürfnissen des Handelsstaates, der Rolle der D-Mark als internationaler Anlage- und Reservewährung und der wachsenden Internationalisierung von Produktion und Dienstleistungen. Sie sind pfadabhängig, d.h. durch frühere Weichenstellungen präformiert, und haben sich durch die deutsche Vereinigung nicht wesentlich verändert. Sie werden nicht zuletzt dadurch geprägt, daß Deutschland zwar eine »globale Währung«, aber noch keine »globale Wirtschaft« hat.[4] Kompliziert wird die Bestimmung deutscher Interessen dadurch, daß diese wegen der Einbindung der Bundesrepublik in die Europäische Union »verflochtene Interessen«[5] sind, folglich durch die Organe der Union »mediatisiert« werden und dort den Zwängen der Koalitionsbildung und des Kompromisses unterliegen. Deshalb müssen zugleich Leitlinien für die Außen- und Außenwirtschaftspolitik der Europäischen Union formuliert werden, für die es die Unterstützung der Partner zu gewinnen gilt.

Stärkung der Institutionen und Öffnung der Märkte

Das für die Außenpolitik der Bundesrepublik konstitutive »nationale Interesse« an der europäischen Integration legt nahe, die internationale Handlungsfähigkeit der Europäischen Union zu stärken, unabhängig davon, ob man diese als »Weltmacht im

2 Joseph S. *Nye*, Jr. et al., Globale Kooperation nach dem Ende des Kalten Krieges: eine Neueinschätzung des Trilateralismus (Forschungsinstitut der Deutschen Gesellschaft für Auswärtige Politik, Arbeitspapiere zur Internationalen Politik, Nr. 67), Bonn 1992, S. 62.

3 Vgl. ebd., S. 36-38.

4 Vgl. William R. *Smyser*, The Economy of United Germany. Colossus at the Crossroads, New York 1992, S. 176.

5 Dieter *Senghaas*, Verflechtung und Integration, in: Karl *Kaiser*/Hanns W. *Maull* (Hrsg.), Die Zukunft der deutschen Außenpolitik (Forschungsinstitut der Deutschen Gesellschaft für Auswärtige Politik, Arbeitspapiere zur Internationalen Politik, Nr. 72), Bonn 1992, S. 35-52; hier S. 35.

Werden«[6] oder als handelspolitischen Block sieht, der die westeuropäischen Wohlfahrtsstaaten gegen den rauhen Wind des globalen Wettbewerbs abschirmen soll. Dies wiederum erfordert, daß die institutionelle Trennung zwischen den EU-Außenbeziehungen (Gemeinsame Handelspolitik, Assoziierung, Entwicklungspolitik) und der Gemeinsamen Außen- und Sicherheitspolitik (GASP) allmählich überwunden wird. Eine GASP, die ihren Namen verdient, muß dafür sorgen, daß Europa nicht nur mit einer Stimme sprechen, sondern auch gemeinsam handeln kann.

Als internationaler Akteur gewinnt die EU zudem dann an Gewicht, wenn die Wirtschafts- und Währungsunion entsprechend den Vorgaben des Maastrichter Vertrages errichtet wird. Eine gemeinsame europäische Währung »könnte dem Dollar den Platz der führenden Weltwährung streitig machen«[7] oder zumindest der EU »einen Grad an wirtschaftspolitischer Autonomie« verleihen, »über den bisher nur die USA verfügten«.[8] Aus amerikanischer Sicht hätte dies den Nachteil, daß die EU ein schwieriger Partner bei der globalen Währungskooperation und Wechselkursstabilisierung zu werden verspricht.[9] Sollte freilich der Eintritt in die dritte Stufe der Wirtschafts- und Währungsunion über den 1. Januar 1999 hinaus vertagt werden müssen, könnte Deutschland wohl auch weiterhin damit rechnen, daß die Gruppe der sieben größten Industrienationen (G-7; USA, Deutschland, Japan, Frankreich, Kanada, Großbritannien und Italien) sich in der internationalen Währungspolitik faktisch auf die »G-3« von Dollar, D-Mark und Yen reduziert. Im Falle einer nicht auszuschließenden längeren Stagnation des europäischen Integrationsprozesses, welche auch die Fortentwicklung der GASP blockieren würde, böte sich als Reserveoption für Deutschland weniger die im Ausland oft beschworene Wendung nach Osten an, sondern eine Intensivierung des deutsch-amerikanischen Bilateralismus und eine aktivere Beteiligung an der trilateralen Kooperation kraft eigenen politischen Gewichts.

Angesichts der hohen Exportabhängigkeit und des erreichten Internationalisierungsgrads der deutschen Wirtschaft liegt es im deutschen Interesse, die EU zu einer konsequenten Politik der Marktöffnung und des handelspolitischen Multilateralismus zu bewegen. Nach dem Abschluß der Uruguay-Runde des Allgemeinen Zoll- und Handelsabkommens (GATT), dessen Geltungsbereich sich nunmehr auch auf den Dienstleistungssektor erstreckt, sollte Deutschland dafür eintreten, daß die EU bei der zügigen Umsetzung des Vertragswerkes mitwirkt und den »Weg von einer machtorientierten zu einer regelorientierten Welthandelspolitik« weitergeht.[10] Eine

---

6 Werner *Weidenfeld*, Europa – Weltmacht im Werden, in: *Internationale Politik*, 5/1995, S. 17-22.

7 Daniel *Hamilton*, Jenseits von Bonn. Amerika und die Berliner Republik, Frankfurt a.M./Berlin 1994, S. 186.

8 Elke *Thiel*, Ein Neuer Atlantizismus in der Wirtschaftskooperation, in: Albrecht *Zunker* (Hrsg.), Weltordnung oder Chaos? Beiträge zur internationalen Politik (Internationale Politik und Sicherheit, Band 35), Baden-Baden 1993, S. 262-273; hier S. 266.

9 Vgl. C. Randall *Henning*, Currencies and Politics in the United States, Germany, and Japan, Washington, DC 1994, S. 365.

10 Bernhard *May*, Die Uruguay-Runde. Verhandlungsmarathon verhindert trilateralen Handelskrieg (Forschungsinstitut der Deutschen Gesellschaft für Auswärtige Politik, Arbeitspapiere zur Internationalen Politik, Nr. 86), Bonn 1994, S. 101. Vgl. hierzu auch den Beitrag von Joachim *Ragnitz* in diesem Band.

Politik der offenen Märkte wird allerdings insoweit konditional sein müssen, als von den Handelspartnern Reziprozität bei der Einhaltung multilateraler Spielregeln einzufordern ist. Dies ist weder mit einer Reziprozität der Ergebnisse in bilateralen Austauschbeziehungen zu verwechseln, noch sollten Verstöße von Handelspartnern gegen die Prinzipien der neuen Welthandelsordnung zum Vorwand genommen werden, um Europa zur Festung auszubauen. Die EU-Handelspolitik krankt freilich bisher daran, daß der deutsch-französische Integrationsmotor in diesem Bereich nicht funktioniert und die ungleiche Verteilung von Liberalisierungsgewinnen und Anpassungslasten innerhalb der Union zu ungemein zähen Aushandlungsprozessen mit vielfältigen Blockierungsmöglichkeiten führt. Nach den Erfahrungen der Uruguay-Runde spricht daher viel für eine Reform des handelspolitischen Entscheidungsgefüges der EU sowie für die Einführung eines Instrumentariums zur solidarischen Bewältigung von Anpassungslasten.[11]

Das Streben nach Chancengleichheit im Wettbewerb auf den Märkten der Triade sollte durch eine Aktivierung der europäischen Forschungs- und Technologiepolitik unterstützt werden. Trotz gewichtiger ordnungspolitischer Einwände[12] und einer bisher keineswegs überzeugenden Erfolgsbilanz westeuropäischer Technologiepolitik ist nicht zu übersehen, daß in Japan und den USA die sichtbare Hand des Staates bei der Eroberung oder Verteidigung von Marktpositionen in High-Tech-Sektoren wirkungsvoll nachgeholfen hat. Eine Politik der Marktöffnung, die durch die Förderung von Innovation und Strukturwandel flankiert werden muß, erfordert im nationalen wie im europäischen Rahmen einen zügigeren Abbau von Subventionen für strukturschwache Industriezweige. Politisch durchsetzbar wird dies am ehesten dann sein, wenn das Modell des westeuropäischen Wohlfahrtsstaates grundsätzlich beibehalten und nicht zugunsten eines amerikanisch inspirierten Sozialdarwinismus über Bord geworfen wird.

Atlantischer Regionalismus und Aufgaben trilateraler Kooperation

Vor dem Hintergrund des weltpolitischen Strukturbruchs, den das Ende des Ost-West-Konflikts bewirkt hat, verfolgt das in unterschiedlichen Varianten vorgetragene Projekt eines atlantischen Regionalismus das Ziel, den europäisch-amerikanischen Sicherheitsverbund zu stärken, die transatlantische Wertegemeinschaft zu festigen und das Störpotential wirtschaftspolitischer Konflikte zu entschärfen. Gilt den einen schon der Vorschlag einer Transatlantischen Freihandelszone (TAFTA) als Vision, so sehen andere darin nur die Vorstufe zu einem »transatlantischen Binnenmarkt,

11 Vgl. hierzu die Dissertation von Klaus Günter *Deutsch*, The Politics of Freer Trade in the European Community, 1985-1993, Freie Universität Berlin 1995, S. 391-401.

12 Vgl. Horst *Feldmann*, Konzeption und Praxis der EG-Industriepolitik, in: *Ordo*, Band 44, 1993, S. 139-168.

in dem Waren, Kapital, Dienstleistungen und Personen frei verkehren würden«.[13] Werner *Weidenfelds* Konzept einer »Transatlantischen Gemeinschaft« sieht darüber hinaus die Institutionalisierung außenpolitischer Zusammenarbeit nach dem Modell der Europäischen Politischen Zusammenarbeit (EPZ) vor. Die Proliferation geplanter Freihandelszonen – wie etwa zwischen der EU und den Mittelmeeranrainerstaaten, dem Südamerikanischen Gemeinsamen Markt (Mercosur), der Organisation für Asiatisch-Pazifische Wirtschaftskooperation (APEC) sowie eine Erweiterung des Nordamerikanischen Freihandelsabkommens (NAFTA) – droht zwar den Geltungsbereich des multilateralen Regelwerks von GATT und Welthandelsorganisation (WTO) zunehmend einzuschränken; die Gefahr einer Blockbildung, eines durch Abschottungstendenzen geprägten Regionalismus, erwächst daraus jedoch so lange nicht, wie die Freihandelszonenprojekte in einen Liberalisierungswettlauf münden oder regionenübergreifend angelegt sind. Ohnehin ist der Weg zur transatlantischen Freihandelszone mit Stolpersteinen gepflastert, und ein womöglich die NAFTA-Mitglieder und die erweiterte EU umfassender Binnenmarkt dürfte bis zu dem Zeitpunkt Utopie bleiben, an dem die Freizügigkeit von Arbeitskräften von Mexiko bis Skandinavien realisierbar erscheint.

Wegen seiner sicherheitspolitischen Funktion und seiner wohlstandsfördernden Effekte ist der atlantische Regionalismus für die EU eher ein Imperativ als eine Option. Als Alternative zur trilateralen Kooperation kommt er freilich nur dann in Betracht, wenn Japan sich deren Ausbau verweigern und auf einen asiatischen oder asiatisch-pazifischen Regionalismus zurückziehen sollte. Das Szenario eines (ost-)asiatischen Regionalismus im Zeichen japanischer Dominanz ist jedoch recht unwahrscheinlich, da für die asiatischen APEC-Mitglieder der amerikanische Markt weiterhin große Bedeutung hat und der lange Schatten der japanischen Vergangenheit die Aussichten dafür verdunkelt. Ob das Szenario eines asiatisch-pazifischen Regionalismus Wirklichkeit wird, hängt nicht zuletzt von der Politik der EU gegenüber Japan und Ostasien insgesamt ab. An der EU liegt es, durch eine Intensivierung der wirtschaftlichen, politischen und kulturellen Beziehungen zu Japan die strukturelle Basis für eine breit angelegte trilaterale Kooperation zu verstärken, die sich nicht auf eine amerikanische Strategie der Lastenteilung und der symbolischen Beteiligung Europas und Japans an weltpolitischer Führung reduziert.

Für die EU heißt dies zunächst, daß sie die vorhandenen Ansätze einer neuen Japanpolitik weiterentwickeln muß. Der Ausbau der bilateralen Beziehungen Deutschlands und anderer Mitgliedstaaten zu Japan kann dazu einen wichtigen Beitrag leisten. Hohe Priorität kommt dabei der Überwindung von Sprach- und Kommunikationsbarrieren zu. Zu diesem Zweck gilt es, den Studentenaustausch sowie die wissenschaftliche Zusammenarbeit forciert zu fördern und ein dichteres Netz transnationaler Elitekontakte zu knüpfen. Die Politik der EU wird sich ferner darauf richten müssen,

13 Werner *Weidenfeld*, Wir brauchen die Transatlantische Gemeinschaft, in: *Frankfurter Allgemeine Zeitung*, 9.5.1995; ähnlich auch *Hamilton*, a.a.O. (Anm. 7), S. 190; vgl. ferner Michael *Smith*/Stephen *Woolcock*, The United States and the European Community in a Transformed World, London 1993.

Strategieentwürfe für die trilaterale Kooperation zu formulieren, die den Aufgaben einer internationalen Ordnungs- und Stabilisierungspolitik angemessen sind. Diese darf sich nicht im Interessenausgleich unter den Triadenmächten erschöpfen, sondern muß deren Leistungspotential für die Lösung globaler Probleme aktivieren.

Die Aufgaben, welche in dieser Perspektive die Tagesordnung der trilateralen Kooperation bestimmen sollten, lassen sich im Rahmen dieses Beitrags nur stichwortartig benennen. Wenn die EU – wie oben gefordert – konsequent für eine an den Prinzipien des Multilateralismus und der Nichtdiskriminierung ausgerichtete Welthandelsordnung eintritt, so kommt sie damit auch den Interessen derjenigen Entwicklungsländer entgegen, die sich einem Kurs der außenwirtschaftlichen Öffnung verschrieben haben. Eine erstrangige Stabilisierungsaufgabe stellt sich in der internationalen Währungspolitik. Soll verhindert werden, daß Wechselkursschwankungen, die sich aus der Eigendynamik spekulationsgetriebener Devisenmärkte ergeben, die Erfolge multilateraler Handelsliberalisierung zunichte machen,[14] bedarf es verstärkter Bemühungen um eine Konzertierung der Wechselkurspolitik im Rahmen der G-7. Gelingt der EU der Kraftakt der Wirtschafts- und Währungsunion, so wird sie ihren gewachsenen Autonomiespielraum auch dafür nutzen können, um ein Minimum an trilateraler Koordination der Wirtschaftspolitik zu erreichen. Gegenüber Japan wird die EU einstweilen darauf bestehen müssen, daß es wirtschaftspolitische Anpassungspflichten auch für Überschußländer gibt – eine Maxime, die allerdings von der Bundesrepublik in Zeiten hoher Leistungsbilanzüberschüsse wenig beachtet worden ist. Den USA gegenüber wird die EU geltend machen können, daß Fehlentwicklungen wie chronische hohe Haushaltsdefizite und der »Aufstieg« zum größten Schuldnerland der Welt einschneidende binnenwirtschaftliche Korrekturen verlangen. Angesichts der Risiken, die Krisen auf den zunehmend verselbständigten Finanzmärkten für Wachstum und Beschäftigung weltweit erzeugen, sind die Mechanismen kooperativer Regulierung und Krisenprävention zu verbessern.[15]

Zu den trilateralen Aufgaben par excellence zählen auch die Integration Rußlands und Chinas in die Weltwirtschaft, ebenso die Einbindung dieser beiden Mächte in Institutionen, die deren Modernisierungs- und Transformationsprozesse fördern können und ein dauerhaftes Interesse an friedlichem Konfliktaustrag begründen helfen. Angesichts der Bedeutung des Mittleren Ostens für die Energieversorgung der westlichen Welt liegt das trilaterale Interesse an der Stabilisierung dieser Region auf der Hand. Eine Stabilisierungspolitik gegenüber aktuellen oder potentiellen Krisenregionen, deren Erfolg der »trilateralen Welt« insgesamt zugute käme, bedarf indessen nicht nur kollektiver Trägerschaft, sondern auch einer fairen Lastenteilung, die auch die Form regionaler Schwerpunktbildung annehmen kann. So liegt es nahe, daß die EU sich stärker in Osteuropa engagiert, wobei allerdings Deutschland einen weit überproportionalen Lastenanteil trägt, während Japan dazu berufen ist, die

14 Vgl. Tommaso *Padoa-Schioppa*, Tripolarism: Regional and Global Economic Cooperation (Group of Thirty, Occasional Papers, Nr. 42), Washington, DC 1993, S. 16f.

15 Vgl. Richard J. *Herring*/Robert E. *Litan*, Financial Regulation in the Global Economy, Washington, DC 1995.

außenwirtschaftliche und politische Öffnung der kommunistischen Staaten Asiens zu unterstützen. Die sich beschleunigende Industrialisierung und Modernisierung Chinas signalisiert in besonders eindringlicher Weise, daß den Ländern der Triade, die gegenwärtig den Löwenanteil an nicht erneuerbaren Ressourcen der Erde verbrauchen, Konkurrenten in diesem Nullsummenspiel erwachsen. Die Suche nach einer international koordinierten Energiepolitik und die Entwicklung wirksamer globaler Umweltregime gewinnen vor diesem Hintergrund an Dringlichkeit. Aber nicht nur die Globalisierung ökologischer Bedrohungen, sondern auch die Entstehung neuer wirtschaftlicher und politischer Kraftzentren in der vormals »Dritten« Welt machen deutlich, daß trilaterale Kooperation nicht mit dem exklusiven Anspruch einer globalen Steuerungsinstanz betrieben werden kann, sondern neuen Problemlagen und Machtkonstellationen entsprechend erweitert und angepaßt werden muß.

DEUTSCHLAND UND DIE GESTALTUNG DER WELTWIRTSCHAFT

Joachim Ragnitz

Die wirtschaftliche Entwicklung Deutschlands in den vergangenen Jahrzehnten kann mit Fug und Recht als Erfolgsgeschichte bezeichnet werden. Das reale Pro-Kopf-Einkommen hat sich in Westdeutschland zwischen 1950 und 1996 mehr als vervierfacht. Und trotz des etwas niedrigeren Einkommensniveaus in den neuen Bundesländern kann die Bundesrepublik im weltweiten Maßstab als eines der wohlhabendsten Länder gelten. Angesichts der hohen Wirtschaftskraft konnte die Herausforderung der deutschen Vereinigung ohne gravierende Schwierigkeiten bewältigt werden. Die Probleme der Armut, der Arbeitslosigkeit und der politischen und wirtschaftlichen Instabilität machten um die Bundesrepublik zwar keinen Bogen; ihre Schärfe blieb gleichwohl hinter der Entwicklung in manch anderen Industriestaaten zurück.

Der wirtschaftliche Erfolg Deutschlands kann im wesentlichen auf drei Ursachen zurückgeführt werden. Zu nennen ist als erstes die ordnungspolitische Grundorientierung. In den meisten Bereichen des Wirtschaftslebens überwiegt der marktwirtschaftliche Koordinierungsmechanismus, der nach gängigen Kriterien höhere Effizienz und damit einen höheren Wohlstand ermöglicht als alternative Ordnungsprinzipien. Ergänzt wird dies durch ein System der sozialen Sicherung, das trotz mancher Mängel einen wesentlichen Anteil an der Stabilität der Wirtschafts- und Gesellschaftsordnung der Bundesrepublik hat. Wenngleich in Teilbereichen Reformen des Systems der Sozialen Marktwirtschaft wünschenswert sind, erscheint die marktwirtschaftliche Ordnung deutscher Ausprägung von ihren Ergebnissen her auch alternativen marktwirtschaftlichen Modellen überlegen.

Schon an zweiter Stelle ist die enge Integration Deutschlands in die Weltwirtschaft als Triebfeder der Wohlstandsentwicklung hervorzuheben. Seit Gründung der Bundesrepublik verfolgt die deutsche Politik eine auf Liberalisierung des Außenhandels gerichtete Strategie. Mit der schrittweisen Aufhebung binnenwirtschaftlich motivierter Kontrollen in den siebziger Jahren wurde auch die Liberalisierung des Kapitalverkehrs vorangetrieben. Freizügigkeit der Arbeitskräfte wurde zumindest im Rahmen der Europäischen Gemeinschaft (EG)/Europäischen Union (EU) Anfang der neunziger Jahre hergestellt. Heute zählt Deutschland zu den wichtigsten Welthandelspartnern, und die D-Mark hat sich zu einer bedeutenden Reservewährung entwickelt. Um ihre Interessen auch im globalen Rahmen verwirklichen zu können, arbeitet die Bundesrepublik in allen relevanten internationalen Organisationen mit. Sie hat vielfach entscheidenden Einfluß auf weitere Liberalisierungsvorhaben genommen. Auch in diesem Zusammenhang spielt die Einbettung Deutschlands in die EG/EU eine bedeutsame Rolle. Seit Gründung der Europäischen Wirtschaftsgemeinschaft (EWG) im Jahre 1958 hat die Bundesrepublik Deutschland die Gestaltung des europäischen Integrationsprozesses maßgeblich mitbeeinflußt und dabei im großen und ganzen erfolgreich auf die Verwirklichung eines freizügigen und weltoffenen Systems hingewirkt.

Drittens ist schließlich auf die politische und wirtschaftliche Stabilität in Deutschland hinzuweisen. Sie äußert sich zum einen in einer bemerkenswerten Konstanz der politischen Machtverhältnisse, noch gestützt dadurch, daß die großen Parteien sich hinsichtlich der von ihnen vertretenen Positionen oftmals nur geringfügig unterscheiden; zum anderen in maßvollen und nur behutsam vorgenommenen Änderungen der wirtschaftlich relevanten Rahmenbedingungen des Steuer- und Abgabensystems, der Regulierungsdichte und der Organisation von Märkten und Institutionen. Explizit ist überdies die auf Preisniveaustabilität zielende Politik der Deutschen Bundesbank zu nennen. All dies hat den Unternehmen längerfristige Investitionsplanungen ermöglicht. Trotz hoher Kosten am Standort Deutschland sind Produktionsverlagerungen ins Ausland in den vergangenen Jahrzehnten von eher untergeordneter Bedeutung,[1] ist die Investitionsquote überdurchschnittlich hoch geblieben. Dies sind Anzeichen dafür, daß Stabilität ein nicht zu unterschätzender Faktor für wirtschaftliches Wachstum ist.[2]

Nimmt man dies alles zusammen, so werden die deutschen Interessen hinsichtlich der Gestaltung der Weltwirtschaft deutlich: Sie liegen vor allem in einer Bewahrung und Fortentwicklung der liberalen Welthandelsordnung, in der Vertiefung der Europäischen Integration unter Einbeziehung der mittel- und osteuropäischen Staaten und in der Förderung der Stabilität der internationalen Wirtschaftsbeziehungen. Dies steckt den Rahmen für die im folgenden zu behandelnden Themen ab.

Fortentwicklung des multilateralen Handelssystems

Der Wohlstand Deutschlands beruht in hohem Maße auf der Einbindung in die internationale Arbeitsteilung, so daß die Vertiefung der weltwirtschaftlichen Integration als wichtigster Punkt auf der Liste der wirtschaftlichen Interessen der Bundesrepublik zu nennen ist. Im Jahr 1994 betrug der Anteil des Exports von Waren und Dienstleistungen am gesamtdeutschen Bruttoinlandsprodukt rund 22 Prozent. Noch stärker ist die Auslandsabhängigkeit in der westdeutschen Industrie ausgeprägt, wo mehr als 40 Prozent der erzielten Wertschöpfung direkt oder indirekt vom Export abhängig sind.[3] Der Erfolg deutscher Anbieter auf dem Weltmarkt zeigt sich schließlich auch am erreichten Marktanteil: 1992 stammten 11,5 Prozent aller weltweit exportierten Waren

1 Im Jahr 1992 betrug der Anteil des Direktinvestitionsbestandes am (westdeutschen) Bruttoanlagevermögen 7,5 %. Vgl. Roland *Döhrn*, Deutsche Direktinvestitionen in der Europäischen Union, in: *RWI-Mitteilungen*, Nr. 3, 1994, S. 261-281.

2 Zur Bedeutung der Kriterien »Konstanz der Wirtschaftspolitik« und »Primat der Währungspolitik« als konstituierende Bedingungen einer Marktwirtschaft vgl. Walter *Eucken*, Grundsätze der Wirtschaftspolitik, Bern 1952.

3 Reiner *Stäglin*/Dietmar *Edler*/Joachim *Schintke*, Der Einfluß der gesamtwirtschaftlichen Nachfrageaggregate auf die Produktions- und Beschäftigungsstruktur. Eine quantitative Input-Output-Analyse, 2 Bände (Deutsches Institut für Wirtschaftsforschung, Beiträge zur Strukturforschung, Heft 127), Berlin 1992.

aus deutscher Produktion.[4] Auf der anderen Seite wäre das in Deutschland erreichte Wohlstandsniveau aber auch ohne den Import von Waren nicht aufrechtzuerhalten. Rund ein Fünftel aller hier verkauften Waren wird aus dem Ausland bezogen. Viele Waren wären in Deutschland nicht oder nur zu höheren Kosten als im Ausland herzustellen. Auch die Wahlmöglichkeiten der Verbraucher wären stark beschränkt, würden sie nicht auf ausländische Produkte zurückgreifen können. Insofern liegt es in deutschem Interesse, freien Marktzugang nicht nur selbst zu erhalten, sondern auch zu gewähren.

Freilich sprechen neben diesem empirischen Argument auch eher grundsätzliche Überlegungen für den Vorrang eines liberalen Außenhandelsregimes gegenüber einem System der Abschottung oder des organisierten Handels. Neben dem bekannten Gesichtspunkt der statischen komparativen Kosten sind es insbesondere dynamische Effizienzeffekte, die den Nutzen offener Märkte ausmachen: Durch Vergrößerung der relevanten Absatzmärkte lassen sich Größen- und Verbundvorteile realisieren; durch erhöhten Wettbewerbsdruck steigen der Zwang zur Einführung kostensenkender Produktions- und Organisationsverfahren sowie der Anreiz zu innovativem Verhalten; durch weltweite Diversifikation der Absatz- und Bezugsbeziehungen sinkt die Anfälligkeit gegenüber Marktstörungen im Inland wie im Ausland. Die Integration in den internationalen Handelsverkehr begünstigt also Wachstum und Stabilität und trägt damit wesentlich zum Erreichen wichtiger gesamtwirtschaftlicher Ziele bei.

Spricht somit auf gesamtwirtschaftlicher Ebene sehr vieles für eine Liberalisierung des Außenwirtschaftsverkehrs, so sind in der Realität allerorten Verstöße gegen dieses Prinzip festzustellen. Ihre Begründung finden diese häufig in dem Wunsch, unter Anpassungsdruck geratene Branchen vor Importkonkurrenz zu schützen und Beschäftigungsverluste zu vermeiden. So besteht in der Europäischen Union, die für die Außenhandelspolitik im Gemeinsamen Markt zuständig ist, vor allem auf den Agrarmärkten ein Außenschutz. Durch ein ausgeklügeltes System von quantitativen Beschränkungen wird ein überhöhtes Produktions- und Preisniveau innerhalb der EU aufrechterhalten, um auf diese Weise die Landwirte an der allgemeinen Einkommensentwicklung teilhaben zu lassen. Nicht-tarifäre Beschränkungen der Einfuhr bzw. Begünstigungen für unter externem Anpassungszwang stehende inländische Produzenten finden sich auch bei anderen Gütern, so z.B. bei Stahl und Kohle sowie bei Textilien, zum Teil nach Lieferländern differenziert.

In jüngster Zeit ist zudem der Ruf nach einer Politik lauter geworden, die auch »strategisch« wichtigen Branchen – z.B. der Halbleiterindustrie oder der Biotechnologie – einen solchen Außenschutz oder wenigstens eine Begünstigung durch Subventionszahlungen gewährt.[5] Hier wird zur Begründung meist das bekannte »Infant-industry«-Argument in moderner Form herangezogen: Durch temporäre Bevorzugung heimischer vor fortgeschritteneren ausländischen Wettbewerbern soll

4 Vgl. *Deutscher Bundestag*, Drucksache 12/6170 vom 15.11.1993, S. 164-166 (Jahresgutachten 1993/94 des Sachverständigenrates zur Begutachtung der gesamtwirtschaftlichen Entwicklung).

5 Vgl. David B. *Yoffie* (Hrsg.), Beyond Free Trade. Firms, Government, and Global Competition, Boston 1993.

Zeit für den Aufbau wettbewerbsfähiger Produktionen im Inland gewonnen werden.[6] In der Tat ist mitunter nachgewiesen worden, daß in diesen Fällen Freihandel nicht die optimale Option darstellt, vielmehr durch Handelsbeschränkungen bzw. Subventionszahlungen Wohlfahrtsgewinne im Inland erzielt werden können. Doch trotz ihrer theoretischen Überzeugungskraft stellen sich einer Anwendung dieser Ergebnisse in der wirtschaftspolitischen Praxis Probleme entgegen: Abgesehen davon, daß die Grundannahmen strategischer Handels- und Industriepolitik in wichtigen Schlüsselbranchen nicht erfüllt scheinen, muß angesichts drohender Retorsionsmaßnahmen des Auslands und des erforderlichen Informationsbedarfs auch die Praktikabilität derartiger Vorschläge in Zweifel gezogen werden.[7]

Modelle protektionistischer Handelspolitik sind überdies meist partialanalytischer Natur. Der Zusammenhang zwischen dem Schutz, der einem Wirtschaftszweig gewährt wird, und dem Schaden, der dadurch anderen Branchen zugefügt wird, bleibt oft unerkannt. Dieser resultiert bei Handelsbeschränkungen daraus, daß dem Ausland die Möglichkeit verwehrt bleibt, die für den Kauf von Importwaren notwendigen Devisen zu erwirtschaften, so daß der Außenschutz unmittelbar auf die heimischen Exportbranchen zurückwirkt.[8] Ähnliches gilt für protektionistisch motivierte Subventionszahlungen: Leidtragende sind hier all jene Branchen, die aufgrund günstiger Gewinnsituation zur Steuerzahlung verpflichtet sind. Da also in beiden Fällen gerade die wettbewerbsstarken Wirtschaftszweige die Kosten der Protektion aufzubringen haben, liegt ein solcher Außenschutz kaum im längerfristigen Interesse des diesen Schutz gewährenden Staates. Hinzu kommt, daß durch den Außenschutz der Zwang des Wettbewerbs zur Entwicklung neuer Produkte und Verfahren abgemildert wird und Ineffizienzen gefördert werden, was den Schutzbedarf weiter ansteigen läßt. Die Kosten der Protektion steigen also im Zeitablauf tendenziell an, so daß gerade im Interesse der internationalen Wettbewerbsfähigkeit heimischer Unternehmen ein Außenschutz kein hilfreiches Instrument darstellt. Die deutsche Politik sollte deshalb protektionistischen Verlockungen auch dann widerstehen, wenn sie im Gewand einer strategischen Handelspolitik daherkommen. Auch bei scheinbarem Vorliegen der Voraussetzungen für strategische Handelspolitik ist der Freihandel letztlich zu präferieren.

Hintergrund dieser Überlegungen ist die Überzeugung, daß der Staat als zentrale Instanz nicht über das Wissen verfügt, das die vielen Akteure an dezentral organisierten Märkten besitzen. Um intervenierend tätig werden zu können, ist die Politik deshalb auf Informationen der Marktteilnehmer angewiesen. Damit aber begeben sich die regulierenden politischen Instanzen in die Abhängigkeit von Interessenvertretern, denen das eigene Wohl naturgemäß mehr am Herzen liegt als das der Allgemeinheit.

6 Der grundlegende Unterschied zu älteren (und widerlegten) Argumenten dieser Art liegt in der Annahme oligopolistisch strukturierter Märkte oder der Existenz von Skalen- und Lernvorteilen.

7 Vgl. Georg *Bletschacher*/Henning *Klodt*, Strategische Handels- und Industriepolitik. Theoretische Grundlagen, Branchenanalyse und wettbewerbspolitische Implikationen, Tübingen 1992.

8 Vgl. hierzu ausführlicher Alexander *Tesche*, Gesamtwirtschaftliche Kosten der Protektion in der Bundesrepublik Deutschland, Köln 1986.

Benachteiligt werden all jene, die über keine durchsetzungsfähige Lobby verfügen. Um dies zu vermeiden, ist eine Selbstbeschränkung des Staates auf das Setzen allgemeingültiger Rahmenbedingungen nötig. Im Bereich des internationalen Handels entspricht der Freihandel diesem Prinzip.

Als wesentlicher Schritt hin zu einer weiteren Liberalisierung der Welthandelsordnung kann der Abschluß der Uruguay-Runde des Allgemeinen Zoll- und Handelsabkommens (GATT) im Dezember 1993 gelten. Vereinbart wurden u.a. weitere Schritte zur Marktöffnung bei Industriewaren,[9] die Einbeziehung des Agrarhandels und des Textil- und Bekleidungssektors in das GATT sowie der schrittweise Abbau bestehender Restriktionen in diesen Bereichen, die Schaffung multilateraler Regeln auch für den Dienstleistungshandel, für grenzüberschreitende Investitionen und für geistige Eigentumsrechte sowie schließlich die Festlegung von Grundsätzen für die Gewährung von Beihilfen an Unternehmen.

Trotz dieser Erfolge sind die Ergebnisse der GATT-Runde jedoch hinter dem eigentlich Wünschenswerten zurückgeblieben. So ist die Wiedereinführung von selektiven Schutzmaßnahmen unter bestimmten Bedingungen auch weiterhin erlaubt, und vielfach sind extrem lange Übergangsfristen für die Liberalisierung vorgesehen. Insbesondere die neu in das Vertragswerk aufgenommenen Bestandteile (Abkommen zum Dienstleistungshandel, Subventionskodex) weisen recht unverbindliche Bestimmungen auf und bedürfen noch genauerer Festlegung. Beispielsweise bleiben bestimmte Arten von Subventionen künftig selbst dann zulässig, wenn sie den grenzüberschreitenden Wettbewerb verzerren. Im Dienstleistungssektor sind wichtige Bereiche (Luftverkehr, Basis-Telekommunikation, audiovisuelle Dienste, Finanzdienstleistungen) bis auf weiteres von der Liberalisierung ausgenommen worden. Überdies wurden den einzelnen Staaten umfangreiche Freiräume für die konkrete Ausgestaltung künftiger Marktzugangsregeln belassen. Da gerade der Dienstleistungshandel künftig noch an Bedeutung gewinnen dürfte und Deutschland von der Faktorausstattung her wenigstens bei humankapitalintensiven Diensten (Software, Beratungsleistungen, technische Dienste) komparative Vorteile aufweist, sollte die Bundesregierung verstärkt auf weltweit freien Marktzugang für Dienstleistungsfirmen drängen. In der Folge könnte dies analog zum europäischen Binnenmarktprogramm zu einer zweiten Deregulierungswelle im Dienstleistungsbereich führen, die erhebliche Wohlstandsgewinne ermöglichen könnte.

Zu den offenen Feldern, die nicht geklärt werden konnten, gleichwohl in den kommenden Jahren einer Lösung bedürfen, gehört die Problematik einer Verknüpfung des Welthandelssystems mit Sozial- und Umweltnormen. Aus ökonomischer Sicht geht es dabei zunächst um die Frage, ob niedrige Umwelt- und Sozialstandards ungerechtfertigte Wettbewerbsvorteile darstellen, die einen Ausgleich durch Handelsbeschränkungen oder durch die Vorgabe entsprechend restriktiver Normen

9 Dabei handelte es sich um eine Verringerung der durchschnittlichen Zollbelastungen in den Staaten der Organisation für Wirtschaftliche Zusammenarbeit und Entwicklung (OECD) von 4,7 auf 2,9 %.

für importierte Waren zulässig erscheinen lassen. Es knüpft sich hieran aber auch die Problematik der künftigen Ausgestaltung der Umweltrechtsordnung.

Grundsätzlich ist das Fehlen bestimmter Kostenfaktoren an einem Produktionsstandort nicht als wettbewerbsverzerrendes Element anzusehen, das einen Ausgleich im grenzüberschreitenden Handel rechtfertigen würde. Diese Feststellung gilt grundsätzlich auch für administrativ auferlegte Kosten. Hohe Umweltschutz- und Sozialkosten am Standort Deutschland können als Ausdruck der Knappheit von Umweltressourcen bzw. als Folge gesellschaftlicher Präferenz für ein staatlich organisiertes System der sozialen Absicherung gesehen werden. Hier eine Kompensation seitens der Länder mit größeren Ressourcen, familiär organisierten Sozialsystemen oder anders gelagerten Präferenzen zu fordern, hieße diese Länder zu benachteiligen, wäre also mit Grundsätzen der Gleichbehandlung (wie sie dem GATT-Vertrag zugrunde liegen) nicht zu vereinbaren. Komparative Vorteile, die diese Länder bei umweltbeanspruchenden oder arbeitsintensiven Produkten hätten, würden so zunichte gemacht. Internationaler Handel beruht ja gerade auf dem Prinzip der Spezialisierung auf Produktionen, die vergleichsweise reichlich vorhandene Einsatzfaktoren (z.B. Umwelt) in besonders hohem Maße beanspruchen. Weder die Harmonisierung von Umwelt- und Sozialstandards auf hohem Niveau noch deren Durchsetzung durch außenwirtschaftliche Schutzmaßnahmen stünde in deutschem Interesse, würde es doch den kostengünstigen Bezug der entsprechenden Produkte verhindern und überdies den Ruch des Protektionismus tragen. Gerade angesichts der zu erwartenden Rückwirkungen auf die deutschen Exporte sollte von derartigen Überlegungen Abstand genommen werden.

Unter bestimmten Bedingungen kann man gleichwohl Ausnahmen von dieser Grundregel für sinnvoll erachten. Geringere Umwelt- und Sozialvorschriften im Ausland können einem Staat nur so lange gleichgültig sein, wie er von deren Folgen nicht unmittelbar betroffen ist, also keine externen Effekte vorliegen. Bei sozialrechtlichen Schutzvorschriften – soweit diese nicht dem Schutz der durch die Vereinten Nationen international normierten Menschenrechte dienen – wird man hiervon in aller Regel ausgehen können. Im Umweltbereich hingegen ist der Fall grenzüberschreitender Emissionen – bzw. sogar global schädlicher Auswirkungen wie im Fall der CO_2-Problematik – durchaus relevant.

Grundsätzlich sind zur Vermeidung derartiger Umweltschädigungen Vereinbarungen zwischen dem Verursacher der Umweltstörung und dem Geschädigten als das geeignete Mittel anzusehen. Dabei ist eine klare Trennung zwischen umweltpolitischen und handelspolitischen Abkommen wegen der implizierten größeren Zielgenauigkeit einer Vermengung beider Bereiche vorzuziehen: Umweltpolitische Ziele sind am ehesten mit den spezifischen Instrumenten der Umweltpolitik zu erreichen, also zum Beispiel mit Knappheitspreisen für die Inanspruchnahme von Umweltressourcen oder mit den beim Verursacher der Umweltschädigung ansetzenden Instrumenten des Ordnungsrechts. Entsprechende multilaterale Übereinkommen stehen zweifellos in deutschem Interesse und sollten deshalb von der Bundesregierung mit Vorrang angestrebt werden. Die Maßnahmen der Handelspolitik – tarifäre und nicht-tarifäre

Beschränkungen des grenzüberschreitenden Handels – sind hingegen nicht unmittelbar auf umweltrelevante Tatbestände gerichtet, somit das falsche Instrument. Zudem sind sie nicht auf Kooperation angelegt und schon allein deshalb internationalen Vereinbarungen unterlegen.

Die bisherigen Erfahrungen mit internationalen Abkommen haben allerdings gezeigt, daß mit der Zahl der Staaten, die in Verhandlungen einbezogen werden müssen, auch die Schwierigkeiten zunehmen, zu verbindlichen Regelungen zu gelangen. Vor dem Hintergrund dieses Dilemmas ließe sich die Besteuerung von Importen dann möglicherweise doch als suboptimale Lösung zur Verringerung von grenzüberschreitenden Umweltschädigungen rechtfertigen, denn nach der ökonomischen Theorie können Umweltbelastungen unter anderem durch eine Steuer verringert werden, die beim Verursacher erhoben wird. Skepsis bleibt gleichwohl angebracht. Denn selbst wenn es gelänge, diese Steuer so auszugestalten, daß eine Schlechterstellung ausländischer Anbieter gegenüber heimischen Anbietern vermieden wird, dürfte ihr umweltpolitischer Nutzen gering sein. Zunächst ist eine Besteuerung der Warenproduktion anstelle der Verteuerung der Emission an sich schon wenig zielgerecht. Ein Anreiz zur Anwendung umweltfreundlicherer Verfahren entsteht so nicht, sondern bestenfalls ein Anlaß zur Produktionseinschränkung. Überdies wird eine vollständige Internalisierung des entstehenden Schadens nicht erreicht, weil nur ein Teil der umweltschädigenden Produktion – nämlich der Export in das die Steuer erhebende Land – der Akzise unterworfen wird. Hinzu kommt, daß heimische Anbieter, deren Wettbewerbsfähigkeit wegen der Einführung umweltpolitischer Maßnahmen im eigenen Land tendenziell sinkt, auf Drittlandsmärkten eine Schlechterstellung gegenüber ausländischen Produzenten erfahren könnten. Führt dies zu einer Ausweitung der betreffenden Produktion im Ausland, so könnte die Umweltschädigung sogar noch zunehmen. Gerade Deutschland – mit seiner Vielzahl von Nachbarn und seiner Präferenz für ein hohes Umweltschutzniveau – sollte daher mit Nachdruck auf den Abschluß internationaler Vereinbarungen drängen und für deren Erfolg auch zu Konzessionen (z.B. Entschädigungszahlungen) bereit sein.

Europäische Integration

Nicht nur in politischer Hinsicht, sondern vor allem auch mit Blick auf wirtschaftliche Fragen sind die Beziehungen zu den europäischen Nachbarn von großer Bedeutung für die deutsche Außenpolitik.[10] Geht man davon aus, daß die Europäische Währungsunion wie geplant bis zum Ende des Jahrzehnts verwirklicht wird und Deutschland – neben anderen, aber wohl nicht allen Mitgliedstaaten des Europäischen Währungssystems (EWS) – hieran teilnehmen wird, so bleibt im wesentlichen die Frage nach der Politik der Europäischen Union gegenüber Drittstaaten zu klären.

10 Grundsätzliche Fragen der europäischen Integration werden an anderen Stellen dieses Bandes behandelt und können daher hier unberücksichtigt bleiben. Vgl. insbesondere den Beitrag von Josef *Janning*.

Dabei ist insbesondere auf das deutsche Interesse an einer Erweiterung der EU nach Osten einzugehen.

Die diesbezüglichen Initiativen gehen in erster Linie von den mittel- und osteuropäischen Staaten selbst aus und sind vor allem ökonomisch motiviert. Den ökonomischen Nutzen eines Beitritts zur EU sehen diese Staaten insbesondere auf handelspolitischem Gebiet: Im Vergleich zu den geltenden Assoziierungsabkommen würde eine Teilnahme am Binnenmarkt den potentiellen Beitrittskandidaten einen kostengünstigeren Bezug von Waren und Leistungen sowie bessere Absatzmöglichkeiten in den westeuropäischen Staaten verschaffen. Gleiches gilt freilich auch für die EU-Staaten selbst, so daß auch auf deren Seite durchaus ein Interesse an freierem Handel bestehen sollte.[11] Zwar werden durch verstärkten Konkurrenzdruck manche Produktionen in Deutschland und in den anderen Mitgliedsländern der EU unter verschärften Anpassungszwang geraten – anfangs vor allem arbeits- und rohstoffintensive Bereiche, später dann wohl auch humankapitalintensivere Sektoren.[12] Dem ist freilich die Begünstigung derjenigen Wirtschaftszweige gegenüberzustellen, die durch die Handelsöffnung neue Absatzmärkte erschließen können. Auch wenn das Nachfragepotential dieser Länder aufgrund niedriger Einkommensniveaus derzeit noch recht gering ist, dürfte dies sich ändern, sobald stabile politische Verhältnisse hergestellt sind, ausländische Investoren zur Kreditvergabe bereit sind und die notwendige Modernisierung des Kapitalstocks vorangetrieben wird. Insbesondere deutsche Hersteller von Investitionsgütern dürften ihre Lieferungen nach Mittel- und Osteuropa dann deutlich steigern können. Es ist deshalb unwahrscheinlich, daß eine Freigabe des Handels auf lange Sicht ein Null- oder gar Negativsummenspiel darstellen würde.

Für eine Liberalisierung der Handelsbeziehungen bedarf es allerdings keiner Aufnahme der mittel- und osteuropäischen Staaten in die EU, die von ihrem Selbstverständnis her mehr ist als eine reine Freihandelszone. Zwar gibt es ein anzuerkennendes politisches Interesse an einer solchen Erweiterung, doch die ökonomischen Kosten wären immens, wenn dieser Schritt verfrüht vollzogen würde – d.h. bevor in diesen Staaten ein auch nur annähernd den EU-Staaten vergleichbares Einkommensniveau erreicht wäre. Zu berücksichtigen ist dabei zunächst, daß die mittel- und osteuropäischen Staaten nach Aufnahme in die EU bei unveränderter Rechtslage auch am Finanzausgleichsmechanismus der Union zu beteiligen wären. Angesichts des gewaltigen Einkommensrückstands dieser Länder würden vermutlich

11 Eine Schätzung der zu erwartenden Handelsausweitung findet sich in: Claus-Friedrich *Laaser*/Rüdiger *Soltwedel*, Europäische Integration und nationale Wirtschaftspolitik (Institut für Weltwirtschaft, Kieler Studien, Nr. 255), Tübingen 1993, S. 123-130.

12 Vgl. Henning *Klodt*, Der Fall des Eisernen Vorhangs und die Arbeitsteilung in Europa: Herausforderungen und Chancen, in: Karl-Hans *Hartwig* (Hrsg.), Veränderte Arbeitsteilung in Europa – Brauchen wir eine Industriepolitik? (Gespräche der List Gesellschaft, Neue Folge, Band 16), Baden-Baden 1994, S. 12-21.

gewaltige Transferleistungen erforderlich, die den Zusammenhalt der EU akut gefährden könnten.[13] Zudem läge ein Beitritt zur EU auch nicht im Interesse dieser Länder selbst: Auch wenn auf mittlere Sicht große Wachstumspotentiale bestehen, riefe die Notwendigkeit zur Übernahme anspruchsvoller Rechtsvorschriften einen zusätzlichen Anpassungsbedarf hervor, der – nach den Erfahrungen des deutschen Vereinigungsprozesses – kurzfristig den Finanzausgleichsbedarf abermals erhöhen dürfte.

Hinzu kommt, daß mit der Mitgliedschaft in der Europäischen Union auch die vollständige Mobilität von Arbeit und Kapital verbunden ist. Angesichts noch großer Unterschiede im Wohlstandsniveau könnte es daher zu einer weiteren Zunahme der Ost-West-Wanderung kommen, wovon Deutschland aufgrund der räumlichen Gegebenheiten und seiner wirtschaftlichen Anziehungskraft in besonderem Maße betroffen wäre. Angesichts einer angespannten Arbeitsmarktlage und einer bereits jetzt teilweise vorhandenen Überforderung des Systems sozialer Sicherung dürfte eine solche Entwicklung kaum in deutschem Interesse liegen.

Doch wenngleich aus wirtschaftlicher Sicht eine Aufnahme der mittel- und osteuropäischen Länder in die Europäische Union auf kurze Sicht weder realistisch noch wünschenswert erscheint, kann und darf sich die EU auf längere Sicht dem Drängen dieser Länder nach stärkerer Anbindung an den Westen nicht verschließen. Diverse vorbereitende Schritte hierzu sollten schon möglichst bald unternommen werden. Hilfreich wäre es auf jeden Fall, wenn die EU bestehende Marktzutrittsbeschränkungen abbauen und auch auf die in den Assoziierungsabkommen enthaltene selektive Schutzklausel bei »sensiblen« Produkten (Textilien, Kohle und Stahl, Agrarprodukte) verzichten würde, binnenmarktähnliche Verhältnisse somit wenigstens auf den Gütermärkten hergestellt würden. Nur auf diese Weise wäre den potentiellen Beitrittskandidaten die Möglichkeit eröffnet, das Wachstum zu erreichen, das für eine Aufnahme in die EU als gleichwertige Mitglieder notwendig erscheint.

Die westeuropäischen Länder – und hierbei insbesondere auch Deutschland als unmittelbares Nachbarland mit besonderer Interessenlage – sollten überdies den Reformprozeß über die handelspolitische Integration hinaus unterstützen. Die mittel- und osteuropäischen Staaten benötigen dringend Sachkapital zur Erneuerung großenteils veralteter Produktionsapparate und zum Aufbau der Infrastruktur sowie Wissenskapital, etwa im Hinblick auf Management, Marketing und technische Lösungen. Zwar hat die EU bereits manches in dieser Hinsicht unternommen, doch angesichts des gewaltigen Bedarfs dürfte dies kaum ausreichend sein. Hilfreich wäre darüber hinaus auch ein forcierter Ausbau der Verkehrs-, Telekommunikations- und

---

13 Nach Rechnungen des Instituts für Wirtschaftsforschung Halle beträgt das durchschnittliche Bruttoinlandsprodukt pro Kopf nach Kaufkraftparitäten in den sogenannten »Visegrád-Staaten« nur zwischen einem Viertel (Polen) und der Hälfte (Tschechische Republik) des Durchschnitts der EU-Mitgliedstaaten. Vgl. Hubert *Gabrisch*, Gesamtwirtschaftliche Anpassungsprozesse in mittel- und osteuropäischen Ländern nach einem Beitritt zur EU (Institut für Wirtschaftsforschung Halle, IWH-Diskussionspapier Nr. 41), Halle 1996.

Leitungsverbindungen, nicht zuletzt auch, um Verzögerungen im künftigen Integrationsprozeß zu vermeiden.

Von seiten der beitrittswilligen Länder Mittel- und Osteuropas ist im Gegenzug zu verlangen, daß sie sich bereits frühzeitig durch Anpassung der geltenden Rechtsvorschriften auf den Beitritt zur EU vorbereiten. Vorrangig ist dabei eine Anpassung von Normen und Standards, um auf den europäischen Märkten Fuß fassen zu können. Dem müßte die Anpassung von Wettbewerbs- und Beihilferegeln folgen, um einen Aufbau nicht konkurrenzfähiger Strukturen zu verhindern und Dumping-Angebote zu vermeiden. Ein »Beitrittsschock« könnte so vermieden, Übergangsfristen nach vollzogener Aufnahme in die EU verkürzt werden. Die EU könnte diesen Prozeß nachhaltig erleichtern und unterstützen, wenn sie gleichzeitig auch das Unionsrecht auf überflüssige und ökonomisch schädliche Bestimmungen hin durchforsten und »auskämmen« würde.

Stabilität der internationalen Wirtschaftsbeziehungen

Die Interdependenz der nationalen Volkswirtschaften hat sich in den vergangenen Jahrzehnten als Folge der zunehmenden Verflechtungen im Handel wie auch in der Finanzsphäre verstärkt. Während Anfang der siebziger Jahre durch den Übergang zu flexiblen Wechselkursen für eine gewisse Zeit noch eine Abkoppelung gelang, hat sich spätestens mit der Ausbreitung neuer Kommunikations- und Informationstechnologien zu Beginn der achtziger Jahre und mit verstärkten Deregulierungsanstrengungen in den USA – und nachfolgend auch in Westeuropa – die Autonomie der nationalen Volkswirtschaften wieder verringert. Nationale wirtschaftspolitische Maßnahmen sind damit weniger bedeutsam für die wirtschaftliche Entwicklung eines Landes geworden. Gleichzeitig verteilen sich deren Wirkungen über die unterschiedlichen Transmissionskanäle auf eine ganze Reihe anderer Staaten. Die gewachsene Verflechtung der verschiedenen Wirtschaftsräume führt somit auch dazu, daß sich die Bundesrepublik von ökonomischen Vorgängen in anderen Ländern kaum mehr isolieren kann, wie zum Beispiel die Einbindung in internationale Konjunkturzyklen zeigt. Insofern ist ein starkes Interesse Deutschlands an der Stabilität der weltwirtschaftlichen Rahmenbedingungen zu konstatieren.

Vor allem die Stabilität der Währungsrelationen ist von großer Bedeutung, sammeln sich doch im Wechselkurs wie in einem Brennglas all jene Einflüsse in den beteiligten Ländern, die in grenzüberschreitenden Transmissionsmechanismen eine Rolle spielen. Da der Wechselkurs gleichzeitig auch als wichtiges Übertragungsmedium fungiert, fehlt es nicht an Stimmen, die allein durch eine Stabilisierung des Devisenkurses die Stabilität der weltwirtschaftlichen Ordnung zu erreichen hoffen. Insbesondere der Dollarkurs steht dabei im Mittelpunkt des Interesses.

Um den Wechselkurs zu stabilisieren, wurden in der Vergangenheit eine ganze Reihe von Vorschlägen unterbreitet, die von abgestimmten Devisenmarktinterventionen bis zur Besteuerung von Devisenmarkttransaktionen reichten. Diesen Vorschlägen ist gemeinsam, daß sie gar nicht erst den Versuch unternehmen, an den – im Einzelfall sicherlich auch schwierig zu ermittelnden – Ursachen für Wechselkursveränderungen anzusetzen, sondern unmittelbar nur das Symptom – den jeweiligen Devisenkurs – zum Ansatzpunkt nehmen. Soweit Wechselkursänderungen auf inkompatible Wirtschaftspolitiken (insbesondere Geld- und Fiskalpolitiken) oder instabile Erwartungen der Marktteilnehmer zurückgehen, scheint es jedoch aussichtsreicher, diese Ursachen für Wechselkursschwankungen zu beheben. Dies schließt temporäre Interventionen zur Glättung übertriebener (spekulativer) Wechselkursbewegungen in der kurzen Frist nicht aus; längerfristig ist eine Kursstabilisierung aber nur durch international harmonierende Rahmendaten zu erreichen. Anderenfalls bliebe der Druck auf den Wechselkurs bestehen, bis eine durch den Markt erzwungene Anpassung der nationalen Fundamentalfaktoren (Zinsen, Güterpreise und Löhne) an den jeweils fixierten Devisenkurs erreicht wäre. Wie die Erfahrungen im Europäischen Währungssystem zeigen, ist auch dieser Weg oftmals mit schmerzhaften Anpassungsnotwendigkeiten verbunden.

Ein anderer Weg, die Stabilität der internationalen Beziehungen zu fördern und außenwirtschaftlich bedingte Störungen zu vermindern, wird in einer Intensivierung der wirtschaftspolitischen Kooperation gesehen. Auf der einen Seite würde dies eine bedeutsame Quelle weltwirtschaftlicher Ungleichgewichte – nicht kompatible wirtschaftspolitische Maßnahmen – beseitigen, auf der anderen Seite die Möglichkeit abgestimmter Reaktionen auf exogene Schocks eröffnen. Auch der Versuchung, auf Kosten anderer Staaten Wohlstandsgewinne zu erzielen (*beggar-my-neighbor policy*), wäre so vorzubeugen. Zu prüfen ist daher, auf welchen Feldern die wirtschaftspolitische Koordinierung möglich und aussichtsreich ist.

Weitgehende Einigkeit besteht in der Fachdiskussion darüber, daß eine Koordination nationaler Wirtschaftspolitiken überhaupt nur sinnvoll ist, wenn aufgrund von Interdependenzen zwischen einzelnen Staaten grenzüberschreitende Wirkungen auftreten können.[14] Das erforderliche Maß internationaler Zusammenarbeit ist daher nicht so groß, wie es zunächst scheinen mag. Kooperationsbedarf besteht am ehesten in den makroökonomischen Feldern der Geld- und Fiskalpolitik, da dort die gegenseitigen Abhängigkeiten – bedingt durch die Integration der Kapitalmärkte – am größten sind. Gerade mit Blick auf den Wechselkurs dürften diesbezügliche Koordinationsbemühungen somit sinnvoll sein.

Spieltheoretisch läßt sich zeigen, daß eine kooperative Lösung nichtkooperativem Verhalten überlegen ist, wenn die Interessen der jeweils betroffenen Staaten divergieren oder die optimale Strategie eines staatlichen Akteurs nicht unabhängig von der Politik des anderen ist.[15] Die Bedingungen, unter denen dieses Ergebnis

14 Vgl. Stephan *Butterwegge*, Wirtschaftliche Integrationsprozesse aus evolutionärer Sicht. Eine modelltheoretische Untersuchung unter besonderer Berücksichtigung von Schwankungen im Integrationsverlauf, Bergisch Gladbach/Köln 1993, S. 130.

15 Für einen Überblick vgl. Beate *Reszat*, Wirtschaftliche Interdependenz und internationale Kooperation, in: *Hamburger Jahrbuch für Wirtschafts- und Gesellschaftspolitik*, 31. Jahr (Veröffentlichungen des HWWA-Institut für Wirtschaftsforschung), Tübingen 1986, S. 267-291.

abgeleitet werden kann, sind indes recht restriktiv, so daß es nicht unbedingt verwundert, daß die Bereitschaft zu kooperativem Verhalten in der Realität oft nur gering ausgeprägt ist. Viele Regierungen scheinen zu glauben, durch eigenständige Politiken ein besseres Ergebnis für ihr Land erreichen zu können. Gestützt wird diese Auffassung auch durch die Enttäuschung über bisherige Kooperationsbemühungen.[16] Beispiele hierfür sind das sogenannte Plaza-Abkommen vom Frühjahr 1985, in dem sich die großen Industriestaaten auf koordinierte Devisenmarktinterventionen zur Forcierung der Dollar-Abwertung einigten, oder auch die konzertierten Zinssenkungen nach dem Börsen-Crash im Oktober 1987. Wenngleich diese Maßnahmen kurzfristig erfolgreich waren, bleibt die Frage, ob die angestrebte Entwicklung nicht auch ohne wirtschaftspolitisches Zutun erreicht worden wäre. Als Negativbeispiel können zudem die zahlreichen Weltwirtschaftsgipfel dienen, die trotz eines enormen Aufwands an Vorbereitung und publizistischer Begleitung letztlich ohne greifbare Ergebnisse geblieben sind. Im Ergebnis hat sich daher – wenigstens in der Europäischen Währungspolitik – eher eine »ex-post-Koordination« durchgesetzt, bei der sich die kleinen Länder an die durch die größeren vorgegebenen wirtschaftspolitischen Strategien anpassen.

Ein Grund für diese eher enttäuschende Bilanz der internationalen Kooperation ist, daß entsprechende Bemühungen oftmals erst anläßlich akuter Probleme gestartet wurden, folglich nicht auf längerfristige Ursachenbekämpfung angelegt waren, sondern vielmehr ein Kurieren an Symptomen darstellten. Um erfolgreicher wirken zu können, wäre daher eine kontinuierlichere und vor allem ursachenadäquate Zusammenarbeit der nationalen Regierungen erforderlich. Hierzu bedarf es freilich zuallererst einer genaueren Kenntnis der Zusammenhänge zwischen wirtschaftspolitischen Maßnahmen und ihren Wirkungen, und zwar nicht nur auf nationaler Ebene, sondern auch im internationalen Rahmen. Gerade diese grenzüberschreitenden Transmissionskanäle scheinen indes noch nicht hinreichend erforscht, so daß der Schluß erlaubt sein muß, daß einer verstärkten Koordinierung prinzipiell national ausgerichteter Wirtschaftspolitiken derzeit noch die theoretische Basis fehlt.

Hinzu kommen weitere praktische Hindernisse wie hohe Transaktionskosten koordinierten Handelns, wobei in erster Linie an den Verlust von Autonomie und Flexibilität zu denken ist, der im Falle erforderlicher Abstimmung mit weltwirtschaftlichen Partnern entstehen dürfte. Auch die Annahme unbedingter Rationalität und wohldefinierter Zielvorstellungen, die theoretischen Modellen der Kooperation zugrunde liegt, kann nicht als erfüllt angesehen werden. Kurzsichtiges, an Wahlerfolgen orientiertes Verhalten der Regierungen scheint verbreiteter als langfristiges, strategisches Denken. Schließlich können auch bestehende oder befürchtete Machtungleichgewichte die Kooperation erschweren, vor allem dann, wenn ein Zwang zur

16 Vgl. Beate *Reszat*, Germany's Role in International Macroeconomic Policy Cooperation, in: Hans-Eckart *Scharrer* (Hrsg.), Economic and Monetary Policy Cooperation: The EC and Japan (Veröffentlichungen des HWWA-Institut für Wirtschaftsforschung, Band 8), Baden-Baden 1994, S. 47-74.

Einigung nicht besteht. Kooperative Lösungen kommen dann wohl allenfalls aufgrund von Retorsionsdrohungen stärkerer Verhandlungspartner zustande. Dies aber ist wegen der damit verbundenen Gefahren strategischen Verhaltens und ungleicher Verteilung von Verhandlungspositionen kein akzeptables Ergebnis.

Nimmt man dies alles zusammen, so scheint eine skeptische Einschätzung der Möglichkeiten internationaler Kooperation zum gegenwärtigen Zeitpunkt angebracht. Sinnvoll könnte eine Parallelstrategie sein, die neben Maßnahmen zur Verbesserung der Bedingungen für einen Erfolg kooperativen Verhaltens auch die Möglichkeit eines Wettbewerbs zwischen unterschiedlichen wirtschaftspolitischen Konzeptionen einschließt. Denn auch auf diesem Weg kann es auf längere Sicht zu einer Annäherung von wirtschaftspolitischen Zielvorstellungen und Strategien kommen. Der Koordinationsbedarf würde geringer, Kooperation bei angenäherten Zielvorstellungen leichter möglich. Die Erfahrungen der vergangenen 15 Jahre könnten hierzu als Beispiel dienen: Geldwertstabilität und soliden Finanzen wird heute – nicht zuletzt als Ergebnis günstiger gesamtwirtschaftlicher Entwicklung in Deutschland, wo diesen Zielen seit langem Priorität zukommt – weltweit ein höheres Gewicht im wirtschaftspolitischen Zielkatalog zugemessen als noch zu Beginn der achtziger Jahre.

Parallel dazu sollten die Erfolgsbedingungen für kooperatives Verhalten verbessert werden. Als eine grundlegende Voraussetzung ist die Verbesserung des Wissensstandes bezüglich der weltwirtschaftlichen Interdependenzen und der gegenseitigen Interessen anzusehen. Ein intensiverer Informationsaustausch zwischen Vertretern der nationalen Regierungen wäre ein erster Schritt in diese Richtung. Erfolgreiche Kooperation würde darüber hinaus aber auch die Festlegung bestimmter Verfahrensregeln erfordern, aus ökonomischer Sicht vor allem die Gewährleistung unbedingter Gleichberechtigung der Verhandlungspartner und die Begrenzung der zu treffenden Absprachen auf einige wenige Aufgabengebiete. Eine Kopplung verschiedener Aspekte – beispielsweise ein Tausch von Geldwertstabilität gegen intensivere sicherheitspolitische Zusammenarbeit – muß dabei auf jeden Fall vermieden werden.

Ausblick

In diesem Beitrag wurden drei Interessenschwerpunkte deutscher Außenwirtschaftspolitik herausgearbeitet: die Fortführung der Handelsliberalisierung, die künftigen Beziehungen zu den mittel- und osteuropäischen Staaten sowie die Verbesserung der Möglichkeiten internationaler Kooperation. Weitere Aspekte ließen sich nennen, die für die künftige deutsche Wirtschaftspolitik gegenüber Drittländern von Bedeutung sind. So wären etwa die deutschen Interessen im Hinblick auf forschungspolitische Kooperation auszuloten, die handels- und industriepolitischen Implikationen einer Vertiefung der internationalen Standortkonkurrenz zu überprüfen oder die Zusammenhänge zwischen wirtschaftlichen und politischen Integrationsfortschritten zu analysieren. In einem Überblicksartikel wie diesem kann all dies nicht geleistet werden. Die hier behandelten Grundsätze – Verwirklichung einer auf konfliktfreie, kooperative Beziehungen zu den übrigen Staaten angelegten Politik – können indes als Handlungsmaxime auch für alle übrigen Aufgaben verstanden werden.

Nicht zu verkennen ist freilich, daß die hier aufgestellten Grundsätze einer weltoffenen Wirtschaft erheblichen internen Anpassungsdruck auslösen können, denn die Ausnutzung der gesamtwirtschaftlichen Vorteile der internationalen Arbeitsteilung ist nur möglich, indem das Inland sich auf diejenigen Produktionen spezialisiert, bei denen es Vorteile gegenüber dem Ausland aufweist, auf andere Produktionen hingegen verzichtet. Die fortschreitende Liberalisierung des Handels und des Kapitalverkehrs, verstärkt noch durch die Durchsetzung des Ursprungslandprinzips bei Umwelt- und Sozialnormen und die Schaffung stabiler Rahmenbedingungen für die weitere Entwicklung der internationalen Arbeitsteilung, werden daher mit einem verstärkten Strukturwandel im Inland einhergehen, der wiederum die Durchsetzung einer solchen Politik erschwert. Aus innenpolitischen Gründen jedoch mit Abschottung zu reagieren, wäre verfehlt, würden doch ineffiziente Strukturen erhalten und, auf lange Sicht, Möglichkeiten der Wohlstandssteigerung vertan. Weltoffenheit liegt daher auch im innenpolitischen Interesse Deutschlands.

KOOPERATIVE SICHERHEITSPOLITIK: STRATEGISCHE ZIELE UND INTERESSEN

Joachim Krause

Kaum ein Bereich der deutschen Außenpolitik ist seit der Vereinigung und dem Ende des Ost-West-Konflikts so stark von der Notwendigkeit grundlegender Reform betroffen wie die Sicherheits- und Verteidigungspolitik. Die Voraussetzungen für eine erfolgreiche Reformpolitik sind dabei nicht gerade als günstig zu bezeichnen. Die innenpolitische Debatte trägt stark emotionale Züge, zum einen wegen der spezifischen Lasten deutscher Vergangenheit, zum anderen, weil es auch um die Möglichkeit des Einsatzes von deutschen Soldaten für Zwecke geht, die nicht unter den klassischen Verteidigungsauftrag des Grundgesetzes fallen. Gleichzeitig ist die Sicherheits- und Verteidigungspolitik eines jener Felder, in denen die einzelstaatlichen Gestaltungsmöglichkeiten stark eingeschränkt sind. Man ist auf die Zusammenarbeit mit Partnern angewiesen, die mit der Neuorientierung ihre eigenen Schwierigkeiten haben.

Vor dem Hintergrund dieser Probleme ist es erstaunlich, wie weit – trotz vieler Rückschläge – die Fortschritte gediehen sind, die Deutschland und seine Partner im Nordatlantikpakt (NATO) in den vergangenen Jahren gemacht haben. Die westliche Allianz hat unter Beteiligung Deutschlands bei der Absicherung der Friedensvereinbarung von Dayton eine eigenständige Rolle übernommen; das Bündnis hat eine Strukturreform begonnen, die es ihm erlauben wird, sich auf künftige neue Aufgaben einzustellen, und die gleichzeitig das Verhältnis zwischen Europa und den USA neu bestimmt; mehr und mehr wird die NATO als Hauptakteur einer internationalen kooperativen Sicherheitspolitik gesehen.

Diskussionen über die Reform der Sicherheits- und Verteidigungspolitik finden in der Regel in internationalen Gremien statt und sind meist auf Expertenzirkel beschränkt. In Deutschland verbreiterte sich die innenpolitische Debatte erst, als es um neue Anforderungen an die Bundeswehr ging. In den emotionalen Diskussionen blieb die Besinnung auf strategische Ziele und Interessen Deutschlands im Rahmen seiner Bündnisbezüge mitunter auf der Strecke.

Der folgende Beitrag soll dazu dienen, die Diskussion über Strategien und Ziele deutscher Sicherheitspolitik zu strukturieren und aufzubereiten, die wesentlichen Herausforderungen und strategischen Optionen herauszustellen. Das setzt voraus, daß zu Beginn Lage und Interessen Deutschlands sowie die wesentlichen Herausforderungen skizziert werden. In einem nächsten Schritt wird der Aspekt der »kooperativen Sicherheit« aufgegriffen: Warum ist es heute notwendig, Sicherheit kooperativ zu organisieren? Was wären die Alternativen? Daraufhin werden die wesentlichen Aufgaben struktureller und problembezogener Natur behandelt.

Strategische Lage und Interessen Deutschlands

Die strategische Lage Deutschlands läßt sich am ehesten mit den Veränderungen der internationalen Konstellation und mit dem Strukturwandel der Weltpolitik umschreiben. Beide Entwicklungen begünstigen Deutschland und lassen es angeraten sein, nach einer kooperativen Sicherheits- und Verteidigungspolitik zu suchen, die diesen Wandel rezipiert und erhält. Andererseits gibt es keine Garantie dafür, daß es bei diesen positiven Entwicklungen bleibt. Von daher ist gestaltende Sicherheits- und Verteidigungspolitik ein Muß deutscher Außenpolitik.

Erstmals seit langer Zeit existiert keine globale Konfliktkonstellation zwischen den strategisch bedeutsamsten Staaten als strukturbildender Faktor der Weltpolitik. Bestenfalls die zwanziger und dreißiger Jahre des 19. Jahrhunderts können zum Vergleich herangezogen werden. Deutschland ist zudem heute »von Freunden umzingelt« (Josef *Joffe*) und sieht sich keiner Staatenkoalition gegenüber, die sein Gewicht austarieren will. Nicht nur Deutschland, auch Europa hat in vielfacher Weise aus den zwei Weltkriegen sowie dem Kalten Krieg gelernt.

Daß Europa heute nicht mehr der »Nabel der Welt« ist, macht ein weiteres, wichtiges Element der Konstellation aus. Dies wurde zwar schon zu Zeiten des Ost-West-Konflikts erkennbar, nur war Mitteleuropa damals noch der zentrale Begegnungsort und das Hauptstreitobjekt der amerikanisch-sowjetischen Konkurrenz. Heute ist global ein Trend in Richtung Regionalisierung vorherrschend, bei dem sich mehrere Großregionen identifizieren lassen, die sich in eigener Weise entwickeln – etwa Ostasien/Pazifik, Europa, Nordamerika, die Gemeinschaft Unabhängiger Staaten (GUS), der Nahe und Mittlere Osten –, wenngleich der Grad der Interdependenz zwischen diesen Regionen hoch bleibt. Auch wenn Europa nachrangig wird, bedeutet dies alles jedoch nicht, daß die sicherheitspolitische Entwicklung in Europa nicht auf andere Regionen ausstrahlen kann, im guten wie im schlechten.[1]

Der Strukturwandel der internationalen Politik ist in der wissenschaftlichen Literatur ausführlich diskutiert worden und soll an dieser Stelle nur stichwortartig wiedergegeben werden. Moderne Industriegesellschaften sind in hohem Maße interdependent geworden und bedürfen eines ausgeprägten Systems der zwischenstaatlichen Kooperation. Man kann sogar davon ausgehen, daß es vielfältige Sachzwänge zur Herstellung kooperativer zwischenstaatlicher Beziehungen und Erfolgsprämien für diejenigen Staaten gibt, die sich dieser kooperativen Logik verschreiben.[2] Dieser Wandel war durch bewußte politische Weichenstellungen vor allem seitens der USA nach dem Zweiten Weltkrieg eingeleitet worden, die ihre Fortsetzung in der europäischen Einigungspolitik fanden. Die amerikanische Politik war darauf gerichtet, jene

1 Vgl. Christoph *Bertram*, Europe in the Balance. Securing the Peace Won in the Cold War, Washington, DC 1996.

2 Die Bedingungen, unter denen Staaten zur Kooperation veranlaßt werden, sind in der Politikwissenschaft Gegenstand verschiedener theoretischer Ansätze, die häufig unter eher mißverständlichen Bezeichnungen wie »Regimetheorie«, »Institutionalismus« und »Neoliberalismus« firmieren. Ein gut verständlicher Überblick findet sich bei Harald *Müller*, Die Chance der Kooperation. Regime in den internationalen Beziehungen, Darmstadt 1993.

sozialen und wirtschaftlichen Ursachen zu beseitigen, die mit zum Entstehen des Nationalsozialismus und der ewigen Händel zwischen den großen Nationalstaaten Europas beigetragen hatten. Von daher galt es, freien Handel, Personenverkehr und Austausch von Ideen ebenso zu fördern wie die Zusammenarbeit von Staaten bei der Lösung internationaler Probleme. In Europa kamen die Gründung der Europäischen Gemeinschaft (EG) und die damit einsetzende Integration hinzu. Somit wurde eine Zone der Zusammenarbeit und des Friedens geschaffen, die heute alle westlichen Staaten umfaßt und als so attraktiv gilt, daß eine zunehmende Zahl von Staaten dieser Zone auf die eine oder andere Weise angehören möchte.

Die jahrzehntelangen erfolgreichen Bemühungen um eine Liberalisierung des Handels, die zunehmende Mobilität von Investitionen, Kapital und Technologien, die Revolution im Informationsbereich und die Relativierung von Distanzen durch moderne Transporttechnologien haben dazu geführt, daß strategisch relevante Industrien heute in einem früher nicht gekannten Maß global mobil sind. Die Folge ist, daß manche Staaten relativ rasch zu wirtschaftlichem Aufschwung und Attributen wirtschaftlicher, militärischer und politischer Macht gelangen, andere unerwartet schnell absteigen. Das enorme Wirtschaftswachstum im asiatisch-pazifischen Raum macht die Dynamik dieses Prozesses besonders anschaulich. Dies könnte dazu führen, daß im 21. Jahrhundert die internationale Politik eine neue, nicht notwendigerweise immer günstige Dynamik erfährt, etwa dann, wenn es zu bewaffneten Konflikten zwischen neuen Großmächten im asiatisch-pazifischen Raum kommen sollte. Es könnte aber auch sein, daß sich neue Spielregeln einstellen, durch die jene Staaten mit dem Zustrom internationaler Investitionen »belohnt« werden, die ruhige und kooperative politische Rahmenbedingungen schaffen, während die weltpolitischen »Unruhestifter« durch den Abzug wichtiger Investoren oder durch deren Ausbleiben nachhaltig »bestraft« werden.

Als Folge dieses Strukturwandels läßt sich festhalten, daß sich die traditionellen Konzepte zum Verständnis internationaler Politik – Staaten als alleinige Akteure, Machtpolitik, nationales Interesse, Kräftegleichgewicht, Institutionen und Normen – nur noch begrenzt verwenden lassen, um die heutige Komplexität der internationalen Politik zu verstehen. Dies bedeutet nicht, daß Macht und Machtpolitik oder Institutionen keine Rolle mehr spielen oder daß es keine traditionellen Gefährdungen mehr gibt; es liegt jedoch nahe, Sicherheits- und Verteidigungspolitik in sehr viel komplexeren Zusammenhängen zu begreifen, als es die historische Schulweisheit lehrt.

Strategisches Interesse Deutschlands muß in erster Linie sein, die kooperative Gesamtstruktur seiner internationalen Umgebung beizubehalten. Bezogen auf die Sicherheits- und Verteidigungspolitik bedeutet dies zweierlei: Deutschland muß einen aktiven Part bei allen Bemühungen übernehmen, kooperative Sicherheit und Verteidigung politisch sinnvoll zu organisieren; es muß zudem lernen, mit Herausforderungen fertig zu werden, die das kooperative Umfeld in Frage stellen und zu Instabilitätsfaktoren werden können. Insbesondere die Kräfte des Nationalismus haben die Fähigkeit, die derzeit günstige internationale Struktur zu unterhöhlen. Zudem gibt es neue, globale Herausforderungen sozialer und ökologischer Natur – etwa internationale

Migration[3], Klimaveränderungen und Knappheit natürlicher Ressourcen –, die dazu führen können, daß die Weltpolitik im 21. Jahrhundert eher durch Rückfälle in Verhaltensmuster des späten 19. und frühen 20. Jahrhunderts als durch die Tugenden des späten 20. oder des frühen 19. Jahrhunderts gekennzeichnet sein wird.

Kooperative Sicherheitspolitik

Es besteht in Deutschland ein breiter Konsens darüber, daß man im Bereich der Sicherheitspolitik nicht eigenständig vorgeht, sondern sich im Rahmen kooperativer Strukturen bewegt. Dies gilt insbesondere dann, wenn militärische Machtmittel involviert sind. Ein zweifellos richtiges Argument hierfür ist, daß Deutschland aufgrund der historischen Belastungen gut daran tut, nicht allein zu handeln, sondern im westlichen Konvoi zu bleiben. Gleichzeitig suggeriert diese Begründung, daß internationale Kooperation im Bereich der Sicherheits- und Verteidigungspolitik die Ausnahme darstellt und primär auf die deutschen Verhältnisse gemünzt ist.

Tatsächlich ist die Notwendigkeit zur kooperativen Sicherheitspolitik viel breiter zu verstehen. Sie hat zwei Wurzeln. Zum einen ist heute kaum noch ein Staat in Europa allein in der Lage, die Aufgaben und Probleme politischer, wirtschaftlicher und vor allem militärischer Stabilität zu lösen.[4] Zum anderen wäre die Alternative eine Renationalisierung der Sicherheitspolitik, die zum Wiederaufleben alter Instinkte und Konfliktmuster führen und für moderne Industriegesellschaften verhängnisvoll sein dürfte. Diese Lehre wird heute außer in Deutschland auch in kleineren und mittelgroßen Staaten Europas gut verstanden. Für viele britische und französische Beobachter ist sie nicht so selbstverständlich, wenngleich auch für Frankreich und Großbritannien die Grenzen der nationalen Sicherheits- und Verteidigungspolitik absehbar sind. Die vom französischen Staatspräsidenten Jacques *Chirac* im Februar 1996 verkündeten Änderungen der Verteidigungspolitik tragen diesem Sachverhalt deutlich Rechnung.

Kooperative Sicherheitspolitik setzt auch die Fähigkeit und Bereitschaft voraus, sich an gemeinsamen Aktionen zu beteiligen und dabei unter anderem auch den Einsatz von Streitkräften nicht auszuschließen. Hier besteht in Deutschland noch ein Defizit, wenngleich festgehalten werden muß, daß sich die Dinge deutlich verändert haben, seit das Bundesverfassungsgericht im Juli 1994 die bis dahin geführte Debatte über Bundeswehreinsätze außerhalb des Bündnisgebiets in gewisser Weise beendet hat. Die von einer großen Mehrheit des Deutschen Bundestages am 6. Dezember 1995 beschlossene Beteiligung der Bundeswehr an der Operation »Joint Endeavour« im ehemaligen Jugoslawien läßt diesen Wandel deutlich erkennen. Ob sich daraus – wie Verteidigungsminister Volker *Rühe* hofft – bereits ein »neuer Konsens zu den

3 Vgl. Steffen *Angenendt*, Migration: Herausforderung deutscher und europäischer Politik, in: Karl *Kaiser*/Hanns W. *Maull* (Hrsg.), Deutschlands neue Außenpolitik, Band 2: Herausforderungen, München 1995, S. 175-199; vgl. ferner den Beitrag von Steffen *Angenendt* in diesem Band.

4 Vgl. Volker *Rühe*, Deutsche Sicherheitspolitik. Die Rolle der Bundeswehr, in: *Internationale Politik (IP)*, 4/1995, S. 26-29; hier S. 26.

Kernaufgaben deutscher Sicherheitspolitik, zu Auftrag und Rolle der deutschen Streitkräfte herausgebildet« hat,[5] kann noch nicht abschließend beurteilt werden. Sicher ist, daß eine geschickte, auf politischen Konsens zielende Politik heute Aktivitäten der Bundeswehr möglich werden läßt, die noch vor fünf Jahren undenkbar waren. Die Frage ist nur, wie weit dieser Konsens reicht und wo mögliche Bruchstellen sind. Viele Beobachter glauben, daß er dann zerbrechen könnte, wenn deutsche Soldaten erstmals in Kampfhandlungen verwickelt werden oder wenn es gar Verluste an Menschenleben gibt.

Der Begriff »kooperative Sicherheitspolitik« wird in der deutschen Diskussion häufig mit einer gewaltfreien Sicherheitspolitik gleichgesetzt. Dem entspricht der weitverbreitete Unwille, anzuerkennen, daß es Risiken und Herausforderungen geben kann, denen nur mit militärischer Gewalt erfolgreich zu begegnen ist. Symptomatisch hierfür ist die unkritische Verwendung des Begriffs der »erweiterten Sicherheit«. Damit ist eigentlich nur ausgesagt, daß Sicherheit heute nicht mehr nur im Sinne traditioneller, an militärischen Bedrohungen orientierter Sicherheitspolitik verstanden werden kann, sondern daß auch andere Bedrohungen, etwa wirtschaftlicher, sozialer oder ökologischer Natur, wichtig sind. Dies alles ist zweifellos richtig, doch leider verführt es immer wieder dazu, die verbleibenden traditionellen Sicherheitsrisiken und -herausforderungen darüber entweder ganz zu vergessen oder zu verdrängen. Diese Art der Verdrängung hat ihre Logik, enthebt sie doch der unbequemen Beschäftigung mit der Frage nach der Rolle und Bedeutung militärischer Mittel bzw. der Anwendung militärischer Gewalt in der Politik. Solange sich keine gravierenden Probleme einstellen, mag diese Strategie aufgehen; zum Verhängnis wird sie, wenn man mit klassischen Sicherheitsproblemen konfrontiert wird, auf die man keine Antwort weiß, weil man nicht wagte, sie zu antizipieren. Die jahrelangen hilf- und kopflosen Reaktionen der Europäer auf die serbische Völkermordstrategie im zerfallenden Jugoslawien waren ein beredtes Beispiel hierfür.

All dies zu sagen bedeutet nicht, militärischer Gewalt in der Sicherheitspolitik das Wort zu reden. Im Gegenteil: Neben Streitkräften gibt es eine Vielzahl nichtmilitärischer Instrumente der Sicherheitspolitik, die gerade unter Bedingungen einer hochkomplexen und interdependenten Welt an Bedeutung gewinnen. In den vergangenen Jahren wurde eine Vielzahl von sicherheitspolitischen Instrumenten und Strategien entwickelt, die es erlauben, auch schwierige sicherheitspolitische Problemlagen mit Mitteln der Diplomatie, des Ausgleichs, der Vernunft, des Druckes und der Beharrlichkeit erfolgreich zu bearbeiten. Sie versprechen oft länger vorhaltende Lösungen.[6] Es wäre aber falsch, diesen Aspekt allein in den Mittelpunkt zu stellen.

5 Volker *Rühe*, Die neuen Aufgaben Deutschlands und der NATO in der neuen politisch-militärischen Situation. Rede des Bundesministers der Verteidigung in Hamburg am 19.1.1996, abgedruckt in: *Stichworte zur Sicherheitspolitik* (Presse- und Informationsamt der Bundesregierung), Nr. 2, 1996, S. 17-21; hier S. 19.

6 Vgl. Roman *Herzog*, Die Globalisierung der deutschen Außenpolitik ist unvermeidlich. Rede des Bundespräsidenten beim Festakt zum 40. Jahrestag der Gründung der Deutschen Gesellschaft für Auswärtige Politik am 13.3.1995 in Bonn, abgedruckt in: *Bulletin* (Presse- und Informationsamt der Bundesregierung), Nr. 20, 15.3.1995, S. 161-165; hier S. 162.

Eine reine »Zivilmacht« wird man schwerlich sein können, ohne die Fähigkeit und Bereitschaft, gegebenenfalls auch militärische Mittel einzusetzen.

Strategische Herausforderungen heutiger Sicherheitspolitik

Mit dem Ende des Kalten Krieges hat die Notwendigkeit von Sicherheitspolitik nicht aufgehört. Es gibt neue Arten von strategischen Herausforderungen, die heutige Sicherheitspolitik zu bestehen hat. Diese lassen sich in zwei Kategorien aufteilen:

Die erste Kategorie bilden Strukturfragen der internationalen Politik, die Antworten im Sinne von Architekturlösungen erfordern. Die Geschichte Europas zeigt, wie ausschlaggebend Strukturen für die Stabilität der internationalen Politik und für die Frage von Krieg und Frieden sind. Insbesondere die Deutschen haben das wiederholt zu spüren bekommen: Die Tatsache, daß die politische Führung Deutschlands nach Otto *von Bismarcks* Abgang die Strukturprobleme, die sich aus der Mittellage Deutschlands, seiner Größe und seiner Einordnung in ein europäisches System des Kräftegleichgewichts ergaben, nicht richtig einschätzte, hat in entscheidender Weise zum Entstehen jener Situation beigetragen, in der die Augustkrise von 1914 zum Kriegsausbruch führte. Andererseits hat der strukturelle Wandel nach 1945 Deutschland Möglichkeiten des Wiederaufbaus und der Wiedereingliederung in die zivilisierte Welt geboten, die unter anderen Bedingungen nicht gegeben gewesen wären und die auch die Vereinigung des Jahres 1990 überhaupt erst möglich machten.

Die zweite Kategorie bilden Risiken, die sich auf bestimmte Staaten oder Regionen beziehen; man denke hier etwa an ein Wiedererstarken Rußlands als Bedrohung, an eine Destabilisierung Mittelosteuropas oder an bestimmte internationale Probleme wie Kernwaffenproliferation[7], ethnische Konflikte oder Terrorismus[8]. Dies sind Herausforderungen, die Antworten im Sinne von Problemlösung erfordern.

Risiken und Strukturprobleme können nicht klar voneinander getrennt werden, sind vielmehr in der Regel eng miteinander verbunden. Ob in Zukunft wieder eine militärische Bedrohung von Rußland ausgeht, hängt in nicht unwesentlichem Maße davon ab, ob es gelingt, Rußland in europäische und globale Ordnungsstrukturen einzubinden. Die Stabilisierung Mittelosteuropas wird sich daran entscheiden, ob die Strukturanbindung an die NATO und die Europäische Union (EU) gelingt. Proliferationsprobleme oder regionale Kriege können ganz entscheidend zur Erschütterung bestehender internationaler Ordnungsstrukturen beitragen. Umgekehrt können bestehende internationale Einrichtungen dadurch an neuer Dynamik gewinnen, daß sie sich als geeignet erweisen, mit derartigen Problemen fertig zu werden.

---

7 Vgl. hierzu den Beitrag von Erwin *Häckel* in diesem Band; ferner Harald *Müller*, Rüstungs- und Zerstörungspotentiale als Herausforderung der internationalen Politik, in: *Kaiser/Maull*, a.a.O. (Anm. 3), S. 201-223.

8 Vgl. hierzu den Beitrag von Hans *Neusel* in diesem Band; ferner Hans-Georg *Wieck*, Transnationale Gefährdungen der internationalen Sicherheit, in: *Kaiser/Maull*, a.a.O. (Anm. 3), S. 225-237.

Die sicherheits- und verteidigungspolitische Agenda der westlichen Staatengemeinschaft bestand während der ersten Jahre nach dem Ende der Ost-West-Konfrontation vornehmlich aus Strukturfragen und grundsätzlichen Überlegungen. Der natürlichste Weg wäre es gewesen, über gemeinsame Definitionen anstehender Probleme zu neuen Aufgaben und Strukturen zu kommen. Daß es neue Probleme gab, war offenkundig, wie der Krieg im ehemaligen Jugoslawien oder das Proliferationsproblem deutlich veranschaulichten. Doch wie so oft in der Politik war auch dieses Mal der direkte Weg offensichtlich der schwierigste, weil man sich nur schwer über Grundsatzfragen einig werden konnte.

- Großbritannien hatte anfangs große Probleme, über eine NATO mit neuen Aufgaben auch nur nachzudenken. London betonte die Gefahr, daß daraus eine allgemeine Verwässerung der Aufgaben des Bündnisses resultieren könnte, die den transatlantischen Zusammenhang negativ berühren würde.
- Frankreich wollte die Gelegenheit nutzen, die Gewichte innerhalb der Allianz stärker zugunsten der Europäer zu verschieben. Zu diesem Zweck wurde zunächst alles, was nach neuen Aufgaben für die NATO aussah, blockiert und auf die Notwendigkeit europäischer Lösungen im Rahmen von Westeuropäischer Union (WEU) und EU verwiesen.
- Die USA waren über ihre langfristigen Ziele in Europa zunächst im unklaren und zeigten sich vor allem durch Diskussionen über die Stärkung des europäischen Pfeilers in der Allianz verunsichert.
- Die Diskussion um die NATO-Erweiterung sowie um das Verhältnis des Bündnisses zu einem Rußland, das sich immer stärker als konkurrierende Großmacht begreift, trug dazu bei, daß sich die Aufmerksamkeit vermehrt den Ostbeziehungen zuwendete.
- Die Erörterung des neuen Problems der Proliferation von Massenvernichtungswaffen fand anfangs in einer ideologisch aufgeladenen Atmosphäre statt. Die USA betonten, daß neue Risiken unter anderem auch militärische Antworten erfordern könnten. Die Europäer verstanden dies als Absicht der Amerikaner, die Politik der Nichtverbreitung durch eine Politik der »Counterproliferation« zu ersetzen.

Viele dieser Differenzen sind heute beigelegt oder abgeschwächt. Das jahrelange Versagen des Westens auf dem Balkan ließ deutlich werden, daß weiteres Zuwarten die westlichen Sicherheitsinstitutionen in hohem Maße diskreditiert. Heute steht und fällt die Zukunft der Allianz mit dem Erfolg oder Nichterfolg des Dayton-Abkommens und der Rolle, die die NATO als Garant der militärischen Vereinbarungen übernommen hat. Der Präsidentenwechsel in Paris führte dazu, daß der Neogaullist Jacques *Chirac* Abschied von den gaullistischen Vorstellungen seines sozialistischen Vorgängers François *Mitterrand* nahm und einen pragmatischeren, atlantischen Kurs einschlug, mit dem viele der alten ideologischen Debatten erst einmal beendet wurden. Mit Bill *Clinton* kam in den USA zudem erstmals ein Präsident an die Macht, der die Europäer geradezu ermunterte, ihre Beiträge zur atlantischen Allianz stärker zu bündeln und größere Verantwortung zu übernehmen. Dies erlaubte wiederum den vorsichtigen Briten mehr Offenheit bei der Frage neuer Aufgaben und Strukturen.

Vor diesem Hintergrund stellt sich die Frage nach der künftigen sicherheitspolitischen Agenda und den Interessen und Zielen, denen die deutsche Politik folgen sollte. Die entsprechenden Ausgangsbedingungen sind heute günstiger als noch vor einigen Jahren. Man sollte aber nicht davon ausgehen, daß sich alles normal und richtig fortentwickeln wird.

Die sicherheitspolitische Agenda und die Strukturen der sicherheits- und verteidigungspolitischen Kooperation

Die neuen Aufgaben und die Strukturreform der NATO

Die wesentlichste Aufgabe westlicher Sicherheitspolitik im Sinne von Architekturlösung ist die Reform der NATO, die einhergehen muß mit der Neubestimmung der sicherheitspolitischen Rolle der Europäischen Union und der Festlegung der Arbeitsteilung zwischen EU/WEU einerseits und NATO andererseits. Diese Aufgaben müssen in einer Zeit angegangen werden, in der diese Institutionen in einem Prozeß der Erweiterung nach Osten stehen.

Anfangs war es keinesfalls sicher, daß sich die Mitgliedstaaten der NATO und der Europäischen Union – sowie der WEU, deren Mitglieder nicht identisch sind mit denen der EU – auf die Notwendigkeit neuer Aufgaben und damit verbundener Strukturen einigen würden. Mittlerweile scheint sich die Überzeugung durchzusetzen, daß das atlantische Bündnis tatsächlich neue Aufgaben jenseits von Artikel 5 des Nordatlantikvertrags erfüllen muß; nicht nur, um seine anhaltende Existenzberechtigung unter Beweis zu stellen, sondern vor allem, um Probleme zu lösen, die einzelne Staaten, die Vereinten Nationen (UN) oder die Organisation für Sicherheit und Zusammenarbeit in Europa (OSZE) nicht oder nicht allein lösen können.

Bei den neuen Aufgaben handelt es sich im wesentlichen um die folgenden Bereiche:

- um die Fortsetzung des politischen Dialogs zur Schaffung von Stabilität mit Rußland und anderen GUS-Staaten, mit der Ukraine, den Staaten Mittelost- und Südosteuropas, die früher dem Warschauer Pakt angehörten, sowie mit den baltischen Staaten und in absehbarer Zeit auch mit Slowenien und Kroatien;
- um die Durchführung bzw. Unterstützung multinationaler Friedensmissionen;
- um wirkungsvolle Beiträge zur Verhinderung einer weiteren Verbreitung von Massenvernichtungswaffen;
- um weitere Anstrengungen auf dem Gebiet der Rüstungskontrolle und Abrüstung.

Die Notwendigkeit des politischen Dialogs mit Rußland und anderen GUS-Staaten im Sinne eines geordneten strategischen Wandels und der Herstellung eines kooperativen strategischen Verhältnisses wurde bereits im Juli 1990 in der sogenannten »Londoner Erklärung«[9] angesprochen, damals noch gegenüber allen Mitgliedstaaten des

9 Erklärung der Gipfelkonferenz der Staats- und Regierungschefs der NATO-Mitgliedstaaten vom 5./6.7.1990 in London, abgedruckt in: *Europa-Archiv (EA)*, 17/1990, S. D456-460.

Warschauer Paktes. Diese Politik setzte sich mit der Gründung des Nordatlantischen Kooperationsrates (NACC) fort,[10] der erstmals im Dezember 1991 zusammentrat, und mündete im Januar 1994 in das Programm »Partnerschaft für den Frieden« (PfP)[11] ein. Seitdem die NATO im Dezember 1994 ihre grundsätzliche Bereitschaft zur Aufnahme neuer Mitglieder erklärt hat,[12] werden verstärkt Bemühungen unternommen, Möglichkeiten einer strategischen Kooperation oder gar Partnerschaft zwischen einer künftig erweiterten NATO und jenen für die Sicherheit Europas zentralen Staaten zu schaffen, die außerhalb des Bündnisses bleiben werden, namentlich Rußland und die Ukraine.

Der politische Dialog mit den Staaten Mittelost- und Südosteuropas, die früher Mitglieder des Warschauer Paktes waren, sowie mit den baltischen Staaten gewann in dem Maße Substanz, in dem sich diese von Rußland fortentwickelten und in dem in der russischen Außenpolitik traditionelle, hegemonistische Töne an Lautstärke gewannen. Während die Kooperation im sicherheitspolitischen Rahmen anfangs auf die gemeinsame Vorbereitung auf multinationale Friedensmissionen abzielte, gab die »Partnerschaft für den Frieden« allen Staaten die Chance, sich durch intensive Kooperation mit der NATO langsam auf eine Mitgliedschaft zuzubewegen. Seit der Öffnung des Bündnisses für neue Mitglieder im Dezember 1994 wird nunmehr der direkte Weg in die Mitgliedschaft angepeilt.

Im Sommer 1992 bekundeten die Außenminister der NATO erstmals ihre Bereitschaft, der Konferenz über Sicherheit und Zusammenarbeit in Europa (KSZE) im Einzelfall Truppen für Friedensmissionen zur Verfügung zu stellen.[13] Ein halbes Jahr später beschlossen sie, von Fall zu Fall Friedensmissionen unter der Autorität des UN-Sicherheitsrates zu unterstützen, der, so der Text des Kommuniqués, »die primäre Verantwortung für internationalen Frieden und Sicherheit trägt«.[14] Beide Versprechen wurden im Januar 1994 auf dem Brüsseler NATO-Gipfel bekräftigt. Der Erfolg dieser Maßnahmen war allerdings begrenzt, was mit der Dynamik der Ereignisse im ehemaligen Jugoslawien und der mangelnden Handlungsfähigkeit von UN und OSZE zusammenhing.

Das bislang prominenteste Beispiel für die Bereitstellung von NATO-Einrichtungen und -Strukturen für militärische Operationen, die NATO-Mitglieder allein oder gemeinsam im Rahmen von UN-Mandaten oder aber im Rahmen der Ziele der UN-Charta unternehmen, war die logistische Unterstützung

---

10 Vgl. Erklärung von Rom über Frieden und Zusammenarbeit, von den Staats- und Regierungschefs des Nordatlantikrats am 8.11.1991 in Rom veröffentlicht, abgedruckt in: *EA*, 2/1992, S. D64-70.

11 Vgl. Erklärung der Staats- und Regierungschefs des Nordatlantikpakts, abgegeben zum Abschluß ihrer Tagung am 10./11.1.1994 in Brüssel, abgedruckt in: *EA*, 3/1994, S. D127-134.

12 Vgl. Kommuniqué der Ministertagung des Nordatlantikrats vom 1.12.1994 in Brüssel, abgedruckt in: *IP*, 2/1995, S. 111-117.

13 Vgl. Kommuniqué der Ministertagung des Nordatlantikrats am 4.6.1992 in Oslo, abgedruckt in: *EA*, 14/1992, S. D466-470; hier Ziffer 11. Die KSZE ist zum 1.1.1995 in »Organisation für Sicherheit und Zusammenarbeit in Europa« (OSZE) umbenannt worden; vgl. die Beschlüsse des Treffens der Staats- und Regierungschefs der Teilnehmerstaaten der KSZE am 5./6.12.1994 in Budapest, abgedruckt in: *IP*, 3/1995, S. 95-118.

14 Kommuniqué der Ministertagung des Nordatlantikrats am 17.12.1992 in Brüssel, abgedruckt in: *EA*, 6/1993, S. D132-137; hier Ziffer 4.

für die Operationen »Desert Shield« und »Desert Storm« in den Jahren 1990 und 1991. Anfang September 1992 einigten sich die NATO- und WEU-Staaten zudem darauf, zum Schutz für die humanitären Missionen der Vereinten Nationen in Bosnien-Herzegowina Soldaten zur Verfügung zu stellen und das luftgestützte Frühwarn- und Leitsystem AWACS für die Überwachung des vom Sicherheitsrat der Vereinten Nationen ausgesprochenen Flugverbots über Bosnien-Herzegowina einzusetzen.[15] Die Bereitschaft der NATO, allein oder in Kooperation mit der WEU oder anderen Staaten Handels- oder Waffenembargos und Sanktionen durch maritime Patrouillen zu kontrollieren, zeigte sich bei der am 10. Juli 1992 beschlossenen Überwachung der vom Sicherheitsrat der Vereinten Nationen gegen »Rest-Jugoslawien« verhängten Sanktionen.[16]

Einen weiteren Schritt wagte das Bündnis im Sommer 1995 mit der Bereitschaft, im Rahmen eines breit definierten Mandates der Vereinten Nationen militärische Machtmittel einzusetzen, um eine Konfliktbeendigung auf dem Balkan zu erzwingen und sodann eine zwischen den Konfliktparteien verabredete Waffenstillstands- und Friedensregelung zu überwachen und gegebenenfalls durchzusetzen. Die NATO hat sich diese Rolle im Dayton-Abkommen[17] besiegeln lassen, wo es heißt, daß eine internationale Friedenstruppe unter ihrem Kommando in Bosnien-Herzegowina eingesetzt wird, um die Einhaltung des Waffenstillstands und die Truppenentflechtung zu überwachen. Damit hat sie neues Terrain betreten, weil sie sich erstmals zum Anstifter und Wächter eines regionalen Friedensabkommens macht und damit die Funktion einer regionalen sicherheitspolitischen Ordnungsmacht übernimmt. Mit dieser Aufgabe ist sowohl eine große Chance als auch ein hohes Risiko verbunden, denn der Erfolg des Dayton-Abkommens ist alles andere als sicher.

Die Verbreitung von Massenvernichtungswaffen als eine Bedrohung der internationalen Sicherheit aufzufassen und entsprechende politische und verteidigungspolitische Anstrengungen zu unternehmen,[18] läuft zum Großteil darauf hinaus, die traditionelle Aufgabe der Verteidigung des Bündnisgebiets neu zu definieren (etwa gegen neue Kernwaffenmächte) bzw. Gefährdungen für Truppen zu identifizieren, die bei Friedensmissionen außerhalb dieses Gebietes aktiv sind. Darüber hinaus hat dieses Thema jedoch Weiterungen, die erwarten lassen, daß sich daraus neue Aufgaben im Sinne eines ordnungspolitischen Engagements für die NATO ergeben. Nimmt man die Feststellung des im Sommer 1994 verabschiedeten »Politischen Rahmens des Bündnisses zum Problem der Verbreitung von Massenvernichtungswaffen« ernst,

15 Vgl. Dick A. *Leurdijk*, The United Nations and NATO in Former Yugoslavia, Den Haag 1994, S. 31-33.

16 Vgl. UN-Dok. S/Res/713 vom 25.9.1991 und S/Res/757 vom 30.5.1992, abgedruckt in: *Vereinte Nationen*, Nr. 5, 1991, S. 175 bzw. Nr. 3, 1992, S. 110-112. Vgl. ferner Erklärung der Bundesregierung zur Lage und Entwicklung im ehemaligen Jugoslawien und Entscheidung der Bundesregierung über die Beteiligung der Bundeswehr an Überwachungsmaßnahmen von WEU und NATO, abgedruckt in: *Bulletin*, Nr. 83, 23.7.1992, S. 805-808; *Leurdijk*, a.a.O. (Anm. 15), S. 24-26.

17 Allgemeines Rahmenübereinkommen für den Frieden in Bosnien-Herzegowina, paraphiert am 21.11.1995 in Dayton, Ohio, in Auszügen abgedruckt in: *IP*, 1/1996, S. 80-93.

18 Vgl. Erklärung der Staats- und Regierungschefs des Nordatlantikpakts, abgegeben zum Abschluß ihrer Tagung am 10./ 11.1.1994 in Brüssel, abgedruckt in: *EA*, 3/1994, S. D127-134; hier Ziffer 17.

daß eine stabile internationale Ordnung der Schlüssel zur Sicherheit der Verbündeten ist und daß die Proliferation solcher Waffen die Schaffung jener Ordnung untergraben kann, so bedeutet dies, daß die NATO zur Stützung der internationalen Ordnung neue Aufgaben übernehmen könnte.[19] Dies könnte bedeuten, daß Mitglieder des Bündnisses auch dann an Friedensbemühungen direkt mitwirken, wenn die betreffenden Konfliktregionen außerhalb Europas liegen. Es kann aber auch bedeuten, daß sich die NATO verstärkt mit Fragen der terroristischen Aneignung von Massenvernichtungswaffen beschäftigt. Die Bereitschaft schließlich, im Bereich der Rüstungskontrolle und Abrüstung eng zusammenzuarbeiten, bedeutet im einzelnen, daß sich die Mitglieder der NATO über Fragen der Rüstungskontrolle absprechen, wie etwa bei der Kampagne zur Verlängerung des Nichtverbreitungsvertrages.

Unter all diesen Maßnahmen findet sich eine nicht mehr, die für kurze Zeit große Aufmerksamkeit auf sich zog: die Bereitschaft, im Rahmen von multinationalen Friedensmissionen der Vereinten Nationen einzelne mandatierte Operationen strafenden Charakters durchzuführen. Beispiele hierfür waren die Überwachung und Durchsetzung des Flugverbots über Bosnien-Herzegowina (»Deny Flight«)[20] sowie die Luftschläge gegen bosnisch-serbische Ziele im Jahr 1994. Diese Art von Aktivitäten hat sich wegen der engen operativen Anbindung an die Vereinten Nationen als problematisch erwiesen und wird heute kaum noch als sinnvoll anerkannt.

Dieses Menü neuer Aufgaben sieht recht beeindruckend aus. Was es nicht reflektiert, ist die Tatsache, daß es eines mühsamen Anpassungs- und Lernprozesses bedurfte, ehe die NATO sich in diese Richtung bewegte. Die Erklärung des Gipfels von Rom[21] und das dazugehörige Dokument über das Neue Strategische Konzept des Bündnisses[22] waren noch sehr zurückhaltend und voller Ambivalenzen, was die neuen Aufgabenstellungen betraf. Zwar wurde die Notwendigkeit gesehen, sich auf neue Risiken und Gefahren einzustellen, doch wurde deren Relevanz als eher nachrangig angesehen. Die kollektive Verteidigung als Bündniszweck wurde dafür in einem Maße herausgestellt, welches angesichts des Endes der sowjetischen Bedrohung antiquiert war. Allerdings enthielt das Konzept auch Aussagen zu jenen »grundlegenden Aufgaben« des Bündnisses, die »Konsultationen« gemäß Artikel 4 des Nordatlantikvertrags unter den Verbündeten über Fragen vorsehen, »die ihre vitalen Interessen einschließlich möglicher Entwicklungen berühren, die Risiken für die Sicherheit der Bündnispartner mit sich bringen«.[23] Diese Formel und der Hinweis,

19 Vgl. Erklärung der Ministertagung des Nordatlantikrats am 9.6.1994 in Istanbul über den Rahmen der Bündnispolitik gegenüber der Verbreitung von Massenvernichtungswaffen, abgedruckt in: *EA*, 17/1994, S. D510-513. Zu den weitergehenden Konsequenzen vgl. *Krause*, Proliferation Risks and Their Strategic Relevance: What Role for NATO?, in: *Survival*, Nr. 2, Sommer 1995, S. 135-148.

20 Vgl. *Leurdijk*, a.a.O. (Anm. 15), S. 33.

21 Erklärung von Rom über Frieden und Zusammenarbeit, von den Staats- und Regierungschefs des Nordatlantikrats am 8.11.1991 in Rom veröffentlicht, abgedruckt in: *EA*, 2/1992, S. D64-70. Zur kritischen Bewertung des Gipfels vgl. Catherine MacArdle *Kelleher*, The Future of European Security. An Interim Report, Washington, DC 1995, S. 63-65. Zu einer positiveren Einschätzung kommt Michael *Legge*, Die Entwicklung der neuen Strategie der NATO, in: *NATO Brief*, Nr. 6, 1991, S. 9-14.

22 Strategisches Konzept der NATO, veröffentlicht am 7.11.1991, abgedruckt in: *EA*, 2/1992, S. D52-64.

23 Ebd., Ziffer 21.

daß zu den Mitteln der Sicherheitspolitik der Allianz auch »Fähigkeiten« gehörten, »die Sicherheit seiner Mitglieder bedrohende Krisen erfolgreich zu bewältigen«, und daß es notwendig sei, den politischen Dialog mit anderen Staaten zu suchen sowie kooperative Ansätze in der europäischen Sicherheit und im Abrüstungs- und Rüstungskontrollbereich zu finden, dienten letztlich als »Öffner« für eine Erweiterung der Aufgaben der Allianz.

Die Arbeitsteilung zwischen der NATO und den europäischen Institutionen

Einen zunehmenden Stellenwert nimmt die Frage ein, wie die neuen Aufgaben der NATO in Arbeitsteilung mit EU und WEU verwirklicht werden können. Die europäischen Institutionen haben in den vergangenen Jahren versucht, ihr sicherheitspolitisches Profil zu schärfen. Bei der WEU geht dieser Prozeß bis ins Jahr 1984 zurück, als auf französische Initiative die bis dahin eher bedeutungslose Einrichtung zu neuem Leben erweckt worden war, um den Europäern ein eigenständiges Forum zur Diskussion sicherheits- und verteidigungspolitischer Fragen zu schaffen.[24] Auf der Haager WEU-Ministerratssitzung im Oktober 1987 war dann als nächster Schritt eine »Plattform europäischer Sicherheitsinteressen«[25] verabschiedet worden, die die Ziele der Europäer im Bereich der Verteidigungs- und Sicherheitspolitik festlegte und den Wunsch zum Ausdruck brachte, den Prozeß der europäischen Integration durch eine eigene Sicherheitsdimension zu ergänzen, die es bis dahin nicht gab. Der Vertrag von Maastricht setzte diesen Prozeß fort, indem

- die Gemeinsame Außen- und Sicherheitspolitik begründet wurde, die im Prinzip alle Bereiche der Sicherheitspolitik umfassen und auf längere Sicht auch in eine gemeinsame Verteidigungspolitik überleiten könnte;
- die grundsätzliche Möglichkeit zur Schaffung einer gemeinsamen Verteidigung eröffnet wurde;
- die WEU als Verteidigungskomponente der EU bezeichnet wurde;
- die WEU gebeten wurde, Entscheidungen und Aktionen der Union, die verteidigungspolitische Bezüge haben, auf Ersuchen der EU auszuarbeiten und durchzuführen.[26]

In weiteren Tagungen der Außen- und Verteidigungsminister wurden Weichenstellungen für Aktivitäten der WEU in zusätzlichen Bereichen getätigt. Im Rahmen eines Treffens der Außen- und Verteidigungsminister der WEU im Juni 1992 wurden die Grundlagen für militärische Aktionen der Mitglieder außerhalb der gemeinsamen

24 Vgl. Dokumente der Außerordentlichen Tagung der Außen- und Verteidigungsminister der Mitgliedstaaten der Westeuropäischen Union in Rom am 26./27.10.1984 aus Anlaß des 30. Jahrestags der Änderung des Brüsseler Vertrages, abgedruckt in: *EA*, 24/1984, S. D703-707.

25 Abgedruckt in: *Bulletin*, Nr. 112, 29.10.1987, S. 970-972.

26 Vgl. Vertrag über die Schaffung der Europäischen Union, unterzeichnet von den Außen- und Finanzministern der Europäischen Gemeinschaft am 7.2.1992 in Maastricht (Niederlande), abgedruckt in: *EA*, 6/1992, S. D177-254; hier Art. J.4; ferner Josef *Janning*, Außen- und Sicherheitspolitik nach Maastricht, in: Werner *Weidenfeld* (Hrsg.), Maastricht in der Analyse. Materialien zur Europäischen Union, Gütersloh 1994, S. 55-69.

Verteidigung gelegt. Humanitäre Einsätze, Friedensmissionen und Kampfeinsätze bei der Krisenbewältigung sollten künftig auch unter WEU-Kommando möglich sein.[27] Im Rahmen des sogenannten »Kirchberg-Treffens« im Mai 1994 wurden die Modalitäten für eine Verstärkung und Intensivierung des Dialogs über Sicherheits- und Verteidigungsfragen mit den assoziierten Staaten und den Beobachterstaaten festgelegt.[28]

Zwischen der Theorie der Kommuniqués und der politischen Praxis klaffte allerdings stets ein tiefer Graben. Mit Ausnahme einiger kleinerer Operationen war die WEU bisher nie in der Lage, militärisch relevante Aktivitäten zu organisieren.[29] Anlaß waren tiefsitzende Meinungsverschiedenheiten zwischen den Befürwortern einer atlantischen Orientierung, namentlich Großbritannien und Italien, lange Zeit unterstützt von den USA, die der WEU nur wenig Spielraum geben wollten, und jenen Staaten, vor allem Frankreich und Deutschland, die eine europäische Verteidigungsidentität und einen den USA möglichst gleichberechtigten europäischen Pfeiler innerhalb der NATO konstruieren wollten.[30] Darüber hinaus wurden Differenzen zwischen Briten auf der einen sowie Deutschen und Franzosen auf der anderen Seite darüber erkennbar, inwieweit die EU überhaupt sicherheitspolitische Fragen aufgreifen sollte und ob eine Verschmelzung von EU und WEU anzustreben sei.

Auf dem Brüsseler NATO-Gipfel im Januar 1994 deutete sich erstmals eine Entspannung in diesem Streit an, als die Amerikaner erkennen ließen, daß sie keinesfalls Einwände gegen stärkere europäische Anstrengungen und die Herausbildung einer europäischen Identität im Bereich der Sicherheits- und Verteidigungspolitik hätten und sich im Gegenteil Entlastungen durch ein verstärktes Gewicht der Europäer erhoffen würden. Dieser Wandel fand seinen Widerhall in der Aufforderung der NATO-Gipfelkonferenz, die Schaffung sogenannter Alliierter Streitkräftekommandos (»Combined Joint Task Forces«) ins Auge zu fassen, die es je nach Lage erlauben sollten, daß entweder die WEU oder das atlantische Bündnis unter Rückgriff auf NATO-Strukturen oder Streitkräfte der Verbündeten handeln könnte. Die tragischen Ereignisse in Bosnien-Herzegowina im Sommer 1995 – insbesondere die praktische Tolerierung der Eroberung Srebrenicas durch die bosnischen Serben – und die dabei

27 Vgl. Petersberger Erklärung des Ministerrats der Westeuropäischen Union über seine Tagung am 19.6.1992 in Bonn, abgedruckt in: *EA*, 14/1992, S. D479-485.

28 Bei den assoziierten Staaten handelt es sich um Bulgarien, Estland, Lettland, Litauen, Polen, Rumänien, die Slowakei, die Tschechische Republik und Ungarn; Beobachter sind Dänemark, Irland und die Türkei. Vgl. Kirchberg-Erklärung der Westeuropäischen Union vom 9.5.1994, abgedruckt in: *EA*, 17/1994, S. D489-495.

29 Im Jahre 1987 organisierte die WEU auf niederländische Initiative hin die Operation »Cleansweep« im Persischen Golf, mit der Minen beseitigt wurden, die die internationale Schiffahrt behinderten. Im Herbst 1990 organisierte die WEU die europäische Teilhabe an der maritimen Überwachung des Waffen- und Handelsembargos gegen Irak, im April 1991 die Operation »Safe Haven« zur Versorgung von Kurden im Norden Iraks. Im Juli 1992 begann die WEU-Operation »Sharp Vigilance« zur maritimen Überwachung der Adria, die ab Juli 1993 gemeinsam mit der NATO fortgesetzt wurde (»Sharp Guard«). Kurz darauf begann die WEU, mit Polizeikräften die Überwachung der Donau gegen Blockadebrecher gemeinsam mit Ungarn, Rumänien und Bulgarien zu organisieren. Hinzu kommt die WEU-Polizeitruppe in Mostar.

30 Vgl. zu der Kontroverse *Kelleher*, a.a.O. (Anm. 21), S. 56-58.

offenkundig werdende militärische Handlungsunfähigkeit der Europäer führten zudem auf seiten Frankreichs zum Überdenken der eigenen Position. In der Folge kam es im Februar 1996 zu einem von Staatspräsident Jacques *Chirac* verkündeten grundlegenden Wandel der Sicherheits- und Verteidigungspolitik Frankreichs, der darauf hinausläuft, daß Frankreich bereit ist, in eine neue integrierte Struktur der NATO zurückzukehren, vorausgesetzt, diese ist ausgewogener und läßt die Möglichkeit von Operationen unter WEU-Kommando zu.[31]

Damit wurde ein Kompromiß über eine Strukturreform der NATO möglich, die für Amerikaner, Franzosen, Briten und Deutsche akzeptabel ist und bei der internationale Kommandostrukturen geschaffen werden, die es erlauben, europäische und amerikanische Streitkräfte für *coalitions of the willing* unter unterschiedlichen politischen Verantwortlichkeiten (NATO oder WEU) zu nutzen.[32] Auf diese Weise werden die Handlungsmöglichkeiten der Europäer erweitert; allerdings ist abzusehen, daß alle schwierigen Fälle auch weiterhin unter Führung der USA angegangen werden müssen.[33] Offen ist noch die Frage, in welcher Form die Europäer ihre sicherheitspolitische Zusammenarbeit organisieren. In Vorbereitung auf die Regierungskonferenz zur Revision des Vertrages von Maastricht wurden von der Reflexionsgruppe mehrere Optionen vorgeschlagen. Neben der Option des Status quo – EU und WEU bleiben nebeneinander bestehen; es gibt keine neuen Aufgaben für die WEU im Sinne der Petersberg-Erklärung –, die vor allem von Großbritannien befürwortet wird, gibt es die von den meisten anderen Regierungen unterstützte Option einer graduellen Verschmelzung von WEU und EU mit einer Art Richtlinienkompetenz der Europäischen Union. Zwischen diesen beiden Polen gibt es die Position der Richtlinienkompetenz für »Petersberg-Missionen« durch den EU-Rat bei beibehaltener institutioneller Trennung. Eine weitere Zwischenposition würde darauf hinauslaufen, den WEU-Vertrag um die »Petersberg-Missionen« zu erweitern.[34]

Strukturreform und Ost-Erweiterung

Die Strukturreformen stehen unter Zeitdruck, da sie vor einer Erweiterung der Institutionen abgeschlossen sein müssen. Verhandlungen mit Kandidaten über den Beitritt zur EU und zur NATO stehen nicht vor 1997/1998 an, es sei denn, in Rußland kommt es zu einer dramatischen Lageveränderung. Bis dahin sollte die

31 Vgl. die Rede von Staatspräsident Jacques *Chirac* vor der Militärakademie am 23.2.1996, abgedruckt in: *Frankreich-Info* (Presse- und Informationsabteilung der Französischen Botschaft in Bonn), Nr. 7, 28.2.1996. Der Wandel in der französischen Sicherheits- und Verteidigungspolitik kam nicht ganz so abrupt wie in der Presse dargestellt. Vgl. Robert Paul *Grant*, France's New Relationship With NATO, in: *Survival*, Nr. 1, Frühjahr 1996, S. 58-80.

32 Vgl. das Kommuniqué der Ministertagung des Nordatlantikrats am 3.6.1996 in Berlin, abgedruckt in: *Bulletin*, Nr. 47, 12.6.1996, S. 505-511.

33 Vgl. Richard L. *Kugler*, U.S.-West European Cooperation in Out-of-Area Military Operations. Problems and Prospects (RAND-Report MR-349-USDP), Santa Monica, Cal. 1994.

34 Vgl. Bericht der Reflexionsgruppe für die EU-Regierungskonferenz 1996/97, Erster Teil: Eine Strategie für Europa (SN 520/95), Brüssel 5.12.1995.

Reform der NATO erledigt und die Regierungskonferenz der EU zu einer Einigung in den wesentlichen Fragen gekommen sein.

Die Erweiterung der NATO wird erhebliche Anstrengungen kosten, da der russische Widerstand vermutlich in dem Maße zunehmen wird, in dem sich die innenpolitische Lage in Rußland verschärft. Damit wird die Frage der NATO-Erweiterung möglicherweise zum Katalysator, durch den die überhitzte und irrationale innerrussische Debatte zu einer internationalen Konfrontation führt. Es kann durchaus zu einer Situation kommen, in der es für die Mitglieder des atlantischen Bündnisses nur noch die Wahl zwischen zwei gleichermaßen unangenehmen Alternativen gibt: entweder dem russischen Drängen nachzugeben und die Erweiterung ad infinitum aufzuschieben bzw. sogar abzuschreiben – mit vermutlich verheerenden Auswirkungen in den mittelosteuropäischen Staaten und für das Ansehen der NATO –, oder aber die Erweiterung durchzusetzen und zu riskieren, daß Moskau verschiedene Vergeltungsmaßnahmen ergreift, die vor allem die Ukraine, die baltischen Staaten sowie einzelne GUS-Staaten treffen könnten und die möglicherweise eine strategische Konfrontation zwischen Rußland und dem Westen einleiten. Eine derartige Konfrontation wäre im Unterschied zum Ost-West-Konflikt kein Wettstreit zwischen unterschiedlichen Systemmodellen, sondern eher eine traditionelle, geopolitische Konfrontation zwischen einer von Rußland dominierten slawisch-orthodoxen Staatengruppe und dem Westen.

Die strategische Begründung für die Erweiterung hatte zunächst wenig mit einer russischen Bedrohung zu tun gehabt. Die Erweiterungsdiskussion war von den mittelosteuropäischen Staaten initiiert worden, um zu demonstrieren, daß man zur Gemeinschaft des Westens gehört. Der Wunsch nach einer Mitgliedschaft im atlantischen Bündnis ist zudem auch eine logische Konsequenz aus der Tatsache, daß immer weniger Staaten heutzutage in der Lage sind, für ihre Sicherheit allein zu sorgen, und daher Anbindung an ein erprobtes System kollektiver Verteidigung und Sicherheitskooperation suchen. Es hat sich bislang als nicht erfolgreich erwiesen, die russische Führung davon zu überzeugen, daß sich die NATO-Erweiterung nicht gegen sie richtet. Erst das russische Getöse gegen die Erweiterung bringt nun die Möglichkeit einer neuen Konfrontation in den Blick.

Es muß das Interesse Deutschlands wie seiner Partner sein, das Entstehen einer Situation zu verhindern, in der man nur zwischen den beiden oben skizzierten unangenehmen Alternativen wählen kann. Hauptanknüpfungspunkt für eine derartige Politik ist die Verbindung der NATO-Erweiterung mit einem Angebot strategischer Partnerschaft an Rußland. Moskau könnte an einer Kooperation mit dem Westen als Gegengewicht zu einem militärisch erstarkenden China besonders interessiert sein, aber auch die allgemeine politische, wirtschaftliche und militärische Schwäche Rußlands spricht dafür; eine eigenständige Großmachtrolle kann sich Rußland trotz gegenteiliger Rhetorik in absehbarer Zeit nicht leisten.

Als praktische Anknüpfungspunkte für eine strategische Partnerschaft zwischen Rußland und dem Westen werden in der Regel zwei Ansätze genannt: Der eine geht vom Modell der Kooperation zwischen der NATO und Rußland bei der Bildung der multinationalen Truppe zur Implementierung des Friedensabkommens von Dayton (IFOR) aus und hofft, daß sich aus derartigen pragmatischen Formen der Zusammenarbeit eine Art strategischer Partnerschaft entwickeln kann;[35] der andere könnte darin bestehen, die Struktur der sogenannten »Bosnien-Kontaktgruppe« mit einer Reform der OSZE zu verbinden und zu einer Art europäischem Sicherheitsrat weiterzuentwickeln. Beide Ansätze haben Vor- und Nachteile. So ist derzeit nicht zu erkennen, daß außer einigen atmosphärischen Verbesserungen die Zusammenarbeit in Bosnien-Herzegowina zu einem Modellfall von solch großer Ausstrahlung wird, daß davon die Beziehungen zwischen Rußland und der NATO nachhaltig profitieren könnten.[36] Die Schaffung eines OSZE-Sicherheitsrates mit Vollmachten ähnlich denen des Sicherheitsrates der Vereinten Nationen wäre politisch gesehen eine äußerst delikate Angelegenheit, da viele europäische Staaten darin eher einen Nachteil denn einen Vorteil sehen. Zudem ist die frühere Zusammenarbeit in der Kontaktgruppe keinesfalls ein Beispiel für gelungene strategische Kooperation. Rußland hatte stets eine prekäre Balance zwischen Kooperationsbereitschaft auf der einen und einer innenpolitisch motivierten proserbischen Haltung auf der anderen Seite zu wahren. Zeitweilig hatte es den Anschein, als ob der innenpolitische Druck auf die russischen Diplomaten um so größer wurde, je stärker diese in der internationalen Verantwortung standen. Folgt man dieser Logik, würde dies bedeuten, daß, solange die derzeitige innenpolitische Lage anhält, die Reibungsflächen um so größer werden, je mehr man Moskau Mitverantwortung und Mitentscheidungsgewalt beim regionalen Konfliktmanagement zugesteht.

Sollten Ansätze zu Partnerschaft und Kooperation nichts fruchten, weil sich die politische Elite Rußlands in eine neue Konfrontation hineinredet, darf allerdings auch nicht mehr die Möglichkeit einer geopolitischen Interessenabgrenzung ausgeschlossen werden. Diese könnte in einer verfahrenen Situation das einzige Mittel sein, um entweder den Beginn einer neuen strategischen Konfrontation unter diffusen politischen Verhältnissen zu vermeiden oder um zu verhindern, daß die Beitrittskandidaten aus Verärgerung über die lange Wartefrist ihre politischen Optionen ändern und als Folge eine politische Destabilisierung Mittelosteuropas einsetzt.

OSZE und Vereinte Nationen

Den hauptsächlichen Handlungsrahmen für die deutsche kooperative Sicherheitspolitik werden das atlantische Bündnis und die europäischen Institutionen EU und WEU bilden. Dahinter bleibt die OSZE an Bedeutung zurück, obwohl sie eine Reihe von Aufgaben behalten wird, die von anderen Institutionen nicht in gleicher Weise erfüllbar sind. Diesen Aufgaben kann die OSZE nur dann gerecht werden, wenn NATO und WEU/EU konstruktiv involviert sind. Die OSZE versteht sich zwar

35 Vgl. Javier *Solana*, Bosnia: A Defining Moment for NATO, in: *International Herald Tribune*, 29.12.1995.
36 Vgl. Bernd *Becking* et al., Dayton: Perspektiven europäischer Sicherheit (Stiftung Wissenschaft und Politik, SWP-IP 2946), Ebenhausen 1996, S. 38.

mittlerweile als regionale Abmachung im Sinne von Kapitel VIII der UN-Charta;[37] aufgrund ihrer Abstimmungs- und Entscheidungsmechanismen sowie ihrer Überladung mit Teilnehmern aus Asien hat sich ihre Handlungsfähigkeit jedoch verringert. Die wesentlichen Aufgaben der OSZE lassen sich wie folgt umschreiben:

- Die OSZE stellt noch immer das einzige gesamteuropäische Forum für sicherheitspolitische Konsultationen dar. Hier liegt die große Chance für den Fall, daß die Kooperationsforen der NATO (NACC, PfP) durch die Ost-Erweiterung des Bündnisses ihre Funktionsfähigkeit einbüßen sollten. Russische Vorstellungen, die OSZE könne der NATO gleichsam übergeordnet werden, sind jedoch nicht akzeptabel.
- Das Forum für Sicherheitskooperation innerhalb der OSZE kann eine sinnvolle Rolle bei der Entwicklung von Verhaltensregeln für verschiedene sicherheitspolitische Bereiche spielen, etwa für den Austausch militärisch relevanter Informationen, für Fragen der Nichtverbreitungspolitik oder auf dem Gebiet der Rüstungsexportpolitik.
- Die OSZE kann eine begrenzte Rolle im Bereich Konfliktprävention und Frühinformation wahrnehmen.
- Sie erfüllt wichtige Funktionen im Bereich der Implementierung und Verifikation von Rüstungskontrollvereinbarungen und bei der Vertrauens- und Sicherheitsbildung.
- Die OSZE hat schließlich wichtige Aufgaben im Rahmen des Dayton-Abkommens übernommen. So soll sie die Wahlen in Bosnien-Herzegowina vorbereiten, organisieren und überwachen. Sie wacht auch über die Einhaltung der Menschenrechte und wird die Parteien bei der Ausarbeitung und Implementierung von Vereinbarungen zur regionalen Rüstungskontrolle unterstützen.

Aus diesem Katalog wird erkennbar, daß es zwei Faktoren gibt, die zu einer stärkeren Rollenzuweisung an die OSZE führen könnten. Zum einen ist dies der Faktor »Erfolg« bei dem Bemühen, das Dayton-Abkommen zu implementieren; zum anderen ist es die Möglichkeit, daß die OSZE zum Rahmen der strategischen Kooperation zwischen Rußland und einer erweiterten NATO wird.

In diesem Zusammenhang ist auch die Rolle der Vereinten Nationen zu sehen. Nach einer weitgehenden Überbewertung zu Beginn der neunziger Jahre sehen die Perspektiven für die kommenden Jahre eher bescheiden aus. Die Erfolglosigkeit auf dem Balkan hat der Weltorganisation enorm geschadet, obwohl die Verantwortung dafür nicht bei der Organisation lag, sondern bei jenen Staaten, die das Verhalten des Sicherheitsrates bestimmten.

Die meisten ständigen Mitglieder des Rates sind immer weniger in der Lage, für alle möglichen Friedensmissionen Ressourcen aufzuwenden. Des weiteren ist die Bereitschaft der USA, die Vereinten Nationen in ihrer Rolle als System kollektiver

37 Vgl. Helsinki-Dokument 1992, verabschiedet auf dem Treffen der Staats- und Regierungschefs der Teilnehmerstaaten der KSZE in Helsinki am 10.7.1992, abgedruckt in: *EA*, 18/1992, S. D533-576; hier S. D552.

Sicherheit zu unterstützen, nicht erst seit den Kongreßwahlen vom November 1994 drastisch gesunken. Die Weltorganisation wird zudem durch eine Finanzkrise und durch ihre bürokratische Ineffektivität geplagt. Anfragen des UN-Generalsekretärs Butros *Butros Ghali* bezüglich einer Bereitstellung von Blauhelmsoldaten werden kaum noch positiv beantwortet. In diesem Zusammenhang verliert auch die Frage nach der Erweiterung des Sicherheitsrates – insbesondere eine eventuelle ständige Mitgliedschaft Deutschlands – an Relevanz: Für die Rolle Deutschlands im System kooperativer Sicherheit ist die Partizipation in einer neubelebten und auf konkrete Herausforderungen bezogenen NATO wichtiger als der ständige Sitz im Sicherheitsrat.

Die Beschäftigung mit Risiken

In der heutigen sicherheits- und verteidigungspolitischen Diskussion herrscht die Tendenz vor, primär institutionelle Probleme und Architekturfragen aufzugreifen. Dies ist als Voraussetzung für die Bewältigung der eigentlichen Sicherheitsprobleme zweifellos wichtig. Nur sollte die Beschäftigung mit Risiken nicht dahinter zurückbleiben. Es wäre daher angebracht, in den kommenden Jahren kooperative Sicherheitspolitik stärker von der Problemseite als von der Seite der Institutionen her zu betrachten.[38]

Institutionelle Diskussionen haben zudem den Nachteil, prozedurale Fortschritte in einem Maße hochzustilisieren, daß darüber die problembezogene Leistung zurückbleibt. Sie enden oftmals aber auch in der Aufstellung von Leitlinien oder Tabus, die der sachlich gebotenen Bewältigung bestimmter Themen im Wege stehen; die Erfahrungen der Vereinten Nationen im ehemaligen Jugoslawien bieten hierfür viele Beispiele. In die gleiche Kategorie gehört das immer wieder zu vernehmende Argument, daß Deutschland seine Aktivitäten auf den europäischen Raum begrenzen soll. Es gibt keinen zwingenden strategischen Grund, warum sich Deutschland diesen Zwang auferlegen sollte. Es gibt zweifellos vieles, was dafür spricht, daß sich Deutschland auf den europäischen Raum konzentriert. Nur kann es auch Risiken geben, die nicht regional verortbar sind, und für die Bewältigung dieser Risiken ist es wenig sinnvoll, sich von vornherein auf eine derartige Verengung einzulassen, mag sie auch historisch gut begründet sein.[39]

Die Reform der NATO und des gesamten sicherheitspolitischen Institutionengefüges wird nur dann von Erfolg gekrönt sein, wenn damit der Beweis von Leistungsfähigkeit angesichts drängender sicherheitspolitischer Probleme angetreten werden kann. Die NATO wird nur dann Bestand haben, wenn Europäer und Amerikaner bei der Lösung gemeinsam interessierender Probleme erfolgreich zusammenarbeiten und

38 Vgl. hierzu das überzeugende Plädoyer von Philip D. *Zelikow*, The Masque of Institutions, in: *Survival*, Nr. 1, Frühjahr 1996, S. 6-18.

39 Vgl. Arnulf *Baring*, Wie neu ist unsere Lage? Deutschland als Regionalmacht, in: *IP*, 4/1995, S. 12-21.

bereit sind, Lasten zu übernehmen. Es gibt drei absehbare Schwerpunkte dieser Zusammenarbeit: die Auseinandersetzung mit dem Problem Rußland, die Bewältigung der mit der Proliferation von Massenvernichtungswaffen verbundenen Sicherheitsrisiken und das regionale Krisenmanagement sowohl innerhalb wie außerhalb Europas. Nach Abschluß der NATO-Strukturreform und der Erweiterungsdiskussion wird der NATO vermutlich eine weitere Phase heftiger Auseinandersetzungen über diese Fragen bevorstehen. Vorbereitungen sind teilweise schon angelaufen, wie etwa bei der Risikoeinschätzung im Bereich der Proliferation von Massenvernichtungswaffen.[40] Im folgenden soll lediglich eine vorläufige Liste jener Themen stehen, die in den kommenden Jahren die politische Agenda füllen werden und auf die man rechtzeitig vorbereitet sein muß.

- Die Konflikte im ehemaligen Jugoslawien werden vermutlich auch in den kommenden Jahren die Aufmerksamkeit der westlichen Sicherheitspolitik beanspruchen. Nicht nur das Dayton-Abkommen muß implementiert werden, auch die Situation im Kosovo bedarf einer Regelung, nicht zuletzt um die Lage Mazedoniens zu stabilisieren. Grundprobleme des Balkans werden der extreme serbische Nationalismus und die »Ansteckungsgefahr« anderer Nationalismen in der Region bleiben. Jede Friedensregelung wird um so schwieriger werden, je mehr sich Serbien russischer Unterstützung sicher ist.
- Auf dem Gebiet der GUS kann es über den Kaukasus hinaus zu weiteren Konflikten und lokalen Kriegen kommen. Spätestens dann, wenn diese Konflikte die Versorgung Westeuropas mit Erdöl und Erdgas gefährden oder wenn sie eine nukleare Dimension bekommen, dürfte auch das Interesse der NATO-Staaten an einer Konfliktbeilegung zunehmen.
- Die Problematik vagabundierenden Nuklearmaterials im Bereich der ehemaligen Sowjetunion birgt derart hohe Risiken für die westliche Sicherheit, daß entschiedenere Anstrengungen der gesamten westlichen Welt notwendig werden.
- Die Suche nach einer Friedensregelung zwischen Israelis und Arabern kann dazu führen, daß Europäer wie Amerikaner in die Rolle von Beobachtern und Garanten hineinwachsen.
- Europäer und Amerikaner werden auch mit dem Problem politisch radikaler Staaten im Mittleren und Nahen Osten oder in Nordafrika fertig werden müssen,[41] die möglicherweise an nukleare Waffen oder an andere Massenvernichtungswaffen gelangen und die Sicherheit des Westens bedrohen können. In diesem Zusammenhang sind mögliche neue militärische Bedrohungsszenarien zu bedenken, einschließlich der Frage einer Raketenabwehr für Europa.
- In dem Maße, in dem die asiatisch-pazifische Region[42] an Bedeutung gewinnt und die USA dort nur in begrenztem Maße als Sicherheitsfaktor auftreten können, wird sich die Frage verstärkter Kooperation unter Einbeziehung der Europäer stellen.

---

40 Vgl. Robert *Joseph*, Proliferation, Counter-Proliferation and NATO, in: *Survival*, Nr. 1, Frühjahr 1996, S. 111-130.

41 Vgl. hierzu den Beitrag von Udo *Steinbach* in diesem Band.

42 Vgl. hierzu den Beitrag von Karl *Kaiser* in diesem Band.

Dies ist derzeit im kleinen Maßstab im Fall Nordkorea bereits zu erkennen, wo die Europäer zur Mitfinanzierung der Umsetzung des Nuklearabkommens zwischen den USA und Nordkorea vom Oktober 1994 angehalten worden sind.[43]

Ausblick

All diese Probleme werden die westlichen Staaten in den kommenden Jahren und Jahrzehnten beschäftigen, und es stellt sich die Frage, ob es gelingt, im Rahmen der existierenden bzw. derzeit sich entwickelnden Strukturen diesen Anforderungen gerecht zu werden. Auf Dauer bedarf es mehr als nur einer Strukturreform. Wahrscheinlich ist eine neue transatlantische Partnerschaft notwendig, in der sich die USA stärker, als es ihr eng definiertes Interesse geböte, für die Sicherheit Europas engagieren, während andererseits die Europäer zum Partner der USA bei der Lösung vitaler außenpolitischer Ziele des Westens außerhalb Europas werden, insbesondere bei der Sicherung der Erdölversorgung aus dem Persischen Golf und bei der Eindämmung der Verbreitung von Massenvernichtungswaffen.[44]

43 Als im Februar 1996 der amerikanischen Regierung das Geld für eine im Zusammenhang mit dem Abkommen stehende Öllieferung an Nordkorea fehlte, forderte der Unterstaatssekretär für Ostasien im US-Außenministerium, Winston *Lord*, die Europäer zur Hilfe auf: »If Japan and Korea are going to contribute to Bosnia, Europe can certainly help us out on a Non-proliferation issue of global concern.« Zitiert nach: *UPI-Presse Agentur*, 6.2.1996.

44 Vgl. Ronald D. *Asmus*/Robert D. *Blackwill*/F. Stephen *Larrabee*, Can NATO Survive?, in: *The Washington Quarterly*, Nr. 2, 1996, S. 79-101.

DEUTSCHLAND UND DIE VEREINTEN NATIONEN

Christian Tomuschat

Seit der Vereinigung ist Deutschland in den Vereinten Nationen (UN) in eine veränderte Rolle hineingewachsen. Allein durch ihre Bevölkerungsstärke und Wirtschaftskraft gehört die »neue« Bundesrepublik zu den Führungsmächten dieser Welt, ob sie es nun wahrhaben will oder nicht. Ein äußeres Kennzeichen dieser Lage ist die Tatsache, daß Deutschland nach den USA und Japan den drittgrößten Beitrag zum Haushalt der Weltorganisation beisteuert.

Über Jahrzehnte war man in der Bundesrepublik an die Vorstellung gewöhnt – und man hatte sich in ihr fast komfortabel eingerichtet –, durch den Ost-West-Gegensatz mit den großen Protagonisten USA und Sowjetunion in eine Zwangslage hineinmanövriert worden zu sein, in der in erster Linie Ziele der Existenzsicherung verfolgt werden müßten. Heute ist die »nationale Frage« für Deutschland gelöst, und es gibt keine unmittelbare militärische Bedrohung mehr. Jede Bundesregierung hat damit erheblich an außenpolitischem Spielraum gewonnen, und es stellt sich zum erstenmal seit der Gründung des Nachkriegsstaatswesens im Jahre 1949 die Frage, welche langfristigen Strategien Deutschland neben einer Politik der Westbindung und unter Einschluß des Zieles der europäischen Integration verfolgen sollte.

Deutsche Interessen

Die Vereinten Nationen bieten als Handlungsrahmen große Chancen, prägen freilich auch die Politik derer, die sich der Organisation bedienen wollen, in gewisser Weise inhaltlich vor: Wer sich auf die Mechanismen und Verfahren der Weltorganisation stützt, spielt die Karte des Multilateralismus und gibt zu erkennen, daß die klassische Vorgehensweise des Bilateralismus für ihn nicht die erste Priorität besitzt.

Grundsätzlich wird man feststellen können, daß für Deutschland als Mittelmacht die Entscheidung für Formen der internationalen Kooperation in der Regel die beste Wahl darstellt. Mit den USA kann sich die Bundesrepublik in keinem Falle vergleichen. Sie besitzt kein über den Verteidigungszweck hinausreichendes Militärpotential und ist auch nicht gewillt, ihre militärische Macht für außenpolitische Zwecke einzusetzen. Eine Politik des *go it alone* ist für sie keine ernsthafte Option. Durch die Bereitschaft, sich in internationale Projekte einzureihen, kann Deutschland von vornherein den Verdacht zerstreuen, eine Politik rein nationaler Interessendurchsetzung betreiben zu wollen. Ohnehin unterliegt die Bundesrepublik insoweit gewissen Bindungen, denn nach den Vereinbarungen des Maastrichter Vertrages wollen die Mitglieder der Europäischen Union auf allen Handlungsfeldern zu einer Gemeinsamen Außen- und Sicherheitspolitik finden. Die Bundesrepublik Deutschland muß daher heute ihre Außenpolitik grundsätzlich unter eine europäische

Orientierung stellen, auch wenn die Gemeinsamkeit sich bisher als eher gering erwiesen hat.

Ein weiterer Ausgangspunkt für die Überlegungen über die Stellung Deutschlands in den Vereinten Nationen ist die schlichte Feststellung, daß sich in der Gegenwart sämtliche weltpolitischen Vorgänge in der einen oder anderen Weise in der Weltorganisation widerspiegeln. Auch wenn die Vereinten Nationen in der internationalen Wertschätzung ein Auf und Ab erleben, das nach der Euphorie über den glücklichen Ausgang des Golfkriegs im Bosnien-Abenteuer einem Tiefpunkt zusteuerte, darf langfristig die Prognose gewagt werden, daß sie sich wegen ihrer Einzigartigkeit als Forum aller Staaten der Welt als internationales Entscheidungszentrum behaupten und wieder an Bedeutung gewinnen werden. Jeder Staat, der ein Konzept einer gerechten und friedlichen Weltordnung zu entwerfen vermag, muß also ein natürliches Interesse daran haben, eine einflußreiche Stellung in den Vereinten Nationen zu gewinnen.

Mitgliedschaft Deutschlands im Sicherheitsrat

Innerhalb des komplexen politischen Systems der Vereinten Nationen steht der Sicherheitsrat an der Spitze der Machtpyramide. In der Tat haben die Befugnisse des Rates eine ganz andere Qualität als diejenigen der Generalversammlung. Die Generalversammlung darf diskutieren und empfehlen – der Sicherheitsrat darf bindende Anordnungen erlassen und diese gegebenenfalls auch mit Zwangsmitteln durchsetzen. In der jüngeren Praxis des Rates ist die Bedeutung der kompetenzbegründenden Formel von »Weltfrieden und internationaler Sicherheit« (Art. 24 und 39 der Charta) ausgeweitet worden. Fast kein Vorgang, der Anlaß zu ernsthafter Sorge gibt, befindet sich *ratione materiae* noch außerhalb des Geltungsbereichs dieser Generalklausel. Einen entscheidenden Schritt in diese Richtung tat der Sicherheitsrat, als er in der Somalia-Resolution 794 (1992)[1] feststellte, daß allein wegen des »Ausmaßes der menschlichen Tragödie« in diesem Land die Tatbestandsvoraussetzungen für ein Eingreifen gegeben seien. Die Resolution hat angesichts der inneren Konflikte in vielen anderen Ländern Schule gemacht, selbst wenn häufig, um die Präzedenzwirkung abzuschwächen, auch auf den Ausnahmecharakter der Lage hingewiesen worden ist.

Trotz mancher in Juristenkreisen geäußerter Bedenken ist kaum anzunehmen, daß der Sicherheitsrat die Bastionen, die er einmal bezogen hat, wieder räumen wird. Im Gegenteil: Da er die einzige Instanz mit echter Entscheidungsgewalt auf Weltebene ist, kann man davon ausgehen, daß er in jeder anders nicht behebbaren Notlage, auch wenn sie nicht dem »klassischen« Bild des zwischenstaatlichen Konflikts entspricht, versuchen wird, das ihm zur Verfügung stehende Instrumentarium zu aktivieren. Schranken ergeben sich dabei nicht so sehr aus den juristischen Festlegungen der Charta, sondern aus der politischen Legitimation, die der Sicherheitsrat für eine

1 Abgedruckt in: *Europa-Archiv (EA)*, 9/1993, S. D185-188.

erfolgreiche Wahrnehmung seiner Aufgaben von seiten der gesamten Staatengemeinschaft benötigt.

Angesichts dieser Zentralstellung des Sicherheitsrates in der gegenwärtigen Weltordnung muß ein ständiger Sitz im Sicherheitsrat für Deutschland ein erstrebenswertes Ziel sein. Dabei geht es nicht nur um die Sicherung der eigenen Interessen. Aus der Position eines ständigen Mitglieds des Sicherheitsrates lassen sich auch Strategien verfolgen, die von dem klassischen Bilde der nur auf den unmittelbaren Vorteil in einem engen Sinne bedachten Außenpolitik abweichen.[2]

Hoffnungen auf eine schnelle Revision der Charta im Jubiläumsjahr 1995 haben sich allerdings zerschlagen. Im Grunde gibt es zwar kaum noch Vorbehalte gegen eine ständige Mitgliedschaft Japans und der Bundesrepublik Deutschland im Sicherheitsrat, doch eine breite Mehrheit ist nicht bereit, durch die alleinige Aufnahme dieser beiden Länder das strukturelle Ungleichgewicht zugunsten der Industriestaaten noch zu vergrößern. So sehr auch Einigkeit darüber herrscht, daß die Dritte Welt in einer Weise berücksichtigt werden muß, die ihr sowohl nach Wirtschaftskraft wie auch nach Bevölkerungszahl gestiegenes Gewicht angemessen widerspiegelt, so zweifelhaft und umstritten ist nach wie vor, welche Staaten als mögliche Prätendenten für die Auszeichnung mit einem ständigen Sitz in Betracht kommen.

In dieser Lage gewinnen die von der Bundesregierung entwickelten Reformvorstellungen besondere Überzeugungskraft. Die Vorschläge gehen dahin, jeder der drei großen Weltregionen zwei zusätzliche Sitze einzuräumen und gleichzeitig das in Art. 23 Abs. 2 Satz 3 der Charta verankerte Verbot einer sofortigen Wiederwahl aufzuheben. Auf diese Weise könnte jedenfalls bei Konsens innerhalb der jeweiligen Staatengruppe eine Art quasi-ständiger Mitgliedschaft geschaffen werden. Im übrigen ließe sich für Staaten mittlerer Größe ein System der Rotation innerhalb eines engeren Kreises schaffen, während die bisherigen nichtständigen Sitze weiterhin für alle Staaten der betreffenden Region offenblieben. Zusätzlich wäre wohl auch ein weiterer Sitz für die Region Osteuropa zu schaffen, die, an der Zahl der sie bildenden Staaten gemessen, durch den Zerfall der Sowjetunion und Jugoslawiens sowie die Auflösung der Tschechoslowakei erheblich vergrößert worden ist.

Freilich lösen die bisher formulierten deutschen Vorschläge nicht das Problem des Vetorechts. Es hat eine gewisse Plausibilität für sich, wenn die Bundesregierung einen ständigen Sitz ohne jeden Minderstatus, d.h. mit einem vollen Vetorecht, beansprucht. Diese Forderung hat nicht nur protokollarische Gründe für sich. In der Praxis des Sicherheitsrates hat sich immer wieder gezeigt, daß der Besitz des Vetorechts in erheblicher Weise auf die Verhandlungsposition eines Staates einwirkt: Nur wer über dieses Recht verfügt, gehört zu jenem »inneren Kreis«, in dem die Vorentscheidungen fallen. Alle Solidaritätsbindungen innerhalb der Europäischen Union haben nichts

2 Zur Debatte über einen ständigen Sitz Deutschlands im Sicherheitsrat vgl. Karl *Kaiser*, Die ständige Mitgliedschaft im Sicherheitsrat. Ein berechtigtes Ziel der neuen deutschen Außenpolitik, in: *EA*, 19/1993, S. 541-552; Wolfgang *Wagner*, Der ständige Sitz im Sicherheitsrat. Wer braucht wen: Die Deutschen diesen Sitz? Der Sicherheitsrat die Deutschen?, ebd., S. 533-540.

daran geändert, daß Frankreich und Großbritannien die Politik im Sicherheitsrat als eine Souveränitätsdomäne behandeln, für die sie allein sich selbst verantwortlich sind.

Wenn Deutschland und Japan mit einem Vetorecht ausgestattet werden, liegt es nahe, daß auch die Dritte Welt eine Stärkung ihrer Position fordert. Eine Verdoppelung der Zahl der vetoberechtigten Staaten muß aber die Gefahr einer Paralyse des Sicherheitsrates heraufbeschwören – eine Entwicklung, die die »Großen Fünf« nicht akzeptieren werden. Wie dieses Dilemma aufgelöst werden kann, wird sich nur in konkreten Verhandlungen klären lassen. Auch die Bundesrepublik Deutschland muß ein vitales Interesse daran haben, daß der Sicherheitsrat als Organ der internationalen Friedenswahrung funktions- und arbeitsfähig bleibt.

Als ständiges Mitglied des Sicherheitsrates müßte die Bundesrepublik ihre weltpolitischen Ziele mit sehr viel größerer Genauigkeit und Schärfe als in der Vergangenheit definieren. Zwar wird ein Land auch durch die Abstimmungen in der Generalversammlung zu Stellungnahmen zu den vielfältigsten Konflikten gezwungen, die im Grunde außerhalb des unmittelbaren Interessenspektrums der nationalen Außenpolitik liegen, doch läßt sich dies nicht mit der Inpflichtnahme im Sicherheitsrat vergleichen, wo ja nicht nur gemahnt und empfohlen wird, sondern wo einschneidende Entscheidungen getroffen werden können. Dennoch wäre es kurzsichtig, dieses politische Faktum zu einem Argument gegen eine Kandidatur für einen ständigen Sitz aufzubauschen. Wie jedes öffentliche Amt bringt auch die Mitgliedschaft im Sicherheitsrat neben Rechten gleichzeitig Verpflichtungen mit sich. Im übrigen könnte sich die »neue« Bundesrepublik, selbst wenn sie es wollte, angesichts ihres gewachsenen Gewichts der Stellungnahme – und gegebenenfalls auch der Parteinahme – in manchen internationalen Konfliktlagen gar nicht mehr entziehen, wo die »alte« Bundesrepublik sich noch einfach »wegducken« konnte.

Es wäre ein grundlegendes Mißverständnis, den Sicherheitsrat lediglich als eine Art militärischer Einsatzzentrale zu betrachten. Die Charta macht es sehr deutlich: Kapitel VI – überschrieben mit »Die friedliche Beilegung von Streitigkeiten« – steht vor Kapitel VII, welches ein Eingreifen des Sicherheitsrates mit Zwangsmitteln vorsieht. In erster Linie soll auch der Sicherheitsrat versuchen, internationale Konflikte im Wege von Verhandlungen zu schlichten. Der Rekurs auf Zwangsmittel, gar auf militärische Einsätze, ist immer nur Ultima ratio. Insofern entspricht die Charta der Konzeption des Grundgesetzes. Beide Rechtsinstrumente sind aus den Schrecknissen des Zweiten Weltkriegs hervorgegangen. Die Charta enthält sogleich im ersten Absatz ihrer Präambel eine dezidierte Absage an die »Geißel des Krieges« und proklamiert als ihr vorrangiges Ziel den Weltfrieden. Dennoch hat dieses Ziel die Autoren der Charta nicht für die Einsicht blind gemacht, daß einer Aggression notfalls nur mit militärischer Macht wirksam entgegengetreten werden kann.

Entscheidungen im Sicherheitsrat über den Einsatz militärischer Machtmittel führen zu der Frage, ob die Staaten, die hinter einem solchen Beschluß stehen, auch bereit sind, an seiner faktischen Umsetzung mitzuwirken. In der Vergangenheit war eine solche Kopplung nicht gegeben. Es war sogar eine Doktrin entwickelt worden, nach der sich ständige Mitglieder des Sicherheitsrates nicht an Friedenssicherungs-

oder »Blauhelm«-Operationen beteiligen sollten. Von dieser Selbstfesselung ist man längst abgekommen. Heute wird ohne weiteres erwartet, daß ein Land mit ständigem Sitz sich nicht nur verbal für die Friedensziele der Charta einsetzt, sondern gegebenenfalls auch materielle Hilfe leistet, um einen beschlossenen Einsatz Wirklichkeit werden zu lassen. Nach der Entscheidung des Bundesverfassungsgerichts vom 12. Juli 1994 sind auch für die Bundesrepublik die verfassungsrechtlichen Grundvoraussetzungen geklärt: Einheiten der Bundeswehr dürfen sich im Einklang mit Art. 24 Abs. 2 des Grundgesetzes an allen Einsätzen der Vereinten Nationen beteiligen, die vom Sicherheitsrat nach Maßgabe seiner Zuständigkeiten beschlossen worden sind.[3]

Während der Zeit des Kalten Krieges war Kapitel VII der Charta toter Buchstabe geblieben. Statt dessen hatte man das Konzept der Friedenssicherungseinsätze entwickelt, welche die Zustimmung der Konfliktparteien voraussetzen und dazu dienen, ein vorläufiges Ende eines Waffengangs zu sichern. Es liegt auf der Hand, daß es von deutscher Warte aus keinerlei grundsätzliche Bedenken gegen eine Mitwirkung an solchen Einsätzen gibt. Ebensowenig wird sich die Bundesrepublik verweigern, wenn es um Einsätze neueren Typs geht, die erstmals in Namibia und Kambodscha mit deutscher Beteiligung erprobt worden sind. In diesen beiden Fällen ging es darum, durch einen internationalen Einsatz mit einer starken zivilen Komponente Hilfe zum Aufbau eines neuen Staates zu leisten bzw. ein in den Wirren des Bürgerkriegs versunkenes Land wieder auf einen Weg innerer Konsolidierung zurückzuführen. Jede solche Unterstützung entspricht den langfristigen Interessen Deutschlands.[4]

Weitaus problematischer sind bekanntlich Einsätze wie in Somalia oder in Bosnien-Herzegowina. Hier wurde versucht, während eines andauernden bewaffneten Konflikts einzugreifen, um humanitäre Hilfe zu leisten und um, gestützt auf Kapitel VII der Charta, bestimmte politische Teilziele mit Zwangsmitteln durchzusetzen. Diese Kombination hat sich offensichtlich nicht bewährt. Die Vereinten Nationen verspielten ihre Glaubwürdigkeit vor allem durch eine Neutralität, die den Aggressor und sein Opfer mit gleicher Distanz behandelte.

Das Machtpotential des Sicherheitsrates kulminiert in der ihm zustehenden Befugnis, zwangsweise gegen einen Rechtsbrecher vorzugehen. Auch insoweit kann die Bundesrepublik heute von Rechts wegen eine Sonderrolle nicht mehr für sich in Anspruch nehmen. Zu den nach Art. 24 Abs. 2 des Grundgesetzes zugelassenen Einsätzen gehören auch Kampfeinsätze nach Kapitel VII der Charta, zu denen es bisher allerdings in dem ursprünglich intendierten Sinne noch niemals gekommen ist und wohl auch in absehbarer Zukunft gar nicht kommen wird. UN-Generalsekretär Butros *Butros Ghali* selbst hat geäußert, angesichts der Schwäche der Vereinten Nationen könne im Falle einer Aggression nur nach dem Muster des Golfkriegs vorgegangen werden: Der Sicherheitsrat müsse sich darauf beschränken, eine Ermächtigung zu

---

3 Das Urteil ist in Auszügen abgedruckt in: *EA*, 15/1994, S. D428-431. Für eine vollständige Wiedergabe vgl. *Entscheidungen des Bundesverfassungsgerichts*, 90. Band, 1994, S. 286-394.

4 Vgl. hierzu auch den Beitrag von Winrich *Kühne* in diesem Band.

erteilen; die Last der Kriegführung sei dann von einer Allianz unter dem Schirm einer Führungsmacht zu übernehmen.[5] Bei einer solchen Konstellation sieht sich Deutschland vor ganz erhebliche rechtliche Probleme gestellt. Nach dem genannten Urteil des Bundesverfassungsgerichts ist die verfassungsrechtliche Ermächtigung für einen Bundeswehreinsatz, der nicht der Verteidigung Deutschlands oder seiner Verbündeten dient, durch dessen Einbettung in ein System der kollektiven Friedenssicherung bedingt.

Ziele und Handlungsfelder einer deutschen UN-Politik

In den anderen Tätigkeitsbereichen der Vereinten Nationen hat Deutschland schon ein klareres Profil gewonnen. Vor allem auf sozialem und wirtschaftlichem Gebiet hat sich die Bundesrepublik mit großem Einsatz engagiert. Auf den ersten Blick mag das, was in den politischen Gremien geschieht, abstrakt und manchmal weit entfernt von den Realitäten erscheinen. Es wäre indes eine kurzsichtige Betrachtungsweise, wollte man alles Geschehen außerhalb des Sicherheitsrates als irrelevant und zweitklassig abtun. Gewiß bildet der Sicherheitsrat heute das Machtzentrum der Vereinten Nationen, aber die politischen Doktrinen und Grundsätze, ja zum Teil selbst die Rechtsregeln, die seinem Handeln zugrunde liegen, entstehen doch eher in der Generalversammlung mitsamt ihren Untergliederungen, jenem Gremium, welches allen Staaten der Welt offensteht. Es ist die Generalversammlung, welche die langfristigen Trends der weltpolitischen Entwicklung bestimmt, weil nur dort die Dritte Welt mit dem ihr angemessenen Gewicht vertreten ist.

Ganz allgemein ist das weltpolitische Interesse Deutschlands nicht nur ein eigennütziges, sondern meist auch, damit verbunden, ein altruistisches. Denn Frieden und Wohlergehen in fremden Ländern bilden angesichts der noch ständig anwachsenden weltwirtschaftlichen Verflechtungen gleichzeitig Voraussetzungen für Frieden und Wohlergehen in Deutschland selbst. Der Gleichklang stellt sich freilich nicht automatisch ein: Die Stabilität der politischen Verhältnisse in einem Land kann auch das Ergebnis einer massiven Unterdrückungspolitik durch die zuständige Regierung sein.

Menschenrechtssicherung, Minderheitenschutz und Demokratie

Sicherung der Menschenrechte, Minderheitenschutz und Demokratie sollten im Einklang mit der Charta auch die primären Leitziele der deutschen Außenpolitik bilden. Menschenrechte dürfen kein Privileg des »weißen Mannes« sein. Sie sind in den einschlägigen UN-Dokumenten von vornherein als Berechtigungen für jedes Individuum formuliert worden. Das neuerdings vorgebrachte Argument, manche Gesellschaften seien noch nicht »reif« für die in den traditionellen Nationalstaaten

5 UN-Dok. A/48/403; S/26450 vom 14.3.1994.

des Westens längst konsolidierten Freiheitsrechte, vermag in der Mehrzahl der Fälle kaum zu überzeugen. Das »Wagnis Demokratie« ist in der Regel lediglich ein Wagnis für die herrschenden Eliten.

Ein integraler Bestandteil der Menschenrechte ist der Minderheitenschutz. In vielen Ländern wäre den Minderheiten schon geholfen, wenn sie die gleichen Rechte wie die Angehörigen der »herrschenden Staatsnation« wahrnehmen könnten, wenn ihnen auferlegte Diskriminierungen beendet würden. Aber Minderheitenrechte beinhalten noch weit mehr: Sie implizieren, daß die Minderheit ihre kulturelle Identität nur bewahren kann, indem sie vor allem in die Lage versetzt wird, ihre Sprache – und sonstige identitätsstiftende Merkmale – zu erhalten und zu pflegen. Doch selbst in Europa tut man sich mit dieser eigentlichen Dimension der Minderheitenrechte schwer.

Über Verstöße gegen das Prinzip kultureller Identitätswahrung darf man nicht mit vornehmer diplomatischer Rücksichtnahme hinweggehen. Hier besteht vor allem eine Verpflichtung Deutschlands aus seiner Vergangenheit: Das Dritte Reich hat eine inakzeptable Germanisierungspolitik verfolgt. Nach 1945 sind deutsche Minderheiten in vielen Ländern Osteuropas einem unerträglichen Assimilierungsdruck ausgesetzt worden; sie mußten häufig ihr kulturelles Deutschtum verleugnen, um überhaupt überleben zu können.

Vielfach wird gefordert, die kulturellen Minderheitenrechte durch politische Autonomierechte abzustützen und zu ergänzen, da eine Minderheit allein in ihrem kulturellen »Selbstsein« nicht überleben könne. Das am 1. Februar 1995 beschlossene Rahmenübereinkommen des Europarats zum Schutz nationaler Minderheiten[6] hat hier einige tastende, äußerst vorsichtige Schritte unternommen. Ob damit ein Patentrezept für die ganze Welt gewonnen worden ist, muß allerdings bezweifelt werden. Hier nach einem einheitlichen Weltbeglückungsschema vorzugehen, wäre grundfalsch.

Entwicklungspolitik

Trotz der gegenwärtigen Haushaltsschwierigkeiten darf die Bundesrepublik eine klar konturierte Entwicklungspolitik nicht aufgeben.[7] Bei aller im Detail möglichen Kritik läßt sich an dem Ziel kaum rütteln: Die ärmeren, weniger entwickelten Staaten der Dritten Welt sollten in die Lage versetzt werden, ihren Bürgern ein Leben in Würde zu ermöglichen. Westlicher Wohlstand läßt sich nicht auf die ganze Welt ausdehnen; zu groß sind die Disparitäten im Hinblick auf natürliche Ressourcen, Humankapital und Infrastruktur. Aber es wäre eine gefährliche Illusion, zu glauben, man könne einen Teil der Welt einfach »abschreiben« – eine Gefahr, die das subsaharische Afrika im vergangenen Jahrzehnt sehr hautnah zu spüren bekommen hat. Die Menschheit wäre als ein Gebilde mit einem wohlhabenden Oberhaus

6 Abgedruckt in: *Europäische Grundrechte Zeitschrift*, Heft 10-12, 30.6.1995, S. 268-271.
7 Vgl. hierzu auch den Beitrag von Uwe *Holtz* in diesem Band.

und einem verelendeten Unterhaus kaum überlebensfähig. Der Zorn der aus dem Gedächtnis verdrängten Unterklasse wäre zumindest in der Lage, die Grundlagen des Reichtums der Minderheit in den industrialisierten Ländern des Nordens nachhaltig zu stören. Die eigentliche Frage lautet entgegen den vollmundigen Versprechungen des Kopenhagener Weltsozialgipfels[8] vom März 1995 einstweilen wohl nur, mit welchen Mitteln und auf welchen Wegen man erreichen kann, daß sich die Kluft zwischen Arm und Reich nicht noch weiter vertieft. Wiewohl konkreter Sachverstand hier das letzte Wort sprechen muß, liegt es doch aufgrund der Erfahrungen von Jahrzehnten nahe, auf Hilfe für Projekte kleinen und mittleren Ausmaßes sowie auf die Förderung von Erziehung und Ausbildung zu setzen. Es ist letzten Endes das Humankapital, das Know-how, welches über die wirtschaftliche Entwicklung einer Gesellschaft entscheidet. Nur wenn die Menschen in der Lage sind, ihre Angelegenheiten selbst in die Hand zu nehmen, ist eine dauerhafte und stabile Entwicklung gewährleistet.

Reform des Wirtschafts- und Sozialrates

Die unabhängige Arbeitsgruppe über die Zukunft der Vereinten Nationen hat vorgeschlagen, den bisherigen Wirtschafts- und Sozialrat (ECOSOC) aufzuspalten und einen Wirtschaftsrat mit 23 Mitgliedern als neues Hauptorgan zu schaffen.[9] Schon häufig ist in der Vergangenheit eine Reform des Wirtschafts- und Sozialsektors angemahnt worden, und stets war das Ziel, die Vereinten Nationen »schlagkräftiger« zu machen. Der neue Vorschlag klingt kaum überzeugender als seine Vorgänger. Er geht von der Fehleinschätzung aus, daß sich das Erfolgsrezept des Sicherheitsrates auf den Wirtschafts- und Sozialbereich übertragen lasse. Aber die unbestreitbare Sonderstellung einiger Länder, die auf dem Gebiet der Friedenssicherung als ein Faktum hingenommen werden muß, würde von keinem Land auf wirtschaftlichem Gebiet in gleicher Weise akzeptiert werden.

Auch die Schaffung eines neuen Sozialrates mit Koordinierungs- und Überwachungsaufgaben auf den übrigen Tätigkeitsgebieten des früheren Wirtschafts- und Sozialrates, ebenfalls mit 23 Mitgliedern, ist ein Vorschlag, dem man mit Zurückhaltung begegnen sollte.[10] Die Schwäche des ECOSOC rührt von der Tatsache her, daß er – anders als der Sicherheitsrat – keine wahrhaft eigenen Kompetenzen besitzt und zwischen den eigentlichen Fachorganen, welche die Sacharbeit leisten, und der Generalversammlung steht, die sich ihre Führungsrolle als Plenum der Weltorganisation nicht aus der Hand nehmen läßt. Aus dieser undankbaren Mittlerstellung führt den Sozialrat auch der Vorschlag der Arbeitsgruppe nicht heraus.

8 Vgl. das Schlußdokument der Konferenz (UN-Dok. A/CONF.166/9 vom 19.4.1995).

9 Vgl. *Unabhängige Arbeitsgruppe über die Zukunft der Vereinten Nationen*, Die Vereinten Nationen in ihren nächsten 50 Jahren, Bonn 1995, S. 32-37.

10 Vgl. ebd., S. 39-41.

Umweltschutz

Völlig unzureichend ist bisher das Instrumentarium der Vereinten Nationen auf dem Gebiet des Umweltschutzes. Dieses Defizit muß Anlaß zu ernsthafter Sorge sein. Die Stockholmer Umweltkonferenz im Jahre 1972 – seinerzeit ein Pionierunternehmen – hat aus ihrem Schoße lediglich das Umweltprogramm der Vereinten Nationen (UNEP) geboren, dessen Aufgaben sich auf Forschung und Analyse beschränken. Wenn die internationale Gemeinschaft Maßnahmen gleich welcher Art ergreifen will, muß sie sich bis heute stets des Instruments des völkerrechtlichen Vertrages bedienen, was bedeutet, daß jeder Staat frei ist, sich der vereinbarten Regelung anzuschließen oder nicht.[11] Wer im übrigen die immensen Zeitspannen kennt, welche Verträge mit gewichtigen Implikationen üblicherweise benötigen, um in Kraft treten zu können, kann der Sache des Umweltschutzes auf dieser Grundlage keine günstige Prognose stellen. Die Bundesrepublik sollte es sich deswegen zum Anliegen machen, für verbesserte Verfahren und Methoden der Rechtsetzung einzutreten. Auf keinen Fall sollte man dem Sicherheitsrat in den Arm fallen, wenn er sich entschließen sollte, gravierende Fälle von Umweltzerstörung als eine Gefahr für den Weltfrieden und für die internationale Sicherheit zu qualifizieren und demgemäß die in Kapitel VII vorgesehenen Machtmittel zur Bekämpfung von Verstößen gegen die Globalinteressen der internationalen Gemeinschaft einzusetzen.

Internationale Gerichtsbarkeit

Für den Bereich der internationalen Streitregelung außerhalb des Sicherheitsrates lassen sich für die kommenden Jahre keine größeren Fortschritte erhoffen. Es wäre illusorisch zu glauben, daß man ein umfassendes System allgemeiner und obligatorischer internationaler Gerichtsbarkeit schaffen könnte, wie es den Verfassern des Grundgesetzes vorgeschwebt hatte (Art. 24 Abs. 3). In der jüngeren Vergangenheit hat sich gezeigt, daß der Internationale Gerichtshof am erfolgreichsten in denjenigen Fällen wirken kann, die ihm von den Parteien im Wege eines Kompromisses unterbreitet werden. Aber man sollte auch versuchen, in einzelne sachspezifische Verträge umfassende Klauseln über eine gerichtliche Streiterledigung einzubauen. Dieser Weg ist mit der UN-Seerechtskonvention in erfolgversprechender Weise vorgezeichnet worden.

Nur in einem Sachbereich sind Aussichten vorhanden, die internationale Gerichtsbarkeit entscheidend zu stärken. Mit der Errichtung Internationaler Strafgerichtshöfe für das ehemalige Jugoslawien 1993 und für Ruanda ein Jahr später hat die internationale Gemeinschaft, handelnd durch den Sicherheitsrat, an das Nürnberger Verfahren

11 Dies gilt auch für die »harten« Ergebnisse der UN-Konferenz für Umwelt und Entwicklung, die im Juni 1992 in Rio de Janeiro stattfand. Vgl. Rahmenübereinkommen der Vereinten Nationen über Klimaänderungen, abgedruckt in: *EA*, 2/1993, S. D32-50; Übereinkommen über die biologische Vielfalt, abgedruckt in: *EA*, 3/1993, S. D55-76.

gegen die Hauptkriegsverbrecher des Dritten Reiches angeknüpft.[12] Freilich sollte man von der bisherigen Stückwerksarbeit loskommen und ein allgemeinzuständiges internationales Strafgericht ins Leben rufen. Die Völkerrechtskommission der Vereinten Nationen hat hierzu einen Entwurf geliefert, dem in seiner generellen Zielrichtung die deutsche Unterstützung nicht versagt bleiben sollte.

Finanzierung der Vereinten Nationen

Selbstverständlich kosten die Vereinten Nationen auch Geld, allerdings weitaus weniger, als die meisten Kritiker meinen. Vergleicht man etwa die Leistungen, welche die Bundesrepublik zugunsten ihrer neuen Bundesländer erbringt, mit ihren Zahlungen für das gesamte UN-System, so sind die Zahlen relativ bescheiden (ca. 1 Prozent), aber auch nicht unerheblich: Immerhin trägt Deutschland einen Anteil von nicht weniger als 8,94 Prozent (1995) an den Verwaltungsausgaben der Weltorganisation. Mit ihrer bisherigen Zahlungsmoral hat sie ein Beispiel gesetzt – allerdings mit einem ärgerlichen »Ausrutscher«, was die Anerkennung ihrer Haftung für die Rückstände der DDR in bezug auf die Kosten für Friedenssicherungseinsätze angeht. Andere Länder sind weit weniger verläßliche Beitragszahler. Bei manchen liegt der Grund für die unerträglich säumigen Zahlungen ganz schlicht in dem Fehlen ausreichender Devisenreserven. Auf der anderen Seite ist die Art, wie die USA mit ihren Zahlungsverpflichtungen umgehen, schlechthin skandalös. Schulden auf rechtsverbindlicher Grundlage werden von ihnen wie eine beliebig manipulierbare Verfügungsmasse behandelt. Washington setzt hier einen gefährlichen Präzedenzfall; diese Achtlosigkeit hat bereits Schule gemacht. Dem außenstehenden Betrachter ist unverständlich, wie eine Nation, die innerhalb der UN viele Privilegien genießt und die Weltorganisation fast beliebig zu ihrem Nutzen einsetzen kann, so wenig bereit sein kann, die von ihr gezogenen Vorteile auch finanziell zu honorieren. Es stellt der Führungsmacht der westlichen Welt kein gutes Zeugnis aus, wenn sie die Vereinten Nationen bewußt bis an den Rand des Zusammenbruchs bringt.

Fazit

Die Bundesrepublik Deutschland hat als eine Mittelmacht im modernen Staatensystem größtes Interesse daran, die Vereinten Nationen als Forum multilateralen Ausgleichs zu stärken. Mehr denn je wird die internationale Gemeinschaft in Zukunft solche Zentren legitimer Entscheidungsbildung und Machtausübung benötigen.

12 Vgl. *Tomuschat*, Von Nürnberg nach Den Haag, in: *Die Friedenswarte*, Heft 3-4, 1995, S. 143-166.

BILATERALE BEZIEHUNGEN ZU AUSGEWÄHLTEN STAATEN

BILATERALE BEZIEHUNGEN IM NETZWERK REGIONALER UND GLOBALER INTERDEPENDENZ

Wilfried von Bredow

Die gegenwärtige Weltpolitik ist gekennzeichnet von der Globalisierung[1] einer wachsenden Zahl von Lebenssphären und Milieus, von Regionalisierungen auf kontinentaler und subnationaler Ebene[2] sowie von einer steten Zunahme der Zahl und der Art inter- und transnational handelnder Akteure.[3] Dieser Wandel des internationalen Systems der Gegenwart läßt auch den Stellenwert von bilateralen Beziehungen nicht unberührt. Die häufig daraus gezogene Schlußfolgerung, daß die Bedeutung bilateraler Beziehungen kontinuierlich abnimmt, wird im folgenden nicht geteilt. Vielmehr wird hier die These vertreten, daß bilateralen Beziehungen im Netzwerk regionaler und globaler Interdependenz sogar eine erhöhte Bedeutung zukommt, und dies aus zwei Gründen: Die Diplomatie multilateraler Beziehungen in internationalen Organisationen und internationalen Regimen kann auf Bilateralität, auf einen ihrer wichtigsten Bausteine nicht verzichten; und – vielleicht noch wichtiger – das aktuelle Handeln staatlicher Akteure wird in starkem Maße von Wahrnehmungsmustern und Erfahrungen der Vergangenheit bestimmt. Ihre »außenpolitische Erinnerung« speist sich vornehmlich aus – eher positiv oder eher negativ bewerteten – bilateralen Erfahrungen.

Eine in politikwissenschaftlichen Betrachtungen gern gemiedene Personalisierung außenpolitischer Vorgänge[4] soll zunächst den Ausgangspunkt bilden für weitere Überlegungen zur Rolle von bilateralen Beziehungen in der gegenwärtigen Weltpolitik, insbesondere zur Bedeutung historischer »bilateraler« Erfahrungen als Interpretationsrahmen für die Gegenwart und zur Funktion von Bilateralismen im europäischen Integrationsprozeß.

Personalisierte Aussenpolitik

Im Alltagsverständnis besitzen bilaterale Beziehungen zwischen Staaten einen besonderen Wert. Sind sie besonders eng und fruchtbar für beide Staaten, sprechen ihre Repräsentanten gern von der Freundschaft ihrer Völker. Zwar können Völker, genaugenommen, nicht miteinander befreundet sein, weil Freundschaft ein Gefühl

1 Vgl. Malcolm *Waters*, Globalization, London/New York 1995.

2 Vgl. *von Bredow*/Thomas *Jäger* (Hrsg.), Regionale Großmächte. Internationale Beziehungen zwischen Globalisierung und Zersplitterung, Opladen 1994.

3 Vgl. als Überblick *von Bredow*, Turbulente Weltordnung. Internationale Politik am Ende des 20. Jahrhunderts, Stuttgart 1994.

4 Vgl. hierzu die luziden Anmerkungen von Günther *Nonnenmacher*, Nutzen und Nachteil des politikwissenschaftlichen Studiums für den politischen Journalisten, in: Claus *Leggewie* (Hrsg.), Wozu Politikwissenschaft? Über das Neue in der Politik, Darmstadt 1994, S. 258-269; hier S. 261-263.

und eine Bindung zwischen Individuen ist. Gleichwohl ist unabweisbar, daß Außenpolitik von Personen repräsentiert und gemacht wird, die nicht nur als Geschäftsträger allgemeinerer, etwa nationaler Interessen handeln, sondern immer auch als Individuen mit einem bestimmten intellektuellen, psychologischen und politischen Profil.

Unser Arsenal politischer Mythen enthält in der »Abteilung für bilaterale Beziehungen« ungezählte Momentaufnahmen persönlicher Begegnungen, in denen die »Chemie« zwischen den handelnden Personen gestimmt oder eben nicht gestimmt hat; wo demzufolge das Verhältnis der von ihnen geführten oder vertretenen politischen Einheiten ins Bessere oder ins Schlimmere ausschlug: Selbst in der Periode zwischen den beiden Weltkriegen waren die deutsch-französischen Beziehungen zeitweise auf dem Wege der Besserung, dank der vereinten Bemühungen von Aristide *Briand* und Gustav *Stresemann*. Aus der Reihe der Beispiele in der jüngeren Vergangenheit Deutschlands seien die Paare Konrad *Adenauer*/John Foster *Dulles*, Helmut *Schmidt*/Valéry *Giscard d'Estaing* und Helmut *Kohl*/François *Mitterrand* für eine positive, *Adenauer*/John F. *Kennedy* oder *Schmidt*/Jimmy *Carter* für eine negative »Chemie« aufgeführt.

Die ambivalente Magie der »Gespräche unter vier Augen« geht in multilateralen Verhandlungen weitgehend verloren. Deshalb haben sie, wie spektakulär in den Medien auch über sie berichtet wird, doch meist (nur) das Image eines reinen Interessenausgleichs, wohingegen die Inszenierungen bilateraler Beziehungen, etwa von Staatsbesuchen, sehr häufig eine die sachlichen Interessen übersteigende Dimension zwischenstaatlicher Politik anpeilen.

Regierungsbeziehungen und Völkerfreundschaft

Die Beziehungen von Regierung zu Regierung machen weiterhin einen sehr wichtigen Teil der Beziehungen zwischen zwei Staaten aus.[5] Sie sind in der Regel von Routine und Geschäftsmäßigkeit geprägt und zu einem großen Teil nach einem »Code« formalisiert, dessen Normen für alle an diesen Beziehungen aktiv Beteiligten einen hohen Stellenwert besitzen. Innerhalb dieses »Codes« hat zum Beispiel das Gebot der Nichteinmischung in die inneren Angelegenheiten anderer Staaten eine große Bedeutung.

Daß die öffentliche Meinungsbildung zu außenpolitischen Fragen – ein Prozeß, in dem die Medien eine kaum zu überschätzende Rolle spielen[6] – durch dieselbe

5 In bestimmten internationalen Handlungsfeldern wie dem der Wirtschaft tummeln sich aber auch mehr und mehr nichtstaatliche Akteure mit grenzüberschreitenden Interessen. Ihr Verhältnis zu den jeweiligen Regierungen kann unterschiedliche Formen annehmen. Zuweilen handeln sie in Absprache mit der Regierung, und gar nicht so selten stellen sich Regierungen transnationalen Wirtschaftsinteressen, die in ihren Gesellschaften lokalisiert sind, als eine Art Lobby zur Verfügung. Sehr oft handeln nichtstaatliche Akteure aber auch unabhängig von der Regierung, manchmal gar gegen sie.

6 Vgl. James F. *Hoge*, Der Einfluß der Massenmedien auf die Weltpolitik, in: Karl *Kaiser*/Hans-Peter *Schwarz* (Hrsg.), Die neue Weltpolitik (Schriften des Forschungsinstituts der Deutschen Gesellschaft für Auswärtige Politik), Baden-Baden 1995, S. 265-271.

Routine und Geschäftsmäßigkeit charakterisiert wäre, läßt sich kaum behaupten. Solange die Beziehungen zu einem bestimmten Land »normal« verlaufen, erscheinen sie als nicht besonders interessant. Aufregend werden sie, wenn in diesem Land etwas passiert, was aus dem Rahmen solcher Normalität fällt. Das können etwa Handlungen sein, die man im eigenen Land als feindselig oder zumindest als unfreundlich wahrnimmt. So wurden die deutsch-britischen Beziehungen in letzter Zeit auch dadurch verdüstert, daß die Währungspolitik der Deutschen Bundesbank von der britischen Öffentlichkeit als Hauptursache für Kursverluste des britischen Pfund Sterling angesehen wurde. Daß die letzte große Pfundkrise im Herbst 1992 jedoch keineswegs allein auf Deutschland zurückzuführen war, sondern vor allem auch auf die Unermüdlichkeit privater Geldwertspekulanten in den USA,[7] ist ein Beispiel für öffentliche Fehlwahrnehmung wie auch für die enorm gewachsene Bedeutung nichtstaatlicher Akteure im internationalen System.

Auch Handlungen einer Regierung eines anderen Staates, die eigentlich keinen direkten Bezug zum eigenen Land haben, jedoch gegen Werte und Normen verstoßen, die im eigenen Land hoch im Kurs stehen, erregen die öffentliche Aufmerksamkeit über das normale Maß hinaus. Ein typisches Beispiel hierfür sind gravierende Menschenrechtsverletzungen. Weil für die Öffentlichkeit einer demokratischen Gesellschaft der Grundsatz der Nichteinmischung in die inneren Angelegenheiten anderer Staaten nicht gilt, entsteht in solchen Situationen mitunter ein erheblicher Druck aus der Gesellschaft auf die eigene Regierung, die Beziehungen zu einem solchen Staat »einzufrieren« oder gar abzubrechen. Dieser Druck kann die Regierung in eine schwierige Lage bringen, da sie neben einem so formulierten öffentlichen Interesse auch andere Interessen zu berücksichtigen hat. Man denke in diesem Zusammenhang an das deutsch-chinesische Verhältnis nach dem Militäreinsatz gegen Demonstranten auf dem Platz des Himmlischen Friedens in Peking im Jahr 1989: Während in der Öffentlichkeit der Ruf nach Sanktionen und einem »Einfrieren« der Beziehungen zu China laut wurde, versuchten Vertreter der deutschen Wirtschaft solche Reaktionen mit dem Argument zu verhindern, daß eine Verschlechterung der deutsch-chinesischen Beziehungen die wirtschaftlichen Interessen Deutschlands auf dem chinesischen Markt mittel- und langfristig beeinträchtigen würde.

In der Sphäre öffentlicher Erörterung von auswärtigen Beziehungen kommt auch zum Tragen, daß andere Länder bzw. Völker als kollektive Persönlichkeiten mit einem bestimmten Eigenschaftsprofil und – wichtiger noch – einer bestimmten Vergangenheit begriffen werden. Diese Wahrnehmung von Staaten und Gesellschaften ist nicht ohne bedenkliche Nebenfolgen. Historische Belastungen bilateraler Beziehungen können heute noch in den meisten Teilen der Welt zu gefährlichen Eskalationen negativer Stereotypisierungen und zu kollektiven Feindschaften von enormer Intensität führen.

7 Aufschlußreich hierzu Connie *Bruck*, The World According to Soros, in: *The New Yorker*, 23.1.1995, S. 54-78.

Andererseits gibt es auch viele Beispiele freundlicher Unaufrichtigkeit, die zuweilen nicht der Komik entbehren: wenn in politischen Sonntagsreden und aus Anlaß von Staatsbesuchen von der traditionellen Freundschaft zwischen zwei Völkern die Rede ist. Kollektive Akteure können jedoch allenfalls gute oder sehr gute Beziehungen zueinander haben, was nichts anderes bedeutet, als daß sie gemeinsame Interessen haben und bei divergierenden Interessen auf einvernehmliche Ausgleichsmechanismen zurückgreifen können.

Die Rolle der Vergangenheit

Die Vergangenheit politischer Einheiten, geformt als ihre Geschichte, bestimmt die Eigen- und Fremdwahrnehmung von Nationen und Staaten in viel stärkerem Maße, als uns alltäglich bewußt ist. Dies gilt übrigens auch für transnationale wirtschaftliche Akteure, deren Absichten und Handlungen trotz ihrer zumindest partiellen Loslösung vom Regierungshandeln nach wie vor meist umstandslos dem Staat zugerechnet werden, von dem aus sie agieren.

Die bilateralen Beziehungen Deutschlands zu seinen wichtigsten Partnern sind insbesondere durch eine spezifische Sequenz von historischen Ereignissen geprägt worden, die sich mit folgenden Stichworten skizzieren lassen: Vorgeschichte und Verlauf des Ersten Weltkriegs; Weimarer Republik; Machtergreifung, Nationalsozialismus, Zweiter Weltkrieg und Holocaust; Niederlage, Teilung und Wiederaufbau unter dem Vorzeichen des Ost-West-Konflikts. Damit verbindet sich eine historische Hypothek, die in den letzten fünfzig Jahren nur teilweise abgetragen werden konnte. Es gehört aber seit Gründung der Bundesrepublik Deutschland zu den erklärten außenpolitischen Zielen, die für die eigene Entwicklung besonders wichtigen bilateralen Beziehungen – zu Frankreich, Israel, den USA, später auch zu Polen und zur Sowjetunion bzw. heute zu Rußland – mit hohem materiellen und ideellen Aufwand auszubauen. Ebenso vordringlich ist das Ziel, Außenpolitik so weitgehend wie möglich in einen multilateralen Konsens einzubetten, insbesondere auch mit dem Ziel der Schaffung einer Politischen Union (West-)Europas.

Daraus darf man aber nicht den Schluß ziehen, eine zeitgemäße Außenpolitik sei der Bilateralität entwachsen. Denn daß dies nicht stimmt, läßt sich schon allein daran erkennen, daß Deutschland, auch wenn es in einem multilateralen Beziehungsgeflecht wie der Europäischen Union (EU) oder dem Nordatlantikpakt (NATO) eingebunden ist, von anderen staatlichen Akteuren doch nach wie vor in viel stärkerem Maße, als es dem deutschen Michel geheuer ist, als individueller und die eigenen Interessen verfolgender Akteur identifiziert wird. Wer das aber tut – sichtbar wurde das am Verhalten der meisten Nachbarn Deutschlands in den Umbruchjahren 1989/90 –, für den bilden bilaterale Beziehungen die logische und die faktische Basis der Außenpolitik. Multilaterale Beziehungen können allenfalls darauf aufbauen.

Wenngleich der »Schatten der Vergangenheit« im Falle Deutschlands besonders lang und dunkel ausfällt, wirkt auch in anderen Staaten die jeweils wahrgenommene

Vergangenheit als wichtiges Orientierungssystem für die aktuelle und zukünftige Gestaltung auswärtiger Beziehungen. In diesem Sinne gibt es eigentliche keine »normalen« bilateralen Beziehungen, denn in jedem einzelnen Fall haben bestimmte historische Ereignisse der Beziehungsfigur eine besondere Note gegeben.

Ein wichtiger Effekt dieses aus der Vergangenheit heraus wirkenden Interpretationsrahmens besteht darin, daß sich an ihm der jeweils aktuelle Stand bilateraler Beziehungen einigermaßen präzise ermessen läßt. Vor diesem Hintergrund präsentieren sich bilaterale Beziehungen als ein permanentes Arbeitsprojekt: »Schlechte« Beziehungen müssen möglichst verbessert, »gute« Beziehungen dürfen nicht vernachlässigt werden. Für solche Arbeitsprojekte gibt es meist auch schnell, häufiger als bei multilateralen Beziehungen, eine konkrete praktische Agenda: Wenn ein Staat seine bilateralen Beziehungen zu einem anderen verbessern will, liegt meist schon auf der Hand, was er tun muß, um dieses Ziel möglichst zu erreichen. Dagegen entsteht in einem multilateralen Beziehungsgeflecht häufiger die Situation, daß die Akteure selbst einer gemeinsam als vordringlich erkannten Aufgabe entscheidungsunfähig gegenüberstehen, weil über die notwendigen praktischen Schritte kein Konsens zu erzielen ist.

Bilaterale Beziehungen und Europäische Integration

Die Deutschen haben sich seit vier Jahrzehnten daran gewöhnt, daß »Europa« – hier verstanden als Synonym für die EU oder früher die Europäische Gemeinschaft (EG) – mehr und mehr zum wichtigen politischen Aktionsfeld wird.[8] Dies gilt auch für die Außen- und Sicherheitspolitik, nicht zuletzt seitdem der Maastrichter Vertrag eine Gemeinsame Außen- und Sicherheitspolitik (GASP) in Aussicht gestellt hat. Die Frage, die sich in diesem Zusammenhang stellt, lautet: Nützen besondere bilaterale Beziehungen zwischen einzelnen EU-Mitgliedstaaten in längerer Perspektive dem Fortgang der Integration und der Herausbildung einer gemeinsamen Außen- und Sicherheitspolitik oder hemmen sie beides? Früher galt, daß bilaterale Sonderbeziehungen das Mißtrauen aller davon Ausgeschlossenen erwecken und deshalb zum Aufbau erfolgreicher multilateraler Netzwerke nichts beitragen könnten.[9] Nach 1945 indes und auch über 1990 hinaus ist dieser Grundsatz für Europa jedenfalls nicht mehr gültig. Die deutsch-französischen Beziehungen waren und bleiben der Motor europäischer Integration; kein multilateraler Integrationsfortschritt, der nicht auf dieser bilateralen Basis aufbaut. Und wenn man sich auch durchaus vorstellen kann, daß bilaterale Negativkoalitionen gegen weitere Integrationsschritte sich als hinderlich für den Auf- und Ausbau der Gemeinsamen Außen- und Sicherheitspolitik auswirken, so dürften derartige Koalitionen doch die Ausnahme bleiben.

8 Zu den deutschen Interessen im Hinblick auf die Europäische Integration vgl. den Beitrag von Josef *Janning* in diesem Band.

9 Für die Sicherheitspolitik vgl. Rolf *Ahmann*, Nichtangriffspakte: Entwicklung und operative Nutzung in Europa 1922-1939 (Internationale Politik und Sicherheit, Band 23), Baden-Baden 1988.

Was den Bereich der GASP betrifft, so muß betont werden, daß alle diesbezüglichen Aussagen davon abhängig sind, wie die Zielvorstellung einer solchen Politik ausschaut. Wenn man es unterläßt, sich einen künftigen außen- und sicherheitspolitischen Akteur Europa nach dem Modell der traditionellen europäischen Staaten vorzustellen, dann behalten bilaterale Beziehungen einen wichtigen Stellenwert. Es wird die Beschwernis und der Vorteil der Europäer sein, daß ihre Außen- und Sicherheitspolitik die Politiken der einzelnen Mitgliedstaaten der EU eben gerade nicht obsolet werden läßt. Beschwerlich ist das, weil die innereuropäische Willensbildung umständlich bleibt und Zeit braucht. Das hat aber auch Vorteile, weil die einzelnen staatlichen, regionalen und subregionalen Interessen auf diese Weise besser ausbalanciert werden können.[10] Innereuropäische Bilateralität wird sehr häufig wichtig werden zum Balancieren einer zugleich multilateralen und gemeinsamen europäischen Außen- und Sicherheitspolitik.

Für den engeren Bereich der Sicherheitspolitik mit militärischen Mitteln stellt sich die Problemlage etwas anders dar. Hier sind unilaterale Verteidigungsanstrengungen Basis und Voraussetzung für multilaterale Abschreckung. Aber sie können nur wirksam sein, wenn sie in der Tat in multilaterale Netzwerke eingebettet werden. Für Europa gilt darüber hinaus, daß selbst ein kontinentales Sicherheitssystem kaum funktionsfähig sein dürfte, so daß die Europäer auf die transatlantische Sicherheitsorganisation angewiesen bleiben.[11] Bilaterale Verteidigungs- und Sicherheitsstrukturen, wie sie etwa zwischen Deutschland und Frankreich existieren, haben in der Hauptsache symbolische Funktion, sollten aber deshalb nicht leichthin als bedeutungslos abgetan werden.

Subsidiarität und segmentierte Beziehungen

Staatliche Akteure hatten niemals das Monopol grenzüberschreitender Kommunikation und Aktion. Aber ihr Anteil daran war in früheren Perioden zweifellos größer. Manche Politikwissenschaftler sprechen von einer Aufteilung des Bereichs regionaler und globaler Politik in zwei Sphären.[12] Die eine Sphäre »gehört« nach wie vor den Staaten, wird aber zunehmend überschattet von einer zweiten, wo nichtstaatliche Akteure ihre Eigeninteressen zu verwirklichen trachten. Zwischen diesen beiden Sphären gibt es zwar Überschneidungen, aber während von staatlicher Seite versucht wird, solche Kreuzpunkte möglichst zahlreich zu halten, wird von der anderen Sphäre her eher der Versuch unternommen, staatliche Einsichtnahmen und Einflüsse zu minimieren.

10 Vgl. als Pionierstudie Brian L. *Hocking*, Localizing Foreign Policy: Non-Central Governments and Multi-Layered Diplomacy, New York 1993.

11 Vgl. hierzu den Beitrag von Josef *Joffe* in diesem Band.

12 Vgl. James N. *Rosenau*, Turbulence in World Politics: A Theory of Change and Continuity, Princeton, N.J. 1990; James *Der Derian* (Hrsg.), International Theory: Critical Investigations, New York 1995.

In Europa kommt hinzu, daß im Zuge des Integrationsprozesses eine Neudefinition föderaler Grundsätze notwendig wurde, durch die ein Teil der außen- und europapolitischen Kompetenzen unter dem Leitwort der Subsidiarität auf Entscheidungsebenen in den Mitgliedstaaten (rück-)verlagert worden ist. In Deutschland betreiben so z.B. auch die Bundesländer mittlerweile eine ansatzweise eigenständige »bilaterale« Politik mit der Europäischen Union. Je nach der politischen Kultur und der Verfassung in den einzelnen Mitgliedstaaten der EU ist diese Auffächerung von Kompetenzen mehr oder weniger folgenreich. Sie ist aber der Ausdruck einer allgemeinen Tendenz in westlichen Gesellschaften, die häufig – und mißverständlich – »Demokratisierung der Außenpolitik« genannt wird. Gemeint ist damit ein gewachsener Partizipationsanspruch der Bürger in Sachen staatlicher Außenpolitik.[13] Ein Mittel zur Einlösung dieses Anspruchs besteht eben darin, die von bestimmten außenpolitischen Entscheidungen betroffenen Bürger auf direktere Weise an deren Zustandekommen teilhaben zu lassen. Damit aber fächern sich herkömmliche bilaterale Beziehungen sozusagen auch »nach unten« auf. Es ergeben sich segmentierte bi- und multilaterale Beziehungen zwischen Miniregionen verschiedener europäischer Staaten.

Fazit

Das Netzwerk regionaler und globaler Beziehungen wird gewissermaßen mit jedem Tag dichter. In diesem Netzwerk spielen multilaterale Politikmuster eine wichtige Rolle. Aber sie tun das nicht auf Kosten bilateraler Beziehungen. Denn erstens basiert die Transformation internationaler Beziehungen auf den Perzeptionen, Erfahrungen und »Lehren« der Vergangenheit, deren politische Symbole nach wie vor große Imaginations- und Mobilisierungskraft besitzen. Und zweitens fungieren bilaterale Beziehungen als unverzichtbare Bausteine für multilaterale Beziehungen. Erst das Verschwinden der Staaten als Hauptakteure der Weltpolitik würde dies nachhaltig ändern. Von einer solchen Tendenz kann aber keine Rede sein.

13 Vgl. Harald *Müller*/Thomas *Risse-Kappen*, Internationale Umwelt, gesellschaftliches Umfeld und außenpolitischer Prozeß in liberaldemokratischen Industrienationen, in: Volker *Rittberger* (Hrsg.), Theorien der Internationalen Beziehungen. Bestandsaufnahme und Forschungsperspektiven (Politische Vierteljahresschrift, Sonderheft 21), Opladen 1990, S. 375-400; hier S. 384.

AMERIKA UND DEUTSCHLAND: DIE WELTMACHT, DER »SANFTE HEGEMON« UND DIE NATÜRLICHE PARTNERSCHAFT

Josef Joffe

Das Ende des Zweiten Weltkriegs war, in Anlehnung an den Film »Casablanca«, der »Beginn einer wunderbaren Freundschaft« zwischen Amerika und (West-) Deutschland. Erst kamen die legendären Kaugummis und Carepakete, dann folgten – stets unter amerikanischem Antrieb – Luftbrücke, Staatswerdung und Souveränität. Die Deutschen waren erst überrascht, dann dankbar und überwältigt.

Am Anfang waren also die Sentimente. Rasch vereinten sie Sieger und Besiegte – viel schneller als im Falle der Engländer und Franzosen. Doch sind es nicht Gefühle, welche die Staaten verläßlich binden. Die »wunderbare Freundschaft« – genauer: die ultra-stabile Beziehung – hatte dreierlei Wurzeln: vorweg handfeste Interessen, dann harmonisierende historische Erinnerungen und schließlich kulturelle Affinitäten.

Geschichte und Kultur

Anders als bei Frankreich und Rußland standen zwischen Deutschland und Amerika keine historischen Traumata. Wohl hatten die USA zweimal den deutschen Griff zur Weltmacht vereitelt: 1917/18 und 1941-1945. Doch davor und dazwischen hatte eine gnädige Geographie nie jene »Erbfeindschaft« aufkommen lassen, die etwa das Verhältnis zu Frankreich drei Generationen lang vergiftet hatte. Amerika, durch einen Ozean getrennt, war nie direkt von Deutschland bedroht, geschweige denn besetzt und beherrscht worden. Es gab keine imperialen Rivalitäten wie mit England, keine hegemonialen Konflikte wie mit Frankreich. Die verkürzte Vergangenheit erleichterte denn auch Amerika die rasche Annäherung nach 1918 und 1945.

Auch wenn ins Reich der Legende jene Mär gehört, wonach die junge amerikanische Republik zwischen englisch und deutsch als Staatssprache geschwankt habe, lassen sich doch engere kulturelle und ethnische Bande zwischen den beiden Ländern feststellen als etwa zwischen Amerika und Frankreich. Deutsche machten nach Briten und Iren die größte Gruppe aus, mit denen sich Amerikaner in ihrer Herkunft identifizierten. Harvard begann zwar als *divinity school* nach englischem Muster, aber schon die Johns Hopkins University wurde im 19. Jahrhundert nach deutschem Vorbild gegründet. Flucht und Vertreibung nach 1933 wirkten sich als erneuter – und enormer – Kulturtransfer aus, der etwa durch die Namen Albert *Einstein*, Thomas *Mann* und Henry *Kissinger* symbolisiert wird.

Noch bedeutsamer war die »Amerikanisierung« Deutschlands nach 1945. Damit ist nicht der weltweite Siegeszug amerikanischer Popkultur von Levi's (auch ein deutscher Immigrant) bis Disney gemeint. Es geht vielmehr um die segensreiche politische Akkulturation der (West-)Deutschen unter amerikanischer Ägide. Nirgendwo in Europa war der Boden fruchtbarer für die Moderne *made in USA* als im Nachkriegsdeutschland.

Politische Modernisierung hieß vor allem: Entmachtung der alten, vordemokratischen Eliten. Die Zurückdrängung der deutschen Aristokratie hatte 1918 begonnen; sie wurde von den Nazis vollendet und durch den Verlust des Ostens, der territorialen Basis des preußischen Adels, nach 1945 besiegelt. Die nationalsozialistische Revolution bedeutete einen massiven Modernisierungsschub, auch wenn diese Prozesse – Industrialisierung, Urbanisierung, Integration der Arbeiterschaft und des Kleinbürgertums – unter dem Banner der völkisch-reaktionären Überhebung abliefen.[1]

Mit dem Kollaps des totalitären Modernismus, der totalen Niederlage des antidemokratischen Modells, war Deutschland geradezu ideal positioniert für die demokratische Moderne. Der Boden war eingeebnet und gepflügt; es fehlte nur noch der Samen. Was der amerikanische Sieger anzubieten hatte – den liberalen Rechtsstaat, die offene Gesellschaft, die dezentrale Machtverteilung, die freie Wirtschaft – wurde von den Westdeutschen geradezu begierig aufgesogen und viel erfolgreicher verinnerlicht als in den traditionsgebundenen Gesellschaften Englands oder Frankreichs. Gewiß: Die demokratische Moderne kam auf den Panzerketten der *U.S. Army* daher, aber sie wurde von den Besiegten sehr rasch als Geschenk be- und ergriffen. Die Deutschen haben sich den Amerikanern nicht unterworfen, sondern an die Brust geworfen – um so mehr, als die Verklammerung so schnell so reiche Früchte zeitigte.

Erinnerungen und Affinitäten waren der emotionale Zement des deutsch-amerikanischen Verhältnisses; das Stahlgerüst aber waren komplementäre Interessen, die auch fünfzig Jahre danach ihre Tragkraft nicht verloren haben. Am Anfang war der Deal ebenso offenkundig wie attraktiv. Die Amerikaner brachten Startkapital, Sicherheit und offene Märkte in die Partnerschaft ein.[2] Die Deutschen brachten sich selbst ein: als strategisches Glacis, als getreue Verbündete, die den größten europäischen Beitrag zum Nordatlantikpakt (NATO) lieferten.

Komplementäre und gemeinsame Interessen

Perfekte Komplementarität, kaum Kollisionen – das war der Boden, auf dem ein dauerhaftes Geflecht der Interessen sich ausbreiten konnte. Instruktiv ist der Vergleich mit England und Frankreich, den ältesten Verbündeten der USA. Bis in die sechziger Jahre dauerte das stille Duell um das Erbe der britischen Weltmacht, das Washington und London immer wieder in die Krise trieb: von Suez 1956 bis zur Skybolt-Affäre 1963. Schlimmer noch war der Dauerkonflikt zwischen der Kontinentalmacht Frankreich und der maritimen, der echten Weltmacht Amerika. Derweil Frankreich seinen

1 Vgl. hierzu das Standardwerk von David *Schoenbaum*, Die braune Revolution. Eine Sozialgeschichte des Dritten Reiches, Köln/Berlin 1968.

2 Das »Wirtschaftswunder« wurde zwar durch die Marshallplanhilfe angefacht, aber viel wichtiger für das exportinduzierte Wachstum der Bundesrepublik war ein Freihandelssystem *made in USA*, das die Deutschen für den Verlust ihrer traditionellen Ost-Märkte mit dem Gewinn vielfach profitablerer Märkte im Westen entschädigte.

imperialen Anspruch von Indochina bis Algerien verteidigte, verweigerte Amerika seine Unterstützung, um im Namen des Antikolonialismus um so besser eine globale Position nach der anderen zu besetzen. Die Rivalität um die Vorherrschaft in Europa hat nie aufgehört – siehe zuletzt den »Kulturkampf« im audiovisuellen Markt und die franko-amerikanischen Reibereien auf dem Balkan.

Dagegen erscheinen die Krisen zwischen Bonn und Washington wie beiläufige Verstimmungen. Längst vergessen ist der »Radford-Plan« von 1956, als die USA gegen den Widerstand Konrad *Adenauers* der atomaren den Vorrang vor der konventionellen Verteidigung einräumten. Vergessen ist auch der Klimasturz nach dem Berliner Mauerbau oder das Tauziehen um die bipolare Entspannung der sechziger Jahre, als Bonn vergeblich das Wiedervereinigungs-Junktim einzuklagen versuchte. In den siebziger Jahren sorgte der Streit um »Konjunkturlokomotiven« und »Neutronenbomben« für Verärgerung, nicht aber für dauerhafte Verbitterung.

Der einzig ernsthafte Interessenkonflikt brach in den frühen achtziger Jahren auf: als Ronald *Reagans* Amerika der sowjetischen Herausforderung auf breiter Front (und mit verdoppeltem Einsatz) entgegentrat und die Bundesrepublik ihre Sonderentspannung mit dem Osten nach Kräften zu retten suchte. Beeindruckender indes war die relativ rasche Einhegung dieser Interessenkollision. Zum Schluß begriff auch Bonn (und das Wahlvolk, das Helmut *Kohl* 1983 und 1987 in der Macht bestätigte), daß Entspannung nur auf dem Fundament eines gesicherten Gleichgewichts florieren könne; und Washington erkannte, daß unter einem Zuviel an bipolarem Kräftemessen die Allianzen leiden würden.

Anders ausgedrückt: Bonn und Washington haben nie ihr übergeordnetes Interesse aus den Augen verloren, das beide Staaten noch immer zusammenschirrt. Beide waren – sind – einander komplementäre (nicht kompetitive) Partner, die in Wahrheit kein dauerhafter Konflikt auseinandertreibt.

Für die Bundesrepublik, das verwundbarste Land im Kalten Krieg, war Amerika der einzig glaubwürdige Sicherheitsgarant – das unverzichtbare Gegengewicht zur Sowjetunion. Für die USA war die Bundesrepublik der »Festlandsdegen« – der wichtigste strategische Vorposten und die größte Kontinentalmacht, freilich eine mit komplementären Bedürfnissen. Anders als Paris hat Bonn die USA nie direkt oder dauerhaft herausgefordert; die Bundesrepublik hat die Grenzen ihrer Macht stets realistischer eingeschätzt als Frankreich von Charles *de Gaulle* bis François *Mitterrand*.

Beide Länder gehorchen ähnlichen Herrschaftssystemen. Sie werden föderal, nicht zentralistisch regiert. Sie sind reformfähiger als Frankreich oder Italien. Ihre Gesellschaften sind offen, ihre Wirtschaften sind es auch (mit den gebotenen Abstrichen, die dem deutschen Hang zum konsensuellen Korporatismus entwachsen). Im großen und ganzen sind die Deutschen kulturell innovationsfreudiger als Italiener, Franzosen und Engländer; jedenfalls fühlen sie sich in ihrer nationalen Ehre nicht gekränkt, wenn eine Tankstelle sich mit einem *car-wash* statt mit einer »Autowaschanlage« schmückt.

Wirtschaftlich teilen Amerika und Deutschland ähnliche Präferenzen für den Freihandel – und für protektionistische Sünden, die sich eher informell manifestieren. Dahinter steht nicht bloß ideologischer Instinkt, sondern vor allem das Bewußtsein ökonomischer Stärke. Für die Bundesrepublik, das Exportzentrum Europas, ist es allemal leichter, den offenen Weltmarkt zu propagieren, als für Frankreich oder Spanien.

Vor allem begreifen sich Amerika und Deutschland nicht als Konkurrenten um die Vorherrschaft in Europa, geschweige denn im Umfeld. Womöglich ernüchtert durch ihre doppelte Niederlage in diesem Jahrhundert, hegen die Deutschen keine globalen Ambitionen – und werden diese so lange verschmähen, wie es nur geht. Ihr Nationalismus tendiert noch immer gen null – und mit gutem Grund. Die Bundesrepublik – liberal, demokratisch, wohlgeordnet – genießt längst eine »sanfte Hegemonie« in Europa. Diese mißt sich an der wachsenden Dominanz der D-Mark, dem Gewicht der deutschen Wirtschaft und der Strahlkraft des bundesrepublikanischen sozio-ökonomischen Modells.

Nennen wir es »korporatistischen Kapitalismus«. Es wird definiert durch konsensuelle Konfliktregelung, die keiner Gruppe den ganzen Preis des Wandels aufbürdet, und durch eine hohe Staatsquote (über 50 Prozent), die alle Gruppen gegen das harsche Verdikt des Marktes absichert. Insofern dieses Modell noch immer Wachstum plus sozialen Frieden produziert, erweist es sich in Europa, zumal im Osten, als attraktiver als der versteinerte Etatismus Frankreichs oder der halbherzige Thatcherismus Englands. Überdies haben die Deutschen gelernt, daß ihre »sanfte Hegemonie« – gepaart mit einer kräftigen Dosis Selbsteindämmung – um so erfolgreicher ist, als sie sanft bleibt; *soft power*[3] – der »Kohlismus« – hat sich als vielfach gewinnträchtiger erwiesen als der Wilhelminismus.

Die »Positionierung« Deutschlands und Amerikas im internationalen System begünstigt eine Arbeits- und Rollenteilung mit geringem Reibungs- und hohem Kooperationspotential. Hier der militärische, dort der »sanfte Hegemon«, hier die Weltmacht Amerika, dort die Regionalmacht Deutschland; hier der Ad-hoc-Weltpolizist, dort die sich selbst eindämmende Bundesrepublik. Hinzu kommen nationale Visionen, die selten kollidieren. Als Beispiele jüngerer Zeit mögen die Beziehungen zu Osteuropa, Rußland und zur Europäischen Union (EU) dienen.

USA und Bundesrepublik vollführen beide einen ähnlichen Spagat gegenüber Moskau. Auf einem Bein ruht die »Sozialisierung« Rußlands, mithin der dezidierte Verzicht auf *neo-containment*. Auf dem anderen Bein ruht die Integration Osteuropas: die sehr vorsichtige NATO- und EU-Erweiterung. Auch im Blick auf die Europäische Union verfolgen beide Länder eine Politik, die den jeweils anderen nicht inkommodiert. Die USA werden nie versuchen, die Wälle der EU zu stürmen oder die Bundesrepublik ihren Partnern zu entfremden; Bonn wird die Wälle nie zu hoch auftürmen, geschweige denn zulassen, daß die USA, von den Deutschen als »europäische« Macht begriffen, vor den Toren bleiben.

Als typisches Beispiel für die routinehafte Konzertierbarkeit der Interessen bietet sich die deutsche Vereinigung 1989/90 an. Derweil London und Paris den Prozeß zumindest zu bremsen versuchten, setzte sich Washington frühzeitig an dessen

3 Vgl. Joseph S. *Nye*, Jr., Soft Power, in: *Foreign Policy (FP)*, Nr. 80, Herbst 1990, S. 153-171.

Spitze.[4] »Ich teile nicht die Besorgnis anderer europäischer Länder über die Wiedervereinigung«, lautete George *Bushs* demonstrative Parteinahme zwei Wochen vor dem Mauerfall.[5] Das war der Trompetenstoß, hernach übernahm Washington die Führung – und räumte den Deutschen die schwersten Brocken aus dem Weg. Das Fazit ist kaum übertrieben: Ohne die Amerikaner keine Vereinigung, jedenfalls nicht so schnell, so reibungslos und so preiswert. Diese Kärrnerarbeit im Blick auf die mißtrauischen Freunde im Westen und die Noch-Supermacht im Osten hat keiner besser begriffen als Helmut *Kohl*. »Auf die amerikanischen Freunde«, so der Kanzler, »sei absoluter Verlaß«. Eine »stärkere Unterstützung könne man sich nicht wünschen, er werde das nicht vergessen«.[6]

In diesen neun Monaten, die die Welt erschütterten und wieder zusammenfügten, kamen all die Elemente zusammen, die das Verhältnis 50 Jahre lang getragen haben. Anders als Frankreich, England und Italien laborierte Amerika nicht unter einem tiefsitzenden Deutschlandtrauma; also mühte es sich, die Vereinigung zu steuern, nicht zu bremsen. Als Supermacht konnten die USA weiträumig denken; folglich begriffen sie die Vereinigung als strategischen Gewinn gegenüber dem alten Rivalen Rußland, nicht als Status- oder Machtverlust gegenüber einem neuen Deutschland, wie ihn die Nachbarn fürchteten.

Das Risiko eines »größeren Deutschland« wog geringer als das Vertrauen, das in 50 Jahren profitabler Partnerschaft angehäuft worden war. Vor allem dominierte abermals die Komplementarität, nicht die Konkurrenz der Interessen. Denn die Einheit ließ sich leicht in die amerikanischen Interessen einbetten – vorausgesetzt, das ganze Deutschland ging in der Atlantischen Allianz auf. Insofern war Amerika nachgerade prädestiniert, das deutsche zum eigenen Anliegen zu machen und die Planierraupe zu spielen, welche die sowjetischen Hindernisse wegräumte und so den Deutschen den gefährlichsten Teil der Arbeit abnahm. Hinzu kam ein zweites gewichtiges Interesse. Wieder einmal, wie in der Phase der Bündnisintegration 1952-1955, waren die Amerikaner überzeugt, daß es besser sei, die stärkste Kontinentalmacht zum Freund zu haben – also die Bundesrepublik frühzeitig einzubinden –, als sie später eindämmen zu müssen.

Die Notwendigkeit deutsch-amerikanischer Kontinuität

Es lassen sich nur schwer Szenarien ausmalen, in denen diese Komplementarität verblassen würde. Könnten die Deutschen zu Protektionisten mutieren, die zusammen mit Frankreich die europäischen Zugbrücken hochdrehen würden? Könnte ein deutsch-russisches Zusammenspiel mehr sein als nur eine rechtsgewirkte Stamm-

4 Vgl. als bislang beste Analyse Philip *Zelikow*/Condoleezza *Rice*, Germany Unified and Europe Transformed. A Study in Statecraft, Cambridge, Mass. 1995.

5 Vgl. »Possibility of a Reunited Germany Is No Cause for Alarm, Bush Says«, in: *New York Times*, 25.10.1989.

6 Horst *Teltschik*, 329 Tage. Innenansichten der Einigung, Berlin 1991, S. 221.

tischphantasie? Ist gar ein deutsches Ausgreifen in die maritimen Machtsphären Amerikas denkbar – wie weiland unter Wilhelm oder Adolf? Ganz allgemein: Wäre ein liberal verfaßtes Gemeinwesen mit einer offenen Wirtschaft überhaupt willens, sich dauerhaft mit einer Supermacht anzulegen, die ähnlich verfaßt ist? Möglich ist alles, wahrscheinlich ist es nicht.

Gewiß hat die Bundesrepublik nach der Vereinigung vielerlei Abhängigkeiten abgestreift, die sie an Amerika banden, zumal im Sicherheitssektor. Aber ein Hauptpfeiler der Kontinuität hat sich ironischerweise überhaupt nicht verändert: Amerika bleibt der segensreiche Puffer und Legitimator deutscher Macht. Diese Funktion begann in den frühen fünfziger Jahren, als erst die Integration Amerikas in das europäische Kräftespiel formalisiert werden mußte, bevor die Nachbarn die Wiederbewaffnung der Bundesrepublik akzeptierten. Sicherheit vor Deutschland war ihnen ein brennenderes Bedürfnis als Sicherheit gegen die Sowjetunion. Es ist nach wie vor unvorstellbar, daß sich die »Erzfeinde« Frankreich und Deutschland die Hand in der Gemeinschaftsbildung gereicht hätten, wenn da nicht ein Dritter, mächtiger als beide zusammen, gewesen wäre, der jedem die Angst vor dem anderen nahm und so die uralten Regeln europäischer Rivalitäten aus den Angeln hob.[7]

Mutatis mutandis ist diese amerikanische Rolle heute so unverzichtbar, wie sie gestern war. Deutschland nach der »Vereinigung II« ist zwar ein »sanfter Hegemon«, aber kraft seiner Wirtschaft, Ausdehnung und Bevölkerung erneut die Nummer eins in Europa. Daß Sicherheit vor Deutschland diesmal allenfalls im Unterbewußtsein der Nachbarn herumspukt, hat gewiß mit der europäischen Integration und auch mit der post-nationalen Zivilisierung aller Macht zu tun; aber auch, und womöglich an vorderster Stelle, mit der »europäischen« Macht namens Amerika. Ihr schieres Da-sein verkürzt den Schlagschatten des deutschen Kolosses; solange Amerika als großer Rückversicherer fungiert, enthebt es die Europäer der Notwendigkeit, die nationale Sicherheit allein national zu bewerkstelligen – was historisch das Rezept für Rivalität und Konflikt in Europa gewesen ist.

Amerika ist das sanfte Gegengewicht zum »sanften Hegemon« – zur Beruhigung der anderen und zum Segen für die Deutschen, die zum ersten Mal in ihrer Geschichte die Furcht der Nachbarn nicht fürchten müssen. Diesmal ist Deutschland umzingelt nur von Freunden. Unter denen bleibt Amerika, der »Übervater«, nach wie vor der nützlichste, weil er der Freundschaft zwischen den Deutschen und ihren europäischen Nachbarn den Stachel der Ungleichgewichtigkeit nimmt. Das ist heute nicht anders, als es in den fünfziger Jahren war. Und deshalb geriet eine »wunderbare Freundschaft« zwischen Siegern und Besiegten zur »natürlichen Partnerschaft« zwischen Vormacht und Komplementär, die Konflikte nie in Kollisionen ausarten ließ.

Sentimente verblassen im Leben der Nationen, und Affinitäten allein waren noch nie ein Garant für das gedeihliche Zusammenleben. Es ist die dauerhafte Interessenkongruenz, die den stärksten Kitt hergibt. Es ist im Interesse der Deutschen wie der Amerikaner, diesen Kitt nicht bröckeln zu lassen.

---

7 Vgl. hierzu ausführlicher *Joffe*, Europe's American Pacifier, in: *FP*, Nr. 54, Frühjahr 1984, S. 64-82.

FRANKREICH UND DEUTSCHLAND: DIE NEUEN AKZENTE

Ingo Kolboom

In Paris wie auch in Bonn herrschen trotz aller aktuellen Schwierigkeiten im deutsch-französischen Verhältnis die Gewißheit und der politische Wille vor, den besonderen Bilateralismus als politische Notwendigkeit und Tugend weiterzuführen.[1] Beide Staaten brauchen ihn, weil es keine bilateralen Alternativen gibt und weil keiner der beiden Staaten in der Lage ist, multilaterale Politik innerhalb oder im Namen Europas im Alleingang zu führen. Deutschland wäre dazu noch am ehesten fähig, doch gerade dieses Land hat daran wenig Interesse, da deutsche Außen- oder Europapolitik nur durchsetzbar ist, wenn sie eben keine Politik des Alleingangs ist. Dieses Argument der Nützlichkeit verbindet sich mit politischer Ethik: Die nach dem Zweiten Weltkrieg errungene, im Elysée-Vertrag in Erinnerung gerufene Verständigung zwischen Deutschen und Franzosen bleibt eine hohe moralische Verpflichtung, über die auch die nichtstaatlichen »Mittler« zu wachen haben.

Gemeinsames Hauptinteresse Frankreichs und Deutschlands bleibt die Gestaltung der Europäischen Union (EU). Aus dem Charakter der Bilateralität der Beziehungen zwischen Bonn und Paris dürften daher wie bislang die wesentlichen Impulse für die Fortführung der europäischen Einigung erwachsen, wie groß auch immer die deutsch-französischen Differenzen in den Ausgangspositionen sein mögen.[2]

Eine neue Geschäftsgrundlage

Die aktuelle und künftige Zusammenarbeit zwischen Bonn und Paris vollzieht sich trotz der genannten Kontinuitäten und Grundwerte auf einer veränderten Geschäftsgrundlage. Diese Veränderung betrifft das Kräfteverhältnis beider Staaten, ihre Rolle und ihren Status in der europäischen und globalen Politik, ihre Interessen und Strategien, ihre neuen Verantwortlichkeiten gegenüber dem europäischen Einigungsprozeß und gegenüber Ostmitteleuropa. Dadurch ist das deutsch-französische Verhältnis alles andere als leichter geworden.[3]

Grundsätzlich haben sich alte Asymmetrien im deutsch-französischen Verhältnis zugunsten Deutschlands verändert. Beide Länder stehen sich heute auf gleicher Ebene als souveräne Staaten gegenüber. Die ehemals mehrfache politische Überlegenheit

---

1 Vgl. *Kolboom*, Dialog mit Bauchgrimmen? Die Zukunft der deutsch-französischen Beziehungen, in: *Europa-Archiv*, 9/1994, S. 257-264.

2 Vgl. Julius W. *Friend*, The Linchpin. French-German Relations, 1950-1990 (The Washington Papers, Nr. 154), New York/London 1991.

3 Vgl. Daniel *Vernet*, La France et l'Allemagne, in: *Politique Etrangère*, Nr. 4, Winter 1995/96, S. 879-890; Dominique *Bouquet*, La France et l'Allemagne. Un couple en panne d'idées (Notes de la Fondation Saint-Simon, Nr. 79), Paris 1996; Maurice *Schumann*, Le devoir du couple France-Allemagne, in: *Revue des deux Mondes*, Nr. 3, 1996, S. 38-44.

Frankreichs gegenüber seinem deutschen Nachbarn hat sich heute auf den ständigen Sitz im Sicherheitsrat der Vereinten Nationen, die nukleare Abschreckungsmacht sowie auf die Stichworte »Frankophonie« und »überseeische Gebiete« reduziert. Und auch davon sind Abstriche zu machen. Bald wird Deutschland ebenfalls einen ständigen Sitz im Sicherheitsrat einnehmen; die Frankophonie ist eher ein Problemkind, das von Paris inzwischen weniger ernst genommen wird als von seinen frankophonen Juniorpartnern; der Versuch Frankreichs, seine nuklearen Vorteile mit den jüngsten Nukleartests festzuschreiben, führte Frankreich in eine seit dem Algerienkrieg nicht mehr erlebte internationale Isolierung; die überseeischen Gebiete werden zwar von deutscher Seite unterschätzt, werden aber für Paris an Bedeutung verlieren bzw. könnten auf Dauer zu Problemzonen (auch für die EU) werden. Das alte, durch die deutsche Wirtschaftsmacht equilibrierte deutsch-französische Ungleichgewicht hat also einer neuen Balance Platz gemacht, die aus französischer Sicht eher als desequilibriertes Gleichgewicht angesehen wird, zumal sich das neue Gewicht Deutschlands auch mit dem Potential neuer Beweglichkeit verbindet.

Die deutsch-französischen Asymmetrien haben sich nicht nur durch externe Veränderungen verschoben, sondern auch durch das politische Verhalten Frankreichs selbst. In diesem Zusammenhang ist insbesondere das zögerliche Verhalten von Staatspräsident François *Mitterrand* gegenüber dem nicht vorhergesehenen deutschen Einigungsprozeß in Erinnerung zu rufen. Indem er freiwillig ein politisches Terrain nicht offensiv besetzte, auf dem Paris durchaus Ansprüche auf eine kontinentale Führungsrolle hätte einlösen können, beging er einen historischen Irrtum und demonstrierte damit erneut die Unentbehrlichkeit der USA für die deutsche Politik. Auch das Unvermögen der Europäer, auf dem Balkan eine ihren Ambitionen adäquate Rolle zu spielen, ihre Querelen untereinander und die schließlich erfolgreiche diplomatische Intervention der USA dürften die Bedeutung der transatlantischen Dimension in der deutschen Außenpolitik gestärkt haben. Dies bedeutet zwar nicht die Infragestellung der Zusammenarbeit mit Paris, wohl aber eine klarere Definition und Abgrenzung dessen, was die Bonner Außenpolitik in Kooperation mit Frankreich erreichen will – und was sie nur in größeren Zusammenhängen, vor allem im Rahmen des Nordatlantikpakts (NATO) erreichen kann.

In Frankreich ist die Ausgangslage ähnlich: Einerseits haben die deutsch-französischen Beziehungen für Paris heute zentrale Bedeutung im Bereich der Europapolitik und der Sicherheitspolitik, andererseits ist es heute freier als in der Vergangenheit, Sonderpartnerschaften – z.B. auch mit Großbritannien oder gar den USA – aufzubauen. Allerdings wird jede französische Regierung die alte Erfahrung aufs neue machen, daß die deutsch-französische Partnerschaft letztlich attraktiver und effektiver ist.

Im Zentrum des gemeinsamen Interesses Deutschlands und Frankreichs bleibt die weitere Entwicklung der Europäischen Union. Dabei ist der Wandel in den Kräfterelationen zwischen Bonn und Paris zu berücksichtigen: Durch das wachsende deutsche Selbstbewußtsein gegenüber Frankreich sind Teile der deutschen politischen Klasse einem deutsch-französisch beeinflußten Kerneuropa gegenüber heute weniger abgeneigt als früher, da Frankreich nun kein Seniorpartner mehr ist und nur mit

Frankreich die von Deutschland gewünschte europäische Agenda in den gesetzten Fristen erreicht werden kann. Umgekehrt gibt es in Paris jedoch die Furcht, »Frankreich würde in dieser Konstellation die Stellung des Juniorpartners einnehmen«.[4] Mit Blick auf diese neue Geschäftsgrundlage ist die Agenda eines gemeinsamen »Handelns für Europa« zu lesen, die Pragmatik und Programmatik in bewährter Weise zu verbinden hat.[5]

Agenda eines gemeinsamen Handelns für Europa

Revision des Maastrichter Vertrages

Bei der Revision des Vertrages von Maastricht gibt das deutsch-französische Einvernehmen letztlich die Richtung an, in welche der weitere Prozeß der europäischen Integration gehen soll. Beide Staaten stehen für unterschiedliche Positionen, die für einen EU-Kompromiß maßgeblich sein werden. Die Deutschen favorisieren in der Logik einer irreversiblen Vertiefung europäischer Integration stärkere Gemeinschaftsinstitutionen mit einem gestärkten Europäischen Parlament. Sie verfolgen zugleich aber ein Europakonzept, das die Union weniger als »Großmacht Europa« auftreten läßt.[6] Die französische Seite betont – mit Ausnahme der Währungsunion – mehr die intergouvernementalen Elemente, was schwächere europäische Institutionen impliziert. Dabei sind Frankreichs Vorstellungen vom Akteur Europa viel stärker die einer Großmacht mit einer entsprechenden europäischen Sicherheits- und Verteidigungsidentität.

Der deutsch-französische Konflikt in den Ausgangspositionen, der sich daraus ergibt, betrifft nicht nur die Option »supranational versus intergouvernemental«, sondern auch die Optionen »atlantisch versus europäisch« und »Zivilmacht Europa versus Militärmacht Europa«. Er wird stellvertretend auch für andere Mitgliedsländer ausgetragen, und zwar in gemeinsamen Kommissionen, wo bereits in der Vorbereitungsphase der Regierungskonferenz gemeinsame Strategiepapiere ausgearbeitet werden.[7]

---

4 Philippe *Moreau Defarges*, Frankreich und die Europäische Union: Vom Maastrichter Vertrag zur Regierungskonferenz von 1996, in: *Centre d'Information et de Recherche sur l'Allemagne Contemporaine (CIRAC)* et al. (Hrsg.), Handeln für Europa. Deutsch-französische Zusammenarbeit in einer veränderten Welt, Opladen 1995, S. 338-351; hier S. 349. Vgl. auch Georges *Valance*, La France sous le poids allemand, in: *L'Express*, 23.3.1995, S. 16-19.

5 Vgl. hierzu sehr viel ausführlicher die verschiedenen Fallstudien in: *CIRAC*, a.a.O. (Anm. 4); ferner zusammenfassend *Kolboom*/Robert *Picht*, Handeln für Europa, ebd., S. 352-364.

6 Vgl. Rudolf *Seiters*, Deutsche Überlegungen zur Regierungskonferenz 1996 (Brüsseler Vorträge der Konrad-Adenauer-Stiftung, Nr. 11), Brüssel/Bonn 1995.

7 Vgl. Robert *Toulemon*, Kerneuropa – Deutsch-französische Aktionsgemeinschaft in Sicht?, in: *Integration*, Nr. 2, 1995, S. 61-67; Werner *Hoyer*/Michel *Barnier*, Existiert Europa? Ein deutsch-französisches Plädoyer für eine gemeinsame Außen- und Sicherheitspolitik, in: *Frankfurter Allgemeine Zeitung (FAZ)*, 7.12.1995 .

Ost-Erweiterung und »Weimarer Dreieck«

Die Revision des Maastrichter Vertrages wird mit darüber entscheiden, in welcher Geschwindigkeit und Form die EU um Ost- und Mitteleuropa erweitert werden kann. Schon jetzt ist deutlich, daß Deutschland die eigentliche Nachfolge der Ostpolitik Charles *de Gaulles* angetreten und in dieser Rolle als »guter Makler« mittlerweile eine hohe Akzeptanz in den potentiellen Beitrittsländern gefunden hat. Dies kann inzwischen von Frankreich weniger gesagt werden: Es hat gerade in Polen, der Tschechischen Republik und Ungarn dort einst vorhandene oder geweckte Erwartungen – auch was Investitionen betrifft – leider nicht erfüllen können.

Hier gilt dasselbe wie im Fall des deutschen Einigungsprozesses: Paris hat sich selbst ohne fremdes Zutun um eine seinen Ambitionen angemessene Rolle als Akteur gebracht. Im Falle Polens konnte dieser Eindruck durch die Politik des »Weimarer Dreiecks«, also durch gemeinsame deutsch-französisch-polnische Koordination, teilweise wettgemacht werden. Gleichwohl verdeckt die äußere Selbstdarstellung die Asymmetrien zwischen den drei Partnern. Das »Weimarer Dreieck« mit seinen eher bescheidenen Realisationen hat mehr Symbolwert als reale Bedeutung, und bisweilen rätseln gerade polnische Vertreter über die Ernsthaftigkeit des französischen Engagements.[8] Auch hier wird stellvertretend für andere Akteure ein deutsch-französischer Konflikt ausgetragen werden, dessen Ausgang mit darüber entscheiden wird, wie Profil und Laufzeit der Ost-Erweiterung aussehen werden.[9] Frankreich verspricht sich von der Erweiterung eine Stärkung seines intergouvernementalen Europakonzepts, muß aber befürchten, daß sich derselbe Effekt einstellt wie schon bei der Nord-Erweiterung der EU: Die Zahl der Partner, die Verständnis für bestimmte nationale Besonderheiten der französischen Politik aufbringen, nimmt innerhalb der Union ab. Deutschland könnte seine Rolle als »Mittler« noch ausbauen, was mit dazu beitragen könnte, Frankreich in die Rolle eines Juniorpartners im deutsch-französischen Bündnis zu drängen. Dies wiederum könnte ein Grund mehr für Frankreich sein, auf vorsichtige Distanz zu einem »deutsch-französischen Kerneuropa« zu gehen.

Herausforderung Mittelmeerraum

So wie Deutschland sich als Anwalt der Ost-Erweiterung geriert, ohne jedoch immer gleich für alle Konsequenzen geradestehen zu müssen, so hat Frankreich sich zum Advokaten einer aktiven Mittelmeerpolitik als integralem Teil der EU-Politik profiliert. Handlungsbedarf ist da, allein das Feld ist sehr viel komplexer als das Problem der Ost-Erweiterung. Dabei geht es nicht nur um die Festigung der mediterranen Identität an der Südflanke der EU, sondern gerade aus französischer Sicht

8 Vgl. *Kolboom*, »Geist von Weimar« nur halbherzig umgesetzt, in: *Die Rheinpfalz*, 9.9.1995, Beilage Frankreich-Deutschland-Polen; Gerhard *Gnauck*, Ein Fenster zur Welt. Der Arte-Themenabend zu »Deutschland-Polen«, in: *FAZ*, 4.11.1995.

9 Vgl. Arnulf *Baring*, Im Westen mehr verlieren, als man im Osten gewinnt. Aus politischen Zeitschriften: Wie Frankreich Deutschland zähmen will oder Die Währungsunion und ihre Folgen, in: *FAZ*, 10.11.1995.

um eine Sicherung Europas gegen Bedrohungen durch nordafrikanische Instabilitäten und ihre Folgen.

Nord- und Ost-Erweiterung könnten sich dahingehend auswirken, Frankreich als mediterranen Akteur zu marginalisieren. Auch hier wächst wieder – aus französischer Sicht – die »Gefahr«, Deutschland in seiner De-facto-Rolle als Mittler gestärkt und damit Frankreich zum Juniorpartner im bilateralen Verhältnis degradiert zu sehen. Darüber hinaus zeigt sich bei den EU-Bemühungen um eine »europäisch-mediterrane Freihandelszone«, daß auch dies ein Feld ist, auf dem Frankreich – analog zu seiner Ostpolitik – eine einstige Pionierrolle verlieren kann, seitdem sich – gepaart mit der Wirtschaftsmacht Deutschlands – »auch die deutsche Reisediplomatie auf den Mittelmeerraum (konzentriert)«.[10]

Kultur- und Sprachpolitik

In der entgegen ihrer wahren Bedeutung stiefmütterlich behandelten Frage einer europäischen Kultur- und Sprachpolitik steckt ein deutsch-französisches Spannungsfeld, das ebenfalls exemplarisch für »Resteuropa« ist. Wie schon im Streit über die »kulturelle Ausnahme« im Rahmen der Verhandlungen über das Allgemeine Zoll- und Handelsabkommen (GATT) ersichtlich, ist Deutschland einer der wenigen Partner Frankreichs, die die französische Position vor Marginalisierung zu retten bereit sind. Es geht im Kern um eine Entscheidung darüber, wie in einer erweiterten EU babylonische Sprachverwirrung vermieden werden kann. Frankreichs Kampf gegen die Dominanz des Englischen bzw. gegen die »Amerikanisierung« der europäischen Kultur kann auf Dauer nur durch offizielle Dreisprachigkeit (Englisch-Französisch-Deutsch) von Erfolg gekrönt sein, da das Französische allein keinen ausreichend starken Gegenpart zum Englischen bildet.

Will Paris sich Deutschland als relevanten Verbündeten in dieser Frage erhalten, dann geht dies nur mit Konzessionen an das Deutsche als Verkehrssprache in Mittel- und Osteuropa. Dabei sind bisherige Erfahrungen mit Frankreich wenig ermutigend, da der Pariser Sprachnationalismus sich gegen eine Stärkung des Deutschen stellt.[11]

Ausgehend davon ist es unerläßlich, die Bedeutung kultureller Fragen für die politische Union Europas zu unterstreichen. Hier handelt es sich um zählebige und schwer integrierbare Dimensionen. Wenn irgendwo in der EU der Satz »Vielfalt in der Einheit« Gültigkeit behalten wird, dann im Bereich der Kultur. Die Frage ist nur: Wieviel Vielfalt braucht die Einheit? Wieviel Einheit braucht die Vielfalt?

---

10 Daniel *Wetzel*, Handel um den politischen Wandel. Das Meda-Projekt soll Europa und den gesamten Mittelmeerraum zu einem Wirtschaftsblock vereinen, in: *Der Tagesspiegel*, 5.11.1995.

11 Dies wurde im Herbst 1995 bei NATO-Manövern im Rahmen der »Partnerschaft für den Frieden« in Ungarn augenscheinlich, als Paris erfolgreich dagegen protestierte, daß das tägliche Informationsblatt nicht nur in englischer und ungarischer, sondern auch in deutscher Sprache erscheinen sollte. Vgl. »Deutsch unerwünscht«, in: *FAZ*, 3.11.1995. In die gleiche Richtung gehen französische Versuche, durch Einflußnahme auf die Regierung Rumäniens, einem Mitglied der Gipfelkonferenz frankophoner Staaten, Bemühungen um eine deutschsprachige Universität für die deutsche Minderheit in Sibiu (Hermannstadt) zu torpedieren.

Europa gemeinsam denken

Vielfalt und Einheit und ihr angemessenes Verhältnis zueinander bestimmen den »goldenen Schnitt« in der Architektur der politischen europäischen Union und deren Akzeptanz als »Schicksalsgemeinschaft« bei ihren Bürgern und Eliten. Gerade zwei so unterschiedliche Kultur- und Staatsnationen wie Deutschland und Frankreich werden in diesem Punkt Konsens finden müssen, wenn der seit »Sarajevo II« mögliche Satz, »Europas Fundament ist das Nichts«[12], in Zukunft nicht mehr gelten soll. Dabei werden Deutsche und Franzosen eine wichtige Erfahrung beherzigen müssen: Die aus unterschiedlichen Motiven geborene deutsch-französische Maastricht-Initiative – als konstruktive Antwort auf die deutsche Vereinigung – hatte die eigenen Staaten sowie die europäischen Partner an die Grenze supranationaler Belastbarkeit geführt, die durch die Erweiterungsdimension der »neuen« EU nach Nord- und demnächst nach Osteuropa noch deutlicher geworden ist. In Reaktion darauf setzte nicht nur in Frankreich eine Renationalisierung der Politik ein. Diese vertrug sich mit neuen Tendenzen in der gesamteuropäischen Politik, die von einigen als »Rückkehr der Nationen« (Alain *Minc*) interpretiert wurde. Vor diesem Hintergrund wird es künftig noch schwieriger als in der Vergangenheit sein, gemeinsam Europa »zu denken«, obwohl es in jüngster Zeit frappierende Angleichungen in den Einstellungen der Deutschen und Franzosen zu Europa gibt.[13] An Bekenntnissen zu Europa mangelt es auf keiner Seite des Rheins, aber die schon frühere Schwierigkeit, eine europäische Idee gemeinsam zu entwickeln, wird größer werden. Dies gilt um so mehr, als nicht nur der gesamteuropäische Rahmen ein anderer geworden ist, sondern auch das in beiden Ländern unterschiedliche Verständnis von Nation, Staat, Föderalismus etc. schwerer wiegen wird als früher. Die institutionelle Reform der EU wird davon nicht unbelastet sein, denn sie hängt weitgehend vom Konsens zwischen Deutschen und Franzosen ab.

---

12 Arnulf *Baring*, Europas Fundament ist das Nichts. Aus politischen Zeitschriften: Rückblicke auf die Schande des Bosnien-Kriegs, in: *FAZ*, 11.1.1996.

13 Vgl. Joachim *Schild*, EU '96: Eine Reform mit, ohne oder gegen die Bevölkerung? Einstellungen der Deutschen und Franzosen zu Fragen der europäischen Einigung (Deutsch-Französisches Institut, Aktuelle Frankreich-Analysen, Nr. 2), Ludwigsburg 1996.

DEUTSCH-BRITISCHE UNTERSCHIEDE – REAL, ALTVERTRAUT, UND DOCH ÜBERBRÜCKBAR

Thomas Kielinger

Deutschland und Großbritannien stehen für klassische Gegenpole geographischer und geschichtlicher Herkunft. Das hat immer ebenso befruchtend wie belastend gewirkt. Diese Gegensätzlichkeit, längst für überholt gehalten, macht sich heute wieder stärker bemerkbar, wo mit der weiteren europäischen Integration den politischen Eliten beider Länder eine Gretchenfrage gestellt ist, die sie bisher noch unterschiedlich beantworten. Hilfe könnte von Frankreich kommen, das unbedingt für eine stärkere Komplementierung der europäischen Politik um den britischen Faktor gewonnen werden sollte; schließlich war es London, das bei der Wiederannäherung zwischen Frankreich und Deutschland nach 1945 Pate gestanden hatte. Bei allen Differenzen mit dem britischen Partner, mögen diese auch tiefe Spuren ziehen wie der Streit um die Rinderseuche BSE, muß vor der Versuchung, beim Bau des europäischen Hauses vorschnell auf die Teilnahme Großbritanniens zu verzichten, gewarnt werden. Eine Spaltung des geistigen Raumes Europas wäre fatal.

Die Tradition der Gegensätze

In die europäische Geographie sind Großbritannien und Deutschland eingelassen wie Intarsien einer klassischen Polarität. Die Insel und der Kontinent, das Kontinuum von Stabilität, von Unangreifbarkeit auf der einen Seite – die unübersichtliche kontinentale Mitte, mit ihren unscharfen Grenzen und historischen Diskontinuitäten auf der anderen Seite: Das nimmt sich aus wie ein kategoriales Klischee, das Stereotyp eines Gegensatzpaares. Dabei ist es viel mehr: Es gehört zu jenen geographisch-psychologischen Vorprägungen, die europäische Geschichte gemacht haben, im guten wie im schlechten.

In friedlichen Zeiten erwächst aus der Wahrnehmung solcher Gegensätze eine fruchtbare Spannung, die nach Ergänzung, nach Austausch, nach kreativer Komplementierung trachtet. In unfriedlichen Phasen führt die gleiche Ausgangslage zu unheiliger Rivalität; aus Kommunikation wird Konkurrenz, aus Nebeneinander Gegeneinander, und diese zwei klassischen Varianten historischer Möglichkeiten attestieren sich vorzugsweise ihre grundsätzliche Gegnerschaft. Dann löst das Nullsummenspiel alle feierlichen Beteuerungen vom »Reichtum der Gegensätze« ab, und die Frage nach dem eigenen Glück wird beantwortet mit der Hoffnung auf das Unglück des anderen.

Im Grunde sah so das Muster aller europäischen, sich zur Krise schürzenden Rivalitäten der Vergangenheit aus, namentlich das der deutsch-französischen »Erbfeindschaft«. Aber die Beziehungen Großbritanniens mit Deutschland unterschieden sich davon immer in einem entscheidenden Merkmal: Es waren, über die latente Konkurrenz hinaus, Beziehungen zwischen zwei Prototypen unterschiedlicher Lebensläufe und daraus resultierender unterschiedlicher Selbsteinschätzung. Wenn Europa vor der Ankunft des Totalitarismus eine verheerende Ideologie erlebt hatte, dann war es dieser in hunderten von Varianten durchgespielte britisch-deutsche Gegensatz, der noch gesteigert wurde durch eine von beiden Seiten reklamierte Kultur-Überlegenheit. Großbritannien hielt sich mit seiner pragmatisch-philosophischen Tradition und den starken Freiheitswurzeln seines parlamentarischen Systems gegenüber deutschen »Träumern« wie auch gegenüber deutschen »Autokraten« einfach für die fortschrittlichere Gesellschaft. Deutschland wiederum glaubte sich philosophisch-kulturell erhaben über den angeblich flachen Empirismus der britischen Aufklärung, über britischen »Krämergeist«, britischen Materialismus – und das, obwohl gerade die Gründerjahre des ersten deutschen Kaiserreiches es an kommerzieller Gier durchaus mit jedem aufnehmen konnten.

»Händler und Helden«, »Kultur und Zivilisation«: Solche Diskriminierungen dienten immer dazu, die Behauptung zu legitimieren, das eine stehe dem anderen im Wege, sei ein Hindernis im *pursuit of happiness*. Eine Maginot-Linie war eine Herausforderung für das nationale Ego – den Platz an der Sonne vereitelt zu sehen eine Beleidigung der nationalen Aspirationen. Daher trat, als 1914 der Große Krieg ausbrach, unter den aufgestauten Emotionen in Europa der tiefste Haß beiderseits des Kanals hervor.

Doch schon lange vor dieser kriegerischen Aufgipfelung hatte das deutsch-britische Verhältnis die Inkubationszeit gegenseitigen Mißtrauens, gegenseitiger Abwehr durchlaufen. Die Eliten besaßen einen feinen Geruch für die Ausschließlichkeiten, die sich um das Gegensatzpaar britisch-deutsch gruppierten, noch ehe die Gleichgewichtspolitik Londons auf Deutschland als den Dernier cri der Bedrohung gestoßen wurde.

»Die deutsche Philosophie ist verwurzelt in einer Abneigung gegenüber jedem System, das auf Erfahrung basiert oder das Glück zu seinem Zwecke hat.«[1] Das wurde nicht etwa nach 1945 geschrieben, als man nach geistigen Ahnen Adolf *Hitlers* suchte und diese in jedem Winkel der deutschen Kultur zu entdecken glaubte. Das schrieb vielmehr 1813 ein ungenannter Rezensent in der *Edinburgh Review*, der für Madame *de Staëls* gerade veröffentlichtes »De l'Allemagne« und die Wertschätzung, die die Autorin darin der deutschen Philosophie entgegenbrachte, nur herzliche Verachtung übrig hatte.

Charmanter spöttelte drei Jahrzehnte später Thomas *Macaulay* über das deutsche Spekulieren: Er finde »einen Morgen Landbesitz in Middlesex besser als ein ganzes Fürstentum in Utopia«.[2] An Retourkutschen fehlte es nicht. »Wir haben Bevormundung und Polizei und Untertanengeist«, räumte der sonst anglophile Theodor *Fontane* in dem fruchtbaren Jahr seines zweiten Englandaufenthalts, 1852, ein, »und stehen

1 Zitiert nach: John *Mander*, Our German Cousins. Anglo-German Relations in the 19th and 20th Centuries, London 1974, S. 47; Übersetzung des Autors.

2 Zitiert nach: Peter *Lamb* im Programmheft »Mendelssohn: Songs Without Words«, CD, CDA66221/2, Hyperion, 1987, S. 5; Übersetzung des Autors.

doch da als die Träger und Apostel einer echten Demokratie«.[3] Die Erklärung für diese in der Rückschau erstaunliche Einschätzung blieb *Fontane* nicht schuldig:

»Wir haben keine politische Demokratie, aber eine soziale. Wir haben Klassen, aber keinen englisch-chinesischen Kastengeist; wir haben Schranken, aber keine Kluft ... Das Allgemeingut der Bildung webt ein unsichtbares Band zwischen den Ständen und schreibt uns die Zutrittskarten, die niemand zurückzuweisen wagt.«[4]

Acht Jahre später geht es wieder andersherum. Diesmal ist es die *Times*, und sie mokiert sich in einem Leitartikel über die Undurchsichtigkeiten der preußischen Politik:

»Den Launen der deutschen Politik folgen zu können, darf niemand von sich behaupten. Es ist zwecklos, nach Tiefe zu suchen, wo vielleicht nur Pedanterie am Werk ist, oder nach einem greifbaren Ziel, wo vielleicht nur die Sehnsucht vorliegt, irgendwelche verträumten historischen Vorstellungen in die Tat umzusetzen.«[5]

Wer der Historie der anglo-deutschen Beziehungen nachgeht, kann sich einer Erkenntnis, einer unbequemen, nicht entziehen: Es hat sich in der Art der Wahrnehmung des jeweils anderen eigentlich nicht viel geändert! Von den Vorzügen eines klassenlosen Bildungssystems gegenüber dem »Kasten«-Denken Großbritanniens hört man auch heute an deutschen Kaminen munkeln (während man andererseits die Insel um ihre Elite-Colleges und die Straffung der akademischen Ausbildung heimlich beneidet), und daß die deutsche Politik gelegentlich Pedanterie, wenn nicht Handlungsschwäche an den Tag legt, flüstert man sich nicht nur an der Themse zu – abgesehen davon, daß es geradezu von Prophetenkraft zeugte, schon 1860 anzumerken, die deutsche Politik verrate die Sehnsucht, »verträumte historische Vorstellungen in die Tat umzusetzen«.

Deutsch-britische Gegensätze, europapolitisch aktualisiert

Geändert hat sich auch nicht die tiefsitzende Skepsis der Insel gegenüber deutscher Emotionalität in Fragen der öffentlichen Geschäfte, also der Politik. Auch dies hat eine lange Vorgeschichte. Im April des Revolutionsjahres 1848 beispielsweise empfahl Ex-Premierminister Sir Robert *Peel* dem preußischen Gesandten Christian *Freiherr von Bunsen*, seiner Regierung mitzuteilen, »in den nächsten vier Wochen absolutes Schweigen in allen Fragen der europäischen Politik zu wahren«. Diese vertrauliche Bitte verriet, daß auch dieser Politiker schon ein vorgeprägtes Vergleichsbild von Deutschen und Briten in seinem Kopfe trug, mit deutlichen Zensuren, die er dem Berliner Diplomaten nicht vorenthielt: »Ihr Deutschen sprecht auf der Ebene emotionaler Regung über die Zukunft. Wir hören skeptisch zu.«[6]

3 Theodor *Fontane*, Der englische Charakter heute wie gestern, Berlin 1916, S. 17.
4 Ebd., S. 17f.
5 Zitiert nach: Gordon A. *Craig*, The Germans, New York 1982, S. 15; Übersetzung des Autors.
6 Zitiert nach: Adolf M. *Birke*, Vom Mißtrauen zur Partnerschaft. Aspekte deutsch-britischer Beziehungen seit dem 18. Jahrhundert, in: *Niedersächsische Landeszentrale für politische Bildung* (Hrsg.), Großbritannien und Deutschland. Nachbarn in Europa, Hannover 1988, S. 9-28; hier S. 14.

Das war, wie gesagt, 1848, nicht 1996. Ganz ähnlich klingen heute die Beschwerden in Whitehall gegenüber dem europapolitischen Kurs Bonns. Es trete, so klagt man, eine »typisch deutsche« Versessenheit auf abstrakte Ideologeme hervor, das Durchsetzenwollen um jeden Preis von supranationalen Konzepten, die im Common sense der Praxis nicht getestet sind und der friedlichen Erfahrung anderer Völker, die mit der Nation keinen Schiffbruch erlitten haben, wenig entsprechen. Dem hält die deutsche Seite gern entgegen, daß sich umgekehrt das nationale Interesse der Insel kaum von einer grundlegenden Europa-Skepsis emanzipiert habe und dies fast mit »teutonischem« Durchsetzenwollen demonstriere, wie zuletzt im Streit um das Exportverbot von BSE-gefährdetem britischen Rindfleisch.

Der Gleichklang der Beschwerden, über die Zeiten hinweg, ist verblüffend. Er verweist immer wieder auf diese jeder Aktualität vorgelagerten prototypischen Gegensätzlichkeiten der deutschen und der britischen Art, mit den Realitäten der Welt umzugehen. An bestimmten Schnittpunkten der Geschichte scheinen sich die Wege zu trennen, und der Brite, so vertraut und vertraulich mit seinem deutschen Partner, sieht sich genauso gedrängt, die der Geschichte vorauseilenden Postulate deutscher Außenpolitik abzulehnen, wie der Deutsche die der britischen Politik zugrundeliegenden insularen Muster in Frage stellt.

In der Tat: In »Irreversibilitäten« des Geschichtsprozesses findet sich britisches Denken nicht wieder. Geschichte betrachtet man an der Themse durchgängig als offen, unterworfen der friedlichen Gestaltung aus *trial and error*. Daß die deutsche Europapolitik den *error* aus der Geschichte hinwegeskamotieren möchte, gilt als frommer Wunsch, verständlich nur aufgrund des singulären Scheiterns des deutschen Weges zwischen 1890 und 1945. Aber von den dunklen Farben der Prophetie, wie sie in der Rede des deutschen Bundeskanzlers Anfang Februar 1996 im belgischen Löwen aufschienen, läßt die britische Außenpolitik sich weder beeindrucken noch vereinnahmen. Die Frage der weiteren europäischen Integration als eine Frage von »Frieden oder Krieg im 21. Jahrhundert« (Helmut *Kohl*) darzustellen, scheint ihr zum Alarmistischen hin überzogen.[7]

Weiterhin höchst empfindlich reagiert man in Whitehall gegenüber allen Versuchen, unter dem Deckmantel europäischer Integration demokratische Souveränität und Eigenverantwortlichkeit zu schwächen. Daher die Reservationen gegenüber der deutschen Europa-Emotion, daher auch der grundsätzliche Vorbehalt gegenüber einer europäischen politischen Union. Das läßt sich nicht in Kategorien von »altmodisch« oder »modern« begreifen, es handelt sich vielmehr um Konstanten eines nationalen *Modus operandi et cogitandi*, den auch die Labour-Partei, sollte sie an die Macht kommen, nicht verleugnen kann. Daß hinter der deutschen Europapolitik, jenseits aller Emotion, eine strategische Hinwendung zu Europa anzutreffen ist, macht die Überbrückung dieser Gegensätze nicht gerade einfacher.

---

7 Vgl. Verleihung der Ehrendoktorwürde durch die Universität Löwen. Rede des Bundeskanzlers in Löwen/Belgien am 2.2.1996, abgedruckt in: *Bulletin* (Presse- und Informationsamt der Bundesregierung), Nr. 12, 8.2.1996, S. 129-131; hier S. 130.

Das Scharnier der deutsch-britischen Zukunft: Frankreich

Ein beiderseitiger Partner wirkt in die deutsch-britischen Beziehungen hinein, und es ist das Verhältnis zu ihm, welches zwischen Bonn und London nach dringender Justierung ruft: Frankreich. Das ungelüftete Geheimnis der anglo-deutschen Beziehungen lautet »Paris«; hier liegt das Scharnier, um das sich die deutsch-britische Zukunft drehen könnte.

Man muß rekapitulieren. Es war Winston *Churchill*, der am 19. September 1946 in Zürich dem europäischen Einigungsprozeß entschieden das Wort redete. Selbstverständlich nicht unter den Bedingungen einer britischen institutionellen Einbindung – »supranational« wollte und will die Insel auf keinen Fall werden. Die Pointe von *Churchills* Paukenschlag lag woanders: Er machte sich stark für den Gedanken einer Partnerschaft zwischen Deutschen und Franzosen als Kern dieser künftigen westeuropäischen Ordnung, mit London als dem freundlichen Begleiter von außen.

Es ist heute, wo zwischen London einerseits und Paris/Bonn andererseits oft eine Trennwand gelegt wird, vielfach vergessen, daß die Briten sich mit einiger Berechtigung als Taufpate der deutsch-französischen Aussöhnung fühlen dürfen. Im britischen Denken nach 1945 spielte die Sorge um ein stabiles Frankreich eine ebenso große Rolle wie die Sorge vor der Erneuerung deutscher Aggressionsfähigkeit. Noch als Kriegspremier hatte *Churchill* darauf bestanden, Frankreich den Status einer Großmacht einzuräumen, mit entsprechenden Befugnissen, darunter das Recht auf eine eigene Besatzungszone in Deutschland sowie auf einen permanenten Sitz im UN-Sicherheitsrat. Mit der Idee einer engen Partnerschaft zwischen Frankreich und Deutschland hoffte *Churchill*, zwei britische Sorgen gleichzeitig zu beheben.

Frankreich stand auch im Vordergrund, als nach dem französischen Nein zur Europäischen Verteidigungsgemeinschaft (EVG) Premierminister Anthony *Eden* auf der Londoner Neun-Mächte-Konferenz im September 1954 jenen bahnbrechenden Vorschlag vortrug, der später seinen Namen tragen sollte. Dieser sah vor:

- die Erweiterung des Brüsseler Paktes von 1948 um Italien und die Bundesrepublik Deutschland zur Westeuropäischen Union (WEU),
- die Aufnahme der Bundesrepublik in den Nordatlantikpakt (NATO) sowie
- die Dislozierung von vier britischen Divisionen und einer taktischen Luftwaffe auf westdeutschem Boden zu einer neuen, 55 000 Mann starken »British Army of the Rhine« (BAOR).

Dieses Angebot trug vor allem französischen Bedenken Rechnung, insofern es eine kalkulierte, nicht unbeträchtliche Sicherheitsgarantie enthielt – für Deutschland, aber auch vor Deutschland, ein Gegengewicht zu seiner Wiederbewaffnung, eine Beruhigung gleichsam für französische Nerven. Deutschland war, so hat es vortrefflich Gottfried *Niedhart* formuliert, »gestärkt – und zugleich verstärkt kontrolliert«.[8]

---

8 Gottfried *Niedhart*, Britische Deutschlandpolitik und Adenauers Englandpolitik 1949-1956, in: Karl *Rohe*/Gustav *Schmidt*/Hartmut *Pogge von Strandmann* (Hrsg.), Deutschland – Großbritannien – Europa. Politische Traditionen, Partnerschaft und Rivalität, Bochum 1992, S. 133-142; hier S. 140.

Wie zentral der französische Aspekt die britische Politik prägte, erwies sich erneut in den Anfangsjahren der Fünften Republik. Konrad *Adenauer* verhielt sich gegenüber Charles *de Gaulle*, dem die Nationalversammlung 1958 die Regierung übertragen hatte, ursprünglich mehr als reserviert. Was konnte man von diesem traditionsverhafteten General für die Zukunft schon erhoffen? Von solcher Zurückhaltung brachte kein Geringerer als Harold *Macmillan* den deutschen Kanzler ab, indem er ihn regelrecht drängte, auf *de Gaulle* zuzugehen: »Sie müssen ihn aufsuchen!«, beschwor *Macmillan* den Kanzler.[9]

Heute dominiert in London die Sorge, die Gesetzmäßigkeiten des deutsch-französischen Bilateralismus könnten zu einer permanenten Usance werden, britische Einschätzungen und Interessen außer acht zu lassen. Bewahrheitet sich hier die Sorge Fritz *Erlers*, der schon am 10. April 1963 im Deutschen Bundestag – als das Hohe Haus den Freundschaftsvertrag mit Paris diskutierte – gefragt hatte, ob die Freundschaft zwischen Deutschen und Franzosen nicht »mit der Entfremdung Großbritanniens« bezahlt werden müsse?[10]

Konrad *Adenauer* war immer davon überzeugt, Europa nicht ohne »die Engländer« bauen zu können. Daß er Frankreich den Vorzug gab, war ein Schritt der praktischen Vernunft, die das damals Mögliche ergriff; es war keine strategische Entscheidung gegen London. 1953, als er sich noch die Hoffnung auf die EVG machen konnte, verriet *Adenauer* einmal vor dem Bundesvorstand seiner Partei, daß auch ihm ein Denken in binneneuropäischen Gleichgewichtskategorien alles andere als fremd war: »Es ist mir sehr lieb, wenn Großbritannien in der zukünftigen EVG einen gewissen Einfluß hat, damit wir mit den mehr oder weniger hysterischen Franzosen nicht allein sind.«[11]

Die gemeinsamen Interessen

Daß der erste deutsche Bundeskanzler der britischen Mentalität ferner stand als der französischen, wissen wir. Daß ihn »die in sich ruhende Selbstsicherheit der britischen politischen Klasse irritierte«, bestätigt uns Hans *von Herwarth* in seinen Memoiren.[12] Daß ihn dies aber nicht davon abhielt, die Insel und ihren Einschluß in Europa als deutsche interessenpolitische Notwendigkeit zu erachten, bleibt als eine zentrale Botschaft gültig.

Deshalb muß sich die deutsche Politik heute fragen, ob es nicht Zeit für ein *sacrificium intellectuale* wäre, das eigene Ungestüm zu überdenken und mehr auf jene

9 Zitiert nach: Hans *von Herwarth*, Von Adenauer zu Brandt. Erinnerungen, Berlin 1990, S. 148.

10 Zitiert nach: Wolfgang J. *Mommsen*, Vom Kriegsgegner zum Partner. Die deutsch-britischen Beziehungen seit dem Zweiten Weltkrieg, in: 40 Jahre Deutsch-Englische Gesellschaft e.V. 1949-1989. Festveranstaltung 7. Juni 1989 Industrieclub Düsseldorf, Bonn 1989, S. 27-43; hier S. 38.

11 Zitiert nach: Günter *Buchstab* (Hrsg.), Adenauer: »Wir haben wirklich etwas geschaffen«. Die Protokolle des CDU-Bundesvorstandes 1950-1953, Stuttgart 1986, S. 427.

12 *Von Herwarth*, a.a.O. (Anm. 9), S. 147.

Stimme zu hören, deren Bedeutung wir über alle Differenzen hinweg nie bezweifelt hatten. Jedenfalls wäre es fatal, aus Verärgerung über britische Europa-Bedenken das Geflecht der gemeinsamen Interessen, das uns mit den Briten verbindet, außer acht zu lassen; es ist beeindruckender als alle Divergenzen im europapolitischen Umfeld. Eine rasche Aufzählung belegt es:

- der Gleichklang in der Frage der amerikanischen Verankerung in Europa;
- das Interesse an einem Europa, welches nicht zur handelspoltitischen Festung werden darf;
- unbedingtes Festhalten an der Erweiterung der Europäischen Union (EU) – auch wenn Bonn dahinter nichts weiter als ein britisches Trojanisches Pferd vermutet, geeignet zur Verwässerung der europäischen Institutionen;
- Subsidiarität als europäische Kernphilosophie;
- Deregulierung der Märkte sowie eine angemessene Kontrolle der Brüsseler Finanzbürokratie;
- gegenseitige Stützung und Koordination bei militärischen Einsätzen wie dem durch die multinationale Truppe zur Implementierung des Friedensabkommens von Dayton (IFOR).

Das alles sind Pfunde, mit denen sich zur Beförderung einer engeren Abstimmung zwischen London und Bonn wuchern läßt.

Die »französische Antenne« der deutschen Politik wird in London durchaus verstanden, und nicht nur deshalb, weil man sie einst selber dringend befürwortet hatte. Allerdings meinen britische Beobachter in der Praxis manchmal Züge kurioser Verdrängungsrituale zu entdecken. So bei der Frage der erweiterten Befugnisse des Europäischen Parlaments, wo Paris, der Idee abhold, London viel näher steht als Bonn. Auch was die deutsch-französische Verteidigungskooperation angeht, spielt Frankreich heute, nach der plötzlichen Beendigung seiner Wehrpflicht, nach einer anderen Partitur als der Partner *across the Rhine*. Wie viele solcher Diskrepanzen, Irritationen kann die französisch-deutsche Bilateralität verkraften? Die Frage wird von den politischen Eliten beider Länder oft beiseite geschoben, weil die deutsch-französischen Beziehungen als ein Axiom der Unverzichtbarkeit gelten. Solche Weihe haben die deutsch-britischen Beziehungen nie erhalten. Nur ein Behelf war die Bezeichnung »Stille Allianz«. Nicht vergessen ist in London, daß die Idee der Einheitlichen Europäischen Akte ursprünglich in einem britischen Positionspapier enthalten war, das man vertraulich den Deutschen zur Kenntnis gegeben hatte. Zum großen Erstaunen der Briten machte der Gedanke dann als eine gemeinsame deutsch-französische Initiative Karriere. So stellt man sich diese »Stille Allianz« mit den Deutschen nicht vor. Freilich: Der jüngste Londoner EU-Boykott, als Reaktion auf das Embargo von britischem Rindfleisch, belastet die deutsch-britischen Beziehungen – und nicht nur sie – kaum weniger.

Dabei ist der Goodwill zwischen beiden Ländern noch lange nicht aufgebraucht. Britisches Understatement läßt es kaum zu, allzu deutlich an jene Rolle zu erinnern, die man nach 1945 beim Wiederaufbau des demokratischen Deutschland gespielt hat. In Wahrheit halten nicht wenige just dieses Kapitel für die *finest hour* der modernen britischen Diplomatie. Es belegte zugleich eine erste, entschiedene Hinwendung der Insel zum Gang der Geschichte Kontinentaleuropas nach dem Zweiten Weltkrieg; dies gilt trotz der Distanz, die London anfangs zwischen sich und die Europäische Gemeinschaft legte und die noch heute in seine aktuelle Politik hineinspielt.

Aber das letzte Wort über die nächsten Schritte der europäischen Integration, auch über die Wirtschafts- und Währungsunion, ist ohnehin noch nicht gesprochen. Das gibt der Frage möglicher größerer Nähe zu London, als Bereicherung der Palette praktischer europäischer Politik, neue Aktualität, für die wir auch Paris dringend gewinnen müssen, mag man an der Seine auch um die kontinentaleuropäische Prädominanz fürchten, die man sich aus der engen Integration mit den Deutschen leise erhofft. Wir sind in Gefahr, die alte Streitfrage zwischen »Atlantikern« und »Europäern« wieder aufzulegen und diesmal endgültig zu beantworten – gegen den angelsächsischen europäischen Partner.

Ob die weitere Integration Europas ohne Großbritannien vonstatten geht – das bedarf einer ruhigen Klärung vor allem unter den Briten selber, bei denen sich Verschleiß innerhalb der Regierungspartei, nach siebzehn Jahren an der Macht, mit mentalen Barrieren aus Jahrhunderten der Geschichte eng verknüpft. Jedenfalls darf gerade die deutsche Politik nicht vorschnell verkünden, man werde beim Bau des europäischen Hauses auf die Teilnahme Großbritanniens verzichten müssen. Das könnte ein britisches Nein zum Maastricht-Prozeß möglicherweise zu einer *self-fulfilling prophecy* machen. Was aber wäre ein Europa wert, das zur Spaltung eines geistigen Raumes führt, zu dessen Genese alle Europäer beigetragen haben, an dessen Erbe alle partizipieren?

DIE SCHWIERIGE PARTNERSCHAFT MIT RUSSLAND

Helmut Hubel

Die »romantische Liaison«, die der Westen nach dem Zusammenbruch der Sowjetunion mit der Rußländischen Föderation eingegangen war, muß heute als beendet betrachtet werden. Eine rasche, durchgreifende Demokratisierung, ein rechtsstaatliches, föderativ verfaßtes politisches System und eine volle Integration Rußlands in die westlichen Strukturen haben sich jedenfalls vorerst als unerfüllbarer Traum erwiesen. Der Nachfolgestaat der Sowjetunion ist heute weder der Feind des Westens noch dessen integraler Teil; Rußland will als eine Großmacht sui generis betrachtet werden. Vor dem Hintergrund einer weiterhin ungewissen politischen Entwicklung des Landes bleibt die Schaffung einer kohärenten westlichen Rußlandpolitik schwierig.

Niemand im Westen wünscht den Kalten Krieg zurück, und dementsprechend zielt die westliche Rußlandpolitik weiterhin darauf ab, eine neue Konfrontation zu vermeiden. Doch wie die Tschetschenien-Krise[1], der von russischen Militärs wiederholt angekündigte Bruch des Vertrages über die konventionellen Streitkräfte in Europa (KSE-Vertrag) sowie die Kontroverse um die Ost-Erweiterung des Nordatlantikpakts (NATO) angedeutet haben, ist eine erneute Kraftprobe längerfristig nicht auszuschließen. Ob sie vermieden werden kann, wird vor allem von den Entwicklungen innerhalb der Rußländischen Föderation und der Gemeinschaft Unabhängiger Staaten (GUS) abhängen.

Optionen westlicher Russlandpolitik

Grundsätzlich gibt es für die westliche Politik gegenüber Rußland drei Optionen: Die erste Option – eine umfassende Integration – erscheint aufgrund der offensichtlichen Schwierigkeiten in Rußland, Demokratie und Marktwirtschaft zu verwirklichen, sowie wegen der zunehmenden Abwendung großer Teile der russischen politischen Elite von einer derartigen Option als wenig realistisch. Die zweite, entgegengesetzte Option – die Rückkehr zu einer Politik des Machtgleichgewichts – muß gerade aus deutscher Sicht unerwünscht sein, stellten sich doch die bekannten militärischen Dilemmata, denen schon die »alte« Bundesrepublik als östlichstes Mitglied der westlichen Allianz im Ost-West-Konflikt ausgesetzt war, dann erneut: ein konventionelles und nukleares Wettrüsten und daraus sich ergebende Abhängigkeiten, insbesondere von nuklearen Schutzgarantien. Außerdem könnte die Sicherheit der Staaten Mittel- und Osteuropas auf dem Spiel stehen. Dieses unangenehme Szenario wäre insbesondere am Beispiel der baltischen Staaten zu prüfen, denen die westliche Staatengemeinschaft wohl kaum uneingeschränkte militärische Sicherheitsgarantien zu

1 Vgl. Heinrich *Vogel*, Partnership with Russia. Some Lessons from Chechnya, in: *The World Today*, Nr. 4, 1995, S. 64-67.

geben bereit wäre. Schließlich wären, sollte diese Option ernsthaft verfolgt werden, die zu erwartenden deutschen innenpolitischen Belastungen zu bedenken.

Solange Rußland im Innern keine dauerhafte Radikalisierung erfährt und keine grundlegende Abwendung von internationalen Verpflichtungen vollzieht, wird als beste Option eine dritte gelten. Man könnte sie als substantielle Partnerschaft bezeichnen: ein möglichst umfassendes, geregeltes Verhältnis, in dem Europa und die USA weiter daran arbeiten, Rußland in ein immer engeres Netzwerk einzubinden. Dabei sollte ein Ziel westlicher Politik auch Zeitgewinn sein – Zeit, in der sich Politik, Wirtschaft und Gesellschaft in Rußland stabilisieren und in die Richtung westlicher Vorstellungen weiterentwickeln können; Zeit aber auch, die insbesondere die jungen Demokratien in Mittel- und Osteuropa zur weiteren Konsolidierung und zur Anbindung an westliche Institutionen brauchen.

Auch diese Strategie setzt günstige Bedingungen innerhalb Rußlands voraus, und darin besteht die Crux: Die westlichen Einflußmöglichkeiten dürften angesichts der anhaltenden und möglicherweise gar noch zunehmenden politischen Krise Rußlands weiter abnehmen. Um diesen Trend umzukehren, müßten Hilfsmaßnahmen in einer Größenordnung aufgeboten werden, die den politischen Willen in den USA und in Westeuropa wohl überstrapaziert. Die Frage lautet deshalb, ob das bisher geknüpfte Netz tatsächlich fest genug sein wird, um weiteren Krisen nach dem Muster Tschetscheniens oder etwa Auseinandersetzungen um die geplante Erweiterung der NATO standzuhalten.

Deutsche Optionen zwischen Bilateralismus und Multilateralismus

Was bedeutet dies für die deutsch-russischen Beziehungen? Was sind die Optionen deutscher Rußlandpolitik? Was kann und soll bilateral, was in einem multilateralen Rahmen angestrebt werden?

Dem Typ des »Handelsstaates«, den die Bundesrepublik mehr denn jedes andere Land verkörpert, entspricht der multilaterale Handlungsrahmen in besonderem Maße.[2] Deutschland wird aufgrund seiner Lage und seiner Struktur von der russischen Entwicklung auf besondere Weise tangiert. Dies betrifft so unterschiedliche Fragen wie das Schicksal der deutschen Minderheit, die Sicherheit der russischen Atomkraftwerke oder die territoriale Integrität der neuen Demokratien in Mittel- und Osteuropa.

Die erste grundlegende Schlußfolgerung lautet, daß die deutsche Rußlandpolitik in zentralen Aspekten der Einbettung in einen größeren Rahmen bedarf: Für die militärische Krisenvorsorge werden die NATO und damit die USA weiter unabdingbar sein; dies gilt wenigstens so lange, wie der »europäische Pfeiler« des westlichen Bündnisses nicht richtig »steht« – also wohl noch längere Zeit. Für die

2 Zur theoretischen Grundlegung des »Handelsstaat«-Konzeptes vgl. Richard *Rosecrance*, The Rise of the Trading State. Commerce and Conquest in the Modern World, New York 1986.

»Verregelung« der Beziehungen mit Rußland sollte Deutschland weiter vor allem auf internationale Mechanismen und Institutionen setzen: etwa auf die Gruppe der sieben größten Industrienationen (G-7; USA, Deutschland, Japan, Frankreich, Kanada, Großbritannien und Italien), auf den Internationalen Währungsfonds (IWF), den Nordatlantischen Kooperationsrat (NACC) und die Europäische Union (EU), auch auf die Organisation für Sicherheit und Zusammenarbeit in Europa (OSZE) und den Europarat. Die deutsche Politik sollte weiter das russische Interesse an einer Mitsprache oder Mitgliedschaft in diesen Institutionen zu nutzen suchen, um die russische Politik auf die dafür jeweils notwendigen Verhaltensstandards festzulegen.

Die Europäische Union wird eine zentrale Rolle zu spielen haben, um im wirtschaftlichen Bereich eine langfristige Partnerschaft mit Rußland zu gestalten. Nur dann dürfte ihre Erweiterung nach Mittel- und Osteuropa ohne größere Reibungen mit Moskau vonstatten gehen können. Die EU sollte insbesondere Wert darauf legen, Rußlands ökonomisches Interesse wachzuhalten. Bereits heute hat die um Finnland erweiterte Union mit der Rußländischen Föderation eine gemeinsame Grenze.[3] Es wäre deshalb ratsam, in den kommenden Jahren parallel zur Erweiterung konkrete grenzübergreifende Projekte in Angriff zu nehmen, durch die Rußland das »Näherrücken« der Europäischen Union nicht als Gefahr, sondern als Chance für die eigene Entwicklung verstehen könnte. Dies betrifft vor allem die heute und möglicherweise künftig an die EU grenzenden Regionen Rußlands.[4]

Auch in der Frage der NATO-Erweiterung, deren Aspekte hier nicht im einzelnen untersucht werden können, praktiziert die Bundesrepublik den multilateralen Ansatz aus gutem Grund. Militärische Sicherheitsgarantien werden ohne die Bereitschaft der USA, aber auch aller übrigen NATO-Mitglieder, nicht gewährt werden können. Derzeit besteht über Ausmaß und Geschwindigkeit einer Erweiterung der westlichen Allianz kein Konsens. Vieles spricht für ein vorsichtiges, eher langsames Vorgehen.[5] Gerade in dieser Frage liegt es nahe, weiter den Dialog mit Moskau zu pflegen. Dabei darf Rußland selbstverständlich kein Vetorecht zugestanden werden; es geht jedoch darum, das Verhältnis möglichst stabil zu halten – gerade wenn die westliche Allianz eines Tages eine Erweiterung durchführen will. Heikel wird dieser Dialog sein, da für die am meisten betroffenen Staaten Mittel- und Osteuropas rasch der Verdacht einer erneuten Aufteilung von Einflußsphären, nunmehr zwischen der NATO und Rußland, aufkommen könnte. Die schwierigste Frage dürfte sich für die Allianz

3 Aus diesem Grund dürfte es schwierig werden, Michael *Stürmers* historisch begründete Maxime zu befolgen, »Rußland auf Abstand zu halten, so weit wie möglich«. Michael *Stürmer*, Deutsche Interessen, in: Karl *Kaiser*/Hanns W. *Maull* (Hrsg.), Deutschlands neue Außenpolitik, Band 1: Grundlagen, München 1994, S. 39-61; hier: S. 58.

4 Vgl. *Hubel*, Finnland nach dem Ost-West-Konflikt. Vom Randstaat zum Stabilisierungsfaktor, in: *Europa-Archiv*, 15/1993, S. 443-450; *ders.*, Welche politische Bedeutung hat die »Norderweiterung« der Europäischen Union? (Forschungsinstitut der Deutschen Gesellschaft für Auswärtige Politik, Aktuelle Kurzanalyse Nr. 6), Bonn 1994.

5 Zu einigen bedenkenswerten, skeptischen Überlegungen vgl. Karl-Heinz *Kamp*, The Folly of Rapid NATO Expansion, in: *Foreign Policy*, Nr. 98, Frühjahr 1995, S. 116-129. Mit der Ost-Erweiterung des atlantischen Bündnisses befassen sich auch die Beiträge von Joachim *Krause* und Friedbert *Pflüger* in diesem Band.

gegenüber denjenigen Staaten stellen, die auch nach einer Erweiterung weder der GUS noch dem atlantischen Bündnis angehören würden. So spricht vieles dafür, dieses Thema in einen umfassenderen Kontext einzubetten und nicht unnötig zu forcieren.

OSZE und Europarat werden für die westliche Rußlandpolitik auch deshalb weiter wichtig sein, da hier ein Abklären von Verhaltensnormen und eine gewisse Krisenvorbeugung unternommen werden können. Allerdings hängen die westlichen Einwirkungsmöglichkeiten abermals davon ab, ob in Moskau und in kritischen Regionen Rußlands bzw. der GUS Politiker an der Macht sind, die Institutionen wie die OSZE oder den Europarat noch ernst nehmen. Westliche und damit auch deutsche Politik wird genau die Grenze zu beachten haben, an der Bemühungen zur Einbindung in Appeasement umschlagen.

Die Bundesrepublik sollte weiter versuchen, ein konstruktives russisches Mitwirken in multilateralen Kooperationszusammenhängen anzuregen. Dazu müßten auch – ähnlich wie im Falle des Baltikums, als im Sommer 1994 der Streit um den russischen Truppenabzug beigelegt werden konnte – legitime russische Sorgen rechtzeitig angesprochen werden. Gerade wenn verhindert werden soll, daß aus den 25 Millionen »Auslandsrussen« ein großes Irredentismus-Problem entsteht, dann wäre es ratsam, die damit verbundenen Probleme auch von westlicher Seite aufzugreifen und im multilateralen Rahmen Möglichkeiten einer Entschärfung zu sondieren.[6]

Was kann, was soll deutsche Rußlandpolitik noch bilateral leisten? Als Grundregel gilt weiter: Sonderwege sind zu vermeiden, da sie unweigerlich das »Rapallo-Trauma« bei den westlichen Partnern, aber auch in Polen, wiedererwecken würden. Die deutsche Politik sollte entsprechende Verlockungen von russischer Seite tunlichst meiden und sie immer in einen multilateralen Rahmen überführen.

Dennoch sprechen einige Gründe dafür, die bilateralen Beziehungen im Sinne der Krisenvorsorge und des Ausbaus des bereits angesprochenen Netzwerks zu nutzen. Beide Länder verbinden weit gespannte und langfristige Abkommen. Deutschland ist – trotz aller wirtschaftlichen Probleme Rußlands – immer noch dessen wichtigster Außenhandelspartner. Und Rußland ist in den neunziger Jahren zum größten Öl- und Gaslieferanten der Bundesrepublik aufgestiegen. Im Bereich der wirtschaftlichen und technischen Hilfe für Rußland rangiert Deutschland an erster Stelle. Konkrete Hilfe vor Ort und Austausch, etwa von Experten, dienen vor allem dem Ziel, Teile der russischen Elite mit westlichen Erfahrungen und Maßstäben zu prägen. Nur so kann die Chance offengehalten werden, Rußland langfristig international einzubinden.

Deutschland sollte also den Bilateralismus gegenüber Rußland weiter im Sinne von Anreizen zur Zusammenarbeit mit dem Westen nutzen. Diese Stimuli werden auch künftig wichtig sein, um mit Rußland bilaterale Fragen – etwa in Zusammenhang mit den Rußlanddeutschen oder mit der Rückführung von Kulturgütern – regeln

6 Man erinnere sich der scharfen Drohung des seinerzeitigen russischen Außenministers, Andrej *Kosyrew*, zum Schutz der in den ehemaligen Sowjetrepubliken lebenden Russen könne auf ein umfangreiches Arsenal von Mitteln zurückgegriffen werden, notfalls auch auf direkte Militärgewalt. Vgl. »Kosyrew: Militärische Gewalt gegen GUS-Republiken möglich«, in: *Frankfurter Allgemeine Zeitung*, 19.4.1995.

zu können. Probleme von potentiell großer politischer Tragweite sollten dagegen in einem weiteren Rahmen als dem bilateralen behandelt werden. Ein Beispiel dafür wäre auch die Zukunft von Kaliningrad (Königsberg). Für eine Reihe von Beobachtern in Europa ist dieses Thema nicht dauerhaft gelöst. Sollte eines Tages eine erweiterte EU Polen und gar die baltischen Staaten einschließen, so würde diese Region vollends zur Enklave. Eine längerfristig angelegte deutsche Politik wird gut daran tun, dieses Thema nicht zu einem Störfaktor in Europa werden zu lassen. Dazu sollten im multilateralen Rahmen Schritte unternommen werden, um eine europäische Anbindung Kaliningrads – ohne Antasten russischer Souveränität – herbeizuführen.

Die Frage eventueller Sanktionen gegenüber Rußland, auch die Problematik militärischer Gegengewichte, sollte Deutschland stets im westlichen Verbund behandeln. So zentral die EU im wirtschaftlichen Bereich auch ist und in politischer Hinsicht hoffentlich einmal werden wird, so unverzichtbar wird auf absehbare Zeit für die Risikovorsorge und für die Abstützung weiterer europäischer Integrationsbemühungen die Allianz mit den USA bleiben.

DIE DEUTSCH-POLNISCHE INTERESSENGEMEINSCHAFT

Friedbert Pflüger

Polen und Deutschland sind durch Geographie und Geschichte seit mehr als tausend Jahren eng miteinander verbunden. Dieses besondere Verhältnis wurde symbolhaft deutlich, als Bundeskanzler Helmut *Kohl* gerade zu jener Zeit in Polen weilte, als in Berlin die Mauer fiel. Indem er nach einer kurzen Unterbrechung seinen Besuch fortsetzte, unterstrich der Kanzler die große Bedeutung, die er dem östlichen Nachbarn zumißt. Damals, im November 1989, war Mittel- und Osteuropa im Aufbruch. *Kohls* Gastgeber, Tadeusz *Mazowiecki*, war der erste demokratisch gewählte Regierungschef im Ostblock. Die politische Lage in Polen war unübersichtlich, die Sowjetunion existierte noch, die abschließende rechtliche Anerkennung der Oder-Neisse-Grenze durch Deutschland stand noch aus, und 40 Jahre Kalter Krieg hatten Mißtrauen und Vorurteile auf beiden Seiten am Leben erhalten.

Sechs Jahre später besuchte der Bundeskanzler erneut Polen. Inzwischen war ein Grenz- und Nachbarschaftsvertrag[1] geschlossen, ein Jugendwerk errichtet worden, die deutsche Minderheit in Polen war anerkannt und im Polnischen Parlament vertreten; vor allem aber schien Polens junge Demokratie und Marktwirtschaft trotz mancher Schwierigkeiten und Turbulenzen im ganzen stabil. Nichts sagte mehr über die gewaltigen Fortschritte in den Beziehungen beider Länder aus, als daß Helmut *Kohls* Besuch bereits als ein Ausdruck von Normalität angesehen wurde.

Dennoch sollte es nicht als selbstverständlich angesehen werden, daß sich dieser erfolgreiche Weg auch in Zukunft fortsetzen läßt. Eine erfolgreiche Weiterentwicklung der deutsch-polnischen Beziehungen muß sich der Interessenfundamente sicher und der politischen Gefahren bewußt sein. Beide Aspekte, Interessen und Gefahrenpotentiale, stehen im Mittelpunkt der folgenden Analyse.

Die Lasten der Geschichte und die gemeinsamen Interessen

Die Beziehungen zwischen Deutschland und Polen sind heute besser als sie es in den vergangenen 250 Jahren je waren. Polen war seit Mitte des 18. Jahrhunderts ein Spielball seiner mächtigeren Nachbarn. Drei Teilungen führten dazu, daß es mehr als ein Jahrhundert von der Landkarte verschwand. »Polen war nirgendwo«, so hat es der Klassiker des absurden Theaters, Alfred *Jarry*, beschrieben.[2] Der Hitler-Stalin-Pakt, die furchtbare Nazi-Besetzung, die Konzentrationslager, dann die gewaltsame »Westverschiebung« und schließlich vier Jahrzehnte kommunistischer Diktatur –

1 Vertrag zwischen der Bundesrepublik Deutschland und der Republik Polen über gute Nachbarschaft und freundschaftliche Zusammenarbeit, unterzeichnet in Bonn am 17.6.1991, abgedruckt in: *Europa-Archiv*, 13/1991, S. D315-325.

2 Vgl. Adam *Krzemiński*, Polen im 20. Jahrhundert. Ein historischer Essay, München 1993.

diese ungeheure Erblast galt es zu bewältigen. Auch auf deutscher Seite lagen die Wunden offen: Hunderttausende waren aus ihrer schlesischen oder pommerschen Heimat vertrieben worden, die verbliebenen Deutschen wurden als Minderheit nicht anerkannt, vielmehr an den Rand gedrängt und unterdrückt. Auch wenn es auf beiden Seiten immer wieder Versuche zur Versöhnung gab – man denke an die Bemühungen der Kirchen oder den Kniefall Willy *Brandts* vor dem Denkmal des Warschauer Ghettos –, blieb das deutsch-polnische Verhältnis bis 1989 stärker belastet als die Beziehungen Bonns zu anderen mittel- und osteuropäischen Staaten. Fünf Jahre später ist es umgekehrt. Zu kaum einem anderen Land des ehemaligen Ostblocks sind die Beziehungen heute besser.

Wie ist das zu erklären? Haben etwas mehr als 60 Monate gereicht, um aus Gegnern im Kalten Krieg gute Freunde werden zu lassen? Sicherlich nicht. In den Bevölkerungen sind nach wie vor wechselseitige Vorurteile verbreitet. In Deutschland gilt die »polnische Wirtschaft« vielen als Synonym für Chaos und Faulheit, obwohl sie heute bei Lichte betrachtet eher ein Beispiel für ökonomischen Erfolg sein müßte. In Polen sorgt man sich, daß die Deutschen mit Grundstückskäufen und Geld das erreichen könnten, was sie durch Kriege letztlich nicht erreichten, nämlich den »Ausverkauf« Polens, die Herrschaft über die polnische Nation. Solche Ängste werden durch die Realität nicht belegt. Vielmehr wünschen sich die meisten polnischen Politiker ein weitaus stärkeres Engagement der deutschen Wirtschaft in ihrem Land. Wenn aber die Stereotypen der Vergangenheit weiter gelten, was hat dann die Fortschritte der letzten Jahre bewirkt?

Die Antwort ist einfach: Es gibt seit 1989 eine weitgehende Identität der wesentlichen Interessen. Deutschland hat nach der Frontstaaterfahrung der letzten Jahrzehnte das tiefe Bedürfnis, Demokratie und Marktwirtschaft in Mittel- und Osteuropa langfristig zu stabilisieren. Die Ost-Erweiterung von Europäischer Union (EU) und Nordatlantikpakt (NATO) ist im sicherheitspolitischen, aber auch im wirtschaftlichen Interesse Deutschlands. Neue Märkte warten auf die deutsche Wirtschaft, die dort schneller Fuß fassen kann als die Konkurrenz aus Westeuropa, Japan und Amerika. Seit dem Ende des Ost-West-Konflikts ist Deutschland erstmals in seiner Geschichte nur noch von demokratisch regierten Partnern und Freunden umgeben, ohne daß wechselseitige Gebietsansprüche bestehen. Es liegt auf der Hand, daß es eines der obersten Interessen Deutschlands sein muß, diesen Zustand zu stabilisieren.

Dieses deutsche Interesse korrespondiert mit dem dringenden polnischen Wunsch nach rascher Westintegration. In der Mitgliedschaft in den euro-atlantischen Institutionen sehen die polnischen Politiker über die Parteigrenzen hinweg die beste Möglichkeit zu wirtschaftlichem Aufschwung und besserem Lebensstandard. Auch sorgt man sich wegen der krisenhaften politischen Entwicklung in Rußland; man will unter allen Umständen verhindern, einmal mehr in eine »sicherheitspolitische Grauzone« zwischen Ost und West zu geraten, Spielball der mächtigen Nachbarn zu werden.

Diese deutsch-polnische Interessengemeinschaft hat seit Anfang der neunziger Jahre eine bemerkenswerte Kraft entfaltet und die nach wie vor vorhandenen Probleme im deutsch-polnischen Verhältnis überlagert.[3] Auf polnischer Seite war eine solche Interessengemeinschaft bereits vor 1989 konzeptionell entwickelt worden, innerhalb der verbotenen Gewerkschaft »Solidarität«. Nachdem sich die Opposition bis 1981 außenpolitisch weitgehend zurückgehalten hatte, entstand nach der Ausrufung des Kriegsrechts allmählich eine deutschland- und westpolitische Konzeption. Die Opposition hatte erkannt, daß die beste Chance Polens, die »sowjetische Satellitenbahn« zu verlassen, in der Vereinigung Deutschlands bestand.[4] Nachdem Tadeusz *Mazowiecki* im Sommer 1989 zum ersten nichtkommunistischen Ministerpräsidenten Polens seit Ende des Zweiten Weltkriegs gewählt worden war, bestimmte diese Erkenntnis auch die offizielle Haltung Polens. Was im Untergrund in den achtziger Jahren vorgedacht worden war, wurde jetzt zur Politik der Dritten Republik.

Gefahren für das deutsch-polnische Verhältnis

Daß diese atemberaubende Entwicklung der letzten Jahre auch in der Zukunft ohne Brüche und Rückschläge fortgeführt werden kann, ist alles andere als sicher. Selbst bei gutem Willen können die zu lösenden praktischen Probleme und die von beiden Seiten nur begrenzt beeinflußbaren Rahmenbedingungen – etwa die weitere politische Entwicklung in Rußland – die deutsch-polnische Brücke ins Wanken bringen. Dies gilt um so mehr, als das Verhältnis zwischen Warschau und Bonn bisher vor allem eine »Kopfgeburt« der politischen Klassen ist und der Fundierung durch Wirtschaftsverflechtung, Kulturaustausch, Jugendbegegnungen und andere Projekte dringend bedarf. Die vorhandenen Ansätze, etwa in den Deutsch-Polnischen Gesellschaften, sind noch zu schwach, um wirklichen Stürmen widerstehen zu können. Wo lauern die Gefahren?

Die ungewisse Zukunft Rußlands

Was die internationalen Rahmenbedingungen angeht, könnte Polens Weg nach Westen vor allem durch eine weitere Zuspitzung der politischen Krise Rußlands gefährdet werden. Ein Sieg antidemokratischer Kräfte und eine Zunahme der hegemonialen Tendenzen in der russischen Außenpolitik könnte im Westen zwar durchaus zu einer trotzigen »Jetzt-erst-recht«-Politik führen und den Eintritt Polens vor allem in die NATO beschleunigen. Andererseits ist aber auch nicht auszuschließen, daß eine solche Haltung Moskaus im Westen eher zu Reaktionen in der Tradition des Appeasement führen würde. Um neue Machthaber im Kreml zu beschwichtigen,

3 Zur Entwicklung der deutsch-polnischen Beziehungen vgl. *Pflüger*/Winfried *Lipscher* (Hrsg.), Feinde werden Freunde. Von den Schwierigkeiten der deutsch-polnischen Nachbarschaft, Bonn 1993.

4 Vgl. Artur *Hajnicz*, Polens Wende und Deutschlands Vereinigung. Die Öffnung zur Normalität, 1989-1992, Paderborn 1995; Dieter *Bingen*/Janusz Józef *Węc*, Die Deutschlandpolitik Polens 1945-1991. Von der Status-quo-Orientierung bis zum Paradigmenwechsel (Uniwersytet Jagielloński, Prace z Nauk Politycznych, Heft 51), Krakau 1993.

könnte man versucht sein, die Ost-Erweiterung der euro-atlantischen Institutionen auf den Sankt-Nimmerleins-Tag zu verschieben. Um solchen Gefahren vorzubeugen, sollte der Westen schon jetzt eine klare Doktrin formulieren: Je mehr in Rußland reformerische und moderate Kräfte die Oberhand gewinnen, desto größer sind die Möglichkeiten, im Prozeß der Ost-Erweiterung von NATO und EU russischen Sicherheitsbedürfnissen Rechnung zu tragen; je aggressiver sich die Moskauer Außenpolitik gebärdet, desto rascher müssen Polen und andere mittel- und osteuropäische Staaten Vollmitglieder dieser Institutionen werden.

Innerwestliche Meinungsverschiedenheiten und Zielkonflikte

Die deutsch-polnischen Beziehungen könnten auch durch Gegenreaktionen und Interessenkonflikte im Westen gefährdet werden. Das eindrucksvolle Plädoyer Helmut *Kohls* vor dem Sejm[5] für eine Ost-Erweiterung von EU und NATO vor 2000 wird von vielen in Westeuropa und Amerika als zu optimistisch angesehen. Obwohl die wenigsten es offen aussprechen, ist selbst in Deutschland die Meinung verbreitet, daß eine erfolgreiche Strukturreform vor allem der EU eine unbedingte Voraussetzung der Erweiterung nach Osten darstellt. Da ein Erfolg der EU-Reform heute fraglicher denn je erscheint, könnte dies auch den Erweiterungsprozeß erheblich verzögern.

Nicht wenige durchaus verantwortungsbewußte Politiker im Westen vertreten auch die Auffassung, daß eine zu rasche Erweiterung dazu führen könnte, östliche Instabilitäten in die euro-atlantischen Organisationen zu tragen, anstatt deren Stabilität nach Osten auszuweiten. So ernst solche Bedenken auch zu nehmen sind, so wenig werden sie doch der Forderung der Geschichte gerecht. EU und NATO würden historisch versagen, wenn sie das noch offene Fenster der Möglichkeit zum »Export« von Demokratie und Marktwirtschaft nicht entschieden nutzen würden. Die notwendige Beschäftigung mit den Reformen innerhalb der westlichen Institutionen darf nicht zur Lähmung im Angesicht der äußeren Herausforderungen führen.[6] Die deutsche Politik muß – wie es vorbildlich im sogenannten »Kerneuropa-Papier« von Wolfgang *Schäuble* und Karl *Lamers* formuliert worden ist[7] – die großen Aufgaben von Vertiefung *und* Erweiterung anpacken und gemeinsam mit den westlichen Verbündeten meistern.

Im ganzen betrachtet ist die bisherige Geschichte der polnischen Integration in die EU ein Erfolg. Gleichzeitig muß jedoch festgestellt werden, daß die schwierigsten Probleme noch zu lösen sind. Konflikte sind vorprogrammiert, wenn, wie geplant, 1997 der EU-Markt auch für jene Waren geöffnet wird, die mittel- und osteuropäische

5 Rede des Bundeskanzlers Helmut *Kohl* vor Sejm und Senat der Republik Polen im polnischen Parlament in Warschau am 6.7.1995, abgedruckt in: *Bulletin* (Presse- und Informationsamt der Bundesregierung), Nr. 58, 14.7.1995, S. 569-572.

6 Für ein gleichlautendes Plädoyer im Hinblick auf die Reform der europäischen Sicherheitsinstitutionen vgl. den Beitrag von Joachim *Krause* in diesem Band.

7 Überlegungen zur europäischen Politik. Positionspapier der CDU/CSU-Bundestagsfraktion vom 1.9.1994, abgedruckt in: *Blätter für deutsche und internationale Politik*, Nr. 10, 1994, S. 1271-1280.

Staaten besonders preiswert anbieten können. Eines der größten Probleme stellt der Agrarsektor dar. Der Agrarmarkt ist heute bereits mehr als gesättigt. Zusätzliche Importe aus Mittel- und Osteuropa müßten deshalb entweder zu Produktionseinschränkungen oder zu subventionierten Exporten auf den Weltmarkt führen. Beides ist aber nicht ohne weiteres möglich, denn Produktionsbeschränkungen dürften in einigen EU-Staaten innenpolitisch kaum durchsetzbar sein, und eine subventionierte Weitergabe von Waren auf den Weltmarkt würde die Europäische Union mit der 1994 unterzeichneten Vereinbarung des Allgemeinen Zoll- und Handelsabkommens (GATT) in Konflikt bringen, in der man sich verpflichtet hat, bis zum Jahr 2001 die Agrarsubventionen zu senken. Das Dilemma ist offenkundig.[8]

Polnische Unsicherheiten

Die Fortschritte in den deutsch-polnischen Beziehungen der letzten Jahre könnten schließlich auch in Polen selbst in Frage gestellt werden. Dabei drohen Gefahren zum einen aus der Ungeduld im Prozeß der Westintegration. Vor allem in Wahlkämpfen neigen manche polnische Politiker zum populistischen Selbstmitleid: Läßt der Westen Polen einmal mehr im Stich? Werden die Hindernisse auf dem Weg in die Institutionen des Westens nicht immer höher? Beschäftigen sich EU und NATO nicht ausschließlich mit sich selbst? Wenn bei den Polen der Eindruck entsteht, daß Warschaus Wunsch nach Integration verschleppt oder gar abgelehnt wird, dann haben nationale Populisten Hochkonjunktur. Die deutsche Politik hat die Aufgabe, die Partner in EU und NATO immer wieder von der Notwendigkeit eines kontinuierlichen Öffnungsprozesses in Richtung Osten zu überzeugen. So sehr Deutschland hier als Anwalt polnischer Beitrittswünsche auftreten muß, so sehr ist es gleichzeitig die Aufgabe deutscher Politiker, in Polen darauf hinzuweisen, daß die Westintegration nicht umsonst zu haben ist, sondern große Umstellungen, Opfer und auch Geduld erfordert. In gewisser Weise ist es die Aufgabe Bonns, die westlichen Freunde ein wenig zu drängen und die östlichen Partner ein wenig zu bremsen.

Zum anderen könnte die Verbesserung des deutsch-polnischen Verhältnisses auch durch politische Kursänderungen in Polen in Gefahr geraten. Eine rasche Mitgliedschaft in den euro-atlantischen Institutionen und eine weitere Verbesserung des deutsch-polnischen Verhältnisses setzen voraus, daß Polen auf Reformkurs bleibt. Demokratie und Marktwirtschaft bedürfen weiterer Stärkung. Zwar haben die Machtwechsel der Jahre 1994/95 nicht zu der mancherorts befürchteten Revision der außenpolitischen Grundorientierung geführt, doch zahlreiche Herausforderungen mit weitreichenden wirtschaftlichen, sozialen und möglicherweise auch politischen Implikationen stehen nach wie vor auf der innenpolitischen Agenda: z.B. die Umstrukturierung der Schwerindustrie, die Modernisierung des Bankensystems, die überfälligen Reformen in der Sozialversicherung, die unerhörten Anpassungsnotwendigkeiten in

8 Vgl. Stefan *Comes*, Die Agrarpolitik der EU und die Osterweiterung (Forschungsinstitut der Deutschen Gesellschaft für Auswärtige Politik, Aktuelle Kurzanalyse Nr. 13), Bonn 1995.

der Landwirtschaft sowie die Bekämpfung des Außenhandelsdefizits, das 1995 fast fünf Milliarden US-Dollar betrug.

Voraussichtlich wird sich eine gewisse Ernüchterung auf dem Weg in die Europäische Union einstellen, wenn erst einmal klar wird, daß die Vollmitgliedschaft auch Pflichten und Lasten mit sich bringt. Es wird dann manche Verführungsversuche geben, die ein Zurück zum nationalen Heil, zum Protektionismus nahelegen. Gegenüber solchen Tendenzen muß immer wieder darauf hingewiesen werden, daß die Nachteile des Verbleibens außerhalb der EU für die polnische Wirtschaft und Gesellschaft in jedem Fall größer wären als alle Kosten, die auf Polen während des schwierigen Integrationsprozesses zukommen werden.

Ausblick

Probleme und Rückschläge wird es auch in den kommenden Jahren immer wieder geben. Spannungen in den Grenzregionen wegen illegaler Arbeitnehmer, »Überfremdungsängste«, Ärger wegen langer Wartezeiten an den Grenzen aufgrund des dramatisch gestiegenen Verkehrsaufkommens, wechselnde Regierungen, Veränderungen innenpolitischer Prioritäten, ein Neuaufleben von Differenzen zwischen Polen und der deutschen Minderheit – mit all dem sollte auch in Zukunft gerechnet werden. Das deutsch-polnische Verhältnis wird diese Herausforderungen jedoch meistern, wenn das grundsätzliche Ziel, der Kern der Interessenidentität, nicht aus den Augen verloren wird: ein offenes Europa zu schaffen, das auf der Grundlage der euro-atlantischen Idee der Menschenrechte beruht. In seinen »Erinnerungen« schreibt Polens ehemaliger Außenminister Władysław *Bartoszewski* in diesem Sinne von seiner Hoffnung, daß Polen und Deutsche zukünftig nur noch »ganz normale Menschen« füreinander sein werden, »anerkannt als Mensch(en) und nicht beurteilt aufgrund der nationalen Herkunft«.[9]

9 Władysław *Bartoszewski*, Es lohnt sich, anständig zu sein. Meine Erinnerungen, Freiburg 1995, S. 105.

DEUTSCHLAND UND CHINA

Joachim Glaubitz

Gibt es eine deutsche Chinapolitik? Eine kompetente Antwort auf diese Frage sollte man bei dem Mann finden, der von 1974 an fast zwei Jahrzehnte die Außenpolitik der Bundesrepublik Deutschland gestaltet hat. Aber in den über 1 000 Seiten starken »Erinnerungen« Hans-Dietrich *Genschers* sucht man danach vergebens.[1] Über den Raum zwischen Neu Delhi und Tokio finden sich dort im ganzen zwei Seiten mit Belanglosigkeiten; von einer Politik Deutschlands gegenüber China oder generell gegenüber Asien ist keine Rede. Dies verrät einiges über den Rang, den China in der deutschen Außenpolitik einnimmt oder zumindest bis in die jüngste Vergangenheit eingenommen hat, wenngleich die Bundesregierungen im Laufe der Jahre einige Entscheidungen getroffen haben, die es erlauben, deutsche Interessen, Positionen und Probleme im Umgang mit dieser aufsteigenden Macht zu skizzieren.

Kooperation, Konflikte und die deutschen Interessen im Spiegel der bilateralen Besuchsdiplomatie

Verschiedene Stationen der deutsch-chinesischen Besuchsdiplomatie dokumentieren die deutschen Interessen sowie die zentralen Kooperationsfelder und Konfliktgegenstände des bilateralen Verhältnisses. Während die deutschen Interessen vor allem im wirtschaftlichen Bereich zu verorten sind, belasten zwei Problemfelder die Beziehungen: der chinesische Umgang mit den Menschenrechten und das Taiwan-Problem.

Während sich der Handel zwischen der Bundesrepublik und China vergleichsweise frühzeitig in dem Maße entwickelte, in dem China sich politisch und wirtschaftlich von der Sowjetunion und ihren osteuropäischen Satelliten abwendete und Wirtschaftsbeziehungen mit den nichtsozialistischen Industriestaaten suchte,[2] kam es zu diplomatischen Beziehungen zwischen Bonn und Peking erst, als sich Anfang der siebziger Jahre das chinesisch-amerikanische Verhältnis wandelte. Mit der Normalisierung der Beziehungen setzte ein intensiver Strom wechselseitiger Besuche hochrangiger Politiker sowie zahlloser Wirtschafts- und Expertendelegationen ein.

Anläßlich des Besuches des damaligen Bundespräsidenten Karl *Carstens* im Jahr 1982 wurde in Schanghai ein deutsches Generalkonsulat eröffnet und ein Abkommen über technische Zusammenarbeit unterzeichnet. Diesem Dokument zufolge sollte die Bundesrepublik Experten entsenden, technisches und wirtschaftliches Fachpersonal ausbilden und technische Ausrüstungen zur Verfügung stellen.

---

1 Hans-Dietrich *Genscher*, Erinnerungen, Berlin 1995.

2 Seit Ende der fünfziger Jahre ist die Bundesrepublik Deutschland der wichtigste Handelspartner Chinas in Westeuropa.

Daß trotz der folgenden Entwicklung intensiver Beziehungen zwischen beiden Staaten dann 13 Jahre vergehen mußten, bevor Staatspräsident *Jiang Zemin* im Jahr 1995 zum Gegenbesuch in Deutschland empfangen werden konnte, war in der Innenpolitik Chinas begründet: Die militärische Niederschlagung der Demokratiebewegung im Juni 1989 hatte eine Zäsur in den politischen Beziehungen zwischen China und Deutschland sowie den anderen westlichen Demokratien markiert, wo man in der Euphorie über das sich öffnende sowjetkritische »Reich der Mitte« mit seinem vermeintlich riesigen Absatzmarkt und Investitionsbedarf übersehen hatte, daß man es noch immer mit einer kommunistischen Einparteiendiktatur zu tun hat. Die unter der Führung der USA verhängten wirtschaftlichen und politischen Sanktionen bewirkten eine nachhaltige Abkühlung der Beziehungen.

Nach einer gewissen Zeit entspannten sich dann die deutsch-chinesischen Beziehungen wieder, auch wenn Fragen der chinesischen Menschenrechtspraxis und des Umgangs mit Tibet die Haltung des Westens zu China weiterhin beeinträchtigten. Im Dezember 1992 hob der Deutsche Bundestag mit den Stimmen der Mehrheit der Koalition die Sanktionen wieder auf, die die Bundesregierung nach den Ereignissen vom Juni 1989 verhängt hatte.[3] Gemäß dieser Entscheidung sollten die politischen Beziehungen zu China wieder intensiviert, die Wirtschaftsbeziehungen normalisiert werden. Chinas Rolle als Regional- und Nuklearmacht, als Mitglied des UN-Sicherheitsrates und als Wirtschaftsfaktor, so die Entschließung, dürfe von der deutschen Politik nicht ignoriert werden. Schon vor dieser Entscheidung waren wechselseitige Besuche der Außenminister erfolgt. Bundesaußenminister Klaus *Kinkel* hatte Peking unter anderem die Zusage gegeben, Deutschland werde Chinas Bemühungen um einen Beitritt zum Allgemeinen Zoll- und Handelsabkommen (GATT) unterstützen.

Als der chinesische Außenminister im Mai 1993 Bonn besuchte, war erkennbar, daß Deutschland vorrangig eine Intensivierung der Wirtschaftsbeziehungen anstrebte. Mit Blick auf dieses Ziel hatte die deutsche Regierung wenige Monate zuvor entschieden, keine Rüstungsgüter an Taiwan zu liefern. Der chinesische Gast hob infolgedessen Deutschlands Rolle als Chinas wichtigster europäischer Handelspartner hervor und sprach sich für einen weiteren Ausbau der Beziehungen aus. Der Verzicht auf ein Rüstungsgeschäft mit Taiwan – es handelte sich um zehn U-Boote und zehn Fregatten im Gesamtwert von 12,5 Milliarden D-Mark – hatte allerdings schlagartig die fragile Grundlage deutscher Chinapolitik deutlich gemacht. Für die mit großen Schwierigkeiten kämpfende deutsche Schiffbauindustrie hätte der Auftrag eine Auslastung für fünf Jahre bedeutet. Niedersachsens Ministerpräsident Gerhard *Schröder* hatte sich sogar über den Beschluß seines Kabinetts gegen Rüstungsexporte außerhalb des Vertragsgebiets des Nordatlantikpakts (NATO) hinweggesetzt und im Alleingang gegenüber dem Bundeskanzler den Auftrag aus Taiwan befürwortet. Doch nachdem Außenminister *Kinkel* von einem Chinabesuch als vehementer Gegner des Geschäfts mit Taiwan zurückgekehrt war – seiner Meinung nach hätte die Lieferung

3 Vgl. *Deutscher Bundestag*, Drucksache 12/3960 vom 9.12.1992 sowie Plenarprotokoll 12/128 vom 10.12.1992.

einschneidende Sanktionen Pekings zur Folge gehabt –, hatte sich der Bundeskanzler schließlich umstimmen lassen. Am 28. Januar 1993 war dann die abschließende Entscheidung des Bundessicherheitsrates gegen die Lieferung an Taiwan erfolgt.

Dies führte dazu, daß sich insgesamt 124 Bundestagsabgeordnete der Koalitionsfraktionen in einem Gruppenantrag für eine Verbesserung der Handelsbeziehungen mit Taiwan einsetzten und dem Bundessicherheitsrat »ein erschreckendes Maß an Unkenntnis über Taiwan« konstatierten.[4] Unter Hinweis auf die Aufrüstung Chinas und seine militärischen Drohungen sprachen sie sich gegen einen generellen deutschen Verzicht auf Lieferung von Verteidigungswaffen an Taiwan aus. Doch diese Empfehlung hatte keine Chance, konkrete Politik zu werden. Die Entscheidung der Bundesregierung Mitte 1995, Taiwan aus der Liste der Spannungsgebiete zu streichen, gibt der deutschen Seite allerdings gewissen Spielraum für den Export von Hochtechnologie, die zivil und militärisch genutzt werden könnte. Peking wird weiterhin dieses Feld aufmerksam beobachten, seinen Alleinvertretungsanspruch kompromißlos vertreten und versuchen, alles zu unterbinden, was Taiwan diplomatisch oder militärisch stärken könnte.[5]

Angesichts des Entgegenkommens der Bundesregierung gegenüber Peking waren die Voraussetzungen für die Chinareise günstig, die der Bundeskanzler in Begleitung von vier Kabinettsmitgliedern – den Bundesministern für Wirtschaft, Post und Telekommunikation, wirtschaftliche Zusammenarbeit und Entwicklung sowie Forschung und Technologie – und 35 führenden Industriellen im November 1993 unternahm. Unter den Ergebnissen ragten Verträge im Wert von 2,65 Milliarden D-Mark und einige mehr oder weniger vage Absichtserklärungen und Vorverträge mit einem potentiellen Volumen von weiteren drei bis vier Milliarden D-Mark heraus. Daß die der chinesischen Seite außerdem großzügig zugesagten Kredite in Wirklichkeit mehr mit Entwicklungshilfe als mit hartem Geschäft zu tun hatten, verteidigte die Bundesregierung mit dem Argument, China werde bei künftigen Entscheidungen dieses Entgegenkommen honorieren.

Der Gegenbesuch des chinesischen Ministerpräsidenten *Li Peng* in Deutschland kam bereits im Sommer 1994 zustande. Nach Angaben des Asien-Pazifik-Ausschusses der Deutschen Wirtschaft lag der Wert der bei diesem Besuch unterzeichneten Verträge bei über fünf Milliarden D-Mark. Dies war kein geringer Erfolg, selbst wenn sich darunter auch Konkretisierungen früherer Absichtserklärungen befanden. Als der chinesische Regierungschef an verschiedenen Stationen seines Besuches mit Protesten gegen die Menschenrechtsverletzungen in China konfrontiert wurde oder solche Konfrontationen voraussehbar waren, sagte er kurzerhand einige Punkte des Besuchsprogramms ab. Zurück blieb der Eindruck eines demonstrativ selbstbewußten Politikers – heute keine Seltenheit in der chinesischen Führung; zurück blieb aber

4 Vgl. *Deutscher Bundestag*, Drucksache 12/4341 vom 11.2.1993.

5 Trotz dieser Schwierigkeiten steht Deutschland nach wie vor an erster Stelle unter den europäischen Handelspartnern Taiwans. Der deutsch-taiwanesische Handel erreichte 1993 ein Volumen von umgerechnet knapp 11 Milliarden D-Mark, was fast einem Drittel des gesamten Handels der Inselrepublik mit West- und Mitteleuropa entspricht.

auch ein Schatten von Peinlichkeit, denn auch ein demokratisches Staatswesen mit Demonstrationsfreiheit bleibt verantwortlich für die Behandlung seiner Staatsgäste.

Mitte 1995 folgte der bereits erwähnte Besuch des chinesischen Staatspräsidenten in Bonn. Zu den Ergebnissen zählten acht Geschäftsvereinbarungen großer deutscher Firmen mit chinesischen Partnern mit einem Volumen von zwei Milliarden D-Mark, darunter ein Kontrakt mit Mercedes-Benz über den Bau von Großraumfahrzeugen und Motoren in China im Umfang von 1,4 Milliarden D-Mark. Da sich die chinesisch-amerikanischen Beziehungen wegen eines Besuches des taiwanesischen Präsidenten in den USA in einer schwierigen Phase befanden, hielt sich die Vermutung, daß die chinesische Entscheidung zugunsten des deutschen Großunternehmens und gegen zwei große amerikanische Anbieter etwas mit diesen bilateralen Problemen zu tun hätte, obwohl die chinesische Seite dies ausdrücklich bestritt. In den politischen Gesprächen kamen beide Seiten zudem überein, in München und Kanton Generalkonsulate zu errichten. Fragen der Menschenrechtspraxis standen ausdrücklich nicht im Mittelpunkt der Erörterungen.

Dies war ein guter Auftakt für einen weiteren Besuch Helmut *Kohls* in China, der vierten Chinareise des Bundeskanzlers, die im November 1995 stattfand. Beide Seiten kamen überein, das freundschaftliche Verhältnis zwischen beiden Ländern in den Bereichen Politik, Wirtschaft, Wissenschaft, Technik, Forschung und Kultur zu intensivieren. Ähnlich wie zwischen Deutschland und Japan wurde nun auch die Gründung eines deutsch-chinesischen Dialogforums für Hochtechnologie beschlossen. Ferner erhielt die 1994 ins Leben gerufene Arbeitsgruppe zur Infrastruktur ein Mandat für weitere fünf Jahre. Der Gruppe, die sich mit den Gebieten Verkehrswesen, Grundstoffindustrie, Energieversorgung und Telekommunikation beschäftigt, gehören zehn große deutsche Unternehmen an. Der Besuch des Bundeskanzlers bei einer chinesischen Infanteriedivision, der in Deutschland eher mit Kritik bedacht wurde, unterstrich die Absicht des deutschen Regierungschefs, den Umgang mit China so normal wie möglich zu gestalten. Dazu gehört der Kontakt zur Armee, einem auch im zivilen Bereich wichtigen Wirtschaftsfaktor. Künftige Waffengeschäfte mit China wurden von der Bundesregierung allerdings ausdrücklich verneint.

Die Dichte der wechselseitigen hochrangigen Besuche zwischen 1993 und 1995 hatte somit in erster Linie Auswirkungen auf die Wirtschaftsbeziehungen. 1994 erreichten die deutschen Exporte nach China ein Volumen von 10,2 Milliarden D-Mark, was einem Zuwachs von 6,3 Prozent gegenüber dem Vorjahr entsprach. Die Importe aus China wurden auf 15,4 Milliarden D-Mark beziffert, der Zuwachs lag hier bei 11,6 Prozent. Als Lieferant steht China inzwischen in der Liste der deutschen Handelspartner auf Rang 11, als Zielland deutscher Exporte auf Rang 15.[6] Die deutschen Investitionen nehmen sich mit einem Umfang von 1,3 Milliarden D-Mark allerdings bescheiden aus; das ist weniger als ein Prozent der seit 1979 in China getätigten ausländischen Direktinvestitionen und nur die Hälfte der Direktinvestitionen der Schweiz.

6 Vgl. Heinz *Stüwe*, Die deutsche Wirtschaft hat ihre Position in China verbessert, in: *Frankfurter Allgemeine Zeitung*, 10.7.1995.

Defizite westlicher Politik und Handlungsempfehlungen

Als strategisches Gegengewicht zu Rußland braucht China Europa heute – im Unterschied zu den siebziger und achtziger Jahren – nicht mehr. Aber Westeuropa und namentlich Deutschland sind für China wichtig als Wirtschafts- und Handelspartner, als Investoren und als Lieferanten für Technologie. Mit der Diversifizierung seiner Partner versucht China, einseitige Abhängigkeiten von Japan und den USA zu verhindern und sich geeignete Instrumente zu schaffen, um die scharfen Konkurrenzen in der internationalen Wirtschaftswelt optimal auszunutzen. Alle Industriestaaten, die um Anteile am chinesischen Markt konkurrieren, werden gegeneinander ausgespielt und müssen sich in ihrer Haltung zu Taiwan und zur Menschenrechtsproblematik chinesischen Vorstellungen beugen – oder aber wirtschaftliche Nachteile hinnehmen.

Der Zustand der deutsch-chinesischen Beziehungen ist seit einigen Jahren erkennbar besser als der zwischen den USA und China. Dies ist nicht unproblematisch. Zum einen kann leicht der Verdacht entstehen, Deutschland wolle seine Position auf dem chinesischen Markt auf Kosten der USA ausbauen. Zum anderen kommt die Lösung einer Reihe von strittigen Fragen zwischen den USA und China fast immer auch Europa und damit auch Deutschland zugute. Dies gilt für so unterschiedliche Bereiche wie die nukleare Nichtverbreitung, die Menschenrechtspolitik, die Standards für die Mitgliedschaft in der Welthandelsorganisation oder auch für die Beachtung des Copyrights. Auf all diesen Gebieten tritt Washington den Führern in Peking entschiedener entgegen als die Europäer, die dann aber aus den Ergebnissen amerikanischer Unnachgiebigkeit ebenfalls Nutzen ziehen.

Das jüngste Beispiel sind die Versuche Chinas, Taiwan einzuschüchtern. Hier stellt sich für eine deutsche bzw. europäische Chinapolitik die grundsätzliche Frage, ob man es den USA allein überlassen darf, gegen China vorzugehen, wenn es einen demokratischen Prozeß zu stören versucht, oder ob nicht vielmehr eine moralische Pflicht zu mehr Solidarität besteht. Das politisch-moralische Dilemma liegt darin, daß man sich aus Exporterwägungen, Konkurrenzdruck und strategischem Interesse den Pressionen der demokratisch nicht legitimierten Machthaber in Peking beugt und gleichzeitig einen Staat, dessen demokratischer Charakter inzwischen unbestritten ist, im amtlichen Verkehr ignoriert. Nach den ersten freien und demokratischen Wahlen eines Präsidenten in Taiwan im März 1996 sollte die Bundesregierung nun ihre Politik gegenüber der Inselrepublik überdenken und den Machthabern in Peking klarmachen, daß Deutschland aufgrund seiner demokratischen Wertvorstellungen nicht länger bereit ist, dieses Faktum zu ignorieren. Konkret würde das den weiteren Ausbau der Beziehungen zu Taiwan unterhalb der Aufnahme diplomatischer Beziehungen bedeuten.

Ähnlich verhält es sich mit der Menschenrechtsproblematik. Zwar forderte der Bundeskanzler von der chinesischen Seite einen offenen Dialog, der durch die gegenseitige Anerkennung universaler Menschenrechtsprinzipien bestimmt wird, doch gleichzeitig – und dies ist ein problematisches Zugeständnis – erkannte er Peking ein Recht auf sein eigenes Konzept der Menschenrechte zu.[7] Zweifellos erfordert der Umgang mit diesem Themenkomplex ein hohes Maß an Einfühlungsvermögen in die kulturellen und gesellschaftlichen Realitäten Chinas, wenn vermieden werden soll, daß die Beziehungen in ihrer Gänze unter dieser Problematik leiden. Hier hat eine stille Diplomatie der Bundesregierung bisher mehr Erfolg gehabt als lautstarke Demonstrationen und die Verknüpfung von Menschenrechtsforderungen mit Vergünstigungen im Handel. Dennoch sollte die Forderung an Peking nach Anerkennung universell gültiger Menschenrechtsstandards nicht fallengelassen werden.

Die grundsätzliche Schwäche der westlichen Klagen über die Mißachtung der Menschenrechte in China und in Asien generell ist die Prinzipienlosigkeit der Ankläger. Nützlichkeitserwägungen und Opportunismus lassen die Forderungen oft unglaubwürdig erscheinen. Es ist nicht vergessen, daß der Verletzung der Menschenrechte keine breite Aufmerksamkeit geschenkt wurde, solange China ein nützlicher strategischer Partner des Westens gegen die Sowjetunion war. Auch der nachsichtige Umgang Westeuropas mit Rußlands Vorgehen in Tschetschenien beschädigt die Glaubwürdigkeit der Kritik an China.

SCHLUSSFOLGERUNGEN

Wer China stärker in die internationale Verantwortung einbinden will, muß mehr Entschiedenheit, größeres Selbstbewußtsein und weniger Wohlverhalten gegenüber der chinesischen Führung an den Tag legen. Deutschland sollte sich verstärkt um eine gemeinsame europäische Politik gegenüber China bemühen, denn gemeinsam wäre chinesischen Pressionen mit größerem Erfolg zu begegnen. Die Grundlagen und Schwerpunkte einer europäischen Politik sind im Asienkonzept der Europäischen Union vom Juli 1994 formuliert worden.[8] Unabhängig davon hatte die Bundesregierung bereits im Herbst 1993 ihr eigenes asienpolitisches Konzept vorgelegt,[9] das sich zwar auf den gesamten asiatisch-pazifischen Raum bezieht, doch China neben anderen wichtigen asiatischen Mächten ausdrücklich nennt. Es bleibt zu hoffen, daß gemäß diesen Rahmenvorgaben China allmählich in seiner vollen strategischen Bedeutung für Asien und die Welt wahrgenommen wird und nicht nur mit Blick auf die Exportchancen für eine stagnierende Wirtschaft.

7 Vgl. *International Herald Tribune*, 14.7.1995.

8 *Kommission der Europäischen Gemeinschaften*, Mitteilung an den Rat – Auf dem Weg zu einer neuen Asienstrategie, Brüssel, 13.7.1994. Vgl. ferner den Bericht des Rates zur Asien-Strategie der Europäischen Union vom 28.11.1994, abgedruckt in: *Internationale Politik*, 10/1995, S. 74-77.

9 Asien-Konzept der Bundesregierung, veröffentlicht am 20.10.1993, abgedruckt in: *Europa-Archiv*, 6/1994, S. D187-200.

DEUTSCHLAND UND JAPAN – VON WOHLWOLLENDER NICHTBEACHTUNG ZUM INTENSIVEN DIALOG?

Manfred Pohl

Die Geschichte der deutsch-japanischen Beziehungen begann mit der Episode eines »Technologietransfers«: Ein deutscher Geschützgießer fertigte 1639 den ersten einsatzfähigen Mörser Japans. Von substantiellen Beziehungen kann man jedoch erst seit 1861 sprechen, als Preußen mit Japan einen Freundschafts- und Handelsvertrag schloß. Das bilaterale Verhältnis wurde intensiver, als die Reformregierung der Meiji-Zeit (1868-1912) das kaiserliche Deutschland unter preußischer Vorherrschaft zu einem wichtigen Vorbild der wissenschaftlich-technischen Entwicklung und für die politische Neustrukturierung des japanischen Staates erkor. Deutschland kam fortan in der Wahrnehmung der japanischen Eliten eine Sonderrolle zu. Die guten, aber nicht »exklusiven« Beziehungen zwischen zwei autoritären Systemen, zwischen zwei weltpolitischen *latecomers*, überlebten sogar die Gegnerschaft im Ersten Weltkrieg. Parallele Interessen Deutschlands und Japans, die beide in ihrer jeweiligen Region hegemoniale Außenpolitik betrieben, führte sie gemeinsam in die internationale Isolation, und schließlich entschieden sich die Führungen beider Staaten in verhängnisvoller Selbstüberschätzung für die Katastrophe des Krieges.

Während der alliierten Besetzung Deutschlands und der US-Besatzungszeit in Japan ruhten die diplomatischen Kontakte zwischen beiden Staaten. Erst 1952 wurden die offiziellen Beziehungen wieder aufgenommen; schon ein Jahr später besuchte der damalige Kronprinz (und heutige Kaiser) *Akihito* Deutschland, zweimal trafen sich die beiden großen alten Männer der Politik ihrer Länder, Bundeskanzler Konrad *Adenauer* und der japanische Regierungschef Shigeru *Yoshida*. Wirtschaftliche und kulturelle Fragen beherrschten die bilateralen Beziehungen.

In der zweiten Hälfte der neunziger Jahre scheint sich in Europa eine »Wiederentdeckung Asiens« anzukündigen. Diese neue Perspektive ist vor allem das Ergebnis von Vorstößen der Europäischen Kommission, die 1994 in einem Asienpapier konkretisiert worden sind.[1] Verglichen mit der traditionell aktiven Asienpolitik, die z.B. Großbritannien und Frankreich seit langem betreiben, war Deutschland in diesen Bestrebungen allerdings ein Schlußlicht.

Die offiziellen Kontakte zwischen beiden Regierungen verlaufen reibungslos, wie die folgende Darstellung zeigt; auch gibt es manche gemeinsame Aktionsfelder der Außenpolitik. Aber es bleiben Perzeptionsprobleme, die sich insbesondere aus Informationsdefiziten in Politik, Wissenschaft und Medien erklären.

1 *Kommission der Europäischen Gemeinschaften*, Mitteilung an den Rat – Auf dem Weg zu einer neuen Asienstrategie, Brüssel, 13.7.1994. Vgl. ferner den Bericht des Rates zur Asien-Strategie der Europäischen Union vom 28.11.1994, abgedruckt in: *Internationale Politik*, 10/1995, S. 74-77.

Offizielle politische Kontakte

Wenngleich die politischen Kontakte zwischen Deutschland und Japan gut entwickelt und institutionalisiert sind, ist der folgenden Einschätzung der Ko-Vorsitzenden des Deutsch-Japanischen Dialogforums zuzustimmen:

> »Die deutsch-japanischen Beziehungen besitzen nach heutigem Stand für beide Länder nicht den Rang, der ihnen in Anbetracht des regionalpolitischen und weltwirtschaftlichen Gewichts, der vergleichbaren historischen Erfahrungen und Positionen im internationalen Staatensystem, der wirtschaftlichen Bedeutung füreinander und der gemeinsamen Interessen und Werte zukommt. Es besteht ungenutztes Potential für Zusammenarbeit zwischen unseren Ländern.«[2]

Nach der Wiederaufnahme diplomatischer Beziehungen im Jahre 1952 begann eine Besuchsdiplomatie zwischen Japan und der Bundesrepublik Deutschland, die fortan stets einen Aktivsaldo auf japanischer Seite aufwies: Zwischen 1954 und 1994 gab es 13 offizielle Besuche japanischer Regierungschefs in der Bundesrepublik, während deutsche Bundeskanzler Japan achtmal besuchten, zuerst Kurt Georg *Kiesinger* 1969.[3]

Zwischen deutschen und japanischen Fachministerien gibt es regelmäßige jährliche Konsultationen auf Staatssekretärsebene und zwischen Abteilungsdirektoren. Im Februar 1992 wurde zwischen den damaligen Außenministern Hans-Dietrich *Genscher* und Michio *Watanabe* vereinbart, zweimal jährlich Außenministerkonsultationen durchzuführen, nachdem es zwischen 1985 und 1991 aufgrund deutscher Absagen keine solchen Gespräche gegeben hatte.[4] Zwischen dem Bundesministerium für Forschung und Technologie und dem japanischen Ministerium für Wissenschaft und Technologie besteht seit 1974 ein Lenkungsausschuß für wissenschaftlich-technische Zusammenarbeit. Während des Japanbesuches von Bundeskanzler Helmut *Kohl* im Jahr 1993 wurde die Gründung eines Kooperationrates für Hochtechnologie und Umwelttechnik beschlossen, der ein- bis zweimal jährlich Kooperationsmöglichkeiten auf Expertenebene diskutiert. Seit dem Besuch von Bundesverteidigungsminister Volker *Rühe* in Japan im selben Jahr finden auch zwischen den Führungsstäben des Bundesministeriums der Verteidigung und dem japanischen Verteidigungsministerium Konsultationsgespräche statt. Das Deutsch-Japanische Dialogforum, das 1993 vom Bundeskanzler und dem damaligen japanischen Ministerpräsidenten Kiichi *Miyazawa* initiiert wurde, eröffnet erstmals die Möglichkeit zu einem grundsätzlichen Gedankenaustausch zwischen führenden Vertretern aus Politik, Wirtschaft und Medien, der auch zu politischen Empfehlungen an die beiden Regierungen führen soll.

2 Brief der Ko-Vorsitzenden des Deutsch-Japanischen Dialogforums an den Bundeskanzler und den Ministerpräsidenten von Japan, Berlin 12.3.1995.

3 Vgl. Miriam *Rohde*, Stand und Perspektiven des außenpolitischen Dialogs zwischen Deutschland und Japan, in: *Japan – Wirtschaft, Politik, Gesellschaft*, Nr. 5, 1995, S. 482-498.

4 Begründet wurden diese Absagen, die in Japan erkennbare Verstimmung auslösten, mit »Terminproblemen« – ein deutliches Indiz für den relativ niedrigen Stellenwert Japans in der deutschen Außenpolitik.

Gemeinsame aussenpolitische Aktionsfelder

Im Zuge verstärkter regionaler und subregionaler Zusammenarbeit im asiatisch-pazifischen Raum – z.B. in der Organisation für Asiatisch-Pazifische Wirtschaftskooperation (APEC) – scheint manchen japanischen Beobachtern die Bedeutung bilateraler Beziehungen zu schwinden. An die Stelle des zwischenstaatlichen Dialogs sollte nach ihrer Auffassung ein interregionaler Dialog treten, etwa zwischen den APEC-Staaten und der Europäischen Union (EU). Die Beziehungen zwischen Japan und Deutschland wären dann »ein Drehpunkt des gegenseitigen Verständnisses von Asien und Europa«.[5]

Die deutsche Vereinigung hatte anfangs in Japan die Sorge vor einer neuen europäischen Introvertiertheit ausgelöst.[6] Dennoch konnte Japan sich zu Initiativen in Osteuropa, sogar gegenüber Rußland entschließen: Es beteiligte sich – nicht zuletzt auf deutsches Drängen – an multilateralen Hilfsprojekten für die Staaten des ehemaligen Rates für Gegenseitige Wirtschaftshilfe (RGW). Daraus läßt sich die Bereitschaft Japans zur Übernahme größerer Verantwortung in der europäisch-amerikanisch-japanischen Triade[7] durch Verstärkung des europäisch-japanischen »Schenkels« ablesen. Die gemeinsamen europäisch-japanischen Aufgaben in der regionalen und weltweiten Kooperation definieren auch die deutsch-japanische Zusammenarbeit mit ihren möglichen Aktionsfeldern.

Für den Aufbau und die Sicherung stabiler regionaler und globaler Ordnungen ist die deutsch-japanische Zusammenarbeit in enger Abstimmung mit den USA von zentraler Bedeutung. Beide Staaten wollen die Vereinten Nationen (UN) stärken, beide streben einen ständigen, vetobewehrten Sitz im UN-Sicherheitsrat an, und beide haben sich in einem mühsamen Entscheidungsprozeß dazu durchgerungen, Truppen für multinationale Friedensmissionen auch *out-of-area* einzusetzen. In den bilateralen Konsultationen, die an Intensität erkennbar zugenommen haben, stehen die Ächtung von Massenvernichtungswaffen, die Nichtverbreitung von Kernwaffen, die UN-Reform, der Nord-Süd-Konflikt und Flüchtlingsprobleme im Mittelpunkt außenpolitischer Problemerörterung. In diesen Bereichen bietet sich auch ein gemeinsames Vorgehen an. Erste Schritte dazu sind die engen Abstimmungen zwischen Mitarbeitern deutscher bzw. japanischer Botschaften in osteuropäischen und asiatischen Ländern, wo beide Seiten von der regionalspezifischen Expertise des Partners profitieren können.[8] Die Konsultationen umfassen u.a. die politische Situation in den Gastländern, regionalpolitische Fragen, die Situation in Europa und Asien sowie

---

5 Shinroku *Morohashi*, Erwartungen an die zukünftigen deutsch-japanischen Beziehungen, in: *JDZB-Echo*, Nr. 27, 1995, S. 1-3; hier S. 1. *Morohashi* ist Präsident des Generalhandelshauses Mitsubishi Shoji.

6 Vgl. Toshio *Iwasaki*, Bridging Europe-Japan Perception Gap, in: *Journal of Japanese Trade & Industry*, Nr. 4, 1991, S. 26-28.

7 Vgl. hierzu den Beitrag von Michael *Kreile* in diesem Band.

8 Diese Kooperation umfaßt Botschaften beider Länder in über 80 Staaten, wobei die deutschen und japanischen Botschaften in sechs Hauptstädten besonders eng zusammenarbeiten: in Peking, Phnom Penh und Rangun, in Wien, Kiew und Moskau.

Kooperationsmöglichkeiten in der Entwicklungspolitik. Ergänzt wird diese Zusammenarbeit durch einen Beamtenaustausch zwischen den Außenministerien.

Beide Staaten sind in ihrer jeweiligen Region wirtschaftlich führende Mächte. Es lag deshalb in ihrem beiderseitigen Interesse, die Uruguay-Runde des Allgemeinen Zoll- und Handelsabkommens (GATT) zu einem Erfolg zu bringen. Der Erhalt eines offenen Welthandelssystems ist der Kernpunkt gemeinsamer Außenwirtschaftspolitik. Angesichts der Dollarschwäche, im globalen Umweltschutz, aber auch bei der »Globalsteuerung« von Warenströmen ist ein gemeinsames Vorgehen üblich geworden. So konnte die Bundesrepublik immer wieder Einfluß auf die japanischen Kraftfahrzeugexporte in die Staaten der EU nehmen und so größere Handelskonflikte vermeiden. Hier zeigte sich der Vorteil bilateraler Kontakte gegenüber einem eher formalisierten Vorgehen eines internationalen Verhandlungsgremiums. So wie es in deutschem und natürlich auch japanischem Interesse liegt, die EU nicht zu einer »Festung« werden zu lassen, so muß Deutschland an einem japanischen Beitrag zur fortgesetzten Öffnung der APEC interessiert sein. Deutschland und Japan haben sich in dem beginnenden Dialog zwischen der EU und Asien stark engagiert, wenn auch Japan durch den Versuch, Australien und Neuseeland an dem asiatisch-europäischen Gipfel von Bangkok (ASEM) zu beteiligen, offenkundig bestrebt war, die Bedeutung des Treffens zu verwässern. Auf deutscher Seite setzt sich die Erkenntnis durch, daß die bilateralen Wirtschaftsbeziehungen noch immer unter Informationsdefiziten in Deutschland leiden. Das Deutsch-Japanische Dialogforum fordert deshalb einen verstärkten Austausch von Führungskräften aus Unternehmen beider Länder.

Sozial- und industriepolitische Aufgaben von enormer Tragweite belasten Japan und Deutschland gleichermaßen: Überalterung und unerträgliche Belastungen des Sozialstaates, überstarke Regulierungen durch unflexible Verwaltungsapparate, wachsende Arbeitslosigkeit und industrielle »Aushöhlung« durch Produktionsverlagerung sind Probleme, die Erfahrungsaustausch, politische Konsultationen und unter Umständen auch gemeinsames Handeln nahelegen.

WECHSELSEITIGE WAHRNEHMUNGSPROBLEME

Die größten Defizite der deutsch-japanischen Beziehungen bestehen in der wechselseitigen Perzeption.[9] Das lange Zeit unzureichende Problembewußtsein in der deutschen politischen Klasse – die deutsche Wirtschaft ist sich sehr viel früher der Herausforderung aus Asien, speziell aus Japan bewußt geworden – läßt sich auf eine Reihe von Faktoren zurückführen, die lähmend auf den Erkenntnisprozeß wirkten. Vor allem ist die politische Führungselite, beginnend mit dem Bundeskanzler, insofern als »eurozentrisch« zu charakterisieren, als für sie die historische Aufgabe der Einigung Europas die Perzeption aller anderen Herausforderungen – auch jener aus Asien – dominiert. Zudem wurden Politik und Wirtschaft nach der deutschen

9 Vgl. aus japanischer Sicht *Iwasaki*, a.a.O. (Anm. 6).

Vereinigung und dem Zusammenbruch der Sowjetunion von euphorischen Visionen eines profitablen Aufbruchs in den Osten Europas beherrscht, während Asiens Entwicklungspotentiale und seine zukünftige Rolle weitgehend aus dem Blickfeld gerieten. Mit anderen Worten: Unter den politischen Entscheidungsträgern fehlt es noch immer an einem »Asienbewußtsein«, ungeachtet des Asien-Konzeptes der Bundesregierung[10] und des europäisch-asiatischen Neuansatzes von Bangkok 1996.

Auf Japan verengt bedeutet das konkret, daß die regionale Führungsrolle des Landes in Deutschland nur unzureichend erkannt, seine wirtschaftliche und politische Position in der pazifischen Region nur unzureichend gewürdigt wird. Weil Japan noch immer in allzu enger Verbindung mit den USA gesehen wird, gerät seine zunehmend unabhängige Rolle in der Weltpolitik nicht recht in den Blick.

Das langjährige Desinteresse der Politik hat sein getreues Spiegelbild in der Behandlung Japans durch die Massenmedien. Zwar finden sich in den Printmedien mitunter relativ ausführliche, sachliche Berichte über Japan, aber die in der Breite weitaus wirkungsvolleren elektronischen Medien räumen dem Land – und Asien insgesamt – noch immer eher geringen Raum ein. So finden die genannten umfangreichen bilateralen Aktivitäten in der deutschen Öffentlichkeit nur ein geringes Echo.

In vergleichbarem Maße, in dem die deutsche politische Klasse eurozentrisch ist, richtet sich auch die Aufmerksamkeit der politischen Eliten Japans zunehmend auf das regionale Umfeld. Die »Schulen« des japanischen Außenministeriums werden heute durch die »Asien-Gruppe« beherrscht; die ehemaligen »deutschen« und »russischen« Schulen sind längst bedeutungslos geworden. Es gehört ohnehin zu den lange gehegten und unwidersprochenen Klischees, daß Deutschland in der japanischen Politik und Wirtschaft der frühen industriellen Entwicklungsphasen eine dominierende Rolle als Vorbild gespielt habe. Eine gewisse Vorbildrolle gab es zwar, doch war sie zeitlich begrenzt und nie exklusiv.

Japanische Beobachter verkennen auch häufig die Bedeutung wie auch die Handlungsgrenzen des vereinten Deutschland in Europa. Im Kontext der Europäischen Union wird Deutschland mitunter eine Rolle zugewiesen, die es nicht spielen kann oder will, ein anderes Mal wird die bürokratische Macht der EU-Kommission überbewertet. Auch die wirtschaftliche Leistungsfähigkeit Deutschlands wurde und wird in Japan häufig falsch eingeschätzt. Hier spannt sich der Bogen der Bewertung von der Diagnose einer »deutschen Krankheit« in den siebziger und frühen achtziger Jahren bis hin zu der Sorge vor einem wirtschaftlich mächtigen Deutschland, das als dominierende europäische Wirtschaftsmacht zusammen mit Frankreich die Europäische Union auf einen protektionistischen Kurs steuern oder einen solchen Kurs zumindest stillschweigend tolerieren könnte. Im wirtschaftspolitischen Bereich ergeben sich weitere Verständnisprobleme aus dem Nebeneinander von Vertretungen der Bundesregierung, der EU und einzelner deutscher Bundesländer in Japan. Die

10 Asien-Konzept der Bundesregierung, veröffentlicht am 20.10.1993, in: *Europa-Archiv*, 6/1994, S. D187-200.

Stellenwerte dieser parallelen Präsenzen sind für die japanische Wirtschaft und Politik nur schwer einzuordnen.

An den führenden japanischen Universitäten nimmt die wissenschaftliche Beschäftigung mit Deutschland keine prominente Stellung ein. Hier dominiert in allen Disziplinen die Auseinandersetzung mit den USA. Gleichzeitig geht die in jüngster Zeit zunehmende Beschäftigung Japans mit Asien weiter als die deutsche »Entdeckung« Osteuropas. Damit wird der exzessive Bilateralismus mit den USA – der längst auch in Japan als eine Belastung empfunden wird – zwar tendenziell kompensiert, aber eben nicht durch eine Wiederentdeckung Europas. Schließlich muß im Kontext wissenschaftlicher Forschung über Deutschland auch betont werden, daß seit der Aufnahme diplomatischer Beziehungen zwischen Japan und der DDR im Jahre 1973 das östliche Deutschland für viele japanische Wissenschaftler – insbesondere für Germanisten und Sozialwissenschaftler – das »bessere« Deutschland war. Diese Wissenschaftlerkreise sind seit der Vereinigung tief verstört, das vereinte Deutschland ist nicht »ihr« Deutschland.[11]

Deutsche Defizite im Dialog und in der Auseinandersetzung mit Japan finden ihre Entsprechung auch in einer verengten japanischen Perzeption. Japanische Medien tendieren zu einer negativ geprägten Berichterstattung über Deutschland. Wirtschaftliche und politische Leistungen und Vorzüge, die auch in Japan Vorbildfunktion haben könnten, werden nicht oder nur unzureichend wahrgenommen.

Fazit

In den deutsch-japanischen Beziehungen sind Distanzen zu überbrücken, die über die geographische Entfernung weit hinausreichen. Der vielversprechende Ansatz in den Regierungsbeziehungen muß ergänzt werden durch einen verstärkten Dialog zwischen gesellschaftlichen Gruppen, der vor allem auch eine Intensivierung des Schüler- und Jugendaustausches einschließen sollte. Dabei sollte in beiden Ländern der Abbau von Klischees im Vordergrund stehen. Vorstöße in dieser Richtung hat das Deutsch-Japanische Dialogforum unternommen.

Hinter der unbestreitbaren Vorrangposition der deutschen Europapolitik darf die Asienpolitik – und darin vor allem die Japanpolitik – nicht zurückbleiben. Und auch die jüngste Wiederentdeckung Asiens darf nicht dazu führen, die Bedeutung vermeintlich vielversprechender Märkte – vor allem Chinas und der Staaten des Verbandes Südostasiatischer Staaten (ASEAN) – als Chance für die deutsche Wirtschaft überzubetonen und dabei Japan als den wohl wichtigsten deutschen Partner in Asien zu vernachlässigen.

---

11 Vgl. Gebhard *Hielscher*, Konturen einer deutschen Japan-Politik, in: Hanns W. *Maull* (Hrsg.), Japan und Europa: Getrennte Welten?, Frankfurt a.M./New York 1993, S. 337-360; hier S. 339.

DEUTSCHLAND UND INDIEN

Hans-Georg Wieck

Indien hat für Deutschland nach dem Ende des Ost-West-Konflikts an außenpolitischer Bedeutung gewonnen. Wenngleich das bilaterale Beziehungsgeflecht nicht denselben Stellenwert besitzt wie etwa die Beziehungen mit den USA, mit Rußland oder mit alten, neuen und künftigen Partnern in der Europäischen Union (EU), so ist Indien in seiner Bedeutung gewiß der nächstwichtigen Gruppe von Staaten zuzuordnen, zu der auch Japan, China, Brasilien, Ägypten oder Südafrika zählen.

Im folgenden geht es darum, die Bedeutung Indiens für die deutsche Außenpolitik zu erläutern, die deutschen und europäischen Interessen gegenüber Indien zu skizzieren sowie einige Handlungsempfehlungen für eine deutsche Indienpolitik zu entwickeln, die mehr und mehr der Abstimmung mit den Partnern in der EU bedarf.

Die Bedeutung Indiens

Daß Indien heute eine zunehmende außenpolitische Aufmerksamkeit der Bundesrepublik und ihrer Partner in der Europäischen Union verdient, ergibt sich zum einen aus einigen außen- und wirtschaftspolitischen Kurskorrekturen, die das Land in den vergangenen Jahren auch mit dem Ziel einer breiter gefächerten Zusammenarbeit mit westlichen Staaten vorgenommen hat. Zum anderen ist Indien sowohl aufgrund seiner inneren Stabilität wie auch durch seine weitreichende politische Rolle in der Region – die sich insbesondere in seinem Status als »nukleares Schwellenland« spiegelt – ein zentraler Faktor in allen Bemühungen um eine politische Stabilisierung des südlichen Asien. Indien ist zudem heute der wichtigste Akteur im Südasiatischen Verband für Regionale Zusammenarbeit (SAARC), und schließlich ist es auch ein Schlüsselland in allen kritischen Fragen der Nord-Süd-Kooperation.

Als die indische Regierung im Sommer 1991 eine Wirtschaftsreform einleitete, wurde dies im Westen zunächst zwar wohlwollend registriert, doch gleichzeitig fragte man sich, ob nicht auch diese Reform wie ihre Vorläufer in dem von Staatswirtschaft, Dirigismus und Marktgängelung beherrschten indischen Wirtschaftssystem versanden würde. Mittlerweile sind Erfolg und Beständigkeit der Wirtschaftsreform unbestritten: Die Währungsreserven sind von einer Milliarde auf 20 Milliarden US-Dollar angewachsen, das jährliche wirtschaftliche Wachstum beträgt mehr als fünf Prozent, die Inflation bewegt sich in einer Größenordnung von knapp zehn Prozent. Und ungeachtet steigender Importe ist auch das – immer noch hohe – Handelsdefizit stetig reduziert worden.

Indien ist des weiteren einer der wenigen Staaten in Asien, die auch westlichen Demokratievorstellungen weitgehend entsprechen. Seine politischen Strukturen, die von britischen Vorstellungen ebenso beeinflußt sind wie von Traditionen indischer Selbstverwaltung, haben wesentlich dazu beigetragen, daß das in einem schwierigen

Entwicklungsprozeß befindliche Land auf dem von großen politischen, sozialen, religiösen und natürlichen Gegensätzen und Unterschieden geprägten Subkontinent seine Kohäsion hat erhalten und stärken können. Gleichwohl bleibt Indien einer Vielzahl von inneren Spannungen und äußeren Gefahren ausgesetzt. Die innenpolitische Stabilität und die Fortsetzung der wirtschaftlichen Entwicklung werden vor allem durch folgende Faktoren tangiert:

- durch die ethnische, kulturelle und religiöse Heterogenität des Subkontinents;
- durch soziale Spannungen, die aus den Nachwirkungen des formal nicht mehr zulässigen, in den ländlichen Armutszonen aber weiterhin de facto herrschenden Kastensystems sowie aus dem starken Gefälle zwischen Wohlstands- und Armutsschichten resultieren;
- durch das ökonomische Gefälle zwischen einem staatswirtschaftlich ausgerichteten Sektor mit geringer Produktivität und einem privaten Sektor, dessen dynamische Entfaltung nach den Deregulierungsmaßnahmen durch zunehmenden Einsatz in- und ausländischen Kapitals beschleunigt wird;
- durch die Ineffizienz des aufgeblähten staatlichen Verwaltungsapparats und die Überlastung des Rechtswesens.

Auch das internationale Umfeld Indiens ist nicht unproblematisch. Es hat sich mit dem Ende des Ost-West-Konflikts fundamental verändert. Nachdem die indirekte Absicherung Indiens gegenüber China und Pakistan durch die Sowjetunion entfallen ist, hat sich zwar das indisch-chinesische Verhältnis aus Gründen der Entwicklungsinteressen beider Länder ein wenig im Sinne eines Modus vivendi stabilisiert, und die USA, die Jahrzehnte hindurch ein sehr kühles Verhältnis zu Indien unterhalten hatten, haben einen strategischen Schwenk zugunsten einer begrenzten sicherheitspolitischen Zusammenarbeit vorgenommen. Der indisch-pakistanische Gegensatz jedoch hat kaum etwas von seiner Brisanz verloren. Zudem befindet sich Indien als »nukleares Schwellenland« nicht nur in einer sehr exponierten Lage; es ist aufgrund seiner gegenwärtigen Nuklearpolitik auch von der internationalen Zusammenarbeit im wirtschaftlich wichtigen Bereich der Hochtechnologie ausgeschlossen.

Interessen und Handlungsfelder

Die Interessen, die die Grundlage der Beziehungen Deutschlands zu Indien bilden, sind teils als nationale, teils auch als gemeinsame europäische Interessen zu verstehen. Während das nationale Moment sich – abgesehen von der Pflege spezifischer deutsch-indischer Institutionen und der Verbesserung des Deutschlandbildes in der indischen Öffentlichkeit – vor allem in den Interessen der deutschen Wirtschaft am Markt des Subkontinents widerspiegelt, sind alle auf die Stabilisierung Indiens und der südasiatischen Region zielenden Interessen auf der europäischen Ebene anzusiedeln, wo es darum gehen muß, auch in den Beziehungen zu Indien eine Gemeinsame Außen- und Sicherheitspolitik herauszubilden.

Gemeinsame Interessen der Europäer

Als Mitglied und Verfechter des internationalen Regimes zur Nichtverbreitung von Massenvernichtungswaffen[1] und aufgrund der vorhandenen Proliferationsgefahren muß Deutschland ein fundamentales Interesse an der Heranführung Indiens – und Pakistans – an dieses Kooperations- und Kontrollsystem haben. Doch auch Indien selbst sollte hieran interessiert sein, denn so verständlich seine Position in der Frage des Beitritts zum nuklearen Nichtverbreitungsvertrag auch sein mag, weil der große Nachbar im Norden eine der fünf Mächte mit einem vom Vertrag legitimierten Nukleararsenal ist, so nachteilig wirkt sich die Nichtteilnahme am Nichtverbreitungsregime auf die Zusammenarbeit mit westlichen Staaten aus. Dies gilt nicht nur für die unterbundene Kooperation im Hochtechnologiebereich. Da diese Beschränkungen von der indischen Öffentlichkeit als Fortsetzung kolonialer Bevormundung und als Zeichen einer Politik angesehen werden, die das Verhalten von Staaten mit zweierlei Maßstäben mißt, erschweren sie auch generell die Entfaltung einer vertrauensvollen Zusammenarbeit und eines vertieften politischen Dialogs. Die sicherheitspolitische Labilität wirkt somit als Hemmschuh für eine verstärkte regionale und globale Einbindung Indiens.

Des weiteren muß Deutschland auch an einer friedlichen Überwindung des indisch-pakistanischen Konflikts gelegen sein. Die Besorgnis wegen möglicher kriegerischer Verwicklungen zwischen Indien und Pakistan, die seit der Unabhängigkeit der beiden Staaten im Jahre 1947 bereits drei Kriege gegeneinander geführt haben, bleibt berechtigt, vor allem weil beide Staaten nach derzeitigem Kenntnisstand in der Lage wären, nach nur kurzer Vorbereitungszeit die Fähigkeit zum Einsatz nuklearer Kampfmittel zu entwickeln. Insofern ist der indisch-pakistanische Konflikt ein Gefahrenherd, der nicht nur eine bilaterale und regionale, sondern auch eine globale Relevanz hat. Der von Indien vertretene Standpunkt, die in Kaschmir bestehenden Probleme auf der Grundlage der indischen Verfassung und des indisch-pakistanischen Abkommens von 1972 auf bilateralem Wege zu lösen, findet in Deutschland und bei seinen europäischen Partnern heute sehr viel mehr Unterstützung als noch vor einigen Jahren. Aber damit ist weder ein Freibrief für Gewaltmaßnahmen verbunden, noch sollte dies zur politischen Abstinenz der Europäer in diesem Konflikt führen.

Auch die Verbesserung der Beachtung von grundlegenden, in der indischen Verfassung garantierten Menschenrechten bei der Erfüllung von Polizeiaufgaben und in den Strafvollzugseinrichtungen bleibt ein Monitum der Öffentlichkeiten und der Regierungen in Europa.[2]

An der Unterstützung einer ständigen Mitgliedschaft Indiens im Sicherheitsrat der Vereinten Nationen (UN) sollte Deutschland interessiert sein. Dieser Schritt ist zwar zwischen den europäischen Partnern nicht ganz unumstritten, doch könnte

1 Vgl. hierzu den Beitrag von Erwin *Häckel* in diesem Band.

2 Vgl. *Deutscher Bundestag*, Drucksachen 12/4392 und 12/5687 vom 16.2.1993 bzw. 16.9.1993 (Große Anfrage der SPD-Bundestagsfraktion zur »Lage der Menschenrechte in Indien« und Antwort der Bundesregierung).

er geeignet sein, Indiens Verantwortungsbewußtsein für die regionale und globale Friedenssicherung zu stärken. Indien selbst sieht sich nach wie vor als ein machtpolitisches und wirtschaftliches Zentrum in der südasiatischen Region und sucht diese Position auch durch eine Statusanhebung bei der gegenwärtig verhandelten Reform der Weltorganisation zu konsolidieren. Dieses indische Interesse wird auch durch die derzeit wohl vorherrschende Tendenz im Kreis der Mitgliedstaaten der Vereinten Nationen nicht gemindert, zunächst einmal Deutschland und Japan als ständige Mitglieder in den Sicherheitsrat aufzunehmen.

Ein weiteres Interesse betrifft die Stärkung der regionalen politischen Zusammenarbeit, vor allem die Weiterentwicklung des SAARC-Rahmens. In diesem Zusammenhang sollte auch eine Förderung regionaler vertrauensbildender Maßnahmen angestrebt werden, die bis hin zu einer vertraglich vereinbarten Rüstungskontrolle für konventionelle Streitkräfte führen könnte. Zudem sollte die militärpolitische Zusammenarbeit zwischen den an sicherheitspolitischer Stabilität im Indischen Ozean und auf dem asiatischen Festland interessierten Mächten unter Einschluß der USA, Australiens und Südafrikas unterstützt werden, da sicherheitspolitische Stabilität im Indischen Ozean auch auf potentielle Konfliktherde im Persischen Golf und in der Südchinesischen See positiv ausstrahlen könnte.

Weitere Interessen richten sich auf den Ausbau der unter den Zielsetzungen der indischen Reformpolitik erleichterten kulturellen und wissenschaftlichen Zusammenarbeit, die sich übrigens auf ein weitgespanntes Netz von Einrichtungen der EU-Mitgliedstaaten in Indien und auf eine starke Präsenz indischer Einrichtungen in Europa stützen kann, sowie auf eine wirksame Zusammenarbeit bei der Bekämpfung des internationalen Terrorismus, der organisierten Kriminalität und des Drogenhandels.[3]

Spezifische Interessen Deutschlands

Die Zusammenarbeit mit Indien ist ein wichtiger Bestandteil des Asienkonzepts der Bundesregierung, das sich im Gegensatz zu den Vorstellungen manch anderer Staaten auf einen Indien und die asiatisch-pazifischen Länder umfassenden Rahmen stützt.[4] Schon während des Ost-West-Konflikts und ungeachtet der indischen Neutralitätspolitik, die sich oft als prosowjetische Politik darstellte, hatte Deutschland mit dem Subkontinent aktive, wenn auch durch die dirigistische indische Wirtschaftspolitik gehemmte Wirtschaftsbeziehungen unterhalten. Eine Vielzahl von Gemeinschaftsunternehmen, eine sehr aktive und erfolgreiche deutsch-indische Handelskammer mit Hauptsitz in Mumbai (Bombay) und eine bedeutende, Jahre hindurch führende Rolle

3 Vgl. *Wieck*, Transnationale Gefährdungen der internationalen Sicherheit, in: Karl *Kaiser*/Hanns W. *Maull* (Hrsg.), Deutschlands neue Außenpolitik, Band 2: Herausforderungen, München 1995, S. 225-237; ferner den Beitrag von Hans *Neusel* in diesem Band.

4 Asien-Konzept der Bundesregierung, veröffentlicht am 20.10.1993, abgedruckt in: *Europa-Archiv*, 6/1994, S. D187-200.

Deutschlands in der Entwicklungszusammenarbeit[5] sind die wichtigsten Merkmale dieser aktiven deutschen Indienpolitik. Deutschlands Interesse muß es sein, diese gewachsenen Strukturen für die Förderung der Entwicklung einer marktwirtschaftlich orientierten sozio-ökonomischen Struktur in Indien zu nutzen, die zum einen die weltwirtschaftliche Einbindung der indischen Volkswirtschaft stärkt, zum anderen aber auch mittelfristig die Armut in den ertragsarmen Landstrichen überwinden hilft. Zudem muß eine aktive Mitwirkung Indiens an der Bewältigung der globalen und regionalen Umwelt- und Entwicklungsprobleme angeregt werden.

Mochten in den sechziger Jahren die wirtschaftspolitischen Empfehlungen des Protagonisten der sozialen Marktwirtschaft, Ludwig *Erhard*, noch negative Reaktionen auf indischer Seite ausgelöst haben, so begrüßt die indische Regierung heute wirtschaftspolitische Anregungen auf allen Ebenen – bei Begegnungen der Regierungschefs, in der Gemischten Wirtschaftskommission, in der seit 1992 bestehenden, stark wirtschaftspolitisch orientierten »Unabhängigen Beratergruppe«, bei den direkten Verhandlungen zwischen den Wirtschaftsverbänden und im ständigen Dialog der 6 000 Mitglieder umfassenden Deutsch-Indischen Handelskammer mit indischen Partnerorganisationen und Regierungsstellen. So ist es zu einem verbesserten Investitionsschutz und zur Regelung der Doppelbesteuerung gekommen, um nur zwei Beispiele zu nennen. Die Errichtung eines »Deutschen Hauses« zur Erleichterung des wirtschaftlichen Engagements deutscher mittelständischer Betriebe in Indien steht bevor. Die Dichte der unternehmerischen Konsultationen im Asien-Pazifik-Ausschuß der Deutschen Wirtschaft und die Verbesserung der Informationsbasis für die deutschen Unternehmen mit Interessen in Indien werden von entscheidender Bedeutung dafür sein, daß Deutschland seinen Rang als eines der wichtigsten Partnerländer Indiens sichern und die deutsche Wirtschaft sich auf diesem vielversprechenden Markt behaupten kann.

Ein weiteres deutsches Interesse ergibt sich daraus, daß das Deutschlandbild in Indien unbefriedigend, weil meist einseitig kritisch ausgerichtet ist. Dieses Bild wird vor allem durch die englischsprachigen Medien der USA und Großbritanniens geprägt. Deutschsprachige Literatur und Medien haben dagegen nur einen ganz beschränkten Markt. Die von der deutschen Botschaft monatlich in englischer Sprache veröffentlichte Zeitschrift *German News* leistet – wie auch die englischsprachigen Sendungen der Deutschen Welle – Nützliches, doch bleibt dies lediglich ein »Tropfen auf einen heißen Stein« angesichts der Wirkung der 24 Stunden hindurch Nachrichten und Kommentare ausstrahlenden britischen und amerikanischen Fernsehanstalten und Radiostationen. Wirksame, auf Dauer ausgerichtete Abhilfe könnte nur durch ein rund um die Uhr arbeitendes deutsches Fernseh- und Radioprogramm in englischer Sprache geschaffen werden. Investitionen und Anstrengungen in dieser Richtung wären nicht nur für Deutschlands Ansehen und Stellung in Indien von Bedeutung,

5 Insgesamt flossen bislang mehr als 15 Milliarden D-Mark im Rahmen der Entwicklungskooperation nach Indien.

sondern auch wichtig für die Meinungsbildung über Deutschland in weiten Teilen des aufstrebenden asiatisch-pazifischen Wirtschaftsraumes.

Die Notwendigkeit europäischer Koordinierung

Die Ausgestaltung einer Politik, mit der sich die genannten Interessen realisieren lassen, bedarf einer zunehmenden Abstimmung mit den Partnern in der Europäischen Union. Denn wenngleich die Stärken von *special relationships* zwischen Indien und einzelnen EU-Mitgliedstaaten vor allem auf kulturellem Gebiet auch weiterhin genutzt werden müssen, muß doch bedacht werden, daß das wirtschaftliche und machtpolitische Gewicht der einzelnen europäischen Staaten im Umgang mit Indien, Japan, China oder auch mit dem Verband Südostasiatischer Staaten (ASEAN) eine abnehmende Tendenz aufweist. Mit der Umsetzung des Maastrichter Vertrages, der Strukturreform und der Ost-Erweiterung steht die Europäische Union zwar vor einer Fülle schwieriger Aufgaben, doch darf darüber die Notwendigkeit einer Bündelung der Kräfte bei der Zusammenarbeit mit Ländern wie Indien in Schlüsselfragen der internationalen Politik nicht vergessen werden. Ohne Abstimmung mit den europäischen Partnern – und mit den USA – bleiben bilaterale Anstrengungen Stückwerk, ganz gleich, ob es sich dabei um Rüstungskontrolle, Technologietransfer, Entwicklungskooperation oder die Vergabe von Krediten handelt.[6]

»Europäisierung« des Beziehungsgeflechts zu Indien meint nicht supranationale Festlegung politischer Positionen ohne Mitwirkung der einzelnen Regierungen. Vielmehr müssen nationale Regierungen und Gemeinschaftsinstitutionen darauf achten, daß ihre Aktivitäten letztlich ein gemeinsames außenpolitisches Profil der Union gegenüber Indien entstehen lassen.[7]

---

6 Hier ist daran zu erinnern, daß die internationale monetäre Stützungsaktion im Jahr 1991 aus multilateralen Verhandlungen resultierte, denen bilaterale Sondierungen vorgeschaltet waren.

7 Daß der politische Gleichschritt zwischen Regierungen und Gemeinschaftsinstitutionen nicht selbstverständlich ist, zeigte sich 1992, als die Europäische Kommission in den Verhandlungen über ein neues Abkommen über wirtschaftliche Kooperation mit Indien noch eine relativ zurückhaltende Position einnahm, während die nationalen Regierungen sich bereits zu einer positiven Beurteilung der neuen indischen Reformpolitik und zu einer Neubewertung ihrer nationalen Interessen gegenüber dem sich erneuernden Indien durchgerungen hatten.

REGIONALE SCHWERPUNKTE

OSTEUROPA – EIN SCHWERPUNKT DEUTSCHER AUSSENPOLITIK

Heinrich Vogel

Es ist eine Ironie der Geschichte, daß die historische Herausforderung der Standortsuche für das vereinte Deutschland zeitlich zusammenfällt mit dem Beginn einer Periode zunehmender Unsicherheiten in der europäischen Politik. Das Ende der Teilung Deutschlands und Europas hat einer national definierten deutschen Ostpolitik den Boden entzogen, gleichzeitig reichen aber die Substanz und die Dynamik der europäischen Integration für eine rasche Gestaltung der durch den Fall des Eisernen Vorhangs erweiterten Perspektiven Osteuropas nicht aus. Zu der bitteren Erkenntnis, daß eine Öffnung der Europäischen Union (EU) nach Osten nicht als bloße Fortsetzung bisheriger Entwicklungen bewältigt werden kann,[1] kommen die häufig ernüchternden Erfahrungen der ersten Transformationsschritte in den Staaten Osteuropas.

Im folgenden wird es darum gehen, deutlich zu machen, daß eine deutsche Ostpolitik als nationale Strategie, als deutscher Sonderweg unsinnig und undurchführbar wäre, daß aber auch die Grenzen des Engagements erkannt und Prioritäten definiert werden müssen, damit Deutschland in Osteuropa jene konstruktive Rolle spielen kann, die ihm als unmittelbarem Nachbarn und als entschiedenem Verfechter der europäischen Integration zukommt.

Mittellage Deutschlands oder Interdependenz?

In einer Nachbarschaft, deren außenpolitische Vorstellungen ungeachtet aller Bekenntnisse zur Notwendigkeit außen- und sicherheitspolitischer Gemeinsamkeit zunehmend vom Primat des Nationalen geprägt werden,[2] fällt es der deutschen Außenpolitik immer schwerer, ihren traditionell integrationistischen Ansatz zu vermitteln. Schon aus diesem Grund kann es eine allgemein akzeptierte Standortbestimmung für das vereinte Deutschland so schnell nicht geben. Andererseits verbietet sich in dieser Situation gerade für die Bundesrepublik eine resignative Haltung, denn dies müßte den Trend zur Nationalisierung der Außenpolitik in Europa auf absehbare Zeit festschreiben.

Ein Paradoxon besteht in diesem Zusammenhang darin, daß das herausragende wirtschaftliche und politische Potential Deutschlands ebenso zu überzogenen Erwartungen verleitet, wie es übersteigerte Befürchtungen weckt. Dies gilt zunächst für die europäische Integration mit der Diskussion über Kernprozesse und Achsen –

1 Vgl. hierzu den Beitrag von Josef *Janning* in diesem Band.

2 Vgl. Dominique *Moïsi*, A Dangerous Belief, in: *Financial Times*, 29.8.1995. *Moïsi* konstatiert dort eine zunehmende Attraktivität des Nationalismus und der unilateralen Durchsetzung nationaler Interessen.

Konstruktionen, in denen Deutschland in jedem Fall ein tragendes Element darstellt. Auch wenn gelassenere Bewertungen zunehmen,[3] so hält sich doch die Perzeption eines übermächtigen Deutschland, die entscheidend geprägt wird durch die Größe von Sozialprodukt, Exportpotential und Bevölkerung. Zugleich sind höchst widersprüchliche Szenarien für die innere Entwicklung dieses unheimlichen Nachbarn im Umlauf.

Häufig wird dabei übersehen, daß die deutsche Vereinigung im Rückblick nicht durch gezielte Kraftakte einer nationalstaatlichen Politik der alten Bundesrepublik herbeigeführt worden ist. Sie muß wohl eher als *windfall* der Geschichte, als Nebenprodukt friedlicher Revolutionen in Osteuropa und einer beschleunigten inneren Zerfallsdynamik des sowjetischen Imperiums angesehen werden. Jedenfalls dürfte es auch den mißtrauischsten Zeithistorikern schwerfallen, eine operative deutsche Strategie mit dem Ziel der Dominanz über Europa zu verifizieren. Unabhängig davon aber halten sich Spekulationen über eine gefährliche Eigendynamik deutscher Politik bis hin zur Unterstellung nuklearer Ambitionen.

Geostrategische Analysen führen die europäische Mittellage Deutschlands immer noch als Begründung eines Potentials politischer Gleichgewichtsstörungen an. Dabei wird die Vorgeschichte dieses Begriffs vergessen: In der historischen Analyse europäischer Kräftekorrelationen beinhaltete »Mittellage« stets das Risiko eines Zweifrontenkrieges, das es entweder durch Koalitionsbildung oder aber durch Überraschungsangriffe zu beherrschen galt. Daß solche Denkmuster sich kaum für den Entwurf einer Gemeinsamen Außen- und Sicherheitspolitik eignen, liegt auf der Hand. Export-, Energie- und infrastrukturelle Abhängigkeiten haben sich im Zentrum Europas weit schneller etabliert, als es für die Denktraditionen mancher Kommentatoren zu verkraften war. Und gerade am Beispiel Deutschlands lassen sich die politischen, verkehrswirtschaftlichen und ökologischen Vorteile einer »Nachbarschaft ohne Hintergedanken« am besten veranschaulichen.

Die in allen europäischen Staaten auf hohem Niveau sich stabilisierende, zeitweise sogar weiter zunehmende Arbeitslosigkeit provoziert Reflexe der Abschirmung und der Renationalisierung. Die Verunsicherung über die Problemlösungskompetenzen der Politik reicht tief, und die Warnung, daß auch mit einer Rückkehr zu nationalen Alleingängen keine nachhaltige wirtschaftliche und soziale Stabilisierung zu erreichen wäre, stößt auf erhebliche Skepsis. Nationalistischen Agitatoren dürfte es dennoch schwerfallen, eine internationale Entflechtung wirklich plausibel zu machen, die unweigerlich zu noch tieferen Einschnitten in Wachstum und Beschäftigung führen würde. Die damit verbundenen Einbußen an nationalem Wohlstand und innenpolitischer Stabilität wären zu groß.

Somit wäre für die deutsche Politik eine Wende rückwärts zu nationalen Sonderinteressen in der Tradition der ersten Hälfte des 20. Jahrhunderts keinesfalls durchzuhalten. Sicherheit und freier Welthandel sind die fundamentalen Anliegen

---

3 Vgl. William *Wallace*, Germany as Europe's Leading Power, in: *The World Today*, Nr. 8-9, 1995, S. 162-164.

deutscher Politik, und deutsche Interessen lassen sich um so eher durchsetzen, je stärker dabei die Interessen der direkten und indirekten Nachbarn berücksichtigt werden.[4] Dieser Einklang der Interessen und der Verzicht auf ein »Gleichgewicht von Drohpotentialen oder erzwungenen Unterordnungsverhältnissen«[5] stehen und fallen freilich mit der Konsensfähigkeit solcher Leitsätze zwischen Deutschland und seinen Partnern.

Grenzen deutscher Politik

Die regionalen Interessen der führenden Mitglieder der Europäischen Union sind unterschiedlich akzentuiert. Sie sind historisch gewachsen und somit kein Grund für Argwohn zwischen den EU-Staaten. Eine Ausnahme bildet allerdings das relativ starke politische und wirtschaftliche Engagement Deutschlands in Osteuropa, das bei den westeuropäischen Partnern immer wieder auf Mißtrauen stößt, obwohl man Deutschland andererseits – vor allem, wenn es um die finanziellen Kosten der Unterstützung osteuropäischer Transformationsprozesse geht – gern die Rolle eines Sachwalters zugesteht. Deutsche Forderungen nach einem verstärkten Engagement der westeuropäischen Partner finden allenfalls verbale Unterstützung; zu einer ernsthaften Umschichtung der finanziellen Lasten kommt es nicht.

Nun hat Deutschland als »europäischer Gulliver« in Margaret *Thatchers* Alpträumen eigene Sorgen. Wer immer politisch relevanten Gruppierungen in Deutschland heimliche Träume von Dominanz in Europa und Expansion nach Osten unterstellt, übersieht, daß Deutschland mit der Vereinigung selbst zum »Transformationsstaat« geworden ist. Nichts fördert die Vorsicht gegenüber den finanziellen, politischen und sozialen Problemen postkommunistischer Staaten so sehr, wie die Erfahrung ihrer Komplexität im eigenen Lande. Nachdem die Bundesrepublik ohne Dominanzstreben vierzig Jahre gut gelebt hatte, erfährt sie nun die Grenzen des Machbaren nicht zuletzt in der Auseinandersetzung mit den Problemen der Vereinigung im Innern. Diese Herausforderung wird länger dauern, als die Deutschen hofften, und sie ist größer, als auch den Nachbarn Deutschlands lieb sein kann. Die unabweisbaren innenpolitischen Verpflichtungen schränken den Spielraum für das Engagement in Europa und darüber hinaus erheblich ein.

Scharfsinnige Beobachter mögen über Optionen deutscher Außenpolitik diskutieren – von der Vollendung der »karolingischen Idee« über die europäische Erweiterung und die Achse Bonn-Moskau bis hin zum Ziel des Weltmachtstatus.[6] Die strategischen

4 Vgl. Wolfgang *Ischinger*/Rudolf *Adam*, Alte Bekenntnisse verlangen nach neuer Begründung. Die deutschen Interessen nach der Wiedervereinigung und ihre außenpolitische Verwirklichung in Europa und der Welt, in: *Frankfurter Allgemeine Zeitung (FAZ)*, 17.3.1995.

5 Ebd.

6 Vgl. Timothy *Garton Ash*, Germany's Choice, in: *Foreign Affairs*, Nr. 4, 1994, S. 65-81. Noch deutlicher wird Zbigniew *Brzezinski*, der eine Wahlsituation für Deutschland sieht, »ein europäischeres Deutschland zu werden oder ein deutscheres Europa anzustreben«. Vgl. *Brzezinski*, Sicherheit für Europa ist nur zu haben, wenn Amerika führt, in: *Die Welt*, 19.3.1995.

Dimensionen solcher Debatten wirken indes aufgesetzt, denn sie spiegeln weniger ein Spektrum veritabler Handlungsoptionen für die deutsche Politik als vielmehr die Fortsetzung einer traditionellen zeitgeschichtlichen Analyse, die den Gang der Entwicklung aus der Interessendefinition politischer Eliten und den Handlungen souveräner Regierungen erklärt. Daß ein expliziter Konsens über die Prioritäten der Außenpolitik sich in Deutschland bis heute nicht eingestellt hat, sollte nach dem historischen Erdrutsch von 1989 nicht verwundern.[7] Daß dieser Konsens auch bei den politischen Eliten praktisch aller anderen Staaten der Nördlichen Hemisphäre in der Schwebe ist, spricht eher für einen säkularen Einschnitt in die Strukturen des internationalen Systems und in die Handlungsmöglichkeiten seiner Akteure als für habituell-deutsche Entscheidungsschwäche.

Eine neue deutsche Hegemonie?

Während Regierungen und patriotische politische Eliten in den Staaten der ehemaligen Sowjetunion meist mehr deutsche Investitionen anmahnen, nehmen national argumentierende Kräfte in Osteuropa eine herausragende wirtschaftliche Präsenz Deutschlands zugleich als Indiz für strategische außenpolitische Ambitionen des mächtigen Nachbarn. Solche Argumente verdienen kritische Aufmerksamkeit. Dabei sind zwei grundsätzliche Anmerkungen angezeigt: Zum einen werden Investitionsentscheidungen international tätiger Unternehmen – sofern es sich nicht um Staatsbetriebe handelt – vom kritischen Blick auf die jeweiligen Chancen und Risiken eines Engagements geleitet, nicht von politischen Strategien. Zwischenstaatliche Abkommen mit dem Ziel der Intensivierung bilateraler Beziehungen sind willkommener Hintergrund, können gravierende Standortnachteile wie Rechtsunsicherheit und innenpolitische Instabilität jedoch nicht kompensieren. Zum anderen stoßen alle Versuche, die Anteile national definierter Komponenten im internationalen Geflecht von Kapital und Technologie zu verifizieren, sehr schnell an die Grenzen statistischer Berichterstattung. Der Vorwurf einer ökonomischen Machtergreifung durch westliche Unternehmen oder einer Strategie wirtschaftlicher »Germanisierung« ist deshalb quantitativ nicht zu belegen.

Die herausragende Rolle Deutschlands im Engagement des Westens für Osteuropa kann gleichwohl nicht übersehen werden. Auf Deutschland entfielen bis Mitte 1993 immerhin rund 37 Prozent der geleisteten Finanzhilfen, gefolgt von den USA mit 11 Prozent und Japan mit 5 Prozent.[8] Zudem führt Deutschland in der Rangliste der Handelspartner Osteuropas weit vor allen anderen Staaten der Organisation

7 Vgl. Hans-Peter *Schwarz*, Germany's National and European Interests, in: *Daedalus*, Nr. 2, 1994, S. 81-105.

8 Quelle: Jörg M. *Winterberg*, Westliche Unterstützung der Transformationsprozesse in Osteuropa (Konrad-Adenauer-Stiftung, Interne Studien und Berichte, Nr. 92), Sankt Augustin 1994, S. 13.

für Wirtschaftliche Zusammenarbeit und Entwicklung (OECD).[9] Zur Erklärung dieses Sachverhalts reichen räumliche Nähe, Vorkriegstraditionen und die in den Nachkriegsjahren erworbenen Marktkenntnisse völlig aus. Gleichzeitig war der Anteil Osteuropas im gesamten Außenhandel der alten Bundesrepublik bzw. des vereinten Deutschland nie größer als 8 Prozent. Im Blick auf den Stand der Verschuldung und die kurzfristig nicht zu überwindenden Wirtschaftsprobleme der meisten Staaten Osteuropas sowie auf die Konkurrenz in Asien und Südamerika ist eine rasche Expansion des deutschen Handels mit Osteuropa nicht zu erwarten.

Die wirtschaftliche und infrastrukturelle Rekonstruktion und die teilweise Reindustrialisierung weiter Teile Osteuropas erfordern gigantische Aufwendungen für den Transfer von Kapital und technisch-organisatorischem Know-how. Diese können keinesfalls über bilaterale, ja nicht einmal über multilaterale öffentliche Finanzierungsprogramme aufgebracht werden. Ausschlaggebend in diesem Zusammenhang ist deshalb die Attraktivität für Direktinvestitionen westlicher Unternehmen. Umgekehrt kann deren Ausmaß als Maßstab für den Zustand der jeweiligen Rahmenbedingungen, d.h. der rechtlichen, politischen und infrastrukturellen Voraussetzungen, und erst in zweiter Linie als Indikator für strategische Konzepte der Investoren – und nicht etwa der Regierungen ihrer Herkunftsländer – angesehen werden.

Deutsche Investoren verhalten sich hier nicht anders als ihre westlichen Konkurrenten: Gemessen an ihrem Anteil an den gesamten Auslandsinvestitionen liegen sie zwar an der Spitze in Osteuropa, aber der Anteil osteuropäischer Projekte am deutschen Kapitalexport ist gering. Auch lag zum Beispiel das Volumen der 1992-1994 in Ungarn getätigten Direktinvestitionen deutscher Unternehmen mit 2,5 Milliarden D-Mark immer noch deutlich unter dem für Spanien gemeldeten Wert von 4,2 Milliarden D-Mark.[10]

Die Tatsache, daß bei einem extrem niedrigen Ausgangsniveau der Kapitalverflechtung im Jahr 1991 ein einziges Projekt – das Engagement von Volkswagen bei Škoda – ein Viertel der gesamten deutschen Investitionen in Osteuropa und 80 Prozent der Auslandsinvestitionen in der Tschechoslowakei ausmachen konnte, sorgte für Aufsehen und hatte eine Politisierung der wirtschaftspolitischen Diskussionen zur Folge, die in einem anderen Umfeld kaum so entstehen könnte. Dennoch gelten die entscheidenden Hindernisse für vermehrte Investitionen in Osteuropa auch für deutsche Unternehmen: Devisenmangel, der Transformationsschock der Wirtschaft in den Partnerländern, unsichere politische Verhältnisse und ein gravierender technisch-organisatorischer Rückstand der potentiellen Partnerunternehmen. In einer solchen Situation helfen keine politischen Appelle. Der einzige Ausweg besteht in der Schaffung eines entsprechenden Investitionsklimas, d.h. adäquater Rahmenbedingungen durch die Regierungen der Transformationsstaaten selbst.

---

9 Die UN-Wirtschaftskommission für Europa (ECE) spricht in diesem Zusammenhang von einer neuen Rolle Deutschlands als »Gravitationszentrum und Anziehungspol für nahezu alle Transformationsstaaten von Estland bis Bulgarien«. Vgl. *ECE*, Economic Bulletin for Europe, Band 46, New York 1994, S. 57.

10 Quelle: Länderanalyse Rußland (FAZ Informationsdienste), August 1995, S. 20.

Schlussfolgerungen und Handlungsempfehlungen

Selbst bei einer wünschenswerten Orientierung an westlichen Integrationsmustern werden die Staaten Osteuropas den technischen und ökonomischen Vorsprung Westeuropas in absehbarer Zeit nicht aufholen können. Die schwierigen Aufgaben einer realistischen Politik des gesamten Westens bestehen deshalb auf längere Frist darin, erstens diesen Staaten den ordnungspolitischen Wechsel nicht durch zusätzliche Anhäufung von sozialökonomischem Sprengstoff zu erschweren; zweitens Sicherheitsgarantien zu entwickeln, ohne eine neuerliche Teilung Europas zu provozieren und das atlantische Bündnis zu überlasten; drittens Ängste vor westlicher Dominanz durch einen sensiblen Umgang mit den spezifischen Erfahrungen und Problemen der Partnerstaaten abzubauen; und viertens der Attraktivität des Nationalstaates das Vorbild einer übergreifenden, auf Kooperation angelegten europäischen Ordnung entgegenzusetzen.

Wenngleich zu bezweifeln ist, daß die Öffnung des westeuropäischen Integrationsprozesses für Osteuropa durch Beitrittseinladungen wesentlich beschleunigt werden kann, muß die Europäische Union praktische Schritte in Richtung auf eine weitere wirtschaftliche und politische Öffnung unternehmen, wenn ihre Integrationsformeln und politischen Signale nicht zu blankem Zynismus verkommen sollen.[11] Mit den Interimsabkommen hat der Abbau quantitativer Importbeschränkungen zwar begonnen, doch nach wie vor bestehen Behinderungen auf Feldern, die gern als »sensitiv« bezeichnet werden, deren innenpolitische Brisanz aber durch die Unentschlossenheit der politischen Führungen der EU-Mitgliedstaaten festgeschrieben wird. Auf diese Weise behindert mangelnder Mut zum Strukturwandel im eigenen Haus auch die Erschließung interessanter Märkte vor der Haustür.

Zweifellos käme es der Dynamik der europäischen Integration zugute, wenn die Debatten von der bisherigen Fixierung auf formal-institutionelle Aspekte der Erweiterung der Europäischen Union befreit und auf den bereits begonnenen Ausbau der funktionalen Verbindungen nach Osteuropa umorientiert werden könnten. In einer solchen Perspektive ist Deutschland unentbehrlich und unverdächtig. Denn seine Interessen in Osteuropa unterscheiden sich weder in der Substanz – wirtschaftliche Konsolidierung und politische Stabilisierung – noch in der Richtung – Fortsetzung der Reformen – von denen der übrigen Industriestaaten des Westens. Freilich sind sie angesichts der aus geographischer Nähe erwachsenden Probleme und Möglichkeiten sowie eines lange vor der Wende gewachsenen wirtschaftlichen Engagements in dieser Region ausgeprägter als bei den westeuropäischen und atlantischen Partnern.

---

11 Vgl. Roland *Freudenstein*, Die neuen Demokratien in Ostmitteleuropa und die Europäische Union, in: Karl *Kaiser*/Hanns W. *Maull* (Hrsg.), Deutschlands neue Außenpolitik, Band 2: Herausforderungen, München 1995, S. 103-119.

DEUTSCHE POLITIK GEGENÜBER DEM BALKAN

Karl Kaiser und Joachim Krause

Die Debatte über deutsche Politik und Interessen gegenüber dem Balkan verengt sich oft auf angebliche historische Kontinuitäten, auf die Verletzung von Menschenrechten und die Verurteilung von Krieg und Gewalt. So wichtig und menschlich verständlich derartige Themen auch in der öffentlichen Erörterung sind, so geben sie dennoch keine interessenorientierte und konzeptionell angelegte Balkanpolitik ab. Im folgenden wird der Frage nachgegangen, welche strategischen Interessen Deutschland in dieser Region hat und welche Konsequenzen sich daraus für die deutsche Politik ergeben. Um die Schlußfolgerung vorwegzunehmen: Es gibt keine traditionellen, geopolitischen Interessen Deutschlands am und auf dem Balkan, hingegen ein starkes Interesse daran, daß vom Balkan keine gesellschaftliche, wirtschaftliche oder politische Destabilisierung ausgeht und daß keine Erosion jener internationalen ordnungspolitischen Strukturen erfolgt, die für das Bestehen der Bundesrepublik Deutschland lebenswichtig sind.

Die historische Dimension

Der Balkan hatte in der deutschen Außenpolitik nach dem Zweiten Weltkrieg keine prioritäre Bedeutung. Die Bundesrepublik Deutschland profitierte ebenso wie die meisten Staaten Europas von der relativen Stabilität und außenpolitischen Unabhängigkeit Jugoslawiens unter Josip Broz *Tito*. Kein anderer Staat Europas trug im übrigen so sehr zur wirtschaftlichen Stabilisierung der südslawischen Föderation bei wie die Bundesrepublik: durch Wirtschaftshilfe, durch die Aufnahme von Millionen von Gastarbeitern und nicht zuletzt dadurch, daß das Land touristisch erschlossen wurde. In den siebziger und achtziger Jahren war die Anbindung seiner Wirtschaft an die Bundesrepublik eine wesentliche Ursache für die relative wirtschaftliche Stabilität Jugoslawiens geworden. Wer in den achtziger Jahren nach einem Beispiel dafür suchte, was die kooperative und integrative Außenpolitik einer primär auf zivile Mittel setzenden Macht wie der Bundesrepublik ausrichten kann, konnte dieses in Jugoslawien finden. Und wohl an kaum einer anderen Region lassen sich heute die Gefahren plastischer darstellen, die einer kooperativen Politik durch das Wiederaufleben von Kräften drohen, die für überwunden gehalten wurden.

Mit dem Ende der achtziger Jahre änderte sich die Situation in Jugoslawien schneller und radikaler, als alle deutschen und anderen westlichen Politiker erwartet hatten. Im Gegensatz zur deutschen Vereinigung, die in der politiknahen Forschung nicht vorhergesehen wurde, fehlte es in diesem Fall nicht an Analysen, die eindringlich und klar verständlich die kommenden Gefahren aufzeigten.[1]

Am Anfang stand mit Slobodan *Milošević* die Machtübernahme reformfeindlicher Kräfte im Bund der Kommunisten Serbiens, die in gefährlicher Weise die Behauptung eines angeblich gegen Serbien gerichteten Völkermordplans lancierten. Dann kamen die Abschaffung der Autonomieregelung im Kosovo und schließlich die Unabhängigkeitsbestrebungen Sloweniens und Kroatiens, die sich als nächste Opfer der Politik *Milošević'* wähnten.[2] Der Gang zu den Waffen erfolgte 1991 und 1992 überall durch serbische Kräfte, die zumeist auf Gegner trafen, die nicht oder nur unzureichend bewaffnet waren. Die Serben führten einen Krieg gegen weitgehend wehrlose Zivilisten und vertrieben planmäßig die nichtserbische Bevölkerung aus den von ihnen beanspruchten Gebieten. Die Kroaten folgten diesem Beispiel, wenn auch in geringerem Ausmaß. Der Krieg nahm zunehmend grausamere Formen an: Massentötung von Zivilisten, Konzentrationslager und Vergewaltigungen einer erbarmungslosen Soldateska. Die Zahl der Toten wird heute auf etwa eine Viertelmillion geschätzt, die der Vertriebenen auf mehrere Millionen. Der wirtschaftliche und ökologische Schaden wird allein für Bosnien-Herzegowina auf etwa 80 Milliarden US-Dollar veranschlagt.

Die internationalen Reaktionen auf die Kriege im ehemaligen Jugoslawien ließen in erschreckender Weise die Unfähigkeit der Staatengemeinschaft erkennen, mit einer derartigen Krise fertig zu werden. Lange Zeit bemühte man sich um Vermittlung, wo nichts mehr zu vermitteln war, um Friedenserhaltung, wo der Frieden schon gebrochen war, und man unterstützte zudem indirekt den gut ausgerüsteten Aggressor durch die Beibehaltung eines allgemeinen Waffenembargos. Insbesondere die Staaten der Europäischen Union (EU) zeigten sich hilflos und zerstritten, aber auch Washington blieb lange Zeit stumm.[3] Auch die Versuche der Vereinten Nationen,

---

1 Vgl. etwa Peter *Danylow*, Der Zerfall der wirtschaftlichen und politischen Ordnung in Jugoslawien und Albanien (Stiftung Wissenschaft und Politik, SWP-AP 2687), Ebenhausen 1991. Der amerikanische Geheimdienst CIA sagte im Herbst 1990 den Ausbruch eines Krieges in Jugoslawien innerhalb der nächsten 18 Monate voraus. Vgl. *International Herald Tribune*, 29.11.1990.

2 Zum Entstehen der Kriege im ehemaligen Jugoslawien vgl. James *Gow*, Legitimacy and the Military: The Yugoslav Crisis, New York 1992; Lenard *Cohen*, Broken Bonds: The Disintegration of Yugoslavia, Boulder, Col. 1993; Johannes *Grotzky*, Balkankrieg: Der Zerfall Jugoslawiens und die Folgen für Europa, München/Zürich 1993; Marc *Fritzler*, Stichwort Bosnien, München 1994; Christian *Kind*, Krieg auf dem Balkan. Der jugoslawische Bruderstreit, Paderborn 1994; Angelika *Volle*/Wolfgang *Wagner* (Hrsg.), Der Krieg auf dem Balkan. Die Hilflosigkeit der Staatenwelt (Beiträge und Berichte aus dem *Europa-Archiv*), Bonn 1994; V.P. *Gagnon*, Ethnic Nationalism and International Conflict: The Case of Serbia, in: *International Security*, Nr. 3, Winter 1994/95, S. 130-166; Laura *Silber*/Allan *Little*, The Death of Yugoslavia, Harmondsworth 1995; Klaus *Becher*, Nationalitätenkonflikte auf dem Balkan, in: Karl *Kaiser*/Hanns W. *Maull* (Hrsg.), Deutschlands neue Außenpolitik, Band 2: Herausforderungen, München 1995, S. 137-155; Richard H. *Ullman*, The World and Yugoslavia's Wars, New York 1996. Zu empfehlen ist auch die seit 1990 in der *Österreichischen Militärischen Zeitschrift* fortlaufend geführte Chronik zu den Ereignissen im ehemaligen Jugoslawien unter dem Titel »Die Neuordnung des südslawischen Raumes« (Verfasser Gustav *Gustenau*).

3 Vgl. *Krause*, Die Kriege im ehemaligen Jugoslawien und die Suche nach einer neuen internationalen Ordnung (Forschungsinstitut der Deutschen Gesellschaft für Auswärtige Politik, Aktuelle Kurzanalyse Nr. 17), Bonn 1995; Michael *Brenner*, Das Finale in Jugoslawien. Der Westen und die Lösung des Balkan-Konflikts, in: *Internationale Politik (IP)*, 12/1995, S. 3-9.

einschließlich der Entsendung von Friedenstruppen, vermochten den Krieg nicht zu beenden.

Erst im August und September 1995 zeichnete sich unter dem Druck des amerikanischen Kongresses ein Wandel der US-Politik ab, der in den Einsatz von Streitkräften gegen die Serben einmündete und den Friedensprozeß von Dayton ermöglichte. Trotz dieser Wende ist allerdings nicht zu übersehen, daß das vorherige Versagen der internationalen Gemeinschaft schwerwiegende Konsequenzen gehabt hat; die Bereitschaft Washingtons zur begrenzten Anwendung militärischer Gewalt gegen die Serben kam drei bis vier Jahre zu spät. Das Scheitern der internationalen Vermittlungsbemühungen und das damit offenkundig werdende Fehlen jeglicher internationaler Autorität hatten in der Zwischenzeit dazu geführt, daß die Kriege im ehemaligen Jugoslawien ausuferten und verrohten. Entsprechend schwer fällt heute die Implementierung eines Friedensabkommens. Wären die USA und andere Mächte (einschließlich Deutschland) im Sommer 1991 oder spätestens im Frühjahr 1992 mit der gleichen Entschiedenheit bereit gewesen, dem Einsatz militärischer Gewalt seitens der jugoslawischen Bundesarmee bzw. der Serben entgegenzutreten, so lägen die Dinge heute anders. Der multiethnische Charakter Bosnien-Herzegowinas hätte erhalten werden können, und Hunderttausende von Menschen, die mittlerweile tot, verschwunden, versehrt oder vertrieben sind, könnten heute ein normales Leben führen. Auch der enorme materielle Schaden auf dem Balkan – traditionell die am weitesten zurückgebliebene Region Europas – hätte vermieden werden können. Heute stellen sich dagegen Wiederaufbauprobleme von ungeahntem Ausmaß, die Menschen miteinander bewältigen sollen, die in den vergangenen Jahren nichts anderes als gegenseitigen Haß entwickelt haben.

Die deutschen Interessen auf dem Balkan

Die Rolle Deutschlands in den ersten Jahren der Kriege im ehemaligen Jugoslawien ist wiederholt Gegenstand von Disputen und Polemiken gewesen, die an dieser Stelle nicht ausgebreitet werden können.[4] Jetzt geht es um die Zukunft. Die Interessen Deutschlands auf dem Balkan haben heute nichts mehr mit den traditionellen, geopolitisch definierten Interessen des deutschen Kaiserreichs nach Otto *von Bismarck* oder des Dritten Reiches gemein. Sie ergeben sich vielmehr aus dem allgemeinen Interesse einer großen europäischen Macht, die mit der Außenwelt verflochten ist und sich darum bemüht, mit vornehmlich zivilen Ansätzen Krisen und Konflikte zu vermeiden, die sie in vielfacher Weise negativ berühren können. Deutschlands Interessen auf dem Balkan lassen sich heute in drei Kategorien einteilen: erstens das Interesse an der Wiederherstellung internationaler Autorität und ordnungspolitischer

4 Zur deutschen Politik bis Mitte 1995 vgl. Hanns W. *Maull*, Germany in the Yugoslav Crisis, in: *Survival*, Nr. 4, Winter 1995/96, S. 99-130; ferner Heinz-Jürgen *Axt*, Hat Genscher Jugoslawien entzweit? Mythen und Fakten zur Außenpolitik des vereinten Deutschlands, in: *Europa-Archiv*, 12/1993, S. 351-360; Hans-Dietrich *Genscher*, Erinnerungen, Berlin 1995, S. 927-968.

Strukturen sowie der ihnen zugrundeliegenden Prinzipien des Völkerrechts; zweitens das Interesse an der Verhinderung einer Eskalation dortiger Konflikte und ihrer Ausdehnung auf Allianzpartner, auf das Verhältnis zu Rußland oder auf den Nahen Osten; drittens das Interesse an der Vermeidung gesellschaftlicher, wirtschaftlicher und innenpolitischer Instabilitäten auf dem Balkan.

Das Interesse an der Wiederherstellung internationaler Autorität und ordnungspolitischer Strukturen bedeutet, daß der Schaden wieder behoben werden muß, den das Nichthandeln der internationalen Staatengemeinschaft der internationalen Ordnung und Strukturbildung zugefügt hat. Die Folgen der jahrelangen Inaktivität sind nicht auf das Gebiet des ehemaligen Jugoslawien beschränkt geblieben. Die Europäische Union, die Organisation für Sicherheit und Zusammenarbeit in Europa (OSZE) und vor allem die Vereinten Nationen haben in Kroatien und Bosnien-Herzegowina weitgehend versagt. Damit konnten sich die ihnen zugrundeliegenden Ordnungsprinzipien nicht durchsetzen, und die Organisationen verloren an Glaubwürdigkeit und Handlungsfähigkeit. Dieses Versagen ist besonders verhängnisvoll in einer Zeit des weltpolitischen Umbruchs, da in solchen Zeiten derartige Schlüsselereignisse einen paradigmatischen Charakter für die weltpolitische Strukturbildung bekommen können. In der Folge kann es zu einem generellen Ansehensverlust für internationale Organisationen und Prinzipien des Völkerrechts sowie zu einer schleichenden Renationalisierung kommen.

Es liegt im Interesse deutscher Politik auf dem Balkan, gerade dort die Glaubwürdigkeit und Effektivität internationaler Organisationen und Ordnungsgrundsätze wiederherzustellen. Dies kann nur im Zusammenwirken mit anderen Staaten geschehen und muß auf der Basis des Dayton-Abkommens[5] erfolgen – so unvollkommen und widersprüchlich diese Vereinbarung auch sein mag. Mit beiden Bedingungen sind Beschränkungen verbunden, die es schwer werden lassen, diesem Interesse Genüge zu tun. So ist das Interesse wichtiger Partnerstaaten an der Wiederherstellung internationaler Organisationen vergleichbar gering. Großbritannien und – für einige Zeit – auch Frankreich haben die Ereignisse auf dem Balkan unter dem Gesichtspunkt des Gleichgewichts der Mächte gesehen. Für London hatte und hat die Eindämmung deutschen Einflusses auf dem Balkan eine wichtige Bedeutung – auch wenn es keine deutschen Bemühungen um die Gewinnung einer dortigen Sonderstellung gibt. Rußland tendiert aus innenpolitischen Rücksichtnahmen und geostrategischen Überlegungen, die denen der Briten nicht unähnlich sind, zu einer proserbischen Politik. Die USA sind der wichtigste und für ordnungspolitische Fragen am ehesten zu sensibilisierende Partner. Daneben sind die kleineren europäischen Staaten – besonders in Nordeuropa sowie im ehemaligen Ostblock – für derartige Ziele ansprechbar.

Das Interesse an der Vermeidung von Eskalationsgefahren richtet sich auf verschiedene Arten von Entwicklungen. So ist denkbar, daß Konflikte im Gebiet des früheren

5 Allgemeines Rahmenübereinkommen für den Frieden in Bosnien-Herzegowina, paraphiert am 21.11.1995 in Dayton, Ohio, in Auszügen abgedruckt in: *IP*, 1/1996, S. 80-93. Vgl. auch das mit dem Friedensabkommen aufs engste verbundene Abkommen über die Verwirklichung der Föderation Bosnien-Herzegowina, unterzeichnet am 10.11.1995 in Dayton (Ohio), abgedruckt in: *ebd.*, S. 72-78.

Jugoslawien auf Nachbarstaaten ausgreifen, die Mitglieder des Nordatlantikpaktes (NATO) sind. Dies könnte sogar so weit gehen, daß zwei NATO-Mitgliedstaaten wie die Türkei und Griechenland sich auf unterschiedlichen Seiten einer den gesamten Balkan überziehenden Konfrontationslinie wiederfinden. Es gab Phasen in den Jahren 1994/95, in denen eine derartige Entwicklung nicht mehr ausgeschlossen werden konnte. Sie wäre verheerend für die NATO, für die EU und für die Westeuropäische Union (WEU) gewesen. Darüber hinaus haben die Kriege in Bosnien-Herzegowina und Kroatien erkennen lassen, daß diese zu einer nachhaltigen Störung der Beziehungen Deutschlands und anderer westlicher Staaten zu Rußland führen können, welches sich traditionell, aber vor allem vor dem Hintergrund einer instabilen innenpolitischen Lage der serbischen Sache verpflichtet fühlt. Das Nichthandeln des Westens und die Aufrechterhaltung des Waffenembargos gegen Bosnien-Herzegowina haben schließlich auch die Gefahr einer Entfremdung zwischen der westlichen Staatengemeinschaft und den Staaten der islamischen Welt heraufbeschworen. Dies macht die Politik der Türkei als einem säkularen islamischen Staat und strategisch wichtigen Mitglied der demokratischen Staatengemeinschaft im Nahen Osten zu einem äußerst schwierigen Balanceakt. Es muß das Interesse Deutschlands sein, diese verschiedenen Potentiale für eine Konflikteskalation und für die Verschlechterung der bilateralen oder internationalen Beziehungen so gering wie möglich zu halten. Dies bedeutet primär, daß alles getan werden muß, um das Wiederaufleben von Kämpfen zu verhindern.

Die deutschen Interessen werden zudem durch die wirtschaftlichen und sozialen Folgen der jahrelangen Kriege berührt. Zwar war Jugoslawien kein so bedeutender Industriestandort für deutsche Unternehmen, daß von massiven Verlusten für die Volkswirtschaft der Bundesrepublik gesprochen werden könnte, jedoch zählt das Interesse an der Vermeidung von indirekten Folgen. Deutschland mußte mehr als 320 000 Flüchtlinge aufnehmen, davon die Hälfte aus den heute von den Serben kontrollierten Teilen Bosnien-Herzegowinas. Ihr Fehlen belastet die ohnehin krisengeschüttelte Wirtschaft der Region zusätzlich.[6] Zudem kann nie ausgeschlossen werden, daß Deutschland – wie beim Konflikt zwischen Kurden und Türken – auch zum Austragungsort für bewaffnete Streitigkeiten zwischen verschiedenen Nationalitäten des ehemaligen Jugoslawien wird.

In den kommenden Jahren liegt es im Interesse Deutschlands, eine Verstetigung der durch die Kriege verursachten wirtschaftlichen Katastrophenlage im gesamten ehemaligen Jugoslawien zu verhindern. Bosnien-Herzegowina hat heute gerade noch 25 Prozent der Wirtschaftsleistung der Vorkriegszeit aufzuweisen; in der Bundesrepublik Jugoslawien (Serbien/Montenegro) sieht die Lage nicht viel besser aus. Die Industrieproduktion Bosnien-Herzegowinas ist auf weniger als 5 Prozent der Vorkriegszeit gesunken. Dies schlägt sich auch in einer Arbeitslosenquote von etwa 90 Prozent nieder. Fast ein Drittel aller Haupt- und Nebenstraßen und zwei Drittel aller Brücken in Bosnien-Herzegowina bedürfen dringlicher Reparaturen. Angesichts

6 Die Unterstützung der in Deutschland lebenden Flüchtlinge aus dem ehemaligen Jugoslawien hat nach Angaben des Auswärtigen Amtes seit Mitte 1991 etwa 14 Milliarden DM gekostet.

weitgehend zerstörter industrieller Kapazitäten und Infrastrukturen ist es fraglich, wie realistisch ein ökonomischer Wiederaufbau innerhalb der nächsten zehn Jahre ist. Dennoch bleibt keine andere Wahl, als den Wiederaufbau und die Reintegration der Gesellschaften zu betreiben. Die Alternative wäre ein Raum konstanter wirtschaftlicher Not und Destabilisierung, eine Art »Super-Balkan«, der nicht nur auf Westeuropa ausstrahlen würde, sondern auch ein Herd für politische Extremismen aller Arten wäre.

Ziele und Strategien deutscher Politik nach Dayton

Aufbauend auf diesen Überlegungen zu den Interessen deutscher Politik lassen sich drei Hauptziele deutscher Politik auf dem Balkan identifizieren: zum einen die Wiederherstellung der Handlungsfähigkeit und Autorität internationaler Institutionen und Strukturen; zum zweiten die Mitwirkung an allen Versuchen, den Waffenstillstand zu erhalten und den Frieden zu sichern; und drittens die Schaffung wirtschaftlicher, politischer und gesellschaftlicher Stabilität.

Alle drei Ziele sind im Friedensabkommen von Dayton angelegt. Seine Erfüllung wird über die Zukunft des Balkans entscheiden. Das Dayton-Abkommen war unter den gegebenen politischen Bedingungen das Optimum dessen, was im Jahre 1995 erreichbar war. Gleichzeitig ist es mit zentralen Schwächen behaftet. So ist etwa die Frage der territorialen Einheit Bosnien-Herzegowinas widersprüchlich geregelt:[7] Einerseits wird die Einheit des Staates bekräftigt, andererseits wird die Existenz einer eigenen serbischen Republik, der Republika Srpska, anerkannt. Viele Bestimmungen – etwa jene zur Rückführung von Flüchtlingen in ihre Heimatgebiete – sind auch festgelegt worden, ohne daß bereits erkennbar war, ob alle Beteiligten sich daran halten würden und ob diese Bestimmungen implementierbar wären. Der einjährige Zeitrahmen dürfte für die militärische Implementierung ausreichen; die längerfristig wichtigere politische Implementierung braucht aber mehr Zeit und ist nur dann erfüllbar, wenn der in der militärischen Umsetzung erkennbar werdende Wille der Staatengemeinschaft den entsprechenden Druck aufrechterhält.

Dennoch wäre es falsch, von einem sicheren Scheitern des Abkommens auszugehen. Tatsächlich bietet es unterschiedliche Entwicklungsmöglichkeiten: Es kann zur Wiederherstellung eines funktionierenden Gesamtstaates Bosnien-Herzegowina, zur Zweiteilung zwischen der bosniakisch-kroatischen Föderation und der Republika Srpska, aber auch zur faktischen Dreiteilung zwischen einem serbischen, einem kroatischen und einem muslimischen Staat führen. Welche von diesen Möglichkeiten eintreten wird, hängt wesentlich vom Geschick und von der Entschlossenheit der

7 Im Zusammenhang mit der politisch-territorialen Neuordnung werden hier im folgenden für die beiden Teile Bosnien-Herzegowinas die Bezeichnungen (bosniakisch-kroatische) »Föderation Bosnien-Herzegowina« und »Republika Srpska« verwendet. Die Bezeichnungen »Bosnien-Herzegowina« und »Republik Bosnien-Herzegowina« bleiben für die Kennzeichnung des Gesamtstaates vorbehalten.

westlichen Staatengemeinschaft ab, ihr ganzes Gewicht zugunsten einer Implementierung des Abkommens in allen seinen Aspekten in die Waagschale zu werfen. Während die erste Möglichkeit einer Wiederherstellung ordnungspolitischer Prinzipien und Strukturen nahe käme, dürfte die letztgenannte Möglichkeit eine Kapitulation der Völkergemeinschaft vor Ethnonationalismus und Massenvertreibung darstellen; sie trüge den Keim künftiger Konflikte bereits in sich. Die zweite und wahrscheinlichste Variante wäre eine Mittellösung, die einen späteren Übergang zur ersten Option zumindest zulassen würde.

Die Implementierung des Dayton-Abkommens ist die Nagelprobe für die von Deutschland favorisierte kooperative Außen- und Sicherheitspolitik. Das derzeitige Aufgebot an international koordinierten und umgesetzten Initiativen zur Implementierung des Abkommens ist möglicherweise der letzte Versuch, ein kooperatives und integratives Modell der internationalen Beziehungen im südöstlichen Teil Europas zu etablieren. Ein Scheitern wäre extrem nachteilig für die Position Deutschlands und seiner Partner: Der Balkan würde zu einem konfliktgeladenen Armenhaus, welches ständig Instabilität auf den Rest Europas ausstrahlte. Zudem wären NATO, EU, OSZE und natürlich auch die Vereinten Nationen als Institutionen zur Lösung greifbarer Sicherheitsprobleme diskreditiert. Damit wären die Grundlagen der integrativen und kooperativen deutschen Politik gefährdet.

Eine auf Stabilität auf dem Balkan angelegte Politik läßt sich in fünf verschiedene Sachbereiche gliedern: Wiederherstellung der Menschenrechte, militärische Stabilisierung, Rüstungskontrolle, politische Stabilisierung und wirtschaftlicher Wiederaufbau.

Maßnahmen zur Wiederherstellung der Menschenrechte

Internationale Bemühungen zur Wiederherstellung der Menschenrechte sind für eine an internationalen kooperativen Strukturen orientierte deutsche Außenpolitik von zentraler Bedeutung. Zur Zeit bedeutet dies primär die Umsetzung des im Dayton-Abkommen versprochenen Rechts auf Rückkehr für vertriebene Personen. Dies dürfte der schwierigste Teil des Abkommens sein, und vermutlich werden hier die größten Abstriche an den gesetzten Zielen nötig. Eine Politik der vollständigen Wiederansiedelung wird letztendlich nicht realisierbar sein. Die Frage ist nur, inwieweit eine einigermaßen »gerechte« Lösung denkbar ist. Dies ist ein Bereich, in dem weder moralischer Rigorismus noch pragmatischer Zynismus Erfolge versprechen. Vielmehr muß mit großer Geduld und Beharrlichkeit und auch mit der Bereitschaft der Staatengemeinschaft zum direkten Engagement nach Lösungen gesucht werden, die zumindest in der Aufteilung von Konzessionen als ausgeglichen bezeichnet werden können. Deutsche Politik kann in diesem Bereich viel bewirken, wenn sie effektiv und mit einem Höchstmaß an Fairneß gehandhabt wird.

Daneben ist die Verfolgung von Kriegsverbrechern durch das Internationale Kriegsverbrechertribunal ein nicht unbedeutender Teil der Strategie zur Wiederherstellung der Geltung der Menschenrechte. Diese Einrichtung wird oftmals als idealistisch abgetan. Sie hat jedoch auch die wichtige Aufgabe, für ähnliche Fälle in der Zukunft zu demonstrieren, daß Kriegsverbrecher persönlich für die von ihnen zu verantwortenden Taten haftbar gemacht werden. Das Funktionieren des Tribunals wird in nicht unwesentlicher Weise das Risikoverhalten potentieller Kriegsverbrecher im ehemaligen Jugoslawien oder in anderen Regionen bestimmen.

Daneben gibt es eine Reihe von Initiativen zur Förderung der Menschenrechte, die in den kommenden Jahren ihre Tauglichkeit unter Beweis stellen müssen: die Einrichtung von Bürgerbeauftragten, die Schaffung einer Menschenrechtskammer und einer Menschenrechtskommission in Bosnien-Herzegowina etc. Auch hier kann politische und materielle Unterstützung aus Deutschland viel zur Effektivität dieser Einrichtungen beitragen.

Der Blick auf Bosnien-Herzegowina sollte darüber hinaus nicht davon ablenken, daß es auch in anderen Teilen des ehemaligen Jugoslawien gravierende Menschenrechts- und Minderheitenprobleme gibt. Die Behandlung der Albaner im Kosovo ist das derzeit schwerstwiegende Problem, welches sich zu einem bewaffneten Konflikt auswachsen könnte. Es wäre gut, wenn die deutsche Außenpolitik die Gefahren, die sich mit der serbischen Politik gegenüber dem Kosovo verbinden, recht bald zum Gegenstand internationaler Beratungen und Aktivitäten machen würde. Minderheitenprobleme gibt es auch in anderen Teilen des Balkans, etwa in Rumänien, Bulgarien und Mazedonien, und es dürfte hilfreich sein, wenn auch hier die deutsche Politik darauf abzielte, diesen Staaten zu helfen, Minderheitenprobleme in kooperativer Weise zu lösen.

Wie in den anderen oben genannten Bereichen ist auch hier die Tätigkeit internationaler Organisationen und Gremien wichtig. Sie kann auch zur Wiedergewinnung des Vertrauens in diese Einrichtungen beitragen. In erster Linie ist hier an die OSZE zu denken, aber auch an das Amt des UN-Hochkommissars für Flüchtlinge (UNHCR) sowie an das bereits erwähnte Kriegsverbrechertribunal im Haag. Die Europäische Union nimmt auf diesem Gebiet eine wichtige Funktion als Koordinator für die unterschiedlichen Aktivitäten wahr.

Maßnahmen zur militärischen Stabilisierung

Die Ereignisse vom Sommer 1995 haben gezeigt, daß ohne militärische Intervention eine Beendigung des Krieges nicht möglich war. Die Beauftragung der unter NATO-Befehl stehenden multinationalen Truppe zur Implementierung des Friedensabkommens (IFOR) mit der Überwachung des Waffenstillstands und der Schaffung von Bedingungen, unter denen erst die Umsetzung nichtmilitärischer Maßnahmen stattfinden kann, ist die logische Konsequenz aus dieser Erkenntnis. Nach dem erfolgreichen Abschluß der ersten Phase des Abkommens, zu der u.a. die Entflechtung von Truppen, die Organisation des Kriegsgefangenenaustausches und die Überwachung des Rückzugs von Streitkräften in Kasernen und Lager gehörte, haben sich die Aufgaben von IFOR mittlerweile in Richtung auf Unterstützung und Absicherung anderer internationaler Einrichtungen verlagert, die sich mit der Umsetzung der zivilen, rechtlichen und wirtschaftlichen Komponenten des Dayton-

Abkommens befassen. Dabei geht es etwa um die Bereitstellung von Transportmitteln, um die Unterstützung der Wahlvorbereitung sowie um logistische Hilfe für das Internationale Kriegsverbrechertribunal.

Damit stellt sich die Frage nach der Dauer der Präsenz von IFOR, denn das derzeitige Mandat läuft im Dezember 1996 aus. Seine Begrenzung auf zwölf Monate war vornehmlich in der Innenpolitik der USA, aber auch Deutschlands begründet. Vorrangig sollte damit eine Öffentlichkeit beruhigt werden, die ein zeitlich unbefristetes Mandat nicht akzeptiert hätte. Es ist zu hoffen, daß die Frage der Mandatsverlängerung in einer Weise beantwortet wird, die sich an den sachlichen Gegebenheiten vor Ort orientiert, nicht aber an Zeitgrenzen, die von der Innenpolitik der Entsendeländer definiert werden. Die deutsche Politik wäre gut beraten, eine Fortsetzung des Mandats zu unterstützen, denn das Mißlingen des Friedensprozesses würde der kooperativen Außen- und Sicherheitspolitik der Bundesrepublik Deutschland großen Schaden zufügen. Sollte das Dayton-Abkommen scheitern, weil die westlichen Staaten an einem fixen Datum festhalten und sich nicht mehr um die weitere militärische Unterstützung des Friedensprozesses bemühen, könnte auch die NATO in den Strudel der Enttäuschung hineingeraten. Auch das atlantische Bündnis, das sich bislang als einzige Organisation von dem Ruf hat freihalten können, vor der serbischen Aggressionspolitik und dem kroatischen Nationalismus versagt zu haben, wäre dann gescheitert – nicht weil es sich selbst als unfähig erwiesen hätte, sondern weil die verantwortlichen Politiker nicht genügend innenpolitische Unterstützung mobilisiert hätten.

Es sind darüber hinaus unterschiedliche Optionen für eine Fortsetzung oder Neubegründung des IFOR-Mandats vorstellbar, die keinesfalls auf der Beibehaltung des derzeitigen Standes basieren müssen. So ist denkbar, daß ab 1997 eine deutlich kleinere Truppe operiert – gegebenenfalls ohne die aktive Teilnahme der Amerikaner, aber mit deren logistischer Unterstützung und mit deren Zusage, im Fall einer Verschärfung der Lage für eine rasche Verstärkung zu sorgen. Diese Fragen müssen mit der notwendigen Sorgfalt und primär mit Blick auf die Gegebenheiten in Bosnien-Herzegowina gelöst werden. Niemand will ein dauerhaftes Mandat für die Präsenz ausländischer Truppen im ehemaligen Jugoslawien, aber es wird für eine Reihe von Jahren notwendig bleiben, den Druck auf die Konfliktparteien aufrechtzuerhalten, um damit zu verhindern, daß einzelne Konfliktparteien die Anwesenheit von IFOR lediglich »aussitzen«, um dann erneut mit Gewalt unilaterale Lösungen anzustreben. Für Deutschland muß dies bedeuten, bereit zu sein, auch über das Jahr 1996 hinaus Bundeswehrtruppen im Rahmen von IFOR oder einer neu mandatierten internationalen Streitmacht zur Verfügung zu stellen.

In anderen Regionen des Balkans sind derzeit Maßnahmen zur militärischen Stabilisierung nicht angebracht – mit Ausnahme Mazedoniens, wo die Präsenz eines kleinen amerikanischen Kontingents in nicht unerheblicher Weise zur Entspannung der inneren und äußeren Lage des Landes beigetragen hat. Auch die Präsenz amerikanischer Truppen in Albanien und Ungarn dürfte einen Beitrag zur Beruhigung geleistet haben.

Maßnahmen der Rüstungskontrolle

Rüstungskontrolle wird ein wichtiger Baustein für militärische Stabilität auf dem Balkan sein. Die Grundlagen für ein entsprechendes Regime, welches über das Gebiet des ehemaligen Jugoslawien hinausreicht, sind im Dayton-Abkommen niedergelegt worden. Sie sollen in den nächsten Jahren schrittweise verwirklicht werden. Dies ist ein Bereich, in dem deutsche Aktivitäten in der Vergangenheit wichtig und gefragt waren und wo es auch auf deutscher Seite ein hohes Interesse daran gibt, zur militärischen Stabilisierung des Balkans beizutragen.

Rüstungskontrolle umfaßt nach dem Abkommen verschiedene Elemente. Zum einen gehört hierzu die Vereinbarung über Vertrauens- und Sicherheitsbildende Maßnahmen zwischen den drei Vertragsparteien. Ein entsprechendes Dokument wurde unter deutscher Mithilfe am 26. Januar 1996 auf dem Petersberg unterzeichnet und inzwischen auch implementiert. Die zweite Komponente betrifft Regelungen über den Besitz kampfentscheidenden Großgeräts gemäß den Kriterien des Vertrages über Konventionelle Streitkräfte in Europa (KSE). Hierzu waren im Dayton-Abkommen Relationen (5:2:2 sowie 2:1)[8] vorgegeben worden, die im Juni 1996 durch ein weiteres Abkommen ergänzt worden sind. Die dritte Komponente besteht aus Regelungen bezüglich der Kontrolle von Rüstungsimporten. In diesem Bereich sieht das Dayton-Abkommen eine schrittweise Aufhebung des Waffenembargos vor. Dabei muß allerdings gesichert sein, daß die Höchstgrenzen für Großkampfsysteme nicht überschritten werden. Die vierte Komponente stellen Bemühungen dar, eine über Jugoslawien hinausreichende Rüstungskontrollregelung zu schaffen, die auch Auswirkungen auf das Mazedonien-Problem sowie langfristig auch auf die griechisch-türkischen Beziehungen haben dürfte. Allerdings ist die Umsetzung dieser Forderung noch ungewiß.

Für die deutsche Politik ist eine aktive Rolle bei den Rüstungskontrollbemühungen aus mehreren Gründen strategisch geboten. Rüstungskontrolle kann die Grundlage dafür legen, daß IFOR verkleinert bzw. eines Tages ganz überflüssig wird. Die Wiederaufnahme von Kampfhandlungen wird um so unwahrscheinlicher, je weniger die Konfliktparteien darauf hoffen können, aufgrund eines Übergewichts bei entscheidenden Waffensystemen in einer militärischen Auseinandersetzung zum Sieger zu werden. In der Vergangenheit war es immer wieder das enorme militärische Ungleichgewicht zugunsten der Serben, welches jeden Waffenstillstand zur Makulatur werden ließ. Allerdings kann Rüstungskontrolle auch kontrollierte Aufrüstung bedeuten, sofern es die Lage vor Ort erfordert. Dies könnte heißen, daß die deutsche Politik sich auch auf die Möglichkeit vorbereiten muß, durch Waffenlieferungen –

8 Diese Relationen bedeuten, daß die Streitkräfte der Bundesrepublik Jugoslawien (Serbien/Montenegro), Kroatiens und Bosnien-Herzegowinas bei den wichtigsten Parametern für Kampfkraft (Panzer, Schützenpanzer, schwere Artillerie, Kampfhubschrauber, Kampfflugzeuge) Obergrenzen im Verhältnis 5:2:2 zugesprochen bekommen, während die Anteile der Streitkräfte Bosnien-Herzegowinas im Verhältnis 2:1 zwischen der Föderation und der Republika Srpska aufgeteilt werden.

etwa an die bosniakisch-kroatische Föderation – zur Herstellung bzw. Erhaltung des militärischen Gleichgewichts beizutragen.

Des weiteren wird Rüstungskontrolle mittelfristig gesehen über Bosnien-Herzegowina hinaus ein wichtiges Instrument werden, um dem aggressiven serbischen und auch dem kroatischen Nationalismus Grenzen zu setzen. Dies kann nur im Wege eines multilateral abgestützten, durch den Dayton-Vertrag legitimierten Verfahrens geschehen. Es sollte auch nicht unterschätzt werden, daß mit dem Instrument der Rüstungskontrolle eine Rehabilitierung der OSZE möglich wird. Sie ist im Dayton-Abkommen beauftragt worden, den Rahmen für die Rüstungskontrollgespräche zu liefern. Das Forum für Sicherheitskooperation der OSZE soll die weiterführenden Verhandlungen über Rüstungskontrolle auf dem Balkan führen.

Maßnahmen zur politischen Stabilisierung

Ohne wirksame Maßnahmen politischer Stabilisierung werden alle Bemühungen um Menschenrechte, militärische Stabilität und Rüstungskontrolle ohne Erfolg bleiben. In diesem Bereich sind die Dayton-Vereinbarungen am wenigsten spezifisch, und es ist hier, wo die Mitwirkung der internationalen Staatengemeinschaft am meisten gefordert ist, um zu einer Lösung zu gelangen, die Stabilität auf dem ganzen Balkan verspricht. Es sollte Aufgabe deutscher Politik sein, gemeinsam mit den europäischen Partnern und den USA dafür zu sorgen, daß politische Konfliktpotentiale nach und nach abgebaut werden.

Wie oben ausgeführt, bleibt die staatliche Zukunft Bosnien-Herzegowinas nach dem Dayton-Abkommen offen. Die alte Staatsstruktur soll durch ein Nebeneinander der (bosniakisch-kroatischen) Föderation Bosnien-Herzegowina und der Republika Srpska abgelöst werden. Lediglich bescheidene gesamtstaatliche Strukturen bleiben erhalten. Die Hoffnung ist, daß auf eine Phase der Koexistenz eine Phase der Kooperation folgt, die zu einem natürlichen Zusammenwachsen führt. Auch wenn dieses Ziel derzeit utopisch erscheint, sollte deutsche Politik dazu beitragen, so viele Fortschritte wie möglich auf diesem Gebiet zu machen.

Dies betrifft zum einen die Zukunft der Föderation, die angesichts nationalistischer Tendenzen vorwiegend auf kroatischer Seite in Frage steht. Deutschland ist im Rahmen des Dayton-Abkommens in eine besondere Verpflichtung für die Verwirklichung der Föderation eingetreten und versucht, dieser Aufgabe in verschiedenen Bereichen, darunter in Mostar, gerecht zu werden. In dieser Hinsicht kommt den Beziehungen zur Regierung in Zagreb eine zentrale Bedeutung zu. Darüber hinaus spielen die Abhaltung von Wahlen in der gesamten Republik Bosnien-Herzegowina sowie die dann anstehende Konstituierung von einheitlichen und funktionierenden Staatsorganen eine wichtige Rolle. Auch hier wird es internationalen Druckes bedürfen, um zu mehr als nur widerwilliger Koexistenz zu gelangen. Ein wichtiger Schritt hierzu ist die Hilfe, die im Rahmen der Internationalen Polizeitruppe der Vereinten Nationen geleistet wird. Eine ähnliche Bedeutung hat die Herstellung persönlicher Bewegungsfreiheit in ganz Bosnien-Herzegowina. Auch in dieser Frage bedarf es nachhaltigen Druckes von außen, wenn nicht gar der Erzwingung von Bewegungsfreiheit. Die ersten Bilanzen lassen wenig Gutes erhoffen.

Deutsche Politik muß darüber hinaus zur Schaffung politischer Stabilität auf dem ganzen Balkan beitragen. Ziel ist hierbei eine Ordnungsstruktur, in der strittige Fragen friedlich gelöst werden können. Viele der zu behandelnden Fragen sind eher langfristiger Natur und bedürfen der Kooperation mit den europäischen Partnern und den USA.

Eine besonders wichtige Aufgabe besteht in der politischen Einhegung des serbischen und des kroatischen Nationalismus. Womöglich ist hierbei auf Prinzipien und Verfahren der OSZE zurückzugreifen. Noch wirksamer wären wahrscheinlich Anreize im Bereich der wirtschaftlichen Kooperation. Hier könnte die Europäische Union ein reichhaltiges Instrumentarium einsetzen. Rumänien, Bulgarien und Albanien sind Staaten, deren kooperatives Verhalten ein wichtiger Faktor für die Stabilität auf dem Balkan sein wird. Insbesondere gegenüber diesen Staaten sind verstärkte wirtschaftliche Zusammenarbeit und die Inaussichtstellung einer späteren Mitgliedschaft in der EU wichtige Hebel, um ein derartiges Verhalten zu bewirken. Einen Sonderfall stellt Griechenland dar, neben der Türkei der einzige NATO- und EU-Staat auf dem Balkan. Griechenland verhielt sich während des Krieges in Bosnien-Herzegowina besorgniserregend und destabilisierend für die gesamte Region, denn die Regierung in Athen setzte auf eine Politik des engstirnigen Nationalismus und nahm gegenüber Albanien und Mazedonien eine Haltung ein, die viele als Vorbereitung einer Politik der Annexion deuteten. Dabei hat Griechenland durchaus das Potential zu einer stabilitätsfördernden Rolle auf dem Balkan, aber um diese auch auszuüben, bedarf es nachhaltigen Druckes von seiten der USA und der Europäischen Union. Deutsche Politik sollte in konstruktiver Weise dazu beitragen, die sich nach dem Tod des griechischen Ministerpräsidenten Andreas *Papandreou* abzeichnenden Möglichkeiten zu einer weniger nationalistischen und stärker kooperativ orientierten Politik Athens zu nutzen.[9]

Maßnahmen zum wirtschaftlichen Wiederaufbau

Alle Bemühungen in den oben genannten Tätigkeitsbereichen werden jedoch ohne Erfolg bleiben, wenn es nicht gelingt, den wirtschaftlichen Aufbau Bosnien-Herzegowinas sowie der übrigen Nachfolgestaaten Jugoslawiens zustande zu bringen. Seit der internationalen Geberkonferenz im April 1996 sind etwa 1,8 Milliarden US-Dollar für Wiederaufbauprogramme in Bosnien-Herzegowina für das Jahr 1996 verfügbar. Mit ihnen sollen Projekte gefördert werden, die primär Arbeitsplätze, Wohnraum und Infrastruktur schaffen. Bei der Vergabe der Mittel spielt politische Konditionalität eine wichtige Rolle, nicht zuletzt, um das Zusammenwachsen Bosnien-Herzegowinas

9 Vgl. F. Stephen *Larrabee*, The Balkans, in: Zalmay *Khalizad* (Hrsg.), Strategic Appraisal 1996, Santa Monica, Cal. 1996, S. 97-116.

zu unterstützen. Da Deutschland vor dem Krieg im Handel und bei Investitionen wichtigster Wirtschaftspartner Bosnien-Herzegowinas war, kann die deutsche Wirtschaft erneut eine wichtige Rolle spielen. Allerdings sind Erfolge im Bereich des Wiederaufbaus von Fortschritten in den anderen Sektoren abhängig, namentlich von der Erhaltung des Friedens und vom Aufbau funktionierender politischer und administrativer Strukturen.

Im Bereich des wirtschaftlichen Wiederaufbaus hat die Europäische Union durch ihren Hohen Repräsentanten die zentrale Koordinierungsfunktion übernommen. Dies kommt einer Bewährungsprobe für die EU gleich, deren Leistungsfähigkeit im ehemaligen Jugoslawien in den Jahren 1992-1995 einen problematischen Eindruck hinterließ. Es liegt daher im Interesse der Bundesrepublik Deutschland, daß die wirtschaftliche Gesundung Bosnien-Herzegowinas sowie anderer Teile des ehemaligen Jugoslawien mit einem starken deutschen Anteil unter der Federführung der EU erfolgt und letztendlich gelingt.

Zurück zu Bismarck?

Als Resümee der Analyse läßt sich festhalten: Es liegt in Deutschlands Interesse, eine aktive und gewichtige Rolle bei den internationalen Bemühungen um eine Friedenslösung für das ehemalige Jugoslawien zu spielen und zur wirtschaftlichen und politischen Erholung dieser Region sowie zur Stabilität des gesamten Balkans nachhaltig beizutragen. Dies erfordert den Einsatz finanzieller, personeller und auch militärischer Ressourcen. Der Schaden, der durch ein Scheitern entstehen würde, wäre allerdings ungleich größer. Deutsche Politik wird sachfremde Selbstbeschränkungen zu überwinden haben, die ihren Erfolg gefährden könnten. Diese Gefahr ist im Bereich der militärischen Abstützung des Friedensprozesses am größten. Gegen eine Beteiligung des Bundeswehr an internationalen Aktionen in diesem Raum erhebt sich Widerstand, der, obwohl aus geschichtlichen Gründen verständlich, deutschen und europäischen Interessen gravierend schaden kann. Es wäre tragisch, wenn der vielversprechende – und für die Zukunft Südosteuropas und ganz Europas wichtige – Prozeß der Implementierung von Dayton daran scheiterte, daß innenpolitisch motivierte Selbstbeschränkungen bei der Stationierung deutscher und anderer Truppen in Bosnien-Herzegowina zum frühzeitigen Abzug von Streitkräften führen, die für die Umsetzung und langfristige Stabilisierung des Friedensprozesses unentbehrlich sind. Es versteht sich, daß dies auch für eventuell notwendige internationale Truppeneinsätze an anderen Konfliktherden des Balkans gilt.

In der deutschen Diskussion wird die Frage der Mitwirkung der Bundeswehr an der Stabilisierung des Balkans jedoch häufig isoliert betrachtet. Deutschland, so wird argumentiert, habe keinerlei lebenswichtige Interessen auf dem Balkan, insbesondere nicht im ehemaligen Jugoslawien, und täte daher gut daran, sich an den Rat *Bismarcks* zu halten, der am 5. Dezember 1876 im Deutschen Reichstag gesagt hatte, daß Deutschland keine Interessen auf dem Balkan habe, die »die gesunden Knochen eines einzigen pommerschen Musketiers wert« wären.[10] Dieses Zitat wird jedoch oft falsch interpretiert. *Bismarck* hatte tatsächlich klargestellt – und das gilt heute noch in gleicher Weise –, daß Deutschland keine traditionellen geostrategischen Interessen auf dem Balkan hat. Er war aber nicht davon ausgegangen, daß Deutschlands Interessen von den Konflikten auf dem Balkan unberührt blieben. Vielmehr hatte er in einer weiteren berühmten Reichstagsrede, am 19. Februar 1878, deutlich gemacht: Deutschland muß im Interesse der Stabilisierung des europäischen Staatensystems eine aktive Rolle bei der Lösung der dortigen Probleme spielen![11] Er hatte dies in der Folgezeit auch erfolgreich praktiziert. Um nichts anderes geht es heutzutage auch, wenngleich unter anderen Vorzeichen eines tiefgreifend gewandelten europäischen Umfelds. Auf dem Balkan steht Deutschland nicht vor der Aufgabe, geopolitische Interessen zu wahren, sondern im Verbund mit Partnern und unter Einsatz eigener politischer, wirtschaftlicher und militärischer Ressourcen zur Friedenswahrung sowie zur allgemeinen Stabilisierung dieser Region beizutragen. Dies entspricht auch dem Interesse eines zusammenwachsenden Europa moderner Industriegesellschaften an einem möglichst kooperativ und integrativ verbundenen Umfeld.

10 Zitiert nach: Horst *Kohl* (Hrsg.), Die politischen Reden des Fürsten Bismarck. Historisch-kritische Gesamtausgabe, Band 6, Stuttgart 1893, S. 461.

11 Vgl. ebd., Band 7, Stuttgart 1893, S. 92. Zu den Hintergründen vgl. Lothar *Gall*, Bismarck. Der weiße Revolutionär, Frankfurt a.M./Berlin 1993, S. 503-525.

INTERESSEN UND HANDLUNGSMÖGLICHKEITEN DEUTSCHLANDS IM NAHEN UND MITTLEREN OSTEN

Udo Steinbach

Angesichts veränderter weltpolitischer Rahmenbedingungen kommt dem Nahen und Mittleren Osten unter den Problemfeldern deutscher Außenpolitik ein erhöhter Stellenwert zu. Das zentrale Anliegen deutscher Politik in dieser Region muß es sein, einen Beitrag zur Erhaltung bzw. Herstellung politischer Stabilität zu leisten: zur wirtschaftlichen Entwicklung, zur Konsolidierung politischer und gesellschaftlicher Strukturen sowie zur Lösung regionaler Konflikte. Dies ist nicht nur eine wesentliche Voraussetzung für die Realisierung wirtschaftlicher Interessen, sondern auch sicherheitspolitisch geboten. Denn wie u.a. die terroristischen Anschläge in Frankreich im Sommer und Herbst 1995 gezeigt haben, können Instabilität und Militanz in der Region unmittelbar auf Europa zurückwirken.

Eine neue deutsche Nahostpolitik hat einige grundlegende Koordinaten zu berücksichtigen. Sie muß erstens »zweigleisig« angelegt sein: deutsch und europäisch zugleich. Zum einen kann Deutschland nicht umhin, sich politisch zu engagieren, wo es seine Interessen sieht bzw. wo politische Mitgestaltung gewünscht oder akzeptiert wird. Zum anderen ist eine solche Politik in wachsendem Maße in den Rahmen einer Gemeinsamen Außen- und Sicherheitspolitik der Europäischen Union (EU) einzupassen. Zweitens gilt es, subregionalen Besonderheiten durch differenzierte politische Zielorientierungen – etwa für den israelisch-palästinensischen Raum und sein geographisches und politisches Umfeld, für die Golfregion sowie für die Türkei – gerecht zu werden. Und drittens schließlich müssen problemspezifische Schwerpunkte gesetzt werden. Die größten Gefahren liegen in einer weiteren Stärkung des islamischen Fundamentalismus, in der möglichen Eskalation des arabisch-israelischen Konfliktes im Falle eines Scheiterns des Friedensprozesses, in der Proliferation von Raketen und Massenvernichtungswaffen sowie in einem Massenexodus aus Krisenregionen nach Europa.

Die Wahrnehmung Deutschlands in der Region

Daß alle Regierungen im Nahen und Mittleren Osten die deutsche Vereinigung vorbehaltlos unterstützten, war ein Zeichen wie auch eine Nachwirkung der Sympathie, die Deutschland traditionell in der gesamten Region entgegengebracht wird. Gleichzeitig ist diese Zuneigung jedoch mit politischen Kalkülen verbunden, die es aufmerksam zu registrieren gilt.

Die Bundesrepublik wird heute als künftige Großmacht gesehen; ihr wirtschaftliches und politisches Potential wird für den Augenblick freilich weit überschätzt. Bei dem Versuch der Staaten der Region, ihre Interessen in und durch Europa zum Tragen zu bringen, wird Deutschland eine Schlüsselstellung zugeschrieben. Dies gilt insbesondere für die Rolle des Landes in der EU, von der ein besonderer Einsatz bei der Lösung der politischen Probleme erwartet wird. Zudem wird die Bundesrepublik vielerorts als ein Akteur gesehen, der ein Gegengewicht gegen eine allzu dominante amerikanische Machtausübung im Nahen Osten bilden kann. Nach Einschätzung der meisten Regierungen in der Region ist es deren Interessen nicht förderlich, daß die USA mit dem Ende des Ost-West-Konflikts zur allein dominierenden Macht im internationalen System geworden sind. Deshalb werden alle Entwicklungen unterstützt, die dazu führen könnten, die Macht der USA zu relativieren oder zu begrenzen. Vor diesem Hintergrund war die verbreitete Zustimmung zur Überwindung der deutschen Teilung auch von der Hoffnung begleitet, ein vereintes Deutschland werde seine Unabhängigkeit von den USA stärken. Und auch die Unterstützung, die eine Aufnahme Deutschlands als ständiges Mitglied in den Sicherheitsrat der Vereinten Nationen bei den meisten Regierungen im Nahen Osten fände, wäre in ähnlicher Weise motiviert.

Wenngleich übertriebene und unrealistische Erwartungen nicht Grundlage einer auf den Nahen Osten ausgerichteten Politik sein können, kann das Angebot zur Mitgestaltung kaum ignoriert werden. Dies gilt um so mehr, als es sich hierbei um eine Region handelt, in der ein großes Krisen- und Konfliktpotential einem ebenso großen politischen und wirtschaftlichen Stabilitätsinteresse Deutschlands und Europas gegenübersteht.

Subregionale Zielorientierungen

Der israelisch-palästinensische Raum und sein geographisches und politisches Umfeld

Wenngleich die Existenz und Sicherheit Israels als Priorität deutscher Nahostpolitik unverrückbar bleibt, wächst mit dem begonnenen Friedensprozeß der Spielraum für ein deutsches Engagement auf der arabischen (palästinensischen) Seite. Dies bezieht sich auf alle Ansatzpunkte der Zusammenarbeit in den Bereichen Politik, Wirtschaft, Verwaltung, Ausbildung, Kultur etc., die durch private und öffentliche Träger entwickelt werden können.

Unter den entstehenden, neuen Rahmenbedingungen sind die Voraussetzungen für eine ausgewogene, glaubwürdige Nahostpolitik Deutschlands gegeben. Wichtige Ecksteine einer solchen Politik sollten in der Enthaltsamkeit bei Rüstungslieferungen und verteidigungspolitischer Zusammenarbeit, der nachdrücklichen Forderung einer Aufhebung aller Boykottmaßnahmen – namentlich mit Blick auf Israel – sowie in der Förderung und Weiterentwicklung aller Ansätze multilateraler Kooperation im subregionalen oder regionalen Rahmen bestehen. Letzteres ist besonders zu betonen, da sich Entwicklungsdefizite leicht in politische Krisen umsetzen können.

Auch auf lange Sicht bleiben Fortschritte im israelisch-arabischen Friedensprozeß an erhebliche internationale Hilfestellung gebunden. Während der Schlüssel für die politische Dimension im wesentlichen bei den USA liegt, wird sich die EU intensiv um die wirtschaftliche Seite sowie um den Aufbau tragfähiger Strukturen – von der Verwaltung bis zum Bildungswesen – zu kümmern haben. Die Bundesrepublik sollte in diesem Rahmen ihren Beitrag leisten. Wichtig wird dabei sein, zur Abmilderung der Ungleichgewichte zwischen Israel, Jordanien und der palästinensischen Seite beizutragen, denn wenngleich die israelische Wirtschaft ein Übergewicht behalten wird, wären sich verfestigende Abhängigkeiten der arabischen Partner des Friedensprozesses von Israel Ursachen neuer Spannungen.

Auch bei der Gewährung von Marktchancen in der EU ist auf Ausgewogenheit zu achten. Die wirtschaftliche Zusammenarbeit zwischen der EU und der Region wird in doppelter Hinsicht einen wesentlichen Beitrag zur Stabilisierung leisten: zum einen durch eine Abfederung der krisenhaften Folgeerscheinungen des wirtschaftlichen und politischen Umbauprozesses; zum anderen bei der Förderung und Unterstützung der intraregionalen Vernetzung der Volkswirtschaften – und somit bei der Mobilisierung des in der Region selbst vorhandenen Entwicklungspotentials.

Ansätze zu politischer Pluralisierung sollten nachdrücklich unterstützt werden. Angesichts des Dilemmas freilich, daß aufgrund der kritischen Wirtschaftslage der Region Pluralisierung zunächst auch die Gefahr politischer Destabilisierung bedeutet, können politische Öffnungsprozesse nur behutsam vorangehen. Westliche Ordnungs- und Wertvorstellungen – hier vor allem auch Menschenrechte – um jeden Preis im Nahen Osten zu oktroyieren, hätte kontraproduktive Rückwirkungen, auch weil der Westen in den Augen der meisten Völker des Nahen Ostens ein Glaubwürdigkeitsdefizit hat.

Die Golfregion

Die Handlungsspielräume einer deutschen Politik am Persischen Golf sind begrenzt. Dies gilt namentlich für die Arabische Halbinsel, wo die USA die dominierende Macht sind. In den Beziehungen zu Iran freilich wurden schon in der Vergangenheit eigene Akzente gesetzt, die insgesamt zur Stabilisierung der Region beigetragen haben. Das Land hat durch den weltpolitischen Umbruch, vor allem durch die Öffnung des zentralasiatischen »Hinterlandes« als Regionalmacht einen erhöhten politischen Stellenwert erhalten. Nur eine Politik des Dialogs, die von der Mehrheit des religiös-politischen Establishments in Teheran gewollt wird, kann eine Interessengemeinschaft zwischen Europa und Iran schaffen, der sich die iranische Führung verpflichtet fühlt. Neben gemeinsamen Interessen in Zentralasien bezieht sich dies vor allem auf die Frage der nuklearen Rüstung in der Region und auf den arabisch-israelischen Friedensprozeß. Auch sollten Bemühungen unternommen werden, die amerikanische Regierung für eine Politik zu gewinnen, die darauf gerichtet ist, Iran als berechenbaren Akteur in die internationale Arena zurückzuholen.

Auch Irak sollte von einer deutschen Golfpolitik nicht übersehen werden. Zwar wird die Gesamtsituation des Landes so lange prekär bleiben, bis sich ein neues, durch die Bevölkerung legitimiertes Regime etabliert hat. Doch angesichts der enormen

Ressourcen und des Standes der Modernisierung, insbesondere auch des Bildungsgrades der Bevölkerung, könnte das Land unter einer verantwortlichen Führung in die Rolle einer arabischen Vormacht hineinwachsen. Die irakische politische Elite weist dem Land in der arabischen Welt einen potentiellen Stellenwert zu, der demjenigen Deutschlands im europäischen Kontext vergleichbar ist. Und vor dem Hintergrund traditionell guter Beziehungen werden in Bagdad hohe Erwartungen an die künftigen deutsch-irakischen Beziehungen gerichtet.

Die Türkei

Ohne Zweifel ist die Türkei ein Schlüsselland deutscher Nahostpolitik. Dabei ist hier zunächst nicht die Rede von den bilateralen Beziehungen, die sehr stark durch die Präsenz von zwei Millionen Türken in Deutschland bestimmt sind. Mit ihrer geopolitischen Lage zwischen dem Balkan, dem Kaukasus, Zentralasien und dem islamischen Mittleren Osten wächst der Türkei vielmehr zunehmend die Rolle eines Moderators in der Region zu, der sich aus den Bemühungen um ein regionales Sicherheitssystem nicht mehr ausklammern läßt: Auf dem Balkan sind deutsche, türkische und europäische Interessen auf das engste verwoben; im Kaukasus könnte eine behutsame türkische Politik konflikteindämmend und stabilitätsfördernd sein; in Zentralasien stellt die laizistische und demokratische Verfaßtheit der Türkei ein Leitbild für die Umgestaltung der jungen turksprachigen Republiken dar; mit seinen arabischen Nachbarn ist Ankara nicht nur über die »Wasserfrage« (Euphrat und Tigris) verbunden; zu Israel hat die Türkei ihre Beziehungen seit Beginn des Friedensprozesses grundlegend verbessert.

Eine nachhaltige und konstruktive Rolle im Sinne deutscher und europäischer Stabilitätsinteressen wird die Türkei allerdings nur dann spielen können, wenn sie selbst innenpolitisch stabil bleibt und Fortschritte auf dem Weg der Demokratisierung macht. Letzteres ist auch eine entscheidende Voraussetzung für eine politische Lösung des Kurdenkonflikts. In diesem Zusammenhang wächst der deutschen Politik eine besondere Verantwortung zu: Angesichts der vielfältigen Verbindungen zwischen den beiden Ländern muß die Bonner Türkeipolitik energischer als in der Vergangenheit auf die politische Klasse in Ankara einwirken.

Die kulturelle Dimension der Beziehungen zwischen dem Westen und der islamischen Welt

Wesentliche Weichenstellungen mit Blick auf die Stabilität der Region liegen im Bereich kultureller, religiöser Strömungen. Hinter dem Stichwort »islamischer Fundamentalismus« tut sich die für den Westen entscheidende Frage auf, ob sich in der islamischen Welt in Zukunft jene Kräfte behaupten werden, die umfassende Beziehungen mit ihm wünschen und eine Lösung der Krise im Sinne einer islamisch-westlichen Synthese anstreben; oder ob sich diejenigen durchsetzen werden, die auf Abkehr vom

Westen hinwirken, um eine Ordnung zu errichten, die auf dem islamischen Gesetz beruht.

Die Beantwortung dieser Frage – und damit die Gestaltung der Beziehungen zwischen dem Westen und der islamischen Welt – wird auch von der Dynamik eines kulturellen Dialogs abhängen, dessen Ziele die wechselseitige Aufklärung und die Vertiefung des gegenseitigen Respekts sein müssen. Im vergangenen Jahrzehnt haben sich die Beziehungen zwischen dem Westen und der islamischen Welt deutlich verschlechtert. Es haben sich Klischees ausgebreitet, nach denen »der Westen« materialistisch und moralisch verderbt, »der Islam« gewalttätig und aggressiv ist. Im politischen Handeln gilt es nun, diese Zerrbilder zu korrigieren und die positiven Aspekte der beiden Zivilisationen in den Vordergrund zu rücken.

Die innenpolitische Dimension deutscher Nahostpolitik

Die kulturelle Dimension der Beziehungen zwischen Europa und dem Nahen Osten berührt die europäischen Staaten mit starken islamischen Minderheiten auch im Innern. Denn die religiöse und politische Orientierung des Islam wird Auswirkungen auf die Bereitschaft der Muslime haben, sich in den europäischen Gesellschaften zu integrieren. Die deutsche Nahostpolitik hat mithin auch eine innenpolitische und innergesellschaftliche Seite. So wird z.B. der türkisch-kurdische Konflikt anhaltend auf Deutschland übergreifen, wenn es nicht gelingt, in der Türkei zu einer politischen Lösung zu kommen. Umgekehrt ist das Kurdenproblem in Deutschland auch eine Herausforderung an die deutsche Nahostpolitik. Polizeiliche und ausländerrechtliche Maßnahmen greifen aufgrund der Natur des Konfliktes entschieden zu kurz.

Auch in der »Islam-Frage« sind innere und äußere Dimension verknüpft. Eine konstruktive Politik gegenüber der islamischen Welt insgesamt und dem Nahen Osten im besonderen ist vonnöten, um dem extremistischen und militanten Fundamentalismus auf längere Sicht den Boden zu entziehen – und damit auch innenpolitische Krisen in europäischen Staaten zu entschärfen, bevor sie akut werden. Die Ereignisse in Frankreich in den Jahren 1994/95 sollten hier als deutliche Warnung aufgefaßt werden.

Gleichzeitig ist eine konstruktive »Islam-Politik« im Innern von immer größerer Wichtigkeit. Die Masseneinwanderung von Muslimen nach Deutschland und in andere europäische Länder ist ein geschichtlich neues Phänomen. Während in weiter zurückliegenden Zeiten die relativ wenigen muslimischen Immigranten mit den Grundlagen der säkularen deutschen (europäischen) Ordnung keine unlösbaren Probleme hatten und im großen und ganzen der Schicht der Elite zuzurechnen waren, haben die Einwanderer der letzten drei Jahrzehnte in verstärktem Maße das »Gesetz« mitgebracht, ohne das sich eine islamische Identität kaum leben und manifestieren läßt. Die Bewahrung der diesbezüglichen Tradition fällt ausländischen Muslimen heute um so leichter, als die modernen Massenmedien es möglich machen, in einer fremden Gesellschaft und Kultur zu leben und zugleich der eigenen verhaftet zu bleiben. Die zentrale Frage im Hinblick auf die Zukunft der europäischen Staaten mit starken muslimischen Minderheiten ist, welcher Weg in den Beziehungen zwischen den islamischen Gemeinden und den nichtislamischen Umfeldern eingeschlagen wird: der Weg der Abkapselung in einem traditionalistischen, ja vielleicht sogar islamistischen Ghetto oder der der gesellschaftlichen und kulturellen Interaktion, die mit einer Reformierung des Islam und der Verschmelzung von säkularer Grundordnung und einem für den Gläubigen essentiellen Festhalten am islamischen Gesetz einhergeht. Die Entwicklung des Islam in der islamischen Welt selbst wird mit darüber entscheiden, ob diese Synthese gelingt, wie auch ihr Gelingen oder Mißlingen die Qualität der Beziehungen Deutschlands und Europas zur islamischen Welt entscheidend beeinflussen wird.

Ausblick

Unter den neuen Koordinaten der internationalen Politik stellt sich eine deutsche Nahostpolitik letztlich als eine facettenreiche Gemengelage politischer, wirtschaftlicher und kultureller Faktoren dar. Noch scheint dafür in Deutschland nur ein rudimentäres Bewußtsein vorhanden zu sein. Für ein Land, das den Nahen Osten über Jahrzehnte wesentlich aus der verengten Perspektive seiner Beziehungen mit Israel gesehen hat, mag dies verständlich sein. Doch unter den veränderten Rahmenbedingungen wird sich die Bundesrepublik eine solche Verengung nicht mehr leisten können. Das bedeutet natürlich zugleich, daß auf allen Ebenen und in allen relevanten Bereichen das Instrumentarium geprüft und gegebenenfalls adjustiert werden muß, das die Umsetzung dieses Tatbestands bewerkstelligen soll.

DEUTSCHLAND UND DIE ASIATISCH-PAZIFISCHE REGION

Karl Kaiser

Kaum eine Region dürfte im kommenden Jahrhundert der deutschen Außenpolitik so tiefgreifende Anpassungen abverlangen wie Asien und sein pazifisches Umfeld. Mit Recht spricht man vom kommenden »Asiatischen Jahrhundert«, denn anhaltendes Wirtschaftswachstum und rascher technologischer Fortschritt in Verbindung mit politischem Wandel werden dieses bevölkerungsreichste Gebiet der Erde zu ihrer dynamischsten Region machen. Was immer dort geschieht, wird unter den zunehmend interdependenten Bedingungen der Weltpolitik der Zukunft den Rest des Globus zutiefst beeinflussen. Asien kann zum Motor der globalen Ökonomie werden, aber seine Konflikte können sich auch auf die Welt ausdehnen, wie es im 20. Jahrhundert geschah, dessen große Kriege bis hin zum Kalten Krieg in Europa ihren Ursprung hatten.[1]

Die deutschen Interessen

Das besondere Interesse Deutschlands an der Region Asien/Pazifik ergibt sich aus der Verbindung dreier Faktoren: dem Charakter der internationalen Politik im kommenden Jahrhundert, der Stellung Deutschlands in diesem System und schließlich der wachsenden Bedeutung der Region für die Weltpolitik. Die kommende Ära wird ein Jahrhundert des Globalismus, dessen charakteristische Trends durchaus gegenläufig sind: einerseits weltweite und zunehmende Interdependenz, andererseits Fragmentierung, anarchische Tendenzen in Verbindung mit erfolgreichen kooperativen regionalen Ansätzen.[2] Der technologische Fortschritt auf den Gebieten der Kommunikation und des Transports, die Öffnung der Grenzen, die Globalisierung der Wirtschaft und die elektronische Vernetzung der Gesellschaften der Welt werden die Interdependenz und damit auch die gegenseitige Verletzbarkeit der Teilnehmer dieses Weltsystems erhöhen. Die Interdependenz entstand in der Nachkriegszeit unter den hochentwickelten Demokratien des Westens – den Staaten der Organisation für Wirtschaftliche Zusammenarbeit und Entwicklung (OECD) –, geeint durch Marktwirtschaft und insbesondere durch den für die Beziehungen zwischen Demokratien typischen Ausschluß des Krieges als Mittel der Politik. Ihnen gesellen sich nun neue Staaten, vor allem in Asien, hinzu, die keine Demokratien sind, anderen Wertesystemen folgen und gegebenenfalls auch eine andere Einstellung zum Krieg

1 Dieser Beitrag entstand während eines von der Fritz Thyssen Stiftung geförderten Forschungsaufenthaltes am Center for International Affairs der Harvard University. Er stützt sich auf einen Aufsatz, der in den Zeitschriften *Internationale Politik (IP)*, 10/1996, und *Sasang* (Seoul), 2/1996, erschienen ist.

2 Vgl. hierzu ausführlicher *Kaiser*, Die neue Weltpolitik: Folgerungen für Deutschlands Rolle, in: *Kaiser*/Hans-Peter *Schwarz* (Hrsg.), Die neue Weltpolitik (Schriften des Forschungsinstituts der Deutschen Gesellschaft für Auswärtige Politik), Baden-Baden 1995, S. 497-511.

als Mittel der Politik haben. Das System wird dadurch tendenziell instabiler. Dieser Trend wird verstärkt durch die anarchischen Tendenzen in einer interdependenten Welt: Ausbreitung von Massenvernichtungswaffen, Bevölkerungsexplosion und Migrationsdruck, Umweltkrisen oder Zerfall von Staaten.

Deutschland wird von den Entwicklungen in Asien und der pazifischen Region nachhaltig betroffen: als größte und exportabhängige Wirtschaft Westeuropas, als Land offener Gesellschaft und Grenzen sowie als Westeuropas wieder größte Demokratie mit überregionaler Verantwortung. In dieser Region wird nicht nur der größte Teil der Weltbevölkerung leben, sondern ihr Anteil am weltweiten Bruttosozialprodukt wird den der anderen Regionen übersteigen. Zugleich wird dieser Raum von seinen ungelösten Problemen geplagt, während die militärischen Potentiale weiter wachsen.

Die Auswirkungen auf Europa können negativ oder positiv, möglicherweise auch beides zugleich sein. Auf dem Gebiet der Sicherheit ist möglich, daß Asien »reif für Rivalität« sein wird.[3] Asien ist im Hinblick auf politische Regime und Lebensstandard ungleich heterogener als Westeuropa. Nur zwei der Hauptakteure sind Demokratien, Japan und Indien, während die Zukunft Rußlands ungewiß bleibt. Ethnische und religiöse Konflikte sowie zahlreiche Grenzdispute, z.B. über die Spratly-Inseln, können zu größeren Auseinandersetzungen führen. Die Verbindung von zunehmenden Bedrohungsperzeptionen und stetigem Wirtschaftswachstum begünstigt eine in ganz Asien zu beobachtende Aufrüstung. Die Politik der größeren Mächte, insbesondere Chinas, ist letztlich offen und kann, sollte sie in eine aggressive Hegemonialpolitik ausarten, die gesamte Region destabilisieren.

Asien steht im Gegensatz zu Westeuropa erst am Anfang einer Institutionalisierung und dauerhaften Regelung von Zusammenarbeit. Auch hat Asien nicht Westeuropas Erfahrungen gemacht, wo die Erinnerung an gegenseitig verübte Greuel zu einer grundlegenden qualitativen Veränderung der Beziehungen geführt hat, so daß dort heute die Anwendung von Gewalt zwischen Staaten verläßlich ausgeschlossen ist. Normalisierung, Versöhnung und Integration, wie sie für Westeuropa typisch sind, haben in Asien noch stattzufinden. In Westeuropa ist die Überzeugung tief verwurzelt, daß die Kosten eines bewaffneten Konflikts mögliche Gewinne bei weitem übersteigen würden. Ob die Staaten Asiens jedoch diese Überzeugung teilen oder zu bewaffneten Konflikten als Mittel zur Verteidigung nationaler Interessen zurückkehren, ist offen. Sollte letzteres geschehen, könnte Europas Vergangenheit Asiens Zukunft werden.

Eine besonders gravierende Destabilisierung könnte in Asien durch die Erosion der amerikanisch-japanischen Sicherheitsbeziehungen und die Verbreitung von Massenvernichtungswaffen ausgelöst werden. Beides würde, wie schon der Fall Nordkoreas zeigt, in den Auswirkungen auch Europa treffen.

---

3 Aaron L. *Friedberg*, Ripe for Rivalry. Prospects for Peace in a Multipolar Asia, in: *International Security*, Nr. 3, Winter 1993/94, S. 5-33. Der folgende Abschnitt stützt sich stark auf diese Untersuchung.

Andererseits ist jedoch auch nicht zu verkennen, daß die gewaltigen menschlichen, ökonomischen und technologischen Ressourcen Asiens der Welt insgesamt und damit auch Deutschland zugute kommen können. Nach den Schätzungen der Weltbank werden bis zum Jahr 2020 unter den 15 führenden Volkswirtschaften sieben asiatische sein, mit China als der ersten Wirtschaftsmacht, die sogar die USA überrunden wird. Eine solche Entwicklung ist schwer vorstellbar, wenn sie nicht von einem erheblichen Wachstum von Handel und grenzüberschreitenden Investitionen, von Abkommen über gemeinsam einzuhaltende Regeln und einer gewissen Institutionalisierung der Kooperation begleitet wird. Da schon heute mehr als vier Fünftel der in Ostasien produzierten Industriegüter außerhalb Asiens benutzt werden, dürften militärische Konflikte mit beträchtlichen ökonomischen Einbußen in den asiatischen Volkswirtschaften verbunden sein.[4] Eine einigermaßen ungestörte Fortsetzung der sich vollziehenden volkswirtschaftlichen Entwicklung Asiens hätte große Vorteile nicht nur für die riesige Zahl der dort lebenden Menschen, sondern würde auch die Beziehungen zur übrigen Welt intensivieren und dort Einkommen schaffen. Dies gilt zumal für eine Exportwirtschaft wie die deutsche.

Einer solchen Entwicklung entspräche die Vertiefung der schon begonnenen Institutionalisierung der Zusammenarbeit in Asien. Trotz der starken Unterschiede in Kultur, Politik und geopolitischer Lage könnte durchaus eine Tradition vertiefter Institutionalisierung auf der Grundlage der bestehenden Zusammenschlüsse entstehen.[5] Zudem sind Ad-hoc-Vereinbarungen zur Lösung bestimmter Konflikte, wie beispielsweise bei den Spratly-Inseln, denkbar. Die beiden atomwaffenfreien Zonen des Südpazifiks und der ASEAN sind Ansätze, die die Chancen für eine Verhinderung der Ausbreitung von Massenvernichtungswaffen in dieser Region verbessern können. Es kann nicht ausgeschlossen werden, daß angesichts der großen Kosten die Staaten der Region auf die Anwendung von Gewalt bei der Austragung ihrer Konflikte verzichten, Versuche zur Errichtung einer Hegemonie unterbleiben und stabilisierende Sicherheitsbeziehungen mit Akteuren außerhalb der Region, z.B. den USA, erhalten bleiben.

Die Interessen Deutschlands sind damit eindeutig: einen nachhaltigen Beitrag dazu zu leisten, daß Asien im kommenden Jahrhundert die negativen Erfahrungen Europas im 20. Jahrhundert vermeidet und durch institutionalisierte Kooperation und Integration seine Ressourcen zum Wohle der Region wie der Welt insgesamt mobilisiert.

---

4 Vgl. Kenneth S. *Courtis*, Der Handelsstreit zwischen Japan und den USA vor einer Lösung?, in: *IP*, 10/1995, S. 41-46.

5 Z.B. im Verband Südostasiatischer Staaten (ASEAN), im ASEAN Regional Forum (ARF), in der Organisation für Asiatisch-Pazifische Wirtschaftskooperation (APEC) oder im sogenannten »track two«-Prozeß, d.h. unter regierungsunabhängigen strategischen Instituten bei gleichzeitiger Beteiligung von Regierungsvertretern: Council for Security Cooperation in the Asia Pacific (CSCAP).

Optionen und Politik

In der Nachkriegszeit widmete die deutsche Außenpolitik Asien nur geringe Beachtung. Der Krieg in Korea beschleunigte zwar die deutsche Wiederaufrüstung, auch inspirierte der Vietnamkrieg die deutsche Protestbewegung, jedoch beschränkte sich die deutsche Aufmerksamkeit, wenn überhaupt, auf Asien als Wirtschaftspartner. Hier war es vor allem Japan, dessen Exporterfolge und das dahinter stehende Wirtschaftsmodell zunehmendes Interesse fanden. Als Mitte der siebziger Jahre Bundeskanzler Helmut *Schmidt* gemeinsam mit dem französischen Staatspräsidenten Valéry *Giscard d'Estaing* die Institution der Wirtschaftsgipfel der Gruppe der sieben größten Industrienationen (G-7; USA, Deutschland, Japan, Frankreich, Kanada, Großbritannien und Italien) schuf, war auch für die deutsche Politik völlig offenkundig, daß Japan bei der Einrichtung dieses Steuerungsinstruments dabeisein mußte.

Als Ende der achtziger Jahre der Kalte Krieg seinen Schlußpunkt erreichte, hatte sich Europas Anteil am Gesamtexport Asiens gewaltig erhöht, wie umgekehrt auch der Anteils Asiens an den Exporten der Europäischen Gemeinschaft (EG) auf fast ein Fünftel der gesamten Ausfuhren gestiegen war. Die Bundesrepublik wurde analog zu ihrer Stellung als größte Wirtschaft in der EG zum größten Exporteur und Importeur im Handel mit Asien.

Deutschland war innerhalb der EG das erste Land, das seine Politik gegenüber Asien überprüfte, und zwar im Kontext eines grundlegenden Überdenkens der Konsequenzen, die sich aus der Vereinigung des Landes und dem Ende des Kommunismus in Europa ergaben.[6] Kein anderes Gebiet der deutschen Außenpolitik ist im Hinblick auf eine mögliche Revision so gründlich und systematisch durchleuchtet worden. Das Ergebnis war eine neue »Asien-Strategie« der Bundesrepublik, die im Oktober 1993 veröffentlicht wurde.[7]

Das neue Asien-Konzept der Bundesregierung erläutert eingehend die wirtschaftlichen und politischen Gründe, die Asien zu einem der Schwerpunkte der deutschen Außenpolitik werden lassen:

> »Eine aktive Asien-Pazifik-Politik dient unseren aktuellen politischen und wirtschaftlichen Interessen. Sie ist auch Zukunftssicherung für Deutschland. Sie ist unerläßlicher Bestandteil einer globalen Politik der Friedenssicherung.«[8]

Das Konzept kritisiert mangelndes Wissen über Asien/Pazifik und befürwortet den Übergang von einem bloßen Reagieren zu einer gestaltenden Politik. Trotz des

---

6 Zu diesen Veränderungen vgl. Karl *Kaiser*/Hanns W. *Maull* (Hrsg.), Die Zukunft der deutschen Außenpolitik (Forschungsinstitut der Deutschen Gesellschaft für Auswärtige Politik, Arbeitspapiere zur Internationalen Politik, Nr. 72), Bonn 1992; *dies.* (Hrsg.), Deutschlands neue Außenpolitik, Band 1: Grundlagen, München 1994; *dies.* (Hrsg.), Deutschlands neue Außenpolitik, Band 2: Herausforderungen, München 1995.

7 Asien-Konzept der Bundesregierung, veröffentlicht am 20.10.1993, abgedruckt in: *Europa-Archiv*, 6/1994, S. D187-200. Für eine Reihe relevanter Analysen vgl. auch die Beiträge zum Themenschwerpunkt »Asien: Kontinent der Zukunft?«, in: *IP*, 10/1995, sowie die *Auslandsinformationen der Konrad-Adenauer-Stiftung*, Nr. 9, 1995.

8 Asien-Konzept der Bundesregierung, a.a.O. (Anm. 7), S. D187f.

großen Gewichts wirtschaftlicher Faktoren ist die Priorität politischer Ziele eindeutig: Letztlich geht es um globale Friedenssicherung, denn »unsere Sicherheit wird von der Lage auf dem asiatischen Kontinent mitbestimmt«.[9]

Im einzelnen definiert das Asien-Konzept der Bundesregierung Ziele und Mittel der Asienpolitik in den Bereichen Wirtschaft, wissenschaftlich-technologische Zusammenarbeit, Umwelt, Telekommunikation, entwicklungspolitische Zusammenarbeit, Zusammenarbeit in Bildung, Wissenschaft und Kultur, berufliche Ausbildung, Medien, gesellschaftspolitischer Dialog, Außenpolitik und Sicherheitspolitik. Die Bedeutung Asiens als neuem Schwerpunkt der deutschen Außenpolitik wurde in der Folgezeit durch eine intensive Besuchsdiplomatie, darunter zwei Reisen des Bundeskanzlers nach China,[10] und eine besonders aktive Förderung des Dialogs zwischen der Europäischen Union (EU) und Asien untermauert.

Deutsche Aussenpolitik in Partnerschaft

Zwar betont das Asien-Konzept der Bundesregierung die Nützlichkeit des dichten Geflechts bilateraler Beziehungen für den Ausbau der Politik gegenüber der asiatisch-pazifischen Region, doch gleichzeitig wird auf die Notwendigkeit eines breiteren partnerschaftlichen Ansatzes im Rahmen multilateraler Bemühungen, insbesondere der EU, ausdrücklich hingewiesen. Dies entspricht einmal der durch die Vereinigung Deutschlands verstärkten Überzeugung, daß gerade angesichts des Zuwachses deutscher Macht die Außenpolitik der Bundesrepublik ihre Ziele nicht im Alleingang, sondern möglichst weitgehend im multilateralen Verbund verwirklichen sollte. Zum anderen erfordern es die der Europäischen Union zugewachsenen Kompetenzen, insbesondere im Bereich der Handels- und Entwicklungspolitik, wichtige Bereiche der Politik gegenüber Asien und der pazifischen Region im Rahmen der EU zu verfolgen. Nicht zuletzt die im Maastrichter Vertrag angelegte Gemeinsame Außen- und Sicherheitspolitik erfordert im Hinblick auf die übergeordneten sicherheitspolitischen Zielsetzungen einer neuen Asienpolitik gemeinsames Handeln innerhalb der Union. Schließlich ist insbesondere auf deutscher Seite die Überzeugung verbreitet, daß die europäische Integration bei der Lösung der Zukunftsprobleme Asiens von modellhafter Bedeutung sein könnte; und wie könnte diese Überzeugung besser vermittelt werden als durch gemeinsames Vorgehen im Kreise der EU-Partner?

Die Bundesregierung machte sich deshalb auch innerhalb der Europäischen Union zum Anwalt einer systematischen Überprüfung der EU-Politik gegenüber der asiatisch-pazifischen Region, die schließlich unter deutscher Präsidentschaft im Sommer

9 Ebd., S. D190.
10 Vgl. hierzu den Beitrag von Joachim *Glaubitz* in diesem Band.

1994 in einer Asien-Strategie der EU ihren Niederschlag fand.[11] Neben einer Stärkung der bilateralen Beziehungen der Union mit einzelnen Ländern oder Ländergruppen formuliert die Strategie als Ziele:

- die Präsenz Europas in Asien stärker hervorzuheben;
- Anstrengungen in Asien zu unterstützen, die auf eine Kooperation auf regionaler Ebene abzielen, z.B. ASEAN oder den Südasiatischen Verband für Regionale Zusammenarbeit (SAARC), mit der Perspektive, die Beziehungen Europas mit solchen Gruppen zu verbessern;
- die asiatischen Länder an der Handhabung internationaler Angelegenheiten teilhaben zu lassen und sie zu ermutigen, eine aktivere Rolle bei multilateralen Aktivitäten zu spielen, um Frieden und Sicherheit aufrechtzuerhalten;
- offene Märkte sicherzustellen und Diskriminierungen abzubauen;
- asiatische Länder, die sich von staatlicher Kontroll- hin zur Marktwirtschaft bewegen, in die offene Weltwirtschaft zu integrieren;
- zu nachhaltiger Entwicklung beizutragen.

Um diese Ziele zu verwirklichen, entwickelt das umfangreiche Strategiepapier zahlreiche Instrumentarien, die vom politischen Dialog über Rüstungskontrolle, Nichtverbreitung von Massenvernichtungswaffen, Stärkung der Menschenrechte, bis hin zu Handel, Investitionen und Entwicklungshilfe reichen.

Im Laufe der letzten Jahre wurde die politische Ebene des Dialogs zwischen der EU und Asien erheblich angehoben, seine Intensität vertieft. Regelmäßige ministerielle Treffen mit der ASEAN-Gruppe sind mittlerweile Routine geworden. Im März 1996 fand ein Gipfel auf der Ebene der Staats- und Regierungschefs der Europäischen Union mit den ASEAN-Mitgliedern sowie China, Japan und Südkorea (ASEM-Gipfel) in Bangkok statt. Er drückte mehr als alles andere den grundlegend gewandelten Charakter des Verhältnisses zwischen Westeuropa und Asien aus, auch wenn bei diesem Treffen eine Reihe wichtiger Länder Asiens nicht vertreten war. Er brachte die gerade von deutscher Seite unterstützte Bereitschaft der EU zum Ausdruck, das europäisch-asiatische Verhältnis als eines der wesentlichen und unverzichtbaren Elemente einer Weltordnung des kommenden Jahrhunderts zu behandeln. Aus diesen Gründen wird auch die Fortsetzung dieser Zusammenkünfte, darunter die Wiederholung des ASEM-Gipfels in Verbindung mit anderen Zusammenkünften mit regionalen Zusammenschlüssen im asiatisch-pazifischen Raum, ein wichtiges Element beim Aufbau strukturierter Beziehungen zwischen Europa und Asien sein.

11 *Kommission der Europäischen Gemeinschaften*, Mitteilung an den Rat – Auf dem Weg zu einer neuen Asienstrategie, Brüssel, 13.7.1994. Vgl. ferner den Bericht des Rates zur Asien-Strategie der Europäischen Union vom 28.11.1994, abgedruckt in: *IP*, 10/1995, S. 74-77. Die Strategie wird umfassend erläutert und ergänzt durch verschiedene Analysen, die vor dem asiatisch-europäischen Gipfeltreffen (ASEM) von Bangkok erarbeitet worden sind. Vgl. Wolfgang *Pape* (Hrsg.), Shaping Factors in East Asia by the Year 2000 and Beyond: A Study for the European Commission (Sonderveröffentlichung des Instituts für Asienkunde), Hamburg 1996.

SCHLUSSFOLGERUNGEN

Ob Asien im kommenden Jahrhundert zur Konfliktregion der Weltpolitik wird oder ob von dort aus Impulse für wirtschaftlichen, technologischen und sozialen Fortschritt ausgehen werden, wird naturgemäß in erster Linie von den Asiaten selbst entschieden. Dennoch können Europa und Nordamerika unter den Bedingungen wachsender globaler Interdependenz den ihnen zur Verfügung stehenden Einfluß geltend machen, um jene Kräfte zu unterstützen, die Asiens Entwicklung in eine konstruktive Richtung lenken.

Es liegt deshalb im wohlverstandenen deutschen Interesse, daß die EU möglichst gemeinsam mit den Vereinigten Staaten eine energische Anstrengung unternimmt, die aufstrebenden Volkswirtschaften in ihr existierendes System interdependenter wirtschaftlicher Beziehungen einzugliedern. Hierbei ist ihnen zu helfen, ihrerseits die Regeln und Verpflichtungen zu »erlernen« und einzuhalten, die den außergewöhnlichen wirtschaftlichen Erfolg der OECD-Staaten in der Nachkriegszeit mitverursacht haben. Durch die Einbeziehung dieser Länder in bereits existierende Interdependenznetze sollen Anreize geschaffen werden, die zerstörerischen Auswirkungen des Einsatzes von Gewalt in den Außenbeziehungen zu vermeiden.

Die Stärkung regionaler und subregionaler wirtschaftlicher Integration in Asien und im pazifischen Raum und die damit verbundene kooperative Institutionalisierung stabilisieren die gesamte Region, heben ihren Wohlstand und liegen deshalb auch im offenkundigen Interesse der EU und der Vereinigten Staaten. Beide sollten daher jede Anstrengung unternehmen, um derartige Ansätze zu unterstützen und die europäischen und westlichen Erfahrungen in dieser Region zu vermitteln.

Die EU und die Vereinigten Staaten bleiben aufgerufen, dieser Region zu helfen, ihre zahlreichen Konflikte mit friedlichen Mitteln zu lösen, hierzu hilfreiche Ansätze zu entwickeln, für Vermittlung zur Verfügung zu stehen, Ressourcen einzusetzen und gegebenenfalls Truppen für friedenserhaltende Maßnahmen bereitzuhalten, wenn dort ein derartiger Bedarf entsteht.

Viele der globalen Fragen können ohne einen Beitrag Asiens nicht gelöst werden. Dies gilt für die Verhinderung der Proliferation von Massenvernichtungswaffen und von Raketentechnologie, für Lösungsansätze zur Umweltkrise, die sich im kommenden Jahrhundert verschlimmern dürfte, für Terrorismus und internationale Kriminalität.[12] Deshalb ist die Entwicklung kooperativer Ansätze zwischen Europa und Asien auf diesen Feldern von kardinalem Interesse für die EU und damit auch für Deutschland.

Schließlich gilt es, die der deutschen und europäischen Politik zugrundeliegende Menschenrechtskonzeption in angemessener Weise zur Anwendung zu bringen. Schon das Asien-Konzept der Bundesregierung von 1993 hat hierzu mit Recht festgestellt:

---

12 Vgl. zu diesen Themen auch die Beiträge von Erwin *Häckel*, Eberhard *Feess* und Ulrich *Steger* sowie Hans *Neusel* in diesem Band.

> »Wir können auch Menschenrechtspolitik, eine Politik zur Förderung von Pluralismus, freien und berechenbaren politischen Ordnungen in der Welt nicht gegen oder ohne die asiatisch-pazifischen Akteure, sondern nur mit ihnen gestalten.«[13]

Auch die Asien-Strategie der EU hat eine ähnliche Auffassung vertreten. Die Entwicklungen im Zusammenhang mit der Tibet-Resolution des Deutschen Bundestages vom Juni 1996 zeigen jedoch, wie schwierig es ist, die in demokratischen Gesellschaften vorherrschenden Menschenrechtskonzeptionen mit übergeordneten außenpolitischen Interessen in Einklang zu bringen.[14] Hierbei ist zu bedenken, daß es weniger um den oft behaupteten Gegensatz zwischen Menschenrechten und wirtschaftlichen Interessen geht. Langfristig muß im Mittelpunkt stehen: das Bemühen um Stabilisierung und Frieden in der für die Weltpolitik wichtigsten Region des kommenden Jahrhunderts, um ihre Öffnung und Integration in das Weltsystem, über die sich zwar eine Annäherung, jedoch wohl kaum eine vollständige Kongruenz der Wertesysteme erreichen läßt. Hierzu innerhalb der EU und der atlantischen Welt der Demokratien beizutragen, wird eine der großen Aufgaben deutscher Politik gegenüber der asiatisch-pazifischen Region sein.

---

13 Asien-Konzept der Bundesregierung, a.a.O. (Anm. 7), S. D189.
14 Vgl. *Deutscher Bundestag*, Drucksache 13/4445 vom 23.4.1996.

DAS SUBSAHARISCHE AFRIKA: STIEFKIND DER AUSSENPOLITISCHEN AUFMERKSAMKEIT

Rolf Hofmeier

Von allen Regionen der Welt findet das subsaharische Afrika[1] spätestens seit Ende der achtziger Jahre und dem Ende des Ost-West-Konflikts die deutlich geringste Beachtung im Gesamtkontext der deutschen auswärtigen Beziehungen.[2] Es gibt gute Gründe, diese Situation zu korrigieren. Denn wenn auch wirtschaftliche und politische Interessen Deutschlands in Afrika kaum direkt berührt sind, wäre es doch angeraten, vor allem vor dem Hintergrund neuer Konfliktkonstellationen und ihrer mittelbaren sicherheitspolitischen Auswirkungen ein stärkeres afrikapolitisches Profil zu entwickeln. Hierfür müßten internationale Organisationen besser genutzt, die Abstimmung mit den Partnern in der Europäischen Union (EU) verbessert und die innenpolitische und gesellschaftliche Basis in Deutschland verbreitert werden.

Deutsche Interessen

Der geringe Stellenwert Afrikas für die deutsche Außenpolitik liegt vor allem darin begründet, daß dort aus deutscher Sicht keine bedeutsamen unmittelbaren Interessen liegen – oder zumindest nach gängiger Einschätzung nicht zu erkennen sind. Dies gilt für die Bereiche der Sicherheits-, Außenwirtschafts- und Kulturpolitik gleichermaßen und auch trotz der Tatsache, daß die Anstrengungen der Entwicklungspolitik in hohem Maße auf Afrika ausgerichtet sind und somit die Entwicklungszusammenarbeit in nahezu allen afrikanischen Ländern den weitaus bedeutendsten Teilaspekt der Beziehungen mit Deutschland darstellt.

Die Bedeutung Afrikas für die deutsche Wirtschaft muß als ausgesprochen marginal bezeichnet werden. Seit Anfang der achtziger Jahre ist ein kontinuierlicher Bedeutungsverlust Afrikas als Wirtschaftspartner für die Bundesrepublik zu verzeichnen.[3] Alle Länder südlich der Sahara zusammen hatten 1994 sowohl bei Einfuhren wie auch bei Ausfuhren nur noch einen Anteil von etwas mehr als einem Prozent am deutschen Außenhandel, wovon wiederum mehr als die Hälfte allein auf Südafrika

---

1 Im folgenden wird aus Gründen der sprachlichen Vereinfachung verschiedentlich auf das Attribut »subsaharisch« verzichtet.

2 Für einen regelmäßigen Jahresüberblick über die deutsch-afrikanischen Beziehungen vgl. die seit 1988 vom Institut für Afrika-Kunde herausgegebenen Jahrbücher: *Institut für Afrika-Kunde/Hofmeier* (Hrsg.), Afrika Jahrbuch, Opladen 1988ff.; ferner *Hofmeier*, German-African Relations: Present and Future, in: Stefan *Brüne*/Joachim *Betz*/Winrich *Kühne* (Hrsg.), Africa and Europe: Relations of Two Continents in Transition, Münster/Hamburg 1994, S. 71-86.

3 Für die Entwicklung bis Ende der achtziger Jahre vgl. *Hofmeier* et al., Die wirtschaftliche und rohstoffpolitische Bedeutung Afrikas und seiner einzelnen Regionen, Hamburg 1981; *ders.*, Afrikas außenwirtschaftliche Bedeutung für die Bundesrepublik Deutschland: Entwicklungstendenzen und gegenwärtiger Stellenwert, in: *Nord-Süd aktuell*, Nr. 4, 1990, S. 527-533.

und Nigeria entfiel. Abhängigkeiten Deutschlands von bestimmten Warenbezügen aus afrikanischen Staaten bestehen nicht; nahezu alle aus Afrika bezogenen Rohstoffe sind bei einer Vielzahl von Anbietern auf dem Weltmarkt verfügbar, wobei beinahe überall ein Angebotsüberschuß besteht. Von deutlich herausgehobener Bedeutung sind lediglich Südafrika, mit einem anhaltend hohen Lieferanteil bei einigen wichtigen mineralischen Rohstoffen, sowie Nigeria als Lieferant von keineswegs unbedeutenden Mengen besonders hochwertigen Erdöls. Auch als Exportmarkt und im Hinblick auf Direktinvestitionen deutscher Unternehmen ist Südafrika für Deutschland von gewisser Relevanz, während Nigeria stark an Gewicht verloren hat, von allen anderen Staaten ganz zu schweigen.

Auch aus politischer Perspektive scheinen für das vereinte Deutschland in Afrika kaum wesentliche Interessen direkt auf dem Spiel zu stehen. Das lange dominierende Werben um afrikanische Unterstützung im Kontext der Ost-West-Konfrontation und insbesondere im Hinblick auf die Systemkonkurrenz der beiden deutschen Staaten ist entfallen;[4] für sicherheitspolitische Erwägungen im traditionellen Sinne ist Afrika insofern ohne besonderen Belang, als von dortigen militärischen Entwicklungen keine signifikanten Rückwirkungen auf Deutschland zu gewärtigen sind; und auch die Ansatzpunkte für eine kulturpolitische Präsenz sind in weiten Teilen des Kontinents aufgrund historischer und sprachlicher Gegebenheiten äußerst begrenzt, wobei Namibia und Südafrika im Hinblick auf spezielle Zielgruppen noch am ehesten als erfolgversprechende Ausnahmen anzusehen sind.

Als Mitglieder internationaler Organisationen und Gremien sind die afrikanischen Staaten durch ihr quantitatives Gewicht bei Abstimmungen und in Entscheidungsprozessen für Deutschland allerdings von einiger Bedeutung, insbesondere wenn es darum geht, eine möglichst breite Unterstützung für deutsche Anliegen zu sichern. Zudem ist darauf zu verweisen, daß es angesichts immer deutlicher spürbarer globaler Zusammenhänge auch im wohlverstandenen längerfristigen deutschen Interesse liegt, die heutigen Krisenerscheinungen in Afrika nicht einfach auszublenden, sondern sich in verantwortungsvoller Weise um einen Beitrag zu deren Überwindung zu bemühen. Bundespräsident Roman *Herzog* hat diesbezüglich darauf hingewiesen, daß es heute keinen Gegensatz zwischen klassischer Interessenpolitik und Verantwortungspolitik mehr geben kann.[5] Doch das politische Bewußtsein für daraus im eigenen Interesse abzuleitende Handlungsschritte ist noch immer sehr gering; das neue Motto der Entwicklungszusammenarbeit als Instrument der Krisenprävention wird bislang kaum praktisch umgesetzt.[6] Als Hauptziele einer im langfristigen Eigeninteresse konzipierten deutschen Afrikapolitik wären jedoch die Sicherstellung einer nachhaltigen wirtschaftlichen und sozialen Entwicklung des Kontinents sowie die konstruktive

4 Hierzu werden demnächst die Ergebnisse eines Forschungsprojekts publiziert: Ulf *Engel*/Hans-Georg *Schleicher*, Dominante Aspekte der Afrika-Politik der beiden deutschen Staaten, 1955-1990, Hamburg 1996 (in Vorbereitung).

5 Vgl. Roman *Herzog*, Rede vor der Organisation der Afrikanischen Einheit am 27.1.1996 in Addis Abeba, abgedruckt in: *Bulletin* (Presse- und Informationsamt der Bundesregierung), Nr. 14, 13.2.1996, S. 155-159.

6 Vgl. hierzu auch den Beitrag von Uwe *Holtz* in diesem Band.

Einwirkung auf akute Konfliktkonstellationen zu benennen. Es ist klar, daß eine so verstandene Zielsetzung ganz wesentlich auf eine enge internationale Abstimmung mit den wichtigsten anderen Akteuren angewiesen wäre.

DEUTSCHE AFRIKAPOLITIK IM INTERNATIONALEN KONTEXT

Wichtigster Bezugsrahmen deutscher Afrikapolitik ist zweifellos die Zusammenarbeit und Abstimmung mit den westeuropäischen Partnerländern sowohl innerhalb der formellen Mechanismen der EU als auch bilateral, vor allem mit den ehemaligen Kolonialmächten, die in unterschiedlicher Intensität noch spezifische Interessen in Afrika verfolgen. Die besondere europäische Verantwortung für die früheren Kolonien manifestiert sich prägnant in den mehrfach, zuletzt 1995 fortgeschriebenen Lomé-Konventionen der EU mit der Gruppe der assoziierten Staaten Afrikas, der Karibik und des Pazifik (AKP-Staaten), wobei der geographische Fokus übrigens eindeutig auf Afrika liegt. Allerdings besteht im Kontext der zunehmenden Globalisierung der EU-Außenbeziehungen schon seit einiger Zeit die Tendenz zu einer Erosion der bisher privilegierten Beziehungen der afrikanischen Länder zur EU.[7] Ansätze zu einer über den entwicklungspolitischen Kontext der Lomé-Konventionen hinausgehenden Politikabstimmung innerhalb der EU gibt es im Rahmen der Gemeinsamen Außen- und Sicherheitspolitik (GASP), doch ist die praktische Umsetzung in gemeinsame Aktionen bisher noch wenig ausgebildet.

Wichtig bleiben daher nach wie vor die unterschiedlichen nationalen Interessen einzelner EU-Partner in Afrika. Dies gilt an vorderster Stelle für Frankreich, das unverändert an seinem Anspruch einer besonders herausgehobenen Rolle in Afrika festhält und beim Ausbau des Frankophoniekonzepts in hohem Maße auf afrikanische Länder abstellt. Trotz formaler Absprachen über deutsch-französische Kooperation im Bereich der Entwicklungspolitik ist der Grad der tatsächlichen Abstimmung konkreter afrikabezogener Aktivitäten nach wie vor außerordentlich gering. Faktisch ist eine kritische Auseinandersetzung mit der französischen Afrikapolitik in Bonn weitgehend ein Tabu, da dies wegen minderer Bedeutung gegenüber sehr viel wichtigeren Feldern der Zusammenarbeit mit Paris als nicht opportun angesehen wird.

Andere europäische Länder verfolgen im Vergleich zu Frankreich bescheidenere politische Ambitionen in Afrika und beschränken sich weitgehend auf Wirtschaftsbeziehungen und Entwicklungszusammenarbeit. Dies gilt in gewissem Maße auch für Großbritannien, das schon seit langem sein politisches Profil in Afrika erheblich reduziert und auf den lockeren Rahmen des Commonwealth konzentriert hat, während Portugal sich darum bemüht, eine Sonderrolle als Bindeglied zwischen den lusophonen Staaten Afrikas und Europa zu übernehmen. In Belgien und Italien verlieren historisch bedingte Affinitäten zu den früheren Kolonialgebieten in Afrika

7 Zu den Perspektiven vgl. Dieter *Frisch*, Zur Zukunft des Lomé-Abkommens. Erste Überlegungen zur europäischen Afrika-Politik nach dem Jahr 2000, in: *Afrika Spectrum*, Nr. 1, 1996, S. 57-72.

zunehmend an Bedeutung, und die Niederlande und die skandinavischen Staaten zeigen ein starkes entwicklungspolitisches Engagement mit einem deutlich anderen, vorrangig wertorientierten politischen Anspruch.

Als relevante nichteuropäische Akteure in Afrika sind außerdem nach wie vor die USA und neuerdings Japan zu nennen, die aus afrikanischer Perspektive vor allem wichtige Handels- und Wirtschaftspartner sowie Entwicklungshilfegeber darstellen, während die ehemals staatssozialistischen Länder Osteuropas einschließlich Rußlands von der afrikapolitischen Bühne verschwunden sind. Auch China spielt dort keinerlei herausgehobene Rolle mehr.

Neben den Regierungen der genannten Länder sind vor allem die globalen internationalen Finanzinstitutionen Internationaler Währungsfonds (IWF) und Weltbank sowie die Vereinten Nationen mit ihren verschiedenen Sonderorganisationen von entscheidender Bedeutung für die Ausgestaltung der internationalen Politik gegenüber Afrika; und zwar insbesondere im Hinblick auf generelle entwicklungs-, handels- und finanzpolitische Maßnahmen und auf Konfliktregelungsaktionen. In diese Institutionen sollten somit auch die deutschen afrikapolitischen Vorstellungen und Konzepte eingebracht werden. Es bleibt allerdings zu konstatieren, daß die deutsche Stimme dort bisher meist sehr zurückhaltend und nicht dem Gewicht Deutschlands in der Weltwirtschaft entsprechend zu Gehör gebracht worden ist.

Ausrichtung und Wirkungstiefe deutscher Afrikapolitik

Trotz offizieller Rhetorik von partnerschaftlicher Zusammenarbeit und Dialog ist das Grundmuster der politischen und wirtschaftlichen Beziehungen zwischen einzelnen afrikanischen Ländern und Deutschland durch eine extreme Asymmetrie der Gewichte und Potenzen gekennzeichnet. Diese Ausgangslage determiniert in erheblicher Weise den tatsächlichen Kern der von deutscher Seite gegenüber Afrika betriebenen Politik, die vornehmlich aus dem entwicklungspolitischen Begriffspaar von »Geber« und »Nehmer« sowie aus der für eine derartige Beziehung geltenden Festlegung von Bedingungen (»Konditionen«) zu begreifen ist.

Im Vordergrund stehen zunächst die offiziellen Formen der staatlichen Zusammenarbeit, unter Einschluß der staatlich kontrollierten Durchführungsorganisationen. Daneben gibt es ein sehr breites Spektrum von in Afrika tätigen nichtstaatlichen Akteuren (u.a. kirchliche Hilfswerke, politische Stiftungen, ungebundene Nichtregierungs-Organisationen), die faktisch in erheblichem Maße das deutsche Verhalten gegenüber den dortigen Ländern mitbestimmen. Neben dem klassischen Anliegen der auf längerfristige Verbesserung der sozialen und wirtschaftlichen Verhältnisse angelegten Entwicklungspolitik und den in den letzten Jahren stark angewachsenen Notwendigkeiten einer akuten Not- und Katastrophenhilfe wird seit Beginn der neunziger Jahre sehr viel stärker auf eine Beachtung und Beeinflussung der inneren politischen Verhältnisse der afrikanischen Staaten abgestellt, als dies in der Ära des Ost-West-Konflikts der Fall war. Gegenüber der früheren ideologischen Begründung ist die Afrikapolitik somit heute wesentlich deutlicher normativ geprägt. Die Bemühungen zielen insbesondere auf die Stärkung einer von den bisher dominierenden Staatsstrukturen unabhängigen Zivilgesellschaft ab, auf die Sicherung der Menschenrechte und auf die Förderung von Demokratisierung und Partizipation der Bevölkerung am politischen Prozeß. Nach enttäuschenden Erfahrungen der vergangenen Entwicklungsdekaden wird dies inzwischen als unerläßliche Voraussetzung für eine längerfristig aufwärtsgerichtete gesamtgesellschaftliche und ökonomische Entwicklung Afrikas angesehen.

Aus der großen Zahl weltpolitisch marginaler und ökonomisch gering entwickelter afrikanischer Länder südlich der Sahara heben sich nur wenige Staaten ab, die eine Sonderstellung einnehmen und eine regionale Führungsrolle beanspruchen können. Dies gilt, wie erwähnt, insbesondere für Südafrika und Nigeria. Die beiden Länder sind Deutschlands wichtigste afrikanische Handelspartner und Rohstofflieferanten und scheinen zudem aufgrund von Wirtschaftspotential und Bevölkerungsgröße potentiell prädestiniert für eine Rolle als »Sprecher« Afrikas in verschiedenen globalen Gremien; sie verdienen daher eine besondere außenpolitische Aufmerksamkeit. Allerdings mahnen die seit längerem offensichtliche politische und wirtschaftliche Krise Nigerias und die fortbestehenden inneren Strukturprobleme Südafrikas zur Vorsicht vor überzogenen Erwartungen.

In subregionalen Kontexten könnten etwa zehn mittelgroße afrikanische Staaten eine gewisse Führung beanspruchen. Aus einer außerafrikanischen Perspektive dürften sie jedoch auch auf mittlere Sicht keine besondere politische Bedeutung erlangen. Dieses Problem verbindet sich mit einer besonders eklatanten Schwäche der afrikanischen Staatenwelt: der Aufsplitterung in viele kleine Einheiten und anhaltend geringe praktische zwischenstaatliche Kooperation trotz ständig wiederholter politischer Absichtserklärungen und einer großen Zahl wenig leistungsfähiger Regionalorganisationen. Ein offensichtlicher, aber bisher nur sehr begrenzt praktizierter Ansatzpunkt der Afrikapolitik kann daher die Unterstützung gesamtafrikanischer und subregionaler Organisationen sein. Dieses Anliegen versucht die deutsche Außenpolitik richtigerweise auch auf EU-Ebene weiter voranzubringen, wie z.B. durch die Initiative für die erste gemeinsame Außenministerkonferenz der Europäischen Union mit der Südafrikanischen Entwicklungsgemeinschaft (SADC) im September 1994 in Berlin.

Im Bemühen um eine Diversifizierung ihrer meist durch die Kolonialgeschichte stark vorgeprägten Außenbeziehungen gibt es in vielen afrikanischen Ländern latente Erwartungen im Hinblick auf ein sehr viel stärkeres und eigenständigeres deutsches Afrikaengagement, die aber angesichts der geringen Bereitschaft Deutschlands zu konkreten Schritten in dieser Richtung bisher weitgehend unerfüllt geblieben sind. Obgleich Deutschland für praktisch alle afrikanischen Staaten einen der wichtigsten Handelspartner und Entwicklungshilfegeber darstellt, müssen bei dem absolut gesehen bescheidenen Gesamtgewicht der verschiedenen auf Afrika gerichteten Maßnahmen die tatsächlichen Einwirkungsmöglichkeiten auf dortige Entwicklungen insgesamt als eher begrenzt eingeschätzt werden. Bei realistischer Betrachtungsweise ist zudem davon auszugehen, daß die Wirkungen jeglicher deutscher Politikmaßnahmen für sich allein genommen immer nur höchst begrenzt sein können. Zur Erzielung nachhaltiger Effekte ist es daher um so wichtiger, eine möglichst weitgehende inhaltliche Koordinierung mit anderen wichtigen Akteuren anzustreben.

Innenpolitische Grundlagen der Afrikapolitik

Mit Ausnahme rein humanitär begründeter Hilfsmaßnahmen sind alle auf Afrika bezogenen deutschen Aktivitäten mit dem Dilemma einer äußerst schwachen innenpolitischen und gesellschaftlichen Basis konfrontiert. Im Gegensatz zu den ehemaligen Kolonialmächten und den USA gibt es in der Bundesrepublik keinerlei traditionelle politische »Afrikalobby«, außerdem auch kaum nennenswerte Wirtschaftsinteressen, die in Afrika zu realisieren wären. In allen politischen Parteien haben Politiker mit ausgeprägtem Interesse an der Entwicklungspolitik im allgemeinen und an Afrika im besonderen sowohl innerparteilich wie hinsichtlich der Wählerwirksamkeit einen schweren Stand und können sich mit ihren Anliegen nur selten durchsetzen. Innerhalb der politischen Strukturen gibt es daher nur einige wenige Einzelpersonen, die meist aufgrund ganz persönlicher Motivationslagen ein kontinuierliches politisches Interesse an und für Afrika aufbringen.

Ohne eine größere gesellschaftliche Resonanz kann aber auch nicht erwartet werden, daß aktive Politiker sich für afrikabezogene Themen besonders stark machen. Der allgemeine Kenntnisstand in Medien und breiter Öffentlichkeit ist weitgehend durch negative Bilder von Krisen und Katastrophen sowie Mißerfolgen der Entwicklungshilfe geprägt. Nur verhältnismäßig kleine Gruppen der Gesellschaft setzen sich aktiv für ein stärkeres Afrikaengagement ein. Dies ist noch am ehesten – aber letztlich auch nur begrenzt – bei den Kirchen und ihren Hilfswerken der Fall, während die Basis politischer Solidaritätsgruppen für die Dritte Welt gegenüber der Situation in den siebziger und achtziger Jahren deutlich zurückgegangen ist. Auf gewerkschaftlicher Seite ist über einzelne, auf Südafrika gerichtete Maßnahmen hinaus noch nie ein besonderes Interesse an afrikanischen Problemen entwickelt worden. Ein stärkeres privatwirtschaftliches Engagement deutscher Firmen kann durch politische Maßnahmen nicht erzwungen und auch nur in sehr begrenztem Maße gefördert werden, solange die Bedingungen in den afrikanischen Ländern nicht genügend erfolgversprechend sind. Und auch die Bereitschaft zur Beteiligung Deutschlands an multinationalen Friedensmissionen in Afrika ist – aus sehr unterschiedlichen Motiven – in allen politischen Lagern extrem gering ausgeprägt.[8]

Insgesamt sind im Hinblick auf die Voraussetzungen für eine dezidierte deutsche Afrikapolitik also zahlreiche Defizite zu konstatieren. Dies wird u.a. auch daran deutlich, daß es bisher – im Gegensatz zu entsprechenden Konzepten für Asien und

8 Für eine Erörterung der sicherheitspolitischen Problematik einer solchen Abstinenz vgl. den Beitrag von Winrich *Kühne* in diesem Band.

Lateinamerika – kein ausformuliertes offizielles Afrikakonzept der Bundesregierung gibt. Als ein gewisser Ersatz können bisher allenfalls die sogenannten »Leitlinien von Accra«[9], die entwicklungspolitischen Grundprinzipien des Bundesministeriums für wirtschaftliche Zusammenarbeit und Entwicklung (BMZ)[10] und das BMZ-Konzept für die Entwicklungszusammenarbeit mit dem subsaharischen Afrika[11] angesehen werden.

Konsequenzen für die deutsche Innen- und Aussenpolitik

Hauptansatzpunkt einer problemadäquaten deutschen Afrikapolitik kann – neben einer moralisch-wertorientierten Begründung für Programme zur Verbesserung der Lebensverhältnisse – nur die Orientierung an der generellen Zielsetzung einer global und langfristig ausgerichteten Verantwortungspolitik sein, die durchaus ein »aufgeklärtes« Eigeninteresse an der Verhinderung einer weiteren Zuspitzung krisenhafter Entwicklungen in Afrika verfolgt. Dies wird allerdings auch weiter innenpolitisch schwer zu vermitteln sein, solange keine unmittelbar einsichtigen Eigeninteressen direkt betroffen sind. Das Anliegen der Afrikapolitik ist daher aufs engste verknüpft mit der generellen Problematik einer notwendigen politischen Unterstützung für die Erfordernisse einer umfassend als »globale Strukturpolitik« verstandenen Entwicklungspolitik. Ein stärkeres gesellschaftliches und politisches Verständnis kann jedoch nur erreicht werden, wenn es gelingt, entsprechende entwicklungsbezogene Aktivitäten in Afrika glaubhaft als zentrale Elemente einer Präventivstrategie deutlich zu machen, die einen vorbeugenden Beitrag zur Abwehr drohender Gefährdungen für die eigene Gesellschaft leisten können – wobei allerdings in verantwortungsvoller Weise Sorge dafür zu tragen ist, daß kein einseitiges »Feindbild« aufgebaut wird. Vor allem Politik und Medien sind gefordert, Lernprozesse der Öffentlichkeit in dieser Richtung anzustoßen.

Ausgehend von einem derartigen Grundverständnis ergibt sich aus afrikapolitischer Perspektive die Forderung nach einer sehr viel stärkeren Konzentration aller Maßnahmen der Entwicklungszusammenarbeit auf die afrikanischen Länder südlich der Sahara, da diese auch auf mittlere Sicht weltweit am dringendsten auf fortgesetzte und substantielle externe Unterstützung angewiesen sein werden. Dabei ist von einem sehr breiten Ansatz auszugehen, der gleichermaßen gesellschaftliche, politische und ökonomische Impulse für die nachhaltige Mobilisierung der Eigenkräfte der afrikanischen Bevölkerungen beinhaltet und dadurch in der Lage ist, einen überzeugenden

9 Ergebnisse der Konferenz der deutschen Botschafter im südlichen Afrika. Erklärung des Bundesaußenministers, Klaus *Kinkel*, am 20.5.1993 in Accra, abgedruckt in: *Bulletin*, Nr. 43, 25.5.1993, S. 409f.

10 Neue politische Kriterien deutscher Entwicklungszusammenarbeit. Erklärung des Bundesministers für wirtschaftliche Zusammenarbeit, Carl-Dieter *Spranger*, vor der Bundespressekonferenz in Bonn am 10.10.1991, abgedruckt in: *Bulletin*, Nr. 113, 16.10.1991, S. 893-895.

11 *Bundesministerium für wirtschaftliche Zusammenarbeit und Entwicklung*, Entwicklungszusammenarbeit mit den Ländern Afrikas südlich der Sahara in den neunziger Jahren (BMZ-Aktuell, Nr. 019), Bonn 1992.

Gegenentwurf zum weitverbreiteten »Afropessimismus« anzubieten. Weit über die bisher noch vorherrschende Durchführung von Einzelprojekten hinaus muß es in international abgestimmter Form darum gehen, einen effektiven Beitrag zur konsequenten Verfolgung wirtschaftspolitischer Reformen auf Makro- und Sektorebene, zur Förderung privatwirtschaftlicher Initiativen, zur direkten Unterstützung der Armutsgruppen, aber auch zur Herausbildung einer von der Dominanz des Staates unabhängigen Zivilgesellschaft und zur demokratischen Partizipation der Bevölkerung an politischen Entscheidungsprozessen zu leisten. Dabei ist jedoch sorgfältig auf eine – im jeweiligen Einzelfall allerdings ausgesprochen schwierig zu bestimmende – Balance zwischen wirksamer sachorientierter Einflußnahme – mit der Gefahr des Vorwurfs einer zu starken Bevormundung durch die »Geberseite« – und dem Eingehen auf eigenständige afrikanische Ansätze der Gestaltung von Gesellschaft und Politik zu achten.

Als Konsequenz aus der begrenzten Wirksamkeit bilateraler deutscher Maßnahmen folgt das Erfordernis eines verstärkten Einbringens eigener inhaltlicher Positionen in den wichtigsten internationalen Institutionen, die für die Gesamtentwicklung Afrikas von Bedeutung sind. Hier sollte in den nächsten Jahren ein deutlich stärkeres Profil entwickelt werden, als es bisher der Fall gewesen ist. Dies bezieht sich zum einen auf eine aktivere kritische Beteiligung an der Formulierung zentraler entwicklungsstrategischer Vorgaben und Politiken durch IWF und Weltbank, zum anderen auf die praktische und konzeptionelle Weiterentwicklung der Beziehungen der EU mit Afrika. Trotz starker Tendenzen zur generellen Globalisierung der EU-Außenbeziehungen gibt es gute Gründe für eine modifizierte Fortführung der bisher im Rahmen der Lomé-Abkommen betriebenen europäischen Sonderbehandlung afrikanischer Länder.[12] Im Interesse einer gemeinsam zu verantwortenden EU-Politik wird es allerdings auch unvermeidlich sein, sich kritisch mit fortbestehenden nationalen Eigeninteressen in Afrika auseinanderzusetzen.

Eine weitere Dimension der Übernahme internationaler Verantwortung durch Deutschland stellt die Unterstützung von verschiedenartigsten Maßnahmen zur Prävention, Eindämmung oder Beilegung von bewaffneten Konflikten in Afrika dar – sei es im Rahmen der Vereinten Nationen, der Organisation für Afrikanische Einheit (OAU) oder subregionaler Organisationen. Neben diplomatischen Initiativen und der Bereitstellung finanzieller und materieller Ressourcen wird hier seitens der internationalen Gemeinschaft künftig zweifellos auch eine verantwortungsvolle Beteiligung an multilateralen Friedensmissionen erwartet werden.

---

12 Vgl. *Frisch*, a.a.O. (Anm. 7).

DEUTSCHLAND UND LATEINAMERIKA: ANSÄTZE ZU EINER NEUEN PARTNERSCHAFT?

Manfred Mols

In wissenschaftlichen Analysen wie in begleitenden Planungsüberlegungen zur deutschen Außenpolitik nimmt Lateinamerika keinerlei prioritären Stellenwert ein. Wenn es um die Benennung jener weltpolitischen Akteure geht, die die Rahmenbedingungen deutscher Außenpolitik maßgeblich formen, kommt Lateinamerika nicht vor. Sofern es überhaupt irgendwo noch eine Rolle spielt, wird es auf Randplätzen abgehandelt – der Vollständigkeit halber. Lateinamerika ist geographisch und damit geopolitisch sehr weit entfernt. Deutschland hat mit dem südlichen Amerika keinerlei sicherheitspolitische Probleme. Auch seine wirtschaftliche Bedeutung ist seit den fünfziger Jahren kontinuierlich zurückgegangen.[1]

Für diejenigen, die den Raum südlich des Rio Grande nicht oder nur ganz vage kennen – und das ist der größte Teil der deutschen Politiker und selbst der sich mit außenpolitischen und internationalen Fragen beschäftigenden Wissenschaftler, Journalisten und Diplomaten –, bleibt der Subkontinent etwas Exotisches, im einzelnen Unberechenbares. War nicht die lateinamerikanische Politik der letzten Jahrzehnte durch eine Vielzahl von Putschen, Revolten, Palastrevolutionen, Guerillakriegen und undurchsichtigen politischen Manövern charakterisiert? War nicht Lateinamerika in den achtziger Jahren der Auslöser einer die Zahlungsströme der Weltwirtschaft bedrohenden internationalen Schuldenkrise? Gingen nicht die manchmal fast fanatisch geführten ideologischen Orientierungsdispute des Nord-Süd-Dialogs immer wieder von Lateinamerika aus, wo nicht nur ein Fidel *Castro* laut über die Weltrevolution nachdachte? Haben daher nicht die Bonner Regierungen seit vielen Jahren zu Recht Lateinamerika in einem Atemzug mit Afrika und Asien in eine Art Gesamtpaket »Dritte Welt« verbannt? Lohnt es sich, wegen Lateinamerika, das unbestreitbar zur engeren Interessensphäre der USA gehört, in Konflikte zu geraten, deren Kostenseite für Deutschland augenscheinlich höher sein muß als jeder zu erwartende Nutzen?

Man würde solche Fragen nicht stellen, wenn sie nicht einen realen Hintergrund hätten. Die Lateinamerika entgegengebrachte Skepsis kommt nicht von ungefähr. Allerdings sind die mit ihr verbundenen Urteile deshalb nicht ganz zu Ende gedacht, weil sie weder der komplexen lateinamerikanischen Realität gerecht werden, noch die Breite und Tiefe des deutsch-lateinamerikanischen Verhältnisses berücksichtigen.

1 Für aktuelle Daten vgl. *Deutsch-Südamerikanische Bank*, Kurzbericht über Lateinamerika, Nr. 2, 1995, S. 11 und S. 144.

Strukturelemente des deutsch-lateinamerikanischen Verhältnisses[2]

Lateinamerika bot, besonders im 19. Jahrhundert, bevorzugte Einwanderungsregionen für Deutsche. Heute sind rund fünf Millionen Menschen in Lateinamerika deutschstämmig. Sie sind in vielen Ländern südlich des Rio Grande an einflußreichen Stellen in Politik, Wirtschaft und Kultur überproportional vertreten. Doch anders als dies für die USA mit ihrer über Generationen erfolgreichen »Schmelztiegel«-Philosophie galt, haben nicht wenige dieser deutschstämmigen Lateinamerikaner das Kunststück fertiggebracht, loyale Bürger ihrer Staaten zu sein und zugleich ihrem deutschen Ursprung verbunden zu bleiben. Dies gibt dem deutsch-lateinamerikanischen Verhältnis ein einzigartiges, gewachsenes, zugleich aktuell gebliebenes Fundament mit vielen fest verankerten Strukturen. Deutsche Vereine, Bildungs- und Forschungseinrichtungen, ein praktisch flächendeckendes Netz von deutsch-lateinamerikanischen Handelskammern, die seit der Jahrhundertwende in wichtigen Ländern Lateinamerikas entstanden sind, eine erhebliche Präsenz deutscher Firmen (und der Bundesstelle für Außenhandelsinformation) und das nicht minder beeindruckende Engagement der deutschen politischen Stiftungen und der Kirchen, der Gewerkschaften, der öffentlichen wie privaten Entwicklungsträger usw. haben eine einmalige, historisch gefestigte Verflechtung mit Lateinamerika entstehen lassen. Sie bietet aus politikwissenschaftlicher Sicht ein lehrbuchfähiges Anschauungsbeispiel für transnationale Beziehungen, wie wir sie in einer vergleichbaren Vielfalt nicht einmal mit den meisten unserer unmittelbaren europäischen Nachbarn unterhalten.

Auch wenn diesen transnationalen Verflechtungen eine gewisse Asymmetrie innewohnt, insofern es keine vergleichbaren gesellschaftsinitiierten lateinamerikanischen Aktivitäten in Deutschland gibt, ist in Lateinamerika so gut wie allenthalben ein deutschlandfreundliches Klima entstanden, das selbst durch die törichte Lateinamerikapolitik der Nationalsozialisten nicht nachhaltig belastet blieb. Man ist sich in Lateinamerika sehr wohl der Tatsache bewußt, daß der »zweite Entdecker« des Subkontinents, Alexander *von Humboldt*, ein Deutscher war: Er definierte zum ersten Mal so etwas wie eine eigene spanischamerikanische Identität und hat damit entscheidend zum lateinamerikanischen Selbstbewußtsein beigetragen. Auch das ausgeprägte deutsche Interesse an der Kultur des Subkontinents nimmt man in Lateinamerika erfreut zur Kenntnis.

Die Fundamente der wirtschaftlichen Verflechtungen sind solide.[3] Nimmt man die Gesamthöhe des Außenhandels, der Investitionen, des Technologietransfers und der

---

2 Vgl. sehr viel ausführlicher *Mols*/Christoph *Wagner* (Hrsg.), Deutschland – Lateinamerika. Geschichte, Gegenwart und Perspektiven, Frankfurt a.M. 1994; ferner Wolf *Grabendorff*, Alemania y América Latina: una relación compleja, in: *IRELA* (Hrsg.), Anuario de las Relaciones Europeo-Latinoamericanas, Madrid 1994, S. 157-191.

3 »Die großen Firmen wie Daimler Benz, VW, Siemens, AEG, Bosch, Bayer, Hoechst, BASF und Degussa sind teilweise schon seit hundert Jahren in Lateinamerika. Ihre lateinamerikanischen Tochtergesellschaften gehören in einigen Ländern mit zu den größten Firmen. VW war schon vor der Fusion mit Ford das größte private Unternehmen nicht nur Brasiliens, sondern ganz Lateinamerikas.« Hans-Günter *Gehring*, Die Beziehungen der Wirtschaftsunternehmen, in: Achim *Schrader* (Hrsg.), Deutsche Beziehungen zu Lateinamerika, Münster/Hamburg 1991, S. 117-139; hier S. 126f.

Entwicklungshilfe als Indikatoren, dann ist Deutschland auch nach der Vereinigung die wirtschaftlich präsenteste europäische Macht in Lateinamerika, auch wenn Spanien und Großbritannien auf einzelnen Gebieten, etwa bei den Direktinvestitionen, Deutschland den Rang ablaufen.[4] In der Unternehmerschaft sind persönliche Beziehungen und Kontakte zu Lateinamerika entstanden, die trotz des augenblicklich intensivierten Zugehens der deutschen Wirtschaft auf Mittel- und Osteuropa sowie auf Asien zu Hoffnungen auf eine positive Zukunft der deutsch-lateinamerikanischen Wirtschaftsbeziehungen Anlaß geben.[5] Wobei zu ergänzen bleibt, daß in der deutschen Wirtschaft ohnehin das Interesse an Lateinamerika wieder in dem Maße zunimmt, wie führende Volkswirtschaften südlich des Rio Grande die in den achtziger Jahren begonnene ordnungspolitische Neuorientierung auf marktwirtschaftliche Gestaltungsprinzipien und auf Verflechtungen mit dem Weltmarkt fortsetzen. Auch die Entstehung des Nordamerikanischen Freihandelsabkommens (NAFTA) und seine mögliche Süd-Erweiterung sowie die erfolgreiche Fortsetzung der lateinamerikanischen Integrationsprozesse – vor allem mit Blick auf den Südamerikanischen Gemeinsamen Markt (Mercosur) – sorgen für eine intensivierte deutsche Aufmerksamkeit.

Die politische Ausstrahlung Deutschlands in Lateinamerika wäre überdies um einiges bescheidener geblieben, wäre nicht durch die politischen Stiftungen eine offiziöse deutsche Außen- und Entwicklungspolitik in Lateinamerika entstanden, die das Gefühl einer besonderen politischen Bindung Deutschlands an Lateinamerika verstärkt.[6] Dieses Profil der substaatlichen Lateinamerikabindungen erreichte die offizielle deutsche Außenpolitik in der Vergangenheit nicht. Vor allem lief die deutsche Außenpolitik – nicht nur mit Blick auf Lateinamerika – immer wieder Gefahr, Außenpolitik schlicht mit Außenwirtschaftspolitik gleichzusetzen.

Neue Konzeptionen deutscher Lateinamerikapolitik

Auf der konzeptuellen Ebene deutscher Lateinamerikapolitik werden seit einiger Zeit neue Akzente erkennbar. Beachtung verdienen zum einen die »Thesen zur Lateinamerikapolitik« aus dem Jahr 1993, in denen bereits eingangs unmißverständlich erklärt wird: »Wir wollen den *politischen* Dialog unter gleichberechtigten Partnern zielbewußt und auf allen Ebenen intensivieren...«.[7] Die folgenden insgesamt 14 Thesen enthalten insofern eine gewisse Widersprüchlichkeit, als einerseits der schon seit

4 Vgl. *IRELA*, La nueva Europa y su impacto en América Latina (IRELA-Dossier Nr. 53), Madrid 1995.

5 Vgl. Alexander *Schäfer*, Die wirtschaftlichen Beziehungen der Bundesrepublik Deutschland zu Lateinamerika, in: *Mols/Wagner*, a.a.O. (Anm. 2), S. 229-278.

6 Vgl. Christoph *Wagner*, Die offiziöse Außen- und Entwicklungspolitik der deutschen politischen Stiftungen in Lateinamerika, in: *Mols/Wagner*, a.a.O. (Anm. 2), S. 167-228; ferner Dieter W. *Benecke* et al., Die Beziehungen der Bundesrepublik Deutschland zu Lateinamerika: Bestandsaufnahme und Empfehlungen (Forschungsinstitut der Friedrich-Ebert-Stiftung, Internationale Politik, Nr. 22), Bonn 1983, S. 10.

7 Botschafterkonferenz Lateinamerika 1993. Thesen zur Lateinamerikapolitik, verabschiedet am 10.10.1993 in Buenos Aires, abgedruckt in: *Bulletin* (Presse- und Informationsamt der Bundesregierung), Nr. 86, 14.10.1993, S. 977-979; hier S. 977 (Hervorhebung im Original).

längerem diskutierte, hier wieder aufgegriffene Vorschlag, einen »Lateinamerika-Ausschuß der deutschen Wirtschaft« ins Leben zu rufen, noch sehr stark an den typischen, außenwirtschaftspolitisch geprägten Duktus der deutschen Lateinamerikapolitik erinnert; andererseits wird aber auch von einem »Angebot zu umfassender Zusammenarbeit« gesprochen, von einer »zukunftsgewandten Fortentwicklung der deutschen Gesamtbeziehungen zu Lateinamerika«, bei der es darum gehen soll, soweit wie möglich auch »ein immer breiteres Spektrum der politischen und gesellschaftlichen Kräfte« einzubeziehen.[8]

Zum anderen gibt es seit dem 17. Mai 1995 auch ein neues Lateinamerikakonzept der Bundesregierung.[9] Schon die dichte Folge zweier grundlegender Positionsbestimmungen zeigt, daß in die deutsche Lateinamerikapolitik eine gewisse Bewegung gekommen ist – ein Eindruck, der sich für denjenigen verstärken mußte, der Gelegenheit hatte, an vorbereitenden Überlegungen im Auswärtigen Amt teilzunehmen. Während das Thesenpapier von 1993 noch den plakativen Stil von diplomatischen Richtungserklärungen bevorzugt hatte, deren Verbindlichkeit offenzubleiben pflegt, liegt das Konzept von 1995 zwar in der Kontinuitätslinie des alten, weist aber ein größeres Maß an konkreterer Argumentation auf.

Die europäische Dimension

Die Bundesrepublik hat nie einen Zweifel daran gelassen, daß sie Initiativen im Rahmen der europäischen Institutionen voll mitträgt, ja sogar manchmal selbst zu einer Initiatorenrolle bereit ist. Das am 31. Oktober 1994 veröffentlichte Basispapier der Europäischen Union (EU) über die Beziehungen mit Lateinamerika[10] ist zweifelsohne die gemeinsame Position der Europäer überhaupt.[11] Mit den in diesem Zusammenhang entstehenden Verträgen und Abmachungen versucht man zu Recht, anders als früher, eine graduelle Liberalisierung des Handels mit einem erweiterten politischen Dialog zu verbinden. Dennoch besteht eine wesentliche Schwäche der EU-Politik gegenüber Lateinamerika in fehlenden Abstimmungen zwischen den Regierungen der einzelnen Mitgliedstaaten.

---

8 Einige der in den Thesen aufgestellten Planungsziele sind mittlerweile realisiert worden. So besteht inzwischen mit Argentinien ein politischer Dialog, und im Juni 1994 wurde ein »Gesprächskreis Lateinamerika« gegründet, in dem Spitzenverbände der Wirtschaft, Ressorts der Bundesregierung und die für Lateinamerika zuständigen Auslandshandelskammern vertreten sind.

9 *Auswärtiges Amt/Bundesministerium für Wirtschaft/Bundesministerium für wirtschaftliche Zusammenarbeit und Entwicklung* (Hrsg.), Lateinamerika-Konzept der Bundesregierung. Materialienband, Bonn 1995, S. 1-20. Vgl. ferner das Lateinamerika-Konzept der Bundesregierung. Erklärung der Bundesregierung, abgegeben vom Bundesminister des Auswärtigen, Klaus *Kinkel*, am 22.9.1995 vor dem Deutschen Bundestag, abgedruckt in: *Bulletin*, Nr. 74, 26.9.1995, S. 729-731.

10 *Kommission der Europäischen Gemeinschaften*, Europäische Union – Lateinamerika. Die Partnerschaft heute und die Perspektiven für ihren Ausbau 1996-2000, Brüssel, 23.10.1995.

11 Vgl. *IRELA*, El Acuerdo Interregional entre la UE y el Mercosur, Madrid 1995.

Anders als beispielsweise in der Politik gegenüber dem Verband Südostasiatischer Staaten (ASEAN) gibt es in der Lateinamerikapolitik keine regulären intergouvernementalen Abstimmungen,[12] besteht zwischen Deutschland und Spanien eine erkennbare Konkurrenz um Lateinamerika, die schon im Vorfeld der »iberischen Erweiterung« der Europäischen Gemeinschaft (EG) vorausgesagt worden war.[13] Spanien fühlt sich aus historischen Gründen als die europäische Brücke zu Lateinamerika und hat diesen Anspruch auch durch eine beachtenswerte Anzahl von Initiativen im Rahmen von EG und EU sowie durch die iberisch-lateinamerikanischen Gipfelkonferenzen der letzten Jahre untermauert. Es kann auch nicht geleugnet werden, daß mit dem Ende des Ost-West-Konflikts und der deutschen Vereinigung maßgebliche deutsche Energien nach Osten gelenkt wurden. Gleichwohl wurde die deutsche Präsenz in Lateinamerika in ihrer Substanz nicht reduziert, so daß von deutscher Seite aus kein Anlaß besteht, in der EU eine spanische Vermittlerrolle für Lateinamerika eo ipso zu akzeptieren.

Man fragt sich gleichwohl, ob Bonn und selbst die deutschen Parlamentarier im Europäischen Parlament den mehr oder minder offen geführten Verdrängungswettbewerb auf den europäischen Schienen richtig begriffen haben. Das jahrelange Tauziehen um den Sitz des Instituts für Europäisch-Lateinamerikanische Beziehungen (IRELA), das im Kern eine deutsche Gründung ist, illustriert wie kaum ein anderes Beispiel den nie klar definierten Eigenwert Lateinamerikas in den auswärtigen Beziehungen der Bundesrepublik; und vielleicht auch eine gewisse Unfähigkeit der deutschen Außenpolitik, für längere Zeiträume über das engere geostrategische Umfeld hinaus in die Zukunft zu denken und dann eine langfristige Politik unter Kosten-Nutzen-Gesichtspunkten in der Diskussion mit interessierten gesellschaftlichen Gruppen und Einzelpersönlichkeiten abzuwägen.[14]

Deutsche Lateinamerikainteressen

Die Bundesregierung ist bestrebt, ein intensiviertes konzeptuelles Zugehen auf Lateinamerika unmißverständlich in den Rahmen der Neuordnung der deutschen internationalen Verflechtungen zu stellen. *Business as usual* ist nicht mehr gefragt. Deutsche Wissenschaftler haben in jüngster Zeit breitgefächerte Profilelemente für

12 Dieses Urteil stützt sich auf Interviews, die eine Mainzer Forschergruppe im Winter 1994/95 in verschiedenen europäischen Hauptstädten geführt hat. Vgl. Klaus *Bodemer/Mols* (Hrsg.), Die Lateinamerika-Politiken Frankreichs, Großbritanniens, der Niederlande, Spaniens und Italiens, Frankfurt a.M. 1996 (in Vorbereitung).

13 Vgl. Esperanza *Durán*, European Interests in Latin America, London 1985, S. 102.

14 Für ein gelungenes Zukunftsszenario mit Blick auf Lateinamerika vgl. Moisés *Naim*, Lateinamerikas wachsende wirtschaftliche Attraktivität, in: *Internationale Politik*, 2/1995, S. 53-64.

eine künftige deutsche Lateinamerikapolitik herausgearbeitet,[15] die sich zum überwiegenden Teil auch im besagten Konzept der Bundesregierung von 1995 wiederfinden.

Die ökonomischen Interessen Deutschlands definieren Heinrich-W. *Krumwiede* und Detlef *Nolte* mit dem von Richard *Rosecrance* geprägten Begriff des Handelsstaates:

> »Als Handelsstaat kann es sich Deutschland gar nicht leisten, den lateinamerikanischen Markt zu vernachlässigen, auch wenn er begrenzt und seine Entwicklungsmöglichkeiten beschränkt sein dürften. Auch wenn nur ein Drittel der Lateinamerikaner als Käufer von deutschen Exportwaren und Produkten deutscher Tochterunternehmen in Lateinamerika in Frage käme, wären dies immerhin noch 150 Millionen Menschen. Im genuinen ökonomischen Interesse Deutschlands liegt es, daß krasse soziale Ungleichheiten abgebaut werden und sich in Lateinamerika leistungsfähige soziale Marktwirtschaften entwickeln.«[16]

Die wechselseitige Verwiesenheit von wirtschaftlichen und entwicklungspolitischen Interessen gibt jeder deutschen Lateinamerikapolitik eine besondere Chance der operativen Umsetzung. Wenn Deutschland es mit seinen entwicklungspolitischen Grundsätzen ernst meint, in denen sehr viel von einer größeren Beteiligung der Bevölkerung am politischen Prozeß, der Gewährleistung von Rechtssicherheit und Menschenrechten, von wirtschaftlich leistungsfähigen und sozial ausgeglichenen Gesellschaftsordnungen und vom politischen Dialog mit den Partnerländern die Rede ist, dann ist zugleich zu betonen, daß auf all diesen Gebieten Lateinamerika ungleich günstigere Anknüpfungspotentiale bietet als alle anderen außereuropäischen Entwicklungszonen. Die deutschen Wertinteressen in Lateinamerika knüpfen hier unmittelbar an:

> »Das Image der Bundesrepublik in der Welt wird nicht unwesentlich dadurch geprägt, an welchen Normen es seine Außenpolitik orientiert. Nach der Wiedervereinigung hat dieses Image für Deutschland, das nach einem ständigen Sitz im Sicherheitsrat der Vereinten Nationen strebt, zusätzlich Bedeutung gewonnen. Für dieses Image wäre es förderlich, wenn Deutschland weltweit, auch in Lateinamerika, ein klar erkennbares Interesse an der Prävention und friedlichen Regulierung gewaltsamer Konflikte und der Verankerung pluralistischer, rechtsstaatlicher und sozialer Demokratie zeigte.«[17]

In der Tat hatte schon die »alte« Bundesrepublik durch ihre Zentralamerikapolitik auf diesen wichtigen Gebieten ein erhebliches Stück Glaubwürdigkeit nach innen wie in Lateinamerika selbst gewonnen. Heute dürfte zudem den politischen und kulturellen Eliten in Deutschland und Lateinamerika bewußt werden, daß wir mit Lateinamerika ungleich mehr Gemeinsamkeiten haben als mit Asien[18], dem subsaharischen Afrika und dem arabischen Raum. Lateinamerika mag viele Defizite haben, doch unzweifelhaft sind seine mehrheitlichen Auffassungen von Staats- und Sozialordnungen,

15 Vgl. Heinrich-W. *Krumwiede*/Detlef *Nolte*: Welche Lateinamerikapolitik entspricht deutschen Interessen?, in: *Aus Politik und Zeitgeschichte*, Nr. B 4-5/94, 28.1.1994, S. 3-10; *Mols*, Struktur und künftiges Profil einer deutschen Lateinamerikapolitik, in: *Mols/Wagner*, a.a.O. (Anm. 2), S. 379-422; *Grabendorff*, a.a.O. (Anm. 2).

16 *Krumwiede/Nolte*, a.a.O. (Anm. 15), S. 6.

17 Ebd., S. 7.

18 Vgl. *Mols*/Claudia *Derichs*, Das Ende der Geschichte oder ein Zusammenstoß der Zivilisationen? Bemerkungen zu einem interkulturellen Disput um ein asiatisch-pazifisches Jahrhundert, in: *Zeitschrift für Politik*, Nr. 3, 1995, S. 225-249.

Wirtschaftsformen und Menschenrechten, Entwicklungszielen und Rechtsvorstellungen, Legitimationsmustern politischer Herrschaft und Zivilgesellschaft westliche oder zumindest westlich inspirierte Konzeptionen. Die Bundesregierung sollte dies in einer Welt, in der man befreundete Staaten braucht, nicht übersehen.

Die deutschen allgemeinpolitischen Interessen – worunter hier »vornehmlich die von deutschen Politikern verstärkt seit der Wiedervereinigung geäußerte Absicht verstanden (wird), weltpolitisch ›mehr Verantwortung zu übernehmen‹«[19] – haben hier anzuknüpfen. Deutschland kann sich dabei deshalb eines partnerschaftlichen Mitwirkens Lateinamerikas sicher sein, weil die Beziehungen kaum von Vorbelastungen gestört sind und weil man von lateinamerikanischer Seite Deutschland als dasjenige Land innerhalb der Europäischen Union ansieht, »das gegenüber den lateinamerikanischen Anliegen am aufgeschlossensten ist«.[20] Mit anderen Worten: Es besteht zwischen Deutschland und den Staaten Lateinamerikas ein wechselseitiges Vertrauenskapital.

Schließlich lassen sich, obwohl eingangs betont wurde, daß Deutschland nicht von lateinamerikanischen Sicherheitsfragen betroffen ist, zumindest indirekte sicherheitspolitische Interessen nennen. Das hat sich in der Vergangenheit unübersehbar am Beispiel Zentralamerika gezeigt, als der Streit um die angemessene Form der Befriedung der Subregion bis in die Atlantische Allianz hineinragte. Heute stehen andere Sicherheitsfragen auf der Agenda, etwa das Flüchtlingsproblem, Drogenkriminalität und global sich auswirkende Umweltzerstörungen. Die Konsequenzen solcher Überlegungen lassen sich verallgemeinern: Eine Stabilisierung der Westlichen Hemisphäre wird nur möglich sein im Rahmen konzertierter internationaler Anstrengungen. Lateinamerikanische Empfindlichkeiten und Forderungskataloge im Nachhall des Nord-Süd-Dialogs, europäische Rivalitäten mit den USA und ein lange Zeit in Washington schwelender Glaube, wieder zum unangefochtenen Hegemon in der westlichen Welt aufsteigen zu können, hatten einer wirkungsvollen europäisch-nordamerikanischen Zusammenarbeit zur Rekonstruktion eines lebensfähigen Lateinamerika lange Zeit im Wege gestanden. Heute beginnt sich ein verändertes Klima für solche Überlegungen herauszubilden,[21] was u.a. mit einem sichtlich entspannten Verhältnis zwischen Lateinamerika und den USA zusammenhängt,[22] aber auch mit der Einsicht der Nordamerikaner, in der gegenwärtigen Phase der internationalen Entwicklungen ihre Beziehungs- und Kooperationsmuster neu ordnen zu müssen und dabei auch auf verläßliche Partner für den »eigenen« geopolitischen Großraum angewiesen zu sein.

---

19 *Krumwiede/Nolte*, a.a.O. (Anm. 15), S. 9.

20 Ebd.

21 Solche Überlegungen sind in der Bundesrepublik sowohl von diplomatischer als auch von wissenschaftlicher Seite angestellt worden. Vgl. Peter *Bazing*, Lateinamerika und die Beziehungen zwischen der Bundesrepublik Deutschland und den Vereinigten Staaten, in: *Europa-Archiv (EA)*, 5/1983, S. 149-156; *Mols*, Möglichkeiten Europas bei der Konsolidierung lateinamerikanischer Demokratie, in: *EA*, 19/1985, S. 581-590; Wolf *Grabendorff*/Riordan *Roett* (Hrsg.), Lateinamerika – Westeuropa – Vereinigte Staaten: Ein atlantisches Dreieck? (Internationale Politik und Sicherheit, Band 17), Baden-Baden 1985.

22 Vgl. *Mols*, Bewegung in der amerikanischen Lateinamerika-Politik, in: *EA*, 16/1994, S. 484-490.

Ausblick

Die deutsche Lateinamerikapolitik hat angefangen, in die hier anvisierten Richtungen zu denken. Ebenso sind Operationalisierungsansätze unübersehbar. Die optimale Organisationsform der Beziehungen zu Lateinamerika hat man aber noch immer nicht gefunden. Zu überlegen wäre, ob dem Lateinamerika-Gesprächskreis der deutschen Wirtschaft nicht ein weiter gefaßtes Gremium an die Seite gestellt werden müßte, das sich aus Persönlichkeiten aus Wissenschaft, gesellschaftlichen Bereichen und Parlamentariern unter Einbeziehung auch der interessierten Bundesländer zusammensetzen sollte. Für ein solches Gremium müßte eine finanzielle Mindestausstattung gefunden werden, auf die insbesondere Wissenschaftler aus den Universitäten angewiesen sind, die im Regelfall über keine Mittel für die Partizipation an solchen Foren verfügen.

Und schließlich ist zu bedenken, daß das deutsch-lateinamerikanische Verhältnis nicht nur vom guten Willen und von außen-, wirtschafts- und entwicklungspolitischen Neuorientierungen in Deutschland abhängt. Auch die Lateinamerikaner müssen lernen, mehr noch als bisher dadurch zu für uns kalkulierbaren auswärtigen Partnern zu werden, daß sie anfangen, operative Deutschlandpolitiken zu entwerfen und in die Diskussion zu bringen.

GLOBALE GESTALTUNGSAUFGABEN

ENTWICKLUNGSPOLITIK – DEUTSCHE INTERESSEN UND STRATEGIEN

Uwe Holtz

Die Bedeutung der Entwicklungspolitik für den internationalen Interessenausgleich wird von Politik, Gesellschaft und Wissenschaft oft verkannt. Sie gehört jedoch auch für das vereinte Deutschland zu den wichtigsten Instrumenten internationaler Politikgestaltung,[1] weil Entwicklungsprobleme wie Hunger, Bevölkerungsexplosion und Verschuldung auf vielfältige Weise auf die Bundesrepublik zurückwirken. Im Armuts- und Hungerproblem liegt wohl die bedeutendste Ursache für viele andere Welt- und Entwicklungsprobleme wie etwa armutsbedingte Umweltzerstörung, Bevölkerungswachstum, Flucht und Migration, inner- und zwischenstaatliche Verteilungskonflikte sowie fundamentalistische Strömungen.[2] Trotz vielfältiger Veränderungen nach dem Ende des Ost-West-Konflikts, einschließlich der Entstehung »neuer« Entwicklungsländer in Europa, ist es voreilig, vom Ende des Nord-Süd-Konflikts zu sprechen.

Die Aufgaben der Entwicklungspolitik werden heute mitunter sehr weit gefaßt und als »globale Strukturpolitik« definiert.[3] Ihr werden neben den traditionellen Bereichen wie Armutsbekämpfung, Förderung von Bildung und Gesundheit, Umweltschutz und Eindämmung des Bevölkerungswachstums weitere Funktionen zugeschrieben: z.B. die Bekämpfung von Fluchtursachen und Katastrophensituationen, die Unterstützung beim Übergang zu Demokratie und Marktwirtschaft, die Stärkung zivilgesellschaftlicher Ansätze und der Privatwirtschaft sowie die Vorbeugung von Konflikten.[4] Auch für die Bundesregierung und das Bundesministerium für wirtschaftliche Zusammenarbeit und Entwicklung (BMZ) gibt es angesichts der zunehmenden globalen Probleme »nur noch die Eine Welt, die es als Existenzgrundlage für die gesamte Menschheit zu bewahren gilt«.[5]

---

1 Für offizielle Zahlen und Fakten neueren Datums sowie Zielbeschreibungen und Berichte zur deutschen und internationalen Entwicklungspolitik vgl. vor allem *Bundesministerium für wirtschaftliche Zusammenarbeit und Entwicklung (BMZ)*, Gemeinsam für die Eine Welt. Aufgaben, Bilanzen und Chancen der deutschen Entwicklungspolitik, Bonn 1994; *Deutscher Bundestag*, Drucksache 13/3342 vom 14.12.1995 (Zehnter Bericht zur Entwicklungspolitik der Bundesregierung); *Organisation für Wirtschaftliche Zusammenarbeit und Entwicklung (OECD)*, Politik und Leistungen der Mitglieder des Ausschusses für Entwicklungshilfe. Deutschland (Schriftenreihe Prüfberichte über die Entwicklungszusammenarbeit, Nr. 9), Paris 1995; *OECD*, Efforts and Policies of the Members of the Development Assistance Committee, 1995 Report, Paris 1996; *BMZ*, Journalisten-Handbuch Entwicklungspolitik 1996, Bonn 1996. Wenn nicht anders vermerkt, stammen im folgenden alle Zahlenangaben aus diesen Publikationen.

2 Vgl. Franz *Nuscheler*, Lern- und Arbeitsbuch Entwicklungspolitik, 4. Auflage, Bonn 1995, S. 99-103.

3 Vgl. Carl-Dieter *Spranger*, Anforderungen an die künftige Entwicklungspolitik, in: *BMZ* (Hrsg.), Entwicklungspolitik in der Diskussion (Entwicklungspolitik aktuell, Nr. 50), Bonn 1995, S. 2-7; ferner das von einem Personenkreises aus staatlichen und privaten entwicklungspolitischen Organisationen verfaßte »Memorandum zur Verankerung der Nord-Süd-Politik in Parlament und Regierung«, abgedruckt in: *Holtz*/Eckhard *Deutscher*, Die Zukunft der Entwicklungspolitik. Konzeptionen aus der entwicklungspolitischen Praxis, Bonn 1995, S. 162-169; hier S. 162f.

4 Vgl. *Deutscher Bundestag*, Plenarprotokoll 13/12 vom 19.1.1995.

5 *Deutscher Bundestag*, Drucksache 12/4096 vom 13.1.1993 (Neunter Bericht zur Entwicklungspolitik der Bundesregierung), S. 32.

Im folgenden wird nach den Erfolgen und Mißerfolgen der Entwicklungshilfe, nach den Interessen in der Entwicklungspolitik und nach der Zukunft dieser Politik – auch im europäischen Rahmen – gefragt. Dabei wird die Auffassung vertreten, daß eine umfassende Entwicklungsinitiative eine neue Ära der Entspannungspolitik einleiten könnte, einer Entspannungspolitik zwischen Nord und Süd (und Ost).

Solidarität und aufgeklärtes Eigeninteresse

Jede Politik ist Interessenpolitik – auch die Entwicklungspolitik. »Das Wohl des deutschen Volkes mehren und Schaden von ihm wenden«, heißt es im Amtseid der Minister; vom Interesse anderer Völker ist nicht die Rede. Zur Dauererkenntnis der Entwicklungspolitik gehört jedoch, daß es

> »nicht so sehr um Eigeninteresse versus Interessen der anderen (geht), sondern um kurzfristige Augenblicksinteressen und aufgeklärte langfristige Eigeninteressen in einer interdependenten Welt. Hier scheiden sich Partei- und Gruppeninteressen der Kurzstreckenpolitik von den tatsächlichen auch an den kommenden Generationen orientierten nationalen Interessen.«[6]

Die langfristige Sicherung des Wohles des deutschen Volkes bedarf somit auch günstiger internationaler Rahmenbedingungen, zu denen ein Mindestmaß an Entwicklungschancen für den Süden und Gerechtigkeit in der Welt gehört. Gut und sinnvoll eingesetzt, dient die Entwicklungspolitik dem Interessenausgleich zwischen Nord und Süd und der Zivilisierung der »Einen Welt«.

Daß der Nord-Süd-Ausgleich »eine neue, geschichtliche Dimension für die aktive Sicherung des Friedens« ist, wußte schon Willy *Brandt*.[7] Für Deutschland ist es ein Gebot von Humanität, Solidarität und aufgeklärtem Eigeninteresse, seinem politischen und wirtschaftlichen Gewicht entsprechend zusammen mit den anderen Industrieländern zu Frieden, Gerechtigkeit und menschenwürdigen Verhältnissen auch in den Entwicklungsländern beizutragen. Entwicklungspolitik ist ein zentraler Teil globaler Friedens- und Strukturpolitik.

Seitens der Industrieländer wäre es falsch, kurzsichtig und gefährlich, die Entwicklungsländer – insbesondere die vor allem in Afrika liegenden, am wenigsten entwickelten Staaten – als eine zu vernachlässigende Größe zu betrachten und sich nur für die wirtschaftlich attraktiveren Länder, die Schwellenländer im pazifischen Raum und in Lateinamerika, zu interessieren. Gefahren, die aus Armut, Bevölkerungsexplosion und Umweltzerstörung resultieren, bedrohen auch die Wohlstandsinseln des Westens. Entwicklungszusammenarbeit kann dazu beitragen, diese zu entschärfen.

---

6 Winfried *Böll* et al., Nord-Süd-Zentrum Bonn. Die Bundesstadt Bonn als Standort für Entwicklungspolitik, nationale, internationale und supranationale Einrichtungen, Bonn 1995, S. 37.

7 *Nord-Süd-Kommission*, Das Überleben sichern. Gemeinsame Interessen der Industrie- und Entwicklungsländer, Köln 1980, S. 21.

Glanz und Elend der Entwicklungszusammenarbeit

Entwicklung, definiert als ein Prozeß, der für alle Menschen zu Freiheit von Not, zur Befriedigung der Grundbedürfnisse und zur Verwirklichung der Menschenrechte führt, ist ein außerordentlich tiefgreifender, langwieriger und komplexer Vorgang, der wirtschaftliche, gesellschaftliche und politische Strukturen verändert und auch die Denk-, Verhaltens- und Ausdrucksweisen der Menschen nicht unberührt läßt. Erfolge bei der Überwindung von Unterentwicklung werden sich deshalb nur selten rasch einstellen. Auch angesichts der vielen internen und externen Akteure und Faktoren, die auf den Entwicklungsprozeß einwirken, darf die Rolle der »klassischen« Entwicklungszusammenarbeit[8] nicht überschätzt werden. Sie ist nur ein Leichtgewicht, kann aber dennoch positive Anstöße vermitteln, Katalysatorwirkungen hervorbringen und sinnvolle Hilfe zur Selbsthilfe sein.[9]

Einige wichtige Entwicklungserfolge sind offenkundig. Insgesamt hat die Entwicklungszusammenarbeit durch direkte, armutsorientierte Programme, durch Beiträge zum Wirtschaftswachstum und zur Beschäftigung eine positive Rolle gespielt. Sie hat insbesondere in den Bereichen Gesundheit und Bildung beachtliche Erfolge erzielt. Die beiden großen Durchführungsorganisationen der technischen und finanziellen Entwicklungszusammenarbeit in Deutschland, die Deutsche Gesellschaft für Technische Zusammenarbeit (GTZ) und die Kreditanstalt für Wiederaufbau (KfW), kommen bei ihren Selbstevaluierungen auf eine Erfolgsquote von 80 bzw. 76 Prozent, was von einigen Beobachtern jedoch als etwas zu optimistisch angesehen wird.[10] Beide Organisationen sehen aber auch enorme Probleme bei der entwicklungspolitischen Nachhaltigkeit, d.h. der Überlebensfähigkeit der Projekte nach der Einstellung der Zusammenarbeit.

Auch der Ausschuß für wirtschaftliche Zusammenarbeit und Entwicklung des Deutschen Bundestages hat auf seinen Inspektionsreisen ein positives Bild gewonnen.[11] Gleichwohl werden die von der Bundesregierung und dem Bundestag formu-

---

8 Als »klassische« Entwicklungspolitik wird hier die vor allem von Industrieländern betriebene öffentliche Entwicklungshilfe oder Entwicklungszusammenarbeit verstanden, die unentgeltlich oder zinsgünstig Entwicklungsländern gewährt wird und in erster Linie der Förderung der wirtschaftlichen Entwicklung und der Hebung des Lebensstandards dient. Innerhalb der Bundesregierung liegt die Hauptzuständigkeit für diese Politik beim BMZ, innerhalb des Deutschen Bundestages beim Ausschuß für wirtschaftliche Zusammenarbeit und Entwicklung. Davon zu unterscheiden ist eine »Entwicklungspolitik im weiteren Sinne«, die sämtliche politischen Aktivitäten in unterschiedlichen Sachbereichen einschließt, die die Entwicklungsländer direkt oder indirekt tangieren.

9 Vgl. *Holtz*, Bilanz der Entwicklungspolitik – Erfolge und Fehlschläge, in: Karl *Kaiser*/Hans-Peter *Schwarz* (Hrsg.), Die neue Weltpolitik (Schriften des Forschungsinstituts der Deutschen Gesellschaft für Auswärtige Politik), Baden-Baden 1995, S. 403-417. Auf diesen Text wird im folgenden des öfteren rekurriert.

10 GTZ und KfW sowie das BMZ haben mehrere hundert Projekte in der letzten Zeit überprüft. Diese nicht repräsentativen Stichproben gestatten Annäherungen an eine Bilanz. Vgl. *GTZ*, Erreicht die technische Zusammenarbeit die gesetzten Ziele? Projektergebnisse der GTZ und ihrer Partner: Wirkungsbeobachtung, Eschborn 1994; *KfW*, Ergebnisse der Projektarbeit. Zweiter Auswertungsbericht über geförderte Vorhaben in Entwicklungsländern, Frankfurt a.M. 1994.

11 Vgl. *Holtz*, Licht und Schatten – Rückblick und Ausblick auf die deutsche Entwicklungspolitik, in: *epd-Entwicklungspolitik*, Nr. 10, 1995, S. 24-29.

lierten Ziele, Schwerpunkte und Prinzipien nicht konsequent genug umgesetzt. Das bezieht sich beispielsweise auf noch zu geringe oder nicht adäquate Leistungen für Grundbildung, Frauenförderung und selbsthilfeorientierte Armutsbekämpfung, deren Anteil an bilateralen Zusagen im Jahr 1995 immerhin auf 18,5 Prozent erhöht worden ist, sowie auf die oft mangelhafte Berücksichtigung des Partizipationsprinzips sowie des kulturellen und ökologischen Umfelds. Häufig sind Projekte in der Zielformulierung und im Technikeinsatz zu anspruchsvoll und nicht in die einheimische Entwicklungsstrategie eingebettet, sondern als Fremdkörper aufgepfropft. Auch setzt die staatliche Entwicklungshilfe neuerdings immer mehr Mittel für humanitäre Nothilfen, für die Lösung von Asylproblemen und den Verfolg egoistischer Wirtschaftsinteressen ein.[12]

Schließlich ist auch kritisch anzumerken, daß der Bilanzposten »Volumen« der staatlichen Entwicklungszusammenarbeit des vereinten Deutschland in der ersten Hälfte der neunziger Jahre immer stärker ins Soll geraten ist, was offiziell mit den Aufwendungen für die deutsche Einheit und die Reformländer in Mittel- und Osteuropa begründet wird. Die Nettoleistungen der Bundesrepublik sind kontinuierlich zurückgegangen, von 11,8 (1992) über 11,5 (1993) und 11,1 (1994) auf 10,7 Milliarden D-Mark (1995). Damit entfernt sich Deutschland auch immer weiter von der Zielorientierung der Vereinten Nationen für die Industrieländer, 0,7 Prozent ihres Bruttosozialprodukts für die Entwicklungshilfe zur Verfügung zu stellen: 1990 waren es 0,42 Prozent, 1992 noch 0,38 Prozent und 1995 nur noch 0,31 Prozent. Auch die Anforderung, 0,15 Prozent des Bruttosozialprodukts für die am wenigsten entwickelten Länder aufzuwenden, erfüllt die Bundesrepublik nicht; sie stellt lediglich 0,1 Prozent für diese Länder bereit.

Daß sich die Bilanz im Bereich der »klassischen« Entwicklungshilfe dennoch sehen lassen kann, liegt unter anderem daran, daß die staatliche Entwicklungszusammenarbeit aus Fehlern der Vergangenheit einiges gelernt hat.[13] Entwicklungspolitischer Pessimismus, der in den Ruf nach einem Ausstieg aus der Entwicklungshilfe mündet, ist deshalb ebenso unangebracht wie Euphorie. Zum Teil unbefriedigende Ergebnisse bisheriger Politik legen nicht den Ausstieg nahe, sondern den Einstieg in eine qualitativ bessere, wirksamere, auf dauerhafte Entwicklungserfolge setzende und mit den Steuergeldern noch sorgsamer umgehende Entwicklungspolitik.

Von größerem Gewicht für die Entwicklungsländer ist die »Entwicklungspolitik im weiteren Sinne«, die über die Aktivitäten des BMZ weit hinausreicht. Darunter sind alle Maßnahmen in verschiedenen Politikbereichen – etwa in der Außen-, Wirtschafts-, Handels-, Währungs-, Agrar-, Umwelt- und Rüstungsexportpolitik – zu verstehen, die die Entwicklungsländer direkt oder indirekt tangieren. Sie umfassen auch den

12 Vgl. Judith *Randel*/Tony *German* (Hrsg.), The Reality of Aid 94. An Independent Review of International Aid, Somerset 1994.

13 Daß Entwicklung »technisch machbar« ist und daß eine auf Dauer tragfähige Entwicklung von außen in Gang gesetzt werden kann, behauptet heute niemand mehr. Auch werden die Basisferne und die Vernachlässigung sozio-kultureller und ökologischer Faktoren, die viele Projekte kennzeichneten, sowie die Geringschätzung der Bedeutung der Frauen für den Entwicklungsprozeß und der generellen politischen Rahmenbedingungen heute kritisch reflektiert.

Versuch, Nord-Süd-Spannungen abzubauen, die internationalen Rahmenbedingungen für die Entwicklungsländer zu verbessern und zur Zukunftssicherung der »Einen Welt« – auch durch Veränderungen im Norden – beizutragen. Die Bilanz dieser Art von Entwicklungspolitik ist bislang eher negativ. Was die »Entwicklungshilfe-Hand« gibt, wird zu oft mit der anderen, der exportwirtschaftlichen-, agrar-, finanz- oder handelspolitischen »Hand« genommen.

Handlungsempfehlungen für eine neue Entwicklungspolitik

Entwicklungspolitik muß im Sinne des mehrdimensionalen Entwicklungsbegriffs politischer werden. Bei der Neugestaltung einer qualitativ besseren Entwicklungspolitik im klassischen Sinne, die unter der Prämisse steht, daß unterschiedliche Situationen in den Entwicklungsländern differenzierte Antworten erfordern, sollte zunächst die Erfahrung gebührend berücksichtigt werden, daß eine erfolgreiche entwicklungspolitische Zusammenarbeit, die auf Nachhaltigkeit und Effizienz zielt, eine Reihe von Schlüsselelementen berücksichtigen muß. Hierzu gehören laut Weltbank und OECD-Ausschuß für Entwicklungshilfe (DAC) unter anderem günstige politische Rahmenbedingungen in den Entwicklungsländern, wie gutes Regierungs- und Verwaltungshandeln (*good governance*), Demokratie, Rechtsstaatlichkeit und der Schutz der Menschenrechte; geeignete wirtschaftliche Rahmenbedingungen bzw. wirtschaftliche Reformen, die breites wirtschaftliches Wachstum fördern und Armut reduzieren, dem privatwirtschaftlichen Sektor Raum geben und ein geregeltes Steueraufkommen ermöglichen; eine Neuorientierung staatlichen Handelns, so daß private Aktivitäten vom Staat lediglich ergänzt, aber ansonsten von ihm die wesentlichen Aufgaben, wie die Schaffung gesetzlicher Rahmenbedingungen z.B. für soziale Sicherung und Umweltschutz, wahrgenommen werden; die verstärkte Teilhabe und Mitwirkung aller Bürger und insbesondere auch der Frauen am wirtschaftlichen und politischen Leben; schließlich der Schutz der Umwelt, so daß Wachstum und Armutsreduzierung sowohl den heutigen als auch zukünftigen Generationen zugute kommen. Investitionen müssen insbesondere der sozialen Entwicklung sowie dem Abbau sozialer Ungleichheiten dienen. Von großer Bedeutung sind auch die Bekämpfung der Ursachen von Konflikten, die Begrenzung der Rüstungsausgaben sowie friedensbildende Maßnahmen, die auf längerfristige Versöhnung und Entwicklung zielen.[14]

---

14 Vgl. *The World Bank Group* (Hrsg.), Learning from the Past, Embracing the Future, Washington, DC 1994, sowie die von den DAC-Mitgliedern im Mai 1995 auf Ministerebene verabschiedete Politikerklärung »Entwicklungspartnerschaften im neuen globalen Kontext«, in: *OECD*, Efforts and Policies, a.a.O. (Anm. 1), S. 19. Einige dieser Elemente erinnern an die im Oktober 1991 vorgestellten Kriterien für die deutsche Entwicklungszusammenarbeit. Vgl. Neue politische Kriterien deutscher Entwicklungszusammenarbeit. Erklärung des Bundesministers für wirtschaftliche Zusammenarbeit, Carl-Dieter *Spranger*, vor der Bundespressekonferenz in Bonn am 10.10.1991, abgedruckt in: *Bulletin* (Presse- und Informationsamt der Bundesregierung), Nr. 113, 16.10.1991, S. 893-895.

Der Ausgangspunkt der praktischen Umsetzung dieser Erfahrungen sollte darin bestehen, den Abwärtstrend des Volumens der deutschen Entwicklungszusammenarbeit zu stoppen und die finanziellen Mittel für eine qualitativ bessere Entwicklungszusammenarbeit zu erhöhen. Sodann sollte man sich auf eine weniger große Zahl von Ländern konzentrieren und vor allem reformwillige, dem neuen Verständnis von Entwicklung verpflichtete Länder und Regionalbündnisse unterstützen. In diesen Ländern mit entwicklungsförderlichen Rahmenbedingungen sollten die »verinselten« Projekte reduziert werden zugunsten der Erhöhung projektungebundener Maßnahmen für die Unterstützung politischer und sozio-ökonomischer Reformen. In geeigneten Fällen könnten zeitlich begrenzte, zweckgebundene Budgetzuschüsse gewährt werden. Die Landwirtschaft und die traditionellen Wirtschaftssektoren dürfen nicht länger vernachlässigt werden, umweltfreundliche Technologien und Energiequellen, vor allem die Solarenergie, sollten gefördert werden.

Die Sicherstellung der Partizipation der betroffenen Bevölkerung und ihre Identifizierung mit den Entwicklungsmaßnahmen muß als oberstes Prinzip der Entwicklungszusammenarbeit konsequent beachtet werden. Dies bedeutet auch, die Kenntnisse und Fähigkeiten der Menschen und die Kompetenzen der Institutionen in den Entwicklungsländern zu stärken und konsequenter als bisher zu nutzen und durch Einbezug geeigneter Träger vor Ort die Koordination und Kooperation im Partnerland zu verbessern. Nichtregierungs-Organisationen (NGOs) sollten stärker an der Planung und Durchführung von entwicklungspolitischen Aktivitäten auf nationaler und internationaler Ebene beteiligt werden. Insbesondere sollten Frauen zur Stärkung ihres Einflusses und ihrer Machtbefugnisse sowie demokratische Bewegungen und Gewerkschaften in ihrem Kampf für bessere Lohn-, Sozial- und Arbeitsbedingungen unterstützt werden.

Aufgrund der immer drängenderen Umweltprobleme muß mit den Entwicklungsländern bei der Umsetzung der 1992 in Rio de Janeiro angenommenen »Agenda 21«, einem Umwelt- und Entwicklungsprogramm für das 21. Jahrhundert zur Verhinderung des Ökozids und zur Sicherung einer menschlichen Entwicklung, zu einer partnerschaftlichen Zusammenarbeit gefunden werden.

Wichtig ist auch, noch sorgsamer mit den Steuermitteln umzugehen, die Risiken von Fehlinvestitionen zu minimieren und Qualität, Effektivität, Breitenwirksamkeit und Nachhaltigkeit entwicklungspolitischer Maßnahmen zu verbessern sowie noch konsequenter aus Erfolgen und Fehlschlägen der Vergangenheit zu lernen.[15] Dies könnte gegebenenfalls auch eine verstärkte Abwicklung der bilateralen Entwicklungszusammenarbeit über private Träger dort beinhalten, wo diese eine größere Wirksamkeit und Kosteneffizienz erwarten läßt oder wo staatliche Regierungen ein

15 Bereits 1992 hat die OECD ein Entwicklungshilfe-Handbuch für eine effektivere Entwicklungszusammenarbeit veröffentlicht, in dem wertvolle Hinweise zur Koordinierung, Umweltverträglichkeitsprüfung, Projektevaluierung, Programmhilfe, Verbesserung der Situation der Frauen und zur Zusammenarbeit mit dem Privatsektor gegeben werden. Die DAC-Mitgliedsländer sollten diese Hinweise noch konsequenter in die Tat umsetzen. Vgl. *OECD*, Development Assistance Manual. DAC Principles for Effective Aid, Paris 1992.

entwicklungsorientiertes Handeln vermissen lassen.[16] Schließlich gilt es, die deutschen Fachkräfte besser auszubilden und vorzubereiten und bessere Wirksamkeits- und Nachhaltigkeitskontrollen einzuführen.

Institutionelle Reformen

Wenn die Bedeutung der Entwicklungspolitik erhöht, der Handlungsspielraum auf deutscher, europäischer und internationaler Ebene erweitert und die Kohärenz der Politik und der Programme der deutschen Entwicklungszusammenarbeit verbessert werden sollen, sind auch institutionelle Reformen ins Auge zu fassen. Die Verabschiedung eines Bundesgesetzes zur Entwicklungspolitik und die Schaffung eines Entwicklungsrates innerhalb des Bundeskabinetts – Vorschläge, die im Parlament schon diskutiert worden sind[17] – könnten auch nach Auffassung des Entwicklungshilfeausschusses der OECD dazu beitragen, diese Ziele zu erreichen. Sie sollten durch Veränderungen auf drei innerstaatlichen Ebenen realisiert werden:[18] Auf der Regierungsebene sollte das BMZ gestärkt werden, in dessen Zuständigkeitsbereich dann auch Fragen fallen sollten, die zur Zeit von anderen Ministerien geregelt werden. Dies würde zu einer »Entwicklungspolitik aus einer Hand« führen und hätte insbesondere zum Ziel, Fragen der europäischen Entwicklungspolitik, internationale Umweltfragen und die humanitäre Hilfe in einer einzigen Regierungsinstitution zusammenzufassen. Auf der parlamentarischen Ebene könnte mit einem gestärkten BMZ auch das Mandat des Ausschusses für wirtschaftliche Zusammenarbeit und Entwicklung des Deutschen Bundestages erweitert werden. Er könnte so ein stärkeres Gegengewicht zum mächtigen Haushaltsausschuß bilden. Auf der Ebene der Durchführungsorganisationen schließlich wäre eine Fusionierung von GTZ und KfW unter einem neuen Dach wünschenswert.

Die Beachtung der Menschenrechte als Bedingung für die Entwicklungszusammenarbeit?

Entwicklungspolitik sollte sich an einem neuen Paradigma orientieren und dabei insbesondere die Erfahrungen mit unterschiedlichen »Entwicklungsmodellen« und

16 Im Dezember 1995 haben nahezu sechzig NGOs, die auf den Gebieten der Entwicklungspolitik, Entwicklungszusammenarbeit, der humanitären Hilfe und der entwicklungspolitischen Bildungsarbeit tätig sind, den »Verband Entwicklungspolitik deutscher Nichtregierungsorganisationen« ins Leben gerufen. Nach Auffassung des Bundesministers für wirtschaftliche Zusammenarbeit und Entwicklung soll die Zusammenarbeit und Arbeitsteilung zwischen dem BMZ, den NGOs und den Durchführungsorganisationen der staatlichen Entwicklungszusammenarbeit unter Mitarbeit des Dachverbandes verbessert und effizienter gestaltet werden.

17 Vgl. *Deutscher Bundestag*, Drucksache 13/2223 vom 30.8.1995 (SPD-Gesetzentwurf zur Entwicklungspolitik der Bundesrepublik Deutschland).

18 Hier werden Überlegungen aufgegriffen und weiterentwickelt, die in dem OECD-Prüfbericht der deutschen Entwicklungspolitik diskutiert worden sind. Vgl. *OECD*, Politik und Leistungen, a.a.O. (Anm. 1), insbesondere S. 21-27.

die Ergebnisse verschiedener Konferenzen der Vereinten Nationen in den neunziger Jahren berücksichtigen. Im Mittelpunkt steht dabei das Leitbild einer menschenwürdigen, die Grundbedürfnisse befriedigenden, wirtschaftlich produktiven, nachhaltigen und auf menschliche Sicherheit zielenden Entwicklung. Sie muß sozial, auf Dauer tragfähig, umweltverträglich sowie kulturbewußt sein. Die drei gesellschaftspolitischen Prinzipien Freiheit, Gerechtigkeit und Solidarität sind die regulativen Leitideen für dieses neue Verständnis von Entwicklung. Der Kompaß sollte auf die Verwirklichung der unterschiedlichen Dimensionen der Menschenrechte ausgerichtet sein, die vor allem in den beiden Internationalen Menschenrechtspakten der Vereinten Nationen aus dem Jahre 1966 zum Ausdruck kommen.

Eine Reihe von Entwicklungsländern, vor allem aus dem asiatischen Raum, wendet sich gegen die Verknüpfung von Entwicklungszusammenarbeit und Menschenrechten und wirft dem Westen ein »neokolonialistisches« Verhalten vor. Die Regierungen der westlichen Demokratien sollten jedoch nicht in die Falle jener Anhänger und Profiteure autokratischer Regime in der Dritten Welt laufen, die ihnen einzureden versuchen, Demokratie und Menschenrechte seien den Entwicklungsländern wesensfremd. Die universelle Geltung der grundlegenden Menschenrechte ist auf der Menschenrechtskonferenz der Vereinten Nationen in Wien 1993 nach heftigen Debatten bekräftigt worden; in der Schlußerklärung wurde festgehalten, daß Demokratie, Entwicklung und Menschenrechte voneinander abhängig seien und sich gegenseitig verstärkten. Sicherlich wird es weiterhin Situationen geben, in denen ein Rigorismus in Menschenrechtsfragen nicht durchzuhalten ist. Dennoch gibt es auch in der »Realpolitik« Handlungsspielräume. Sie kann auf Leisetreterei und das Hofieren solcher Regime verzichten, Menschenrechtsverletzungen beanstanden und ächten, Menschenrechtsgruppen unterstützen, die Beziehungen zu Staaten, die die Menschenrechte mißachten, auf ein Minimum zur Wahrung vitaler Eigeninteressen reduzieren und alles – auch im Bereich der Entwicklungszusammenarbeit – unterlassen, was als Unterstützung derartiger Regime verstanden werden könnte.[19]

Als ordnungspolitischer Rahmen für das neue Entwicklungsparadigma bieten sich demokratische Systeme und marktorientierte Wirtschaftsordnungen an, die sich zu sozialer und ökologischer Verantwortung bekennen und daher einen handlungsfähigen Staat brauchen. Der exportorientierten Modernisierungsstrategie von oben sollte eine Entwicklung »von unten« entgegen- oder zumindest im Sinne einer Doppelstrategie an die Seite gestellt werden. Die Devise könnte lauten: Binnenmarkt soweit wie möglich, Weltmarktintegration soweit wie nötig. Zugleich sollte die Weltwirtschaft stärker auf nichtaggressive Kooperationsformen setzen.[20] Dieses Paradigma von Entwicklung – adaptiert an die spezifischen Situationen – könnte für alle Länder und Gesellschaften Relevanz entfalten.

19 Vgl. Peter P. *Waller*, Positivmaßnahmen und politische Konditionalität, in: *Entwicklung und Zusammenarbeit (E+Z)*, Nr. 3, 1996, S. 75-77.

20 Vgl. auch *Holtz*/Detlev *Karsten*, Die Dritte Welt braucht Wachstum. Für eine Weltwirtschaft nichtaggressiver Koexistenz, in: *Frankfurter Allgemeine Zeitung*, 26.9.1995.

Mit den im Oktober 1991 vorgestellten neuen entwicklungspolitischen Kriterien, zu denen auch die Beachtung der Menschenrechte und Rechtsstaatlichkeit gehören, hat das BMZ die Absicht unterstrichen, eine wertorientierte Entwicklungspolitik zu betreiben.[21] Gleichzeitig sind aber auch gegenläufige Tendenzen innerhalb der Bundesregierung und des Deutschen Bundestages erkennbar. Die Kriterien werden in unterschiedlicher Weise angewendet: Sanktionen richten sich vor allem gegen kleinere Länder; bei größeren, wie beispielsweise China, tut man sich sehr viel schwerer. Interessenkonflikte, etwa mit der Agrar-, Rüstungsexport- und Handelspolitik, wird es auch weiterhin geben. Sie sollten jedoch zukünftig – und dafür muß geworben werden – immer weniger zugunsten einer »Kurzstreckenpolitik« gelöst werden.

Europäisierung der Entwicklungspolitik

In der Präambel des Maastrichter Vertrages haben die Mitgliedstaaten der Europäischen Union (EU) nicht nur ihre Entschlossenheit betont, »eine gemeinsame Außen- und Sicherheitspolitik zu verfolgen, ... um Frieden, Sicherheit und Fortschritt in Europa und in der Welt zu fördern«.[22] Der Vertrag enthält auch Vorgaben für eine effiziente und abgestimmte Gestaltung der Entwicklungszusammenarbeit von Gemeinschaft und Mitgliedstaaten, die durch folgende Aspekte gekennzeichnet sind: Komplementarität und Subsidiarität, Koordination auf politischer und operativer Ebene, in internationalen Organisationen und auf internationalen Konferenzen sowie Kohärenz von Maßnahmen der Entwicklungspolitik und weiteren Politikbereichen der EU.

Für die Bundesregierung ist die Entwicklungspolitik der Gemeinschaft ein »Teil des europäischen Integrationsprozesses«.[23] Den Interessen Deutschlands an einer Gemeinsamen Außen- und Sicherheitspolitik sowie an globaler Sicherheits- und Strukturpolitik käme eine weitere »Vergemeinschaftung« der Entwicklungspolitik entgegen. Doch daß die zur Zeit 16 »Entwicklungspolitiken« – 15 mitgliedstaatliche plus die Politik der Union – zu einem kohärenten Ganzen verzahnt werden und letztlich zu einer gemeinsamen europäischen Politik zusammenwachsen, ist zumindest für die nahe Zukunft nicht zu erwarten. Einzelstaatliche Interessen politischer, wirtschaftlicher, kultureller und geostrategischer Art stehen dem entgegen; ebenso der Unwille der meisten nationalen Regierungen und Parlamente, weitere Zuständigkeiten an Brüssel zu übertragen, ohne Sicherstellung größerer Mitwirkungsrechte des Europäischen Parlaments und ohne die Gewißheit zu haben, daß dort eine bessere Entwicklungszusammenarbeit betrieben werden könnte.[24] Gemäß dem Subsidiaritätsprinzip sollte die EU aber in jedem Fall jene Aufgaben übernehmen, die sie wirksamer

---

21 Neue politische Kriterien deutscher Entwicklungszusammenarbeit, a.a.O. (Anm. 14).
22 Zitiert nach: *Europa-Archiv*, 6/1992, S. D177.
23 Zehnter Bericht zur Entwicklungspolitik der Bundesregierung, a.a.O. (Anm. 1), S. 107.
24 Zu den Vor- und Nachteilen einer europäisch betriebenen Entwicklungspolitik vgl. *Holtz*, Development Policy, in: Carl-Christoph *Schweitzer*/Detlev *Karsten* (Hrsg.), The Federal Republic of Germany and EC Membership Evaluated, London 1990, S. 126-132.

als die Einzelstaaten durchführen kann, z.B. die Nahrungsmittelhilfe, die Strukturanpassung, die Unterstützung regionaler Integration und die Handelsförderung.[25]

Fazit

Wer im Norden – genauer: in den westlichen Industrieländern – in Sicherheit leben will, der muß auch wirksame Beiträge zur Verbesserung der Lebenssituation im Süden und Osten und zum Abbau der immer noch bestehenden dramatischen Ungleichgewichte in der Welt leisten. Dem vereinten Deutschland und der Europäischen Union stünde es gut an, die ihnen zugewachsene größere internationale Verantwortung bei der Friedenssicherung und Konfliktverhütung nicht im Militärischen zu suchen. In erster Linie ist eine neue Art von Entspannungspolitik, eine wirtschaftliche, soziale und ökologische Entspannung zwischen Nord und Süd (und Ost), zwischen weiter und weniger entwickelten Ökonomien gefordert. Wer die Schlachten gegen Armut, Hunger und Migration gewinnen will, der braucht nicht so sehr »Strategische Verteidigungsinitiativen«, sondern ein anderes »SDI«: eine »Strategic Development Initiative«, eine strategische Entwicklungsinitiative, die die »globale Apartheid« bekämpft.

Zur Entwicklung einer Nord-Süd-Entspannungspolitik empfiehlt sich *global governance* im Sinne globaler Politikgestaltung oder, wie es in einer nicht unumstrittenen Übersetzung heißt, »Weltordnungspolitik«.[26] Der Klarheit wegen wäre hinzuzufügen, daß globale Politikgestaltung eine Weltregierung nicht voraussetzt und daß sie mit einem Minimum an Verrechtlichungen und Regelungen ein Maximum an Problemlösungen erreichen sollte. Sie verlangt Veränderungen und ein Handeln auf drei Ebenen, die sich wechselseitig bedingen: erstens politische und sozio-ökonomische Strukturreformen in den Entwicklungsländern in Süd und Ost, zweitens Veränderungen und Strukturanpassungen in den »reichen« Ländern und drittens Veränderungen der weltwirtschaftlichen Rahmenbedingungen; hier sind die Industrieländer aufgefordert, sich auf die Herstellung fairer weltwirtschaftlicher Rahmenbedingungen, auf Entschuldungsinitiativen und auf die Regeln einer internationalen sozialen und ökologischen Marktwirtschaft einzulassen.[27]

Das vereinte Deutschland muß nach innen und außen signalisieren, daß es seiner gewachsenen internationalen Verantwortung durch ein verstärktes Engagement in der Entwicklungspolitik Rechnung trägt. Im Verbund mit der Europäischen Union und in Zusammenarbeit mit relevanten Institutionen der Vereinten Nationen wird eine neu positionierte Entwicklungspolitik mehr zur Verbesserung der Lebensbedingungen in den Entwicklungsländern und zu einem fairen Interessenausgleich zwischen Nord und Süd beitragen können – auch im wohlverstandenen deutschen Eigeninteresse.

25 Vgl. Ingrid *Walz*, Entwicklungspolitik – Aufgabe vieler Politikbereiche, in: *E+Z*, Nr. 3, 1992, S. 4f.
26 Vgl. *Stiftung Entwicklung und Frieden* (Hrsg.), Nachbarn in Einer Welt. Der Bericht der *Kommission für Weltordnungspolitik*, Bonn 1995.
27 Vgl. *Nuscheler*, a.a.O. (Anm. 2), S. 519f.

NATIONALE INTERESSEN UND AUSSENPOLITISCHE STRATEGIEN IN DER DEUTSCHEN MIGRATIONSPOLITIK[1]

Steffen Angenendt

In den klassischen Einwanderungsländern USA, Kanada und Australien wird Migration schon seit längerem von Politik, Wissenschaft und Publizistik auch als ein außenpolitisches Thema behandelt. Dort wird in sehr pragmatischer Weise über nationale Interessen und außenpolitische Strategien in der Migrationspolitik diskutiert. In Deutschland ist Migration hingegen ein innenpolitisches Thema. Die politischen und verwaltungstechnischen Zuständigkeiten sind entsprechend geordnet, unter Federführung des Innenministeriums in allen wichtigen migrationspolitischen Fragen. Die personelle Zusammensetzung der zuständigen Arbeitskreise im Bundestag und in den Parteien zeigt, daß sich vor allem innen- und sozialpolitisch interessierte Politiker für dieses Thema engagieren. Und auch die öffentliche Debatte über Migrationspolitik ist innenpolitisch fixiert.

Die Ausklammerung außenpolitischer Aspekte in Deutschland ignoriert zum einen das letzte Jahrhundert deutscher Geschichte, in der seit der preußischen Zuwanderungspolitik für Arbeitskräfte aus Polen alle migrationspolitischen Entscheidungen untrennbar mit außenpolitischen Aspekten verbunden waren.[2] Zum anderen wird verkannt, daß Migrationsprobleme angesichts der zunehmenden politischen Verflechtung im regionalen und internationalen Bereich sowie der wachsenden sozialen Ungleichheit zwischen den Weltregionen bei gleichzeitiger Globalisierung der Märkte nicht mehr im einzelstaatlichen Rahmen bewältigt werden können. Es besteht die Gefahr, daß die Ausblendung außenpolitischer Aspekte zu Optionen und Strategien führt, die der zunehmenden Internationalisierung des Wanderungsgeschehens nicht angemessen sind.

Im folgenden werden einige außenpolitisch relevante Fragen erörtert: Was sind die deutschen Interessen im Hinblick auf Migration? Welche Politikfelder müssen bearbeitet werden? Mit welchen Instrumenten und Verfahren kann dies geschehen? Wie ist die Durchsetzbarkeit solcher Optionen mit und gegenüber anderen Staaten einzuschätzen? Welche institutionellen Konsequenzen sind erforderlich?

Nationale Interessen

Die Bestimmung nationaler Interessen fällt naturgemäß schwer bei einem gesellschaftlichen Geschehen, das so unterschiedlich auf einzelne Gruppen wirkt und

---

1 Der Beitrag entstand im Rahmen eines von der Fritz Thyssen Stiftung geförderten Projektes.

2 Vgl. Johannes-Dieter *Steinert*, Migration und Politik. Westdeutschland – Europa – Übersee, 1945-1961, Osnabrück 1995.

zudem so vielfältige Wirkungen hat wie Migration. Trotzdem lassen sich einige gesamtgesellschaftliche Interessen formulieren.[3]

Die demographische Entwicklung in Deutschland ist rückläufig. Die weit unter dem Bestandserhaltungsniveau liegenden Geburtenraten führen zu einer schrumpfenden und alternden Bevölkerung. Dramatisch ist diese Entwicklung, weil sie mittelfristig das Verhältnis von Jüngeren zu Älteren umkehren und damit auch die Erwerbstätigkeit in Deutschland radikal verändern wird. Selbst wenn man die heute zu beobachtenden Trends – Verlängerung der Lebensarbeitszeit, höhere Frauenerwerbstätigkeit, größere Produktivität – großzügig extrapoliert, ist abzusehen, daß diese Entwicklung nur durch Zuwanderung auszugleichen ist. Ob sich eine demographisch erwünschte Zuwanderung gesamtwirtschaftlich und sozial positiv auswirkt, hängt jedoch von ökonomischen Entwicklungen ab. Generell ist für jede Volkswirtschaft die Zuwanderung von hochqualifizierten Arbeitnehmern wünschenswert. Die Bedingung ist aber, daß die Zuwanderer in den Arbeitsmarkt auch integriert werden können. Derzeit herrscht in Deutschland für bestimmte Berufe ein Facharbeitermangel und ein Bedarf an Arbeitskräften für niedrig entlohnte Arbeiten, der aus dem deutschen Arbeitskräfteangebot nicht gedeckt werden kann. Die Frage ist, wie sich dieser Bedarf entwickeln wird.[4]

Die Bestimmung der gesamtgesellschaftlich optimalen Zuwanderung wird nicht nur durch Prognoseprobleme erschwert, sondern auch durch Widersprüche zwischen dem betrieblichen und dem gesamtwirtschaftlichen Nutzen von Zuwanderung. Aufgrund dieser Zielkonflikte kann eine Abgleichung von betrieblichen und volkswirtschaftlichen Interessen nicht über die Märkte erfolgen; Zuwanderungssteuerung muß staatliche Aufgabe sein. Demographische Aspekte müssen dabei der Frage der Integrationsfähigkeit der Arbeitsmärkte untergeordnet werden. Vor diesem Hintergrund muß für die deutsche Situation festgestellt werden, daß derzeit die demographisch als sinnvoll erachtete Zuwanderung durch die Aufnahme von Aussiedlern, Familienangehörigen sowie durch die faktische Einwanderung eines Teils der Bürgerkriegsflüchtlinge und Asylbewerber bereits erfüllt und eine zusätzliche Zuwanderung aus demographischen Gründen nicht erforderlich ist. Allerdings ist zu erwarten, daß mittelfristig der Bedarf an Arbeitskräften für bestimmte Tätigkeiten nicht abnehmen wird und auch weiterhin nur durch den Import (temporärer) ausländischer Arbeitskräfte gedeckt werden kann.

Ein wichtiges gesamtgesellschaftliches Interesse im innenpolitischen Bereich ist die Vermeidung extremer politischer Polarisierungen. So hat die Thematisierung von Migrationspolitik durch rechtsradikale Parteien und Gruppierungen in den letzten Jahren zur Zunahme fremdenfeindlicher Gewalttaten beigetragen, mit allen Schäden,

3 Zur Analyse der Herausforderungen durch Migration und Fluchtbewegungen vgl. ausführlicher *Angenendt*, Migration: Herausforderung deutscher und europäischer Politik, in: Karl *Kaiser*/Hanns W. *Maull* (Hrsg.), Deutschlands neue Außenpolitik, Band 2: Herausforderungen, München 1995, S. 175-199.

4 Erfahrungen in den USA zeigen, daß eine Deregulierung von Arbeitsmärkten zwar neue Arbeitsplätze schafft, diese aber nicht gänzlich aus dem inländischen Arbeitskräfteangebot besetzt werden können. Für Deutschland ist eine ähnliche Entwicklung nicht auszuschließen. Vgl. hierzu die Modellrechnungen von Bernd *Hof*, Szenarien künftiger Zuwanderungen und ihre Auswirkungen auf Bevölkerungsstruktur, Arbeitsmarkt und soziale Sicherung, in: *Allgemeines Statistisches Archiv*, Nr. 1, 1996, S. 109-145.

die dem Gemeinwesen daraus im Innen- und Außenverhältnis entstanden sind. Die großen Parteien haben in den letzten Jahrzehnten immer wieder Vorbehalte in der Bevölkerung gegenüber der Zuwanderung aufgegriffen und in restriktive Zuwanderungspolitik umgesetzt. Es ist zwar anzunehmen, daß hierdurch dem parteipolitisch organisierten Rechtsradikalismus Boden entzogen wurde. Vorzuhalten ist den Parteien indes, daß sie wider besseres Wissen Migrationspolitik häufig in unverantwortlicher Weise zur Wahlkampfwaffe gemacht haben und weiterhin machen. Es wäre im gesamtgesellschaftlichen Interesse, auf solche Profilierungsversuche zu verzichten und eine Debatte zu führen, die die Befürchtungen von Teilen der Bevölkerung in sachlicher Weise diskutiert.

Im nationalen Interesse ist auch der Erhalt der inneren Sicherheit. Zuwanderung wäre dann zu verhindern, wenn sie der inneren Sicherheit schaden würde. Die Medien thematisieren hinsichtlich dieses immer wichtiger werdenden politischen Themas vor allem drei Aspekte: Kriminalität von Ausländern, politischen Extremismus und Fremdenfeindlichkeit. Bezüglich der Kriminalität ist zwischen zuwanderungsbedingter Kriminalität und derjenigen zu unterscheiden, die in der Öffnung der deutschen Grenzen zu den Nachbarstaaten begründet ist. Jede Öffnung von Grenzen fördert immer auch die Bewegungsfreiheit von Personen, die dies für illegale Ziele nutzen. Kriminalität von Zuwanderern hingegen muß in erster Linie als Problem der sozialen Integration angesehen werden. Hierzu gehört beispielsweise die Bandenkriminalität und der Drogenhandel ausländischer Jugendlicher. Integrationsprobleme müssen mit Bildungs-, Sozial- und Arbeitsmarktpolitik gelöst werden, nicht anders als bei Einheimischen. Im übrigen bietet das bestehende Strafrecht – das ja im übrigen durch Ausweisungsmöglichkeiten verstärkt wird – ausreichende Handlungsmöglichkeiten.

Die Verhinderung von extremistischen politischen Aktivitäten von Zuwanderern liegt ebenfalls im nationalen Interesse. Prinzipiell kann jede Zuwanderung, vor allem die aus Spannungsgebieten, zu gewaltsamen politischen Aktionen von Zuwanderern führen, etwa gegen hier lebende Landsleute mit gegensätzlichen politischen Auffassungen oder gegenüber deutschen Einrichtungen, falls die Bundesrepublik in den politischen Auseinandersetzungen des Herkunftslandes in der Wahrnehmung der Extremisten Stellung für die Gegenpartei bezieht. Bislang ist Deutschland jedoch – anders als beispielsweise Frankreich – von terroristischen Aktivitäten weitgehend verschont geblieben. Dies mag damit zusammenhängen, daß die Bundesrepublik nicht so exponiert in die inneren Belange anderer Staaten eingreift. Möglicherweise ist auch die konsequente, in der Regel rechtsstaatlichen Grundsätzen gehorchende Verfolgung illegaler politischer Aktivitäten von Zuwanderern dafür ursächlich. Wenn dies stimmt, sollte die Bundesrepublik zum einen in ihren Außenbeziehungen sehr darauf achten, wie diese auf die in Deutschland lebenden Zuwanderer wirken.[5] Vollständige Sicherheit vor Terrorismus als der gewalttätigsten Form von politischem Extremismus gibt es in liberalen Gesellschaften nicht; die Risiken der Entstehung von Terrorismus können aber durch eine außenpolitische Aspekte bedenkende Innenpolitik verringert

5 In den klassischen Einwanderungsländern sind solche Rücksichten selbstverständlich.

werden. Zum anderen muß bei der Verfolgung extremistischer Aktivitäten weiterhin auf die Einhaltung rechtsstaatlicher Prinzipien geachtet werden.[6]

Die Bekämpfung von Fremdenfeindlichkeit ist ein dritter Aspekt innerer Sicherheit. Sie ist zum einen von größter innenpolitischer Relevanz. Fremdenfeindliche Gewalttaten haben, ganz abgesehen von den schrecklichen Folgen für die Opfer, auch immer einen symbolischen Charakter: Für die Gewalttäter sind sie persönlicher Machtgewinn, für organisierte Rassisten eine politische Machtdemonstration. Die Angehörigen der betroffenen Gruppe sowie Zuwanderer allgemein empfinden sie als Zeichen, daß sie in Deutschland nicht erwünscht und nicht sicher sind. Institutionalisierte Formen von Fremdenfeindlichkeit, wie etwa Diskriminierungen von Ausländern im Beruf oder im Wohnungswesen, haben ähnliche Wirkungen. Sie führen in der Summe zu neuen gesellschaftlichen Konfliktlinien, in der Konsequenz zur Ethnisierung der Gesellschaft. Wie gefährlich eine Überlagerung von sozialen Konfliktlinien durch ethnische Zuordnungen ist, zeigen viele aktuelle Beispiele weltweit. Zum anderen liegt eine Bekämpfung fremdenfeindlicher Gewalttaten und Diskriminierungen auch in außenpolitischer Hinsicht im gesamtgesellschaftlichen Interesse. Diese werden im Ausland sehr sorgfältig registriert. Die Bundesrepublik kann sich Fremdenfeindlichkeit nicht nur aufgrund der deutschen Geschichte, sondern auch hinsichtlich ihrer wachsenden weltpolitischen Verantwortung und wirtschaftlichen Interessen nicht leisten.

Sicherheitspolitische Aspekte spielen bei der Bestimmung der deutschen Interessen ebenfalls eine Rolle. Diese beziehen sich allerdings nicht auf klassische sicherheitspolitische Herausforderungen durch Migration, also auf das Szenarium, daß ein Ansturm von Flüchtlingsmassen auf die deutschen Grenzen erfolgt, die dann mit militärischen Mitteln gesichert werden müssen. Nicht zuletzt das jugoslawische Beispiel hat gezeigt, daß auch bei größtem Vertreibungsdruck eine solche Massenwanderung in Europa nicht sehr wahrscheinlich ist. Sicherheitspolitische Herausforderungen bestehen in einem sehr viel umfassenderen Sinn, nämlich in einer möglichen Beeinträchtigung der Stabilität von Nachbarregionen durch Wanderungsbewegungen. Die Staaten des ehemaligen sowjetischen Einflußbereiches durchlaufen äußerst schwierige Transformationsprozesse, die sie anfällig für die Folgen größerer Wanderungsbewegungen machen. Abwanderungen – zumeist besser ausgebildeter, jüngerer und aktiver Bevölkerungsteile – können zur Auszehrung des Humankapitals dieser Staaten führen, Zuwanderungen aus noch fragileren Ländern können die Infrastrukturen dieser Staaten überlasten. Diese Probleme würden sich verschärfen, falls es zu Wanderungen bestimmter Volksgruppen aufgrund neuer ethnischer Spannungen käme. Auch in den nordafrikanischen Staaten ist die Gefahr von Fluchtbewegungen sehr groß.

Es ist daher im deutschen sicherheitspolitischen Interesse, diese Regionen politisch und ökonomisch zu stabilisieren. Hier wird es zwangsläufig zu innenpolitischen

6 Dafür ist wichtig, was als politischer Extremismus verstanden wird. Kriterium für eine Verfolgung kann nur sein, daß gegen deutsche Gesetze verstoßen wird. In diesem Sinne waren einige der jüngeren Aktionen gegen kurdische Kulturvereine nicht nur integrationspolitisch, sondern auch im Hinblick auf die innere Sicherheit fragwürdig.

Interessenkonflikten kommen. Dem sicherheits- und außenpolitischen Ziel einer Einbindung dieser Staaten durch eine Öffnung der Märkte stehen Konkurrenzängste einzelner Wirtschaftsbranchen und der Beschäftigten bestimmter Arbeitsmarktsegmente gegenüber. Diese Befürchtungen sind auch realistisch: Gegen Produktionsverlagerungen in Billiglohnländer kann nationale Wirtschaftspolitik kaum etwas unternehmen, es sei denn um den Preis eines ordnungspolitischen Sündenfalls in eine noch weiter ausgedehnte Subventionspolitik. Entsprechendes gilt folglich auch für den Verlust unrentabler Arbeitsplätze im Inland. Weniger hilflos als gegenüber dem Export von Arbeitsplätzen ist die deutsche Politik gegenüber dem Import von Arbeitskräften, der mit einer Öffnung der Märkte verbunden ist. Hier kann auf die Erfahrungen mit den Erweiterungsschritten der Europäischen Gemeinschaft (EG) zurückgegriffen werden, die jeweils mit bestimmten Fristen für die Herstellung von Personenfreizügigkeit verbunden waren.

Handlungsfelder

Die Bestimmung der deutschen Interessen hat drei Handlungsfelder aufgezeigt. Von zentraler Bedeutung ist zunächst die Zuwanderungssteuerung. Diese hat nicht nur einen technisch-praktischen Aspekt, sondern auch einen kommunikativen. Einerseits müssen die Verfahren zur Wanderungssteuerung verbessert werden, wozu ein europäischer Lastenausgleich bezüglich der Aufnahme von Bürgerkriegsflüchtlingen gehört, eine rechtsstaatliche Ausgestaltung des Asylrechts, eine Reduzierung der illegalen Beschäftigung sowie eine wirkungsvolle Kontrolle der Grenzen gegen illegale Grenzübertritte. Diese Anforderungen an eine Zuwanderungspolitik werden in Zukunft nur im Rahmen eines Zuwanderungsgesetzes mit entsprechenden Quoten erfüllt werden können. Eine solche Regelung würde auch die zweite Aufgabe dieses Handlungsfeldes erleichtern: Die mit Wanderungssteuerung befaßten Institutionen müßten im Rahmen einer professionellen Öffentlichkeitsarbeit ihre vorhandenen Steuerungskapazitäten dokumentieren, um dem (falschen) Eindruck des Kontrollverlustes entgegenzutreten. Auch muß deutlich gemacht werden, daß die Wanderungssteuerung zunehmend eine zwischenstaatlich und international zu lösende Aufgabe ist, und daß entsprechende Aktivitäten, beispielsweise Rückübernahmeübereinkommen, schon längst fester Bestandteil der deutschen Migrationspolitik sind.

Ein zweites Handlungsfeld ist die Integrationspolitik für Zuwanderer. Dies betrifft zum einen sozialpolitische Aspekte. Wichtigstes Anliegen muß sein, den legal im Land befindlichen Zuwanderern Beschäftigung zu geben. Hierzu ist es vor allem nötig, die Ausbildungssituation von Zuwanderern der zweiten und dritten Generation zu verbessern. Geschieht dies nicht, ist mit einer Zementierung der Randständigkeit dieser Gruppe und mit einer Überlagerung sozialer Probleme mit ethnischen Unterschieden zu rechnen. Auch müssen für die neu ins Land kommenden Zuwanderer – Aussiedler, Familienangehörige, Asylberechtigte – Eingliederungshilfen vor allem sprachlicher Art bereitgestellt werden. Zum anderen ist bei der Integrationspolitik auch an das Staatsangehörigkeitsrecht zu denken. Die derzeitige Regelung, gebunden an ein überholtes Staatsbürgerschaftskonzept, erschwert Einbürgerungen unnötig. Um zu verhindern, daß in Deutschland geborene und aufgewachsene Kinder als Ausländer gelten, sollte der Erwerb der Staatsangehörigkeit durch Geburt im Inland ermöglicht werden, zum anderen die doppelte Staatsbürgerschaft dann hingenommen werden, wenn sie schon seit längerem ansässigen Zuwanderern als Integrationshilfe dient. Darüber hinaus muß das in verschiedenen Bundesländern unterschiedlich gehandhabte Einbürgerungsverfahren vereinheitlicht und transparenter gestaltet werden.[7]

Ein drittes Handlungsfeld ist die Bekämpfung von Wanderungsursachen. Angesichts der Vielfalt der Wanderungsursachen müssen die Handlungsmöglichkeiten sehr skeptisch beurteilt werden. Die wichtigsten Instrumente zur Verhinderung unerwünschter Wanderungen sind humanitäre Hilfe, Entwicklungspolitik und Außenhandelspolitik. Die Folgen humanitärer Hilfsaktionen sind noch am ehesten sichtbar. Die Versorgung notleidender Bevölkerungen in Bürgerkriegssituationen oder bei Naturkatastrophen ist nicht nur ein humanitäres Gebot, sondern häufig auch ein adäquates Mittel, um Fluchtbewegungen zu reduzieren. Sicher ist allerdings auch, daß in Bürgerkriegssituationen humanitäre Hilfe nicht ausreicht, um Fluchtbewegungen zu verhindern. Sie würde nur dann wirksam, wenn sich die Sicherheitslage in den betroffenen Gebieten verbessert; dies betrifft das weitergehende Problem der humanitären Intervention.[8] Grundsätzlich wird humanitäre Hilfe dann besser geeignet sein, Fluchtbewegungen zu verhindern, wenn dieser Aspekt wie auch an Bedeutung zunehmende Ethnizitätsaspekte systematisch in die Planung von Hilfsaktionen einbezogen werden.

Sehr viel langwieriger und hinsichtlich ihrer Wirkungen schwieriger zu beurteilen, trotzdem aber unverzichtbar für die Bekämpfung von Wanderungsursachen, sind die Entwicklungspolitik und die Außenhandelspolitik. In beiden Bereichen sind bislang Aspekte der Vermeidung von Wanderungsbewegungen nicht ausreichend berücksichtigt worden.[9] Zu bedenken ist allerdings, daß bestimmte Formen von Entwicklung, vor allem Industrialisierung, zu einer erhöhten Mobilität führen: zunächst als Landflucht, aber bei entsprechenden Wanderungsmöglichkeiten auch als transnationale Migration. Gleiches gilt für eine Intensivierung von Handelsbeziehungen zwischen Staaten: Wachsende Freizügigkeit für Waren, Kapital und Dienstleistungen führt auch zu größerer Mobilität von Personen. Bei welchen Einkommens- und Kaufkraftunterschieden sich Entwicklung und Handelsliberalisierung in Wanderungen umsetzen, ist nicht allgemein prognostizierbar. Anhand etwa der Geschichte der europäischen

7 Vgl. zur Übersicht über die derzeit vorliegenden Reformvorschläge *Europäisches Forum für Migrationsstudien*, Staatsangehörigkeit und Einbürgerung (efms-Positionen 1), Bamberg 1995.

8 Vgl. hierzu den Beitrag von Winrich *Kühne* in diesem Band.

9 Das Bundesministerium für wirtschaftliche Zusammenarbeit und Entwicklung hat zwar im April 1994 ein umfassendes Konzept zur »Flüchtlingspolitik im Rahmen der Entwicklungszusammenarbeit« vorgelegt. Bislang stehen aber noch Belege für die Umsetzung dieser Überlegungen in entwicklungspolitische Projekte aus. Vgl. zu diesem Problem auch Karl *Steinacker*, Flüchtlingskrisen. Möglichkeiten und Grenzen von Entwicklungszusammenarbeit, München 1992.

Integration ist lediglich festzustellen, daß eine Reduzierung der Einkommens- und Kaufkraftunterschiede zwischen Herkunfts- und Zielländern langfristig zur Verminderung von Wanderungen führt.

INSTRUMENTE

Zur Realisierung der migrationspolitischen Ziele stehen einige außenpolitische Instrumente zur Verfügung. Die bilaterale Zusammenarbeit ist die häufigste Form der Kooperation. Sie hat mit den bilateralen Rückübernahmeübereinkommen mit den osteuropäischen Nachbarstaaten sowie der dortigen Anwerbung temporärer Arbeitskräfte in den letzten Jahren eine Intensivierung erfahren. Diese Form der Zusammenarbeit wird auch weiterhin dominieren, sie gerät aber zunehmend in ein Spannungsverhältnis zu einem zweiten Instrument, der multilateralen Kooperation. Das Beispiel der Rückübernahmeübereinkommen zeigt, daß Bemühungen eines Staates um eine bilaterale Regelung seines Migrationsproblems zu entsprechenden Abkommen der Nachbarstaaten führen. Folglich ist in Europa binnen kurzer Zeit ein Netz bilateraler Abkommen entstanden. Bedenklich an dieser Entwicklung ist nicht nur die zunehmende Unübersichtlichkeit solcher Regelungen, die unter anderem zu Unsicherheiten in Asylverfahren führt, sondern auch, daß die ärmsten Länder schließlich die Lasten dieses Ausgleichsverfahrens zu tragen haben. Die reichen Industrieländer erleichtern den Vertragsstaaten zwar häufig die Zustimmung durch Zahlung von Aufbauhilfen für entsprechende Infrastrukturen, aber ob diese ausreichen und tatsächlich für diese Zwecke verwendet werden, ist fraglich. Dieses System bilateraler Abkommen behindert zudem die (primär intergouvernementale) Koordinierung der Asyl- und Migrationspolitik in der Europäischen Union (EU) und bremst somit die politische Integration in diesem Bereich. Für die Wahl politischer Instrumente, mit denen die migrationspolitischen Interessen der Bundesrepublik realisiert werden sollen, darf daher nicht allein die kurzfristige Effizienz – die bei bilateralen Abkommen zweifelsfrei gegeben ist – ausschlaggebend sein, sondern es ist zu beachten, wie diese Optionen mit übergeordneten politischen Zielen, hier der europäischen Integration, in Deckung zu bringen sind.

Ein drittes unverzichtbares Instrument der deutschen Migrationspolitik ist die finanzielle und personelle Beteiligung an und die Kooperation mit internationalen Organisationen, die im Bereich der Flüchtlings- und Migrantenbetreuung tätig sind – wie etwa das Amt des UN-Hochkommissars für Flüchtlinge (UNHCR), die Internationale Arbeitsorganisation (ILO) und die Internationale Organisation für Migration (IOM). Diesen Institutionen fallen neue Aufgaben zu, sei es durch die ständig wachsenden Flüchtlings- und Migrantenzahlen, sei es durch die Übertragung von Aufgaben, die einzelne Regierungen nicht mehr erfüllen können oder wollen. Die Sachkenntnis und die Infrastrukturen dieser Organisationen sind unentbehrlich, weshalb die Bundesregierung ihren Beitrag zur Arbeitsfähigkeit dieser Einrichtungen, wozu auch eine Reihe international tätiger Nichtregierungs-Organisationen (NGOs) wie das Internationale Rote Kreuz zu rechnen sind, leisten sollte. Im Sinne einer Politik der Migrationsprävention wird auch wichtig sein, inwieweit internationale Systeme des Minderheitenschutzes völkerrechtlich ausgebaut und praktisch gesichert werden können. Die Organisation für Sicherheit und Zusammenarbeit in Europa (OSZE) bietet hierfür ein Beispiel.

Chancen und Durchsetzbarkeit der Optionen

Die Kontrolle der Zuwanderung, als wesentliche Voraussetzung einer realistischen Migrationspolitik, ist eine Frage der nationalen Souveränität und entscheidend für die innenpolitische Legitimität des Regierungshandelns. Nicht nur im deutschen Fall wird diese Souveränität allerdings eingeschränkt durch zwischenstaatliche und internationale Abkommen sowie durch den Zwang zur Rücksichtnahme auf die Herkunftsstaaten und die EU-Partner. Dies gilt für beide Aspekte der Zuwanderungssteuerung, die Verhinderung unerwünschter Zuwanderung und die Ermöglichung erwünschter Zuwanderung.

Wenn das System der bilateralen Rückübernahmevereinbarungen zur Reduzierung der Zahl der Asylbewerber beibehalten werden soll, muß ein Schwerpunkt deutscher Politik die Sicherstellung dieser Übereinkommen sein. Die Bundesrepublik wird gezwungen sein, die politischen und ökonomischen Forderungen, die die Vertragsstaaten stellen, zu berücksichtigen. Der Preis für eine Verlagerung des Asylbewerberproblems auf diese Länder wird unter anderem in Zahlungen für dortige Infrastrukturleistungen, etwa zur Einrichtung von Asylverfahren, bestehen. Für die Steuerung der Zuwanderung von Aussiedlern liegen wirksame Instrumente vor seit der im Asylkompromiß getroffenen politischen Entscheidung, die Zuwanderung zu quotieren, und der Kodifizierung dieser Absicht im Kriegsfolgenbereinigungsgesetz. Die innenpolitische Diskussion um eine Veränderung dieser Quoten muß jedoch mit großer Rücksicht auf die potentiellen Aussiedler geführt werden, solange das bestehende Staatsangehörigkeitsrecht nicht restriktivere Bedingungen für die deutsche Volkszugehörigkeit formuliert. Eine zu restriktive Quotierung sowie fehlende materielle, politische und moralische Unterstützung der Bundesrepublik zur Herstellung von Lebensperspektiven in den Herkunftsregionen könnten nicht nur die Zahl der Auswanderungsanträge schnell zunehmen lassen, sondern auch viele Aussiedler zur Ausreise bewegen, die Aufnahmebescheide bislang als Versicherung betrachten. Bei den Entscheidungen über die künftige Aussiedlerpolitik sollten zudem mögliche Vorbehalte der EU-Partner bedacht werden, da jede Zuwanderungsentscheidung eines EU-Staates mittelbar auch die anderen Staaten betrifft.

Wie schwierig der Interessenausgleich innerhalb der EU ist, zeigt sich auch am Problem der Zulassung temporärer Arbeitskräfte. Der deutsche Vorstoß für eine europäische Entsenderichtlinie, mit dem Segmente des deutschen Arbeitsmarktes gegen die Konkurrenz preiswerter Arbeitskräfte vor allem aus Portugal, Großbritannien und Irland geschützt werden sollten, ist gescheitert. Der Ausweg einer nationalen

Entsenderichtlinie ist zwar praktizierbar; aber es ist zweifelhaft, ob ein solcher Protektionismus langfristig mit den ökonomischen und politischen Zielen der europäischen Integration vereinbar sein wird – vor allem, wenn er zu Gegenmaßnahmen der betroffenen Staaten auf anderen Gebieten führt.[10]

Ein europäischer Lastenausgleich in bezug auf Bürgerkriegsflüchtlinge erweist sich ebenfalls als schwierig. Trotz des erklärten Willens der EU-Staaten, gemeinsame Regelungen zu finden, und trotz des Auftrags des Europäischen Parlaments an die Europäische Kommission, entsprechende Verfahren auszuarbeiten, fehlen bislang solche Konkretisierungen. Es wäre im deutschen Interesse, eine generelle Regelung mit Nachdruck anzustreben, nicht nur hinsichtlich künftiger Zuwanderungen, sondern auch im Hinblick auf das Problem der Bürgerkriegsflüchtlinge aus dem ehemaligen Jugoslawien, die zum größten Teil von der Bundesrepublik aufgenommen worden sind. Auch der zweite Aspekt der Zuwanderungssteuerung, die Ermöglichung erwünschter Zuwanderung, erfordert eine intensive Kooperation mit den Nachbar- und Herkunftsstaaten. Die Aufnahme von Aussiedlern beispielsweise wird von einigen EU-Staaten sehr kritisch kommentiert.

Außenpolitische Aspekte sind auch im zweiten großen Bereich der Migrationspolitik, der Integrationspolitik, von Bedeutung.[11] So gibt es beispielsweise in staatsbürgerschaftsrechtlicher Hinsicht eine Vielzahl möglicher Konflikte mit Herkunftsländern. Und auch in vielen Bereichen der inneren Sicherheit besteht ein Zwang zur Kooperation mit den Herkunftsländern. Von der Bekämpfung der organisierten Kriminalität und der Schleuserkriminalität bis zur Überwachung extremistischer Gruppierungen ist man auf eine Zusammenarbeit angewiesen.[12] Diese muß nicht nur diplomatisch vorbereitet, sondern auch auf ihre außenpolitischen Wirkungen bedacht werden. Auch ein liberaler Umgang mit politischen Aktivitäten von Zuwanderern kann zu außenpolitischen Spannungen führen, wie das Beispiel der algerischen Reaktionen auf politische Stellungnahmen von nach Deutschland geflüchteten Oppositionellen zeigt.

Schließlich wirft auch der dritte große Bereich der Migrationspolitik, die Bekämpfung von Migrationsursachen, außenpolitische Fragen auf. In der Europäischen Union gibt es hinsichtlich der Migrationsursachenbekämpfung erhebliche Interessenunterschiede. Da alle Hilfsprogramme, die eine Verbesserung der Lebensbedingungen in

10 Auch die Auseinandersetzungen mit den EU-Partnern über die Zulassung temporärer Arbeitskräfte aus Nicht-EU-Staaten werden sich verschärfen. Interessengegensätze werden auch bei künftigen Erweiterungen der EU bestehen bleiben, selbst wenn für eine Übergangszeit die Personen- und Dienstleistungsfreizügigkeit aus den Beitrittsländern beschränkt werden sollte.

11 Generell gilt, daß Regierungen sich um die Lebensbedingungen ihrer Landsleute in den Aufnahmestaaten kümmern, wenn es innenpolitisch opportun erscheint. Nach den ausländerfeindlichen Gewalttaten in Deutschland hat die türkische Regierung mehrfach auf diplomatischem Weg und öffentlich die Bundesregierung zum Handeln aufgefordert und sich jede Einmischung Deutschlands in die türkische Kurdenpolitik verbeten, solange die deutschen Behörden nicht die Sicherheit ihrer türkischen Landsleute garantieren könnten.

12 Vgl. hierzu den Beitrag von Hans *Neusel* in diesem Band.

den Herkunftsgebieten schaffen, Kosten verursachen, die EU-Staaten aber sehr unterschiedlich von Zuwanderungen betroffen sind, ergeben sich zwangsläufig Konflikte hinsichtlich der prioritären Verwendung von Hilfsmitteln.[13]

Institutionelle Aspekte

Um den vielfältigen innen- und außenpolitischen Anforderungen an die deutsche Migrationspolitik besser entsprechen zu können, sind institutionelle Änderungen erforderlich. Gerade im Hinblick auf die dringend gebotene größere Berücksichtigung außenpolitischer Aspekte muß trotz bedenkenswerter Gegenargumente bezüglich Bürokratisierung und Zentralisierung nachdrücklich für eine Bündelung migrationspolitischer Kompetenz in einer neuen Institution plädiert werden.[14] Diese Einrichtung – das könnte ein Einwanderungsministerium sein; denkbar wäre auch ein Bundesamt – sollte unter Berücksichtigung der gegebenen föderalen Zuständigkeiten Kompetenzen für die Umsetzung eines Einwanderungsgesetzes haben, das in Ergänzung zu den bestehenden asylrechtlichen Regelungen Vorlagen für die politische Diskussion um Aufnahmequoten formuliert. Ihre Tätigkeit sollte vor allem koordinierend sein, dem Gesetzgeber migrationspolitische Anregungen geben und damit über die Aufgaben der von der Bundesregierung aufgrund der am 25. September 1990 verabschiedeten »Flüchtlingskonzeption« als Koordinierungsinstrument eingesetzten interministeriellen Arbeitsgruppe hinausgehen. Zur Stärkung zivilgesellschaftlicher Elemente könnten der Einrichtung eine Konsultative in Form eines Sachverständigenrates und eine Vernetzung mit lokalen Antidiskriminierungsstellen beigegeben werden. Solche kommunalen Stellen könnten ein Bindeglied sein zwischen privaten Vereinen bzw. gemeinnützigen Stiftungen einerseits und Institutionen wie den kommunalen Ausländerbeauftragten, Ombudspersonen und den Räten der jeweiligen Städte andererseits.

Eine solche neue Einrichtung würde nicht nur die aus der Zersplitterung der Zuständigkeiten auf eine Vielzahl von Institutionen folgenden Reibungsverluste der deutschen Migrationspolitik verringern, sie wäre auch ein innen- und außenpolitisches Zeichen, daß Migration ein wichtiges, ernstgenommenes Politikfeld ist, das mit Sachverstand bearbeitet wird.

---

13 Bei den jüngsten Verhandlungen um die Wirtschaftshilfen der EU wurden zum einen Interessenunterschiede zwischen den von Zuwanderung wenig betroffenen und den anderen EU-Staaten deutlich, zum anderen Differenzen zwischen den nord- und westeuropäischen EU-Staaten einerseits, die ihr Augenmerk vor allem auf die osteuropäischen Herkunftsgebiete richteten, und den südeuropäischen Staaten andererseits, die Zuwanderung vor allem aus Nordafrika befürchteten.

14 Vgl. hierzu vor allem die seit Ende der achtziger Jahre vorgelegten und seitdem mehrfach ergänzten Vorschläge von Klaus J. *Bach*, insbesondere: Ausländer – Aussiedler – Asyl: Eine Bestandsaufnahme, München 1994, sowie die Anregungen von Franz *Nuscheler*, Internationale Migration, Flucht und Asyl, Opladen 1995.

UMWELTPOLITIK ALS AUSSENPOLITISCHE UND GLOBALE GESTALTUNGSAUFGABE

Eberhard Feess und Ulrich Steger

Im Zusammenhang von Umwelt und Globalisierung können grob zwei Problemkreise unterschieden werden, die Wissenschaft, Politik und Öffentlichkeit beschäftigen und auch Auswirkungen auf die deutsche Außen- und Außenwirtschaftspolitik haben. Das erste Problem besteht darin, daß unterschiedliche nationale Umweltstandards die Wettbewerbsfähigkeit betroffener Branchen empfindlich beeinträchtigen. Obwohl man die Bedeutung der Umweltschutzkosten bei der Standortwahl sowie bei der Konkurrenzfähigkeit auf internationalen Gütermärkten nicht überbewerten sollte,[1] besteht kein Zweifel daran, daß in der Bundesrepublik Deutschland Branchen wie die Textil- und Lederindustrie[2], die Grundstoffchemie und die Mineralölindustrie durch niedrige Umweltstandards in anderen Ländern geschwächt werden. In den USA gibt es mittlerweile eine sehr starke Bewegung, die den Import aus Ländern mit niedrigen Umweltstandards unterbinden will.[3] Dieser Problemkreis bezieht sich also nicht auf globale ökologische Auswirkungen, sondern auf die globalen wirtschaftlichen Konsequenzen unterschiedlicher Umweltstandards und kommt am deutlichsten in dem Stichwort »Greening the GATT« zum Ausdruck.[4]

Dagegen betrifft der zweite Problemkreis direkt den grenzüberschreitenden oder globalen Charakter von Umweltproblemen und die Schwierigkeiten, gemeinsame Gegenstrategien zu finden.[5] Dies wurde auch im Frühjahr 1995 auf der Vertragsstaatenkonferenz der Klimarahmenkonvention in Berlin deutlich, wo ökologisch wirksame und ökonomisch effiziente Lösungen erwartungsgemäß hinter Verteilungsfragen – vor allem der noch immer nicht entschiedenen Frage des Abstimmungsmodus – zurücktraten.

Im folgenden geht es darum, einige ökonomische und außenpolitische Aspekte beider Problemkreise vor dem Hintergrund der modernen wirtschaftswissenschaftlichen Forschung zu beleuchten. Dabei werden zunächst die wichtigsten umweltbezogenen Regeln des Allgemeinen Zoll- und Handelsabkommens (GATT) bzw.

1 Für eine Übersicht über die empirische Forschung vgl. Werner *Meißner*/Ute *Gräber-Seißinger*, Umweltpolitik und internationale Wettbewerbsfähigkeit, in: Ulrich *Steger* (Hrsg.), Handbuch des Umweltmanagements, München 1992, S. 131-144.

2 Vgl. Jürgen *Wiemann* et al., Ecological Product Standards and Requirements as a New Challenge for Developing Countries' Industries and Exports. The Case of India's Leather, Textile and Refrigeration Industries (Deutsches Institut für Entwicklungspolitik, Reports and Working Papers, Nr. 5), Berlin 1994.

3 Vgl. Steve *Charnovitz*, Free Trade, Fair Trade, Green Trade: Defogging the Debate, in: *Cornell International Law Journal*, Nr. 3, 1994, S. 459-525; Herman *Daly*/Robert *Goodland*, An Ecological-Economic Assessment of Deregulation of International Commerce Under GATT, in: *Ecological Economics*, Nr. 9, Januar 1994, S. 73-92; Daniel C. *Esty*, Greening the GATT. Trade, Environment, and the Future, Washington, DC 1994.

4 So der Titel der umfangreichen Analyse diesbezüglicher Vorschläge von *Esty*, a.a.O. (Anm. 3).

5 Vgl. Hans Joachim *Schellnhuber*/Detlef F. *Sprinz*, Umweltkrisen und internationale Sicherheit, in: Karl *Kaiser*/Hanns W. *Maull* (Hrsg.), Deutschlands neue Außenpolitik, Band 2: Herausforderungen, München 1995, S. 239-260.

der Welthandelsorganisation (WTO) dargestellt, da diese den Ausgangspunkt der aktuellen Diskussion bilden. Im darauf folgenden Abschnitt werden die Argumente für und wider die Berechtigung protektionistischer Maßnahmen gegen sogenanntes »Öko-Dumping«[6] erörtert. Abschließend wird die globale Umweltproblematik von CO_2-Emissionen behandelt.

Auch wenn diese Beispiele als eher exemplarisch zu verstehen sind, so zeigen sie doch, daß auch in die deutsche und europäische Außenpolitik künftig ökologische Kriterien zu integrieren sind. Ähnlich wie z.B. Wirtschafts- oder Verkehrspolitik, die nicht mehr sinnvoll ohne Umweltdimension zu denken sind, müssen auch Außen- und Außenwirtschaftspolitik sich dieser Aufgabe stellen. Nicht nur weil ein Teil der außen- und handelspolitischen Probleme mit Umweltproblemen verbunden ist, sondern auch weil die Bundesrepublik als eines der fortgeschrittensten Länder in dieser Hinsicht eine besondere Problemlösungskompetenz einbringen kann, muß der »Dreiklang« der nachhaltigen Entwicklung (*sustainable development*) – ökonomische, ökologische und soziale Effektivität – auch in außenpolitische Strategien Eingang finden. Zugleich kann damit auch eine Entwicklung in Deutschland beschleunigt werden, wo die staatliche Orientierung und die Überbürokratisierung im Umweltschutz abgebaut und durch mehr marktorientierte Rahmenbedingungen im internationalen Kontext abgelöst werden sollten.

Die Umweltregeln des GATT

Die im hier behandelten thematischen Zusammenhang wichtigste GATT- bzw. WTO-Regel ist das sogenannte »Ursprungslandprinzip«, das es jedem Land freistellt, seine Produktionsbedingungen selbst zu wählen. Konkreter formuliert besagt dieses Prinzip, daß unterschiedliche Produktionsbedingungen – beispielsweise bezogen auf Arbeitszeiten, Entlohnungen oder Umweltstandards – anderen Ländern keine Berechtigung zu protektionistischen Maßnahmen liefern. Angesichts international sehr unterschiedlicher Arbeitsbedingungen und zunehmender Standortverlagerungen von Unternehmen in Schwellenländer wird das Ursprungslandprinzip von Industrieländern schon seit geraumer Zeit als »Sozial-Dumping« (Vernachlässigung von Arbeitsschutzmaßnahmen, lange Arbeitszeiten und niedrige Löhne) kritisiert. Diese Kritik wird nun vor allem in den USA verstärkt auf unterschiedliche Umweltstandards ausgedehnt und unter dem Stichwort des »Öko-Dumpings« thematisiert.[7]

Besonders öffentlichkeitswirksam war dabei das Urteil des GATT-Rates im sogenannten »Thunfisch-Fall«: In den USA darf Thunfisch nur gefangen und verkauft werden, wenn dabei auf Fangmethoden, bei denen auch Delphine getötet werden (Treibnetzfang), verzichtet wird. Die Ausdehnung dieser Regelung auf importierten

---

6 Exakt ausgedrückt kann man »Öko-Dumping« als einen Umweltstandard definieren, bei dem die Grenzkosten der Schadstoffvermeidung unter den erwarteten Grenzschäden liegen.
7 Vgl. *Esty*, a.a.O. (Anm. 3).

Thunfisch, die zu einem amerikanischen Importverbot für mexikanischen Thunfisch führte, wurde vom GATT-Rat unter Verweis auf das Ursprungslandprinzip wieder unterbunden. Auch die Anti-Dumping-Bestimmungen des GATT hätten den USA nicht weiterhelfen können.[8] Eine Besteuerung des mexikanischen Fisches in den USA wäre allerdings dann zulässig gewesen, wenn auch der in den USA gefangene Thunfisch dieser Besteuerung unterworfen worden wäre. Denn grundsätzlich bleibt die Steuer- und Subventionspolitik, wie auch die Wahl von Prozeßstandards, nach den GATT-Regeln jedem Land selbst überlassen, sofern sie ausländische Produkte nicht diskriminiert.[9] Maßstab der Diskriminierung ist also die (steuerliche) Behandlung »ähnlicher« Produkte im Inland. Dabei ergeben sich schon heute erhebliche Abgrenzungsprobleme, die in Zukunft noch zunehmen werden; im Thunfisch-Fall konnte der GATT-Rat noch relativ unwidersprochen darauf hinweisen, daß es sich bei amerikanischem und mexikanischem Thunfisch um vergleichbare Produkte handelt, weil sich die Fangmethode nicht im Produkt niederschlägt.

Schwieriger wird die Unterscheidung dagegen beispielsweise bei Agrar- oder Textilprodukten, bei denen sich die Behandlung mit Pestiziden zweifelsfrei in den Produkten selbst nachweisen läßt.[10] Während die Zulässigkeit von Importzöllen dann strittig ist, hat jedes Land die Möglichkeit, verbindliche Produktstandards zu definieren, deren Mißachtung ausländische Produkte am Marktzutritt hindert. Zusammenfassend kann man sagen, daß das GATT weder bezüglich Prozeßstandards noch bei Produktstandards eine Vereinheitlichung anstrebt, so daß besonders umweltbewußte Länder einerseits die Möglichkeit haben, umweltbezogene Vorreiterrollen einzunehmen, die auch importierte Produkte umfassen. Andererseits haben sie keine Möglichkeit, sich gegen Importe aus Ländern mit niedrigen Umweltstandards zur Wehr zu setzen, sofern diese sich nicht in den Produkten niederschlagen.

Diese Situation und insbesondere das Ursprungslandprinzip werden zu den wichtigsten Punkten auf der zukünftigen Agenda der Welthandelsorganisation gehören. Erstens werden Industrieländer wie die USA eine direkte Aufweichung des Ursprungslandprinzips durchzusetzen versuchen. Zweitens kann angestrebt werden, einheitliche Prozeßstandards indirekt durch Produktstandards herbeizuführen, sofern sich die Produktionsmethoden in der Produktbeschaffenheit niederschlagen.

---

8 Vgl. Margareta E. *Kulessa*, Freihandel und Umweltschutz – ist das GATT reformbedürftig?, in: *Wirtschaftsdienst*, Nr. 6, 1992, S. 299-307. Zwar ermöglicht das GATT grundsätzlich Anti-Dumping-Zölle, doch wird unter Dumping im GATT verstanden, daß Waren unter ihrem normalen Wert auf den Markt eines anderen Landes gebracht werden. Maßstab des normalen Wertes einer Ware ist dabei – vereinfachend ausgedrückt – der Preis gleichartiger Waren im exportierenden Land. Der Tatbestand des Dumping setzt also eine Preisdifferenzierung zwischen In- und Ausland voraus, die im Thunfisch-Fall nicht gegeben war. Der Kernpunkt ist, daß die GATT-Regeln unterschiedliche Prozeßstandards als Begründungen für protektionistische Maßnahmen ausschließen. Eine ausführliche Darstellung der umweltbezogenen GATT-Regeln und diesbezüglicher Kontroversen liefert *Esty*, a.a.O. (Anm. 3), S. 46-51.

9 Schwierig wird es, wenn Steuern ausschließlich ausländische Produkte betreffen, weil im Inland keine solchen, aber ähnliche Produkte existieren. So unterband der Europäische Gerichtshof eine französische Steuer, die ausschließlich für Autos ab einer bestimmten, hohen Motorleistung galt. Einen Überblick über die Umweltvorschriften innerhalb der Europäischen Union gibt Lutz *Wicke*, Umweltökonomie. Eine praxisorientierte Einführung, 3. Auflage, München 1991.

10 Vgl. *Charnovitz*, a.a.O. (Anm. 3), S. 479-481.

Das umweltbezogene Ursprungslandprinzip: Pro und Kontra

Das berechtigte Argument für das Ursprungslandprinzip lautet, daß die optimalen Umweltstandards auch von nationalen Ausgangsbedingungen wie der Produktivität, der Produktionsstruktur, den Assimilationskapazitäten der Umwelt und den Präferenzen der Bevölkerung abhängen, so daß die realen Umweltstandards weltweit keineswegs einheitlich sind. Es kann daher auch nicht ohne weiteres als Öko-Dumping bezeichnet werden, wenn ein Entwicklungsland niedrigere Umweltstandards als ein Industriestaat hat. Die Befürworter der klassischen Freihandelsdoktrin verweisen daher darauf, daß die Wahl der Umweltstandards jedem Land selbst überlassen bleiben muß, weil dieses seine nationalen Ausgangsbedingungen am besten beurteilen kann.

Die Kernfrage lautet nun, ob die einzelnen Staaten Gründe dafür haben, durch Öko-Dumping die Wettbewerbsposition der inländischen Unternehmen auf dem Weltmarkt zu stärken. Öko-Dumping darf dabei aus den genannten Gründen nicht einfach als Wahl eines – gemessen am Niveau der Industriestaaten – niedrigen Umweltstandards interpretiert werden, sondern muß an den jeweiligen nationalen Gegebenheiten gemessen werden. Diese Befürchtung wird von der traditionellen Außenhandelstheorie verneint: Wenn auf den Weltmärkten vollständige Konkurrenz besteht, gibt es für kein Land die Möglichkeit, die inländische Wohlfahrt durch Öko-Dumping zu erhöhen.

Die Annahmen der traditionellen Außenhandelstheorie sind aber nicht realitätsgerecht. Die strategisch wichtigen Weltmärkte sind überwiegend oligopolistisch strukturiert, und angesichts oft sinkender Durchschnittskosten ist Öko-Dumping aus der Sicht der Staaten durchaus reizvoll. Niedrige Umweltstandards lassen sich als indirekte Subventionen interpretieren, die dazu dienen, Gewinne in internationalen Oligopolen ins Inland zu transferieren.[11] Es gibt daher »gute« Gründe für Öko-Dumping. Dabei ist zu bedenken, daß niedrige Umweltstandards im Ausland im Inland nicht nur zu Problemen für besonders betroffene Branchen, sondern auch zu gesamtwirtschaftlichen Problemen führen können, weil die Globalisierung der Kapitalmärkte das Theorem der komparativen Kosten zumindest relativiert. Danach würde der Wechselkursmechanismus dafür sorgen, daß die internationale Konkurrenzfähigkeit einer Branche in einem Land nicht vom Kostenvergleich mit derselben Branche in einem anderen Land, sondern vom Kostenvergleich mit einer anderen Branche im selben Land abhängt. Man kann aber leicht zeigen, daß dieser schöne Grundgedanke nur funktioniert, wenn Kapitalexporte ausgeschlossen werden. Das Problem von Kapitalexporten ist einfach: Bei gegebener Produktivität und gegebenen Löhnen hängt die erzielbare Kapitalverzinsung nur noch von der Höhe der Umweltstandards ab. Die von Umweltschützern häufig geäußerte Befürchtung, daß ausländisches Öko-Dumping im Inland entweder zu niedrigeren Löhnen oder zu

11 Seit Beginn der neunziger Jahre ist hierzu eine umfassende Literatur entstanden. Vgl. stellvertretend Scott *Barrett*, Strategic Environmental Policy and International Trade, in: *Journal of Public Economics*, Nr. 3, 1994, S. 325-338.

niedrigeren Umweltstandards führen muß, um Kapitalwanderungen zu vermeiden, ist daher durchaus plausibel.

Ein Hauptvertreter der Forderung, Öko-Dumping als Begründung für protektionistische Maßnahmen zuzulassen, ist Herman *Daly* von der Weltbank.[12] Seine Forderungen gründen sich sowohl auf die sinkende Wettbewerbsfähigkeit einzelner Branchen durch Öko-Dumping als auch auf die Gefahren des Kapitalexports. Hinsichtlich des ersten Problems hebt *Daly* hervor, daß ein vom Ausland durch Öko-Dumping »erzwungener« Strukturwandel im Inland auch die Vielfältigkeit der Arbeitsplatzwahl untergräbt. Er betrachtet daher Importzölle als adäquaten Weg, um die mangelhafte Internalisierung externer Effekte[13] auszugleichen. Dies hält der Weltbankvertreter auch deshalb für angemessen, weil das einen Importzoll erhebende Land dem Ausland keine Umweltstandards aufzwingt, sondern lediglich ein Preis für den Zugang auf fremde Märkte gezahlt werden muß. Hinsichtlich des Problems des Kapitalexports leitet *Daly* aus unterschiedlichen Umweltstandards sogar die Forderung nach einer Deliberalisierung der Kapitalmärkte ab.

Trotz der theoretischen Plausibilität und der praktischen Bedeutung von Öko-Dumping sprechen aber gute Gründe dafür, die Forderungen nach einer Aufweichung des Ursprungslandprinzips im GATT abzulehnen.[14] Diese Gründe sind weniger theoretischer als praktischer Natur: Wie soll im politischen Prozeß darüber entschieden werden, wann die Differenzierung der Umweltstandards auf unterschiedliche Ausgangsbedingungen und wann auf Öko-Dumping zurückzuführen ist? Theoretisch lassen sich die optimalen Umweltstandards leicht ermitteln, aber wie sollen die unterschiedlichen Assimilationskapazitäten der Umwelt, die unterschiedlichen Produktivitäten und vor allem die unterschiedlichen Zahlungsbereitschaften als Funktion von Präferenzen und Einkommen operationalisiert werden?[15]

Als Fazit läßt sich daraus für die Außenhandelspolitik die folgende Empfehlung ableiten: Die mit einer Aufweichung des Ursprungslandprinzips im GATT verbundenen Konflikte würden unweigerlich dazu führen, daß die Errungenschaften der Uruguay-Runde gefährdet werden. Besser als bilaterale Retorsionen oder gar eine Entliberalisierung der Kapitalmärkte scheinen daher nach oben offene Mindeststandards für Kernbereiche geeignet, um das Problem im Sinne einer praktikablen Lösung in den Griff zu bekommen. Selbstverständlich stellt sich dabei neben dem Problem der Festlegung das der Überwachung, so daß die Errichtung einer internationalen Umweltbehörde mit starker Entscheidungskompetenz eine wichtige Zukunftsaufgabe ist.

Die Aufgabe der deutschen Außen- und Umweltpolitik ist unseres Erachtens diffizil: Auf der einen Seite muß den protektionistischen Bestrebungen aus den USA

12 Vgl. *Daly/Goodland*, a.a.O. (Anm. 3).

13 Darunter versteht man in diesem Zusammenhang, daß die Kosten dem Verursacher zugerechnet werden.

14 Die gleiche Auffassung findet sich bei Ernst-Ulrich *Petersmann*, Umweltschutz und Welthandelsordnung im GATT-, OECD- und EWG-Rahmen, in: *Europa-Archiv*, 9/1992, S. 257-266; Rolf-J. *Langhammer*, Nach dem Ende der Uruguay-Runde: das GATT am Ende? (Institut für Weltwirtschaft, Kieler Diskussionsbeiträge, Nr. 228), Kiel 1994.

15 Vgl. *Wiemann* et al., a.a.O. (Anm. 2), S. 5f.

entgegengewirkt werden, um die Erfolge der Uruguay-Runde nicht zu gefährden. Auf der anderen Seite muß die Festlegung von Mindeststandards forciert werden, um die Wettbewerbsfähigkeit der Industrieländer in den »sensiblen« Branchen nicht nachhaltig zu schwächen. Eine solche Position scheint auch auf europäischer Ebene konsensfähig zu sein, weil sie wichtigen Umweltbelangen Rechnung trägt, ohne in Protektionismus abzugleiten.

Internationale Kooperation zur Verminderung von CO_2-Emissionen

Das aktuell meistdiskutierte Feld der internationalen Umweltpolitik ist die Verminderung der Kohlendioxydemissionen. Ursprüngliches Ziel der Klimakonferenz in Berlin im April 1995 war die Vereinbarung konkreter Zielwerte und Maßnahmen über das Jahr 2000 hinaus. Die meiste Zeit wurde allerdings mit dem letztlich gescheiterten Versuch verbracht, einen für alle Länder akzeptablen Abstimmungsmodus zu entwerfen. Dies ist nicht weiter verwunderlich, weil vom Entscheidungsmechanismus abhängt, was politisch durchsetzbar ist. Folgerichtig beharrten die erdölexportierenden Länder auf Einstimmigkeit, so daß Vereinbarungen nur auf dem kleinsten gemeinsamen Nenner möglich waren. Die Bundesrepublik Deutschland gehörte in Berlin zu den Ländern mit den weitestgehenden Vorschlägen und schloß sich der Forderung des Verbandes kleiner Inselstaaten (AOSIS) an, daß die Staaten der Organisation für Wirtschaftliche Zusammenarbeit und Entwicklung (OECD) sowie die osteuropäischen Transformationsländer ihre CO_2-Emissionen bis zum Jahr 2005 um 20 Prozent (bezogen auf 1990) senken sollten. Die USA sahen jedoch immer noch keinen Bedarf, rechtlich verbindliche Regelungen zu verabschieden, und pochten lediglich auf die Anerkennung von gemeinsamen Umsetzungsmaßnahmen.

Der Diskussionsprozeß in Berlin zeigte, daß die Schwierigkeiten bei der internationalen Koordination nicht zuletzt darin liegen, die verschiedenen offenen Fragen voneinander zu trennen und dadurch die hohe Komplexität des Problems zu reduzieren. Analytisch lassen sich vier Fragen trennen, die bei globalen Schadstoffen durchaus unabhängig voneinander beantwortet werden können:

- Welche Umweltbelastungen sollen insgesamt toleriert werden?
- Wie kann eine kosteneffiziente Einhaltung der geforderten Umweltqualität erreicht werden?[16]
- Wie sollen die dadurch entstehenden Lasten weltweit verteilt werden?
- Wie kann die Einhaltung vereinbarter Grenzwerte überwacht werden?

Die wirtschaftswissenschaftliche Diskussion hat zu dem Konsens geführt, daß Zertifikate auch deshalb zur Lösung globaler Umweltprobleme besonders geeignet sind, weil sie zu einer Trennung der vier Fragen führen und die einzelnen Probleme daher sehr transparent machen. Das Problem der insgesamt zulässigen Umweltbelastungen

16 Unter »Kosteneffizienz« wird die Minimierung der weltwirtschaftlichen Kosten zur Einhaltung einer bestimmten Umweltqualität verstanden.

reduziert sich auf die ausgegebenen Zertifikate. Kosteneffizienz wird von Zertifikaten ohne weitere Maßnahmen gewährleistet, wenn Märkte eingerichtet werden, auf denen Zertifikate gehandelt werden können, und wenn die Anzahl der Marktteilnehmer nicht zu gering ist. Die Anrechenbarkeit einer CO_2-Reduktion im Ausland erübrigt sich dann, während sie auf Basis von Reduzierungen pro Land zwangsläufig schwierig bleibt; die Frage ist dann nämlich stets, ob »Entwicklungshilfemaßnahmen« zur Verminderung des Kohlendioxydausstosses – beispielsweise durch Technologieexporte – nicht ohnehin, aus rein ökonomischen Gründen, durchgeführt worden wären. Dies ist genau der Grund für den Streit um die gemeinsame Umsetzung (»joint implementation«) bei der Selbstverpflichtung zur CO_2-Reduktion, der auf der Konferenz in Berlin sehr deutlich zum Ausdruck kam. Die Verteilungsproblematik wird bei Zertifikaten dagegen auf das Problem der Erstausgabe reduziert und dadurch transparent.

Die Überlegungen über Zertifikatelösungen zur Reduktion des Treibhauseffektes haben mittlerweile ein hohes Konkretisierungsniveau erreicht, so daß eine Implementierung durchaus möglich wäre. Im Juni 1991 fand eine Tagung der OECD statt, auf der die wichtigsten praktischen Fragen der Verwendung von Zertifikaten zur CO_2-Verminderung behandelt wurden.[17] Aus Gründen der politischen Durchsetzbarkeit und der Kontrollpraktikabilität wurde dabei erstens vorgeschlagen, von den Treibhausgasen zunächst nur Kohlendioxyd zu berücksichtigen,[18] und zweitens nur eine beschränkte Anzahl von Staaten zu beteiligen. Letzteres ist allerdings problematisch, weil gerade die Einbeziehung von Entwicklungsländern die ökologische Wirksamkeit und die Kosteneffizienz erheblich erhöhen würde. Im Idealfall sollte daher bei der Erstausgabe von Zertifikaten ein Kompromiß gefunden werden, der auch die Ausdehnung der Zertifikatelösung auf Entwicklungsländer erlaubt. Die Schwierigkeit liegt darin, daß die Industrieländer eindeutig das sogenannte *Grandfathering*-Prinzip[19] favorisieren, dem die Entwicklungsländer verständlicherweise nicht zustimmen.[20] Angesichts der sehr unterschiedlichen Interessen scheint klar zu sein, daß sich ein eindeutiges Prinzip nicht verwirklichen läßt. Das Ziel könnte möglicherweise in einem Kompromiß bestehen, bei dem die Erstausgabe zwar das Pro-Kopf-Prinzip in den Mittelpunkt stellt, aber auch die bisherigen Emissionen zu einem bestimmten Prozentsatz einbezieht. Praktische Hilfe könnten dabei die Erfahrungen mit der Erstausgabe der Zertifikate im amerikanischen *Clean Air Act* leisten.

---

17 Vgl. *OECD* (Hrsg.), Climate Change. Designing a Tradeable Permit System, Paris 1992.

18 Vgl. Rob *Swart*, Greenhouse Gas Emissions Trading: Defining the Commodity, in: *OECD*, a.a.O. (Anm. 17), S. 149-183. *Swart* schlägt vor, mit CO_2 zu beginnen und andere Treibhausgase sukzessive einzubeziehen.

19 Darunter versteht man, daß jede Anlage (bzw. jedes Land) Zertifikate in der Höhe bekommt, die den derzeitigen Emissionen entspricht.

20 Michael *Grubb* und James K. *Sebenius* sprechen sich daher für eine Annäherung an das Pro-Kopf-Prinzip aus, was bedeuten würde, daß beispielsweise die USA stärker reduzieren müßten als Zaire. Vgl. *Grubb/Sebenius*, Participation, Allocation and Adaptability in International Tradeable Emissions Permit Systems for Greenhouse Gas Control, in: *OECD*, a.a.O. (Anm. 17), S. 185-225; hier S. 221.

Abschließend sei daher hervorgehoben, daß die langfristige Zielsetzung von Ländern wie der Bundesrepublik Deutschland zweifelsfrei in der Forcierung des internationalen Einsatzes marktorientierter Instrumente der Umweltpolitik bestehen sollte. Allerdings scheint die Einführung einer kombinierten CO_2-/Energiesteuer auf der Ebene der Europäischen Union politisch eher durchsetzbar zu sein als eine Zertifikate-Lösung im Rahmen der Vereinten Nationen, zumal mittlerweile ein konkreter Entwurf vorliegt.[21] Die vorgesehenen Steuersätze sind unter ökologischen Gesichtspunkten jedoch noch zu niedrig. Beispielsweise ergäbe sich für Benzin eine zusätzliche Steuerbelastung von 2,7 Pfennig pro Liter für 1992 und 9 Pfennig pro Liter für das Jahr 2000. Außerdem steht die Einführung der CO_2-/Energiesteuer unter dem politischen Vorbehalt, daß andere OECD-Staaten ähnliche Maßnahmen ergreifen, so daß es sich also letztlich auch hier um eine unverbindliche Absichtserklärung handelt.

Es ist daher nach wie vor erhebliche Skepsis angebracht, ob der Treibhauseffekt rechtzeitig gestoppt werden kann, weil unsere politischen Institutionen – erst recht die internationalen – nach wie vor wenig geeignet scheinen, um Katastrophen zu verhindern, die nur mit einer »bestimmten Wahrscheinlichkeit« eintreten, und auch dies erst in 50 oder 100 Jahren. Aber wenn die Bundesrepublik Deutschland ihrer eigenen Umweltpolitik treu bleiben will, muß sie auf europäischer und globaler Ebene diese Themen weiter auf der Tagesordnung halten und pragmatisch auch Einzelfall-Lösungen implementieren. Die politische Förderung etwa von Projekten mit positiven Umweltschutzauswirkungen hier und in Entwicklungsländern (*joint implementation*) mag zum Teil symbolisch sein, zeigt aber den guten Willen und kann langfristige Veränderungsprozesse einleiten – insbesondere wenn andere europäische Staaten »mitziehen«. Innenpolitischer Widerstand ist kaum zu erwarten, denn immer mehr Bürger verstehen die globale Dimension der Umweltprobleme; progressive Unternehmen könnten zur Mitarbeit gewonnen werden.

Fazit

Auf einen allgemeinen Konsens der internationalen Gemeinschaft kann nicht gewartet werden, dazu sind die nationalen Interessen und Ausgangslagen im Umweltschutz zu unterschiedlich. Wenn Deutschland seinen aufgeklärten Eigeninteressen folgt, kann die deutsche Außenpolitik den globalen Umweltschutz schrittweise voranbringen.

21 Die Kombination einer CO_2- mit einer Energiesteuer erklärt sich daraus, daß einerseits die Bekämpfung des Treibhauseffekts im Mittelpunkt steht, andererseits aber auch die Kernenergie zumindest teilweise erfaßt werden soll. Vgl. Hans Wilhelm *Schiffer*, Einführung einer CO_2-/Energiesteuer?, in: *Wirtschaftsdienst*, Nr. 7, 1992, S. 362-367.

DIE NICHTVERBREITUNGSPOLITIK IM AUSSENPOLITISCHEN INTERESSENGEFÜGE DES VEREINTEN DEUTSCHLAND

Erwin Häckel

Die Nichtverbreitungspolitik zählt zu jenen Bereichen, in denen sich die internationalen Rahmenbedingungen und Prioritäten nach dem Ende des Ost-West-Konflikts verschoben haben und die deutschen Interessen neu bestimmt werden müssen. Scheinbar sind die nichtverbreitungspolitischen Interessen der Bundesrepublik eindeutig und unstrittig. Bei genauer Betrachtung stellen sie sich jedoch eher widersprüchlich und konfliktträchtig dar.

In der Wahrnehmung der politischen Führungsschicht gebührt der Nichtverbreitung ein hoher Rang, und dem vereinten Deutschland wird dabei eine entsprechend verantwortungsvolle Rolle zugeschrieben.[1] In der breiten Öffentlichkeit findet diese Auffassung dagegen keinen Widerhall. Die deutsche Nichtverbreitungspolitik ist kein Thema, das allgemeine Aufmerksamkeit beanspruchen könnte. Diese Diskrepanz hat verschiedene Ursachen. Einerseits verbindet sich mit dem Begriff der Nichtverbreitung die Vorstellung einer einfachen und geradlinig zu realisierenden politischen Konzeption, die unmittelbar einleuchtet und nicht hinterfragt werden muß. Andererseits hat die praktische Umsetzung dieser Konzeption inzwischen einen so hohen Grad von rechtlicher Verregelung, technischer Spezialisierung und administrativer Komplexität erreicht, daß sie nur noch einem engen Kreis von Fachleuten zugänglich erscheint. Der breiten Öffentlichkeit stellt sich die Nichtverbreitungspolitik als isoliertes Randgebiet der Diplomatie dar, das auf soliden Fundamenten ruht und getrost den Experten überlassen werden kann. Ein intensiver Bezug zu den übrigen Problemfeldern der deutschen Außenpolitik scheint nicht zu existieren. Inhärente Bruchstellen und Verspannungen der Nichtverbreitungspolitik werden so nicht wahrgenommen.

Die folgende Betrachtung sucht diese Sichtweise zu korrigieren, indem sie die Nichtverbreitungspolitik in den größeren Zusammenhang deutscher Interessenpolitik einordnet und nach den Bedingungen ihrer Zielverwirklichung fragt. Dabei zeigt sich, daß der Nichtverbreitung ein hoher, aber kein erstrangiger Stellenwert im Interessengefüge der Bundesrepublik Deutschland zukommt. Ihr Rang bemißt sich nach höherwertigen Prioritäten der Außen- und Sicherheitspolitik. In der Nichtverbreitungspolitik sind die deutschen Handlungsspielräume gering, die Optionen begrenzt, die Instrumente mangelhaft und störungsanfällig. Unter diesen Umständen kommt es in erster Linie nicht darauf an, anspruchsvolle Ziele zu setzen und Forderungen zu erheben, sondern die Grenzen des Möglichen zu erkennen, das Erreichte zu bewahren und das Wichtige vom Unwichtigeren zu trennen.

---

1 Bezeichnend hierfür sind die Entschließungen des Deutschen Bundestages zur »Nichtverbreitung von Kernwaffen« sowie zur »unbefristeten und unkonditionierten Verlängerung des Nichtverbreitungs-Vertrags«. Vgl. *Deutscher Bundestag*, Drucksache 12/5116 vom 15.6.1993 sowie Drucksache 13/398 vom 8.2.1995; ferner Ronald D. *Asmus*, Kein Kult der Zurückhaltung mehr. Das Meinungsbild der deutschen Elite zur Außen- und Sicherheitspolitik, in: *Frankfurter Allgemeine Zeitung*, 11.4.1996.

Die Problematik der Nichtverbreitung: Worum geht es?

Nichtverbreitungspolitik bezeichnet das Bestreben, die Verbreitung (»Proliferation«) von Massenvernichtungswaffen im Staatensystem zu verhindern oder einzudämmen und womöglich rückgängig zu machen. Die unbegrenzte Verfügbarkeit von Massenvernichtungswaffen in aller Welt wäre unvereinbar mit der internationalen Sicherheit, ja im Extremfall mit dem Überleben der Menschheit. Der Gegenstand der Nichtverbreitungspolitik ist deshalb in keinem Fall allein eine lokale oder nationale Angelegenheit. Er betrifft ein Menschheitsproblem, das nach einer globalen Lösung mit universaler Gültigkeit verlangt.

Als Massenvernichtungswaffen gelten nach allgemeinem Sprachgebrauch die atomaren, biologischen und chemischen Kampfmittel (»ABC-Waffen«). Nach gegenwärtigem Kenntnis-, Erfahrungs- und Entwicklungsstand sind jedoch eigentlich nur die Kernwaffen wirkliche Massenvernichtungswaffen in dem Sinne, daß damit ganze Länder und Völker gleichsam mühelos ausgelöscht werden können. Biologische und chemische Waffen können verheerende Schäden anrichten, aber ihre Wirkung ist räumlich und zeitlich relativ begrenzt. Kernwaffen unterscheiden sich von biologischen und chemischen Kampfmitteln zudem in einem weiteren Punkt: Biologische und chemische Waffen sind völkerrechtlich geächtet, ihre Herstellung und Lagerung sowie ihr Einsatz im Krieg sind durch internationale Konventionen verboten. Damit ist die biologische und chemische Kriegsdrohung nicht endgültig und zuverlässig beseitigt, aber doch entschärft. Anders bei den Kernwaffen: Ihr Einsatz ist ethisch und rechtlich umstritten, aber nicht ausdrücklich verboten. Die fünf ständigen Mitglieder des UN-Sicherheitsrates sind als Atommächte international anerkannt. Herstellung und Besitz von Kernwaffen bleiben das Recht jedes souveränen Staates, sofern er nicht formell darauf verzichtet.

Wenn von Nichtverbreitung die Rede ist, steht deshalb stets und zu Recht die nukleare Nichtverbreitung im Vordergrund – so auch in diesem Artikel. Für die Kernwaffen hat sich seit 1945 schrittweise ein internationales Nichtverbreitungsregime herausgebildet, in dem drei Handlungsebenen – Technologiekontrolle bzw. selektive Technologieverweigerung, Verzichtserklärungen und Sicherheitsgarantien – einander ergänzen, stützen und bedingen. Als vertrauensbildende Maßnahme gewährleisten zudem die Sicherungskontrollen der Internationalen Atomenergie-Organisation (IAEO) das loyale Verhalten der kernwaffenlosen Vertragsstaaten. Für andere Massenvernichtungswaffen und ihre Anschlußtechnologien sind erst seit den achtziger Jahren entsprechende Maßnahmen, angelehnt an das nukleare Nichtverbreitungsregime, vereinbart worden.

Gegenwärtig erscheint das internationale Nichtverbreitungsregime einerseits konsolidiert. Die unbefristete Verlängerung des Atomwaffensperrvertrags im Jahr 1995 hat die weltweite Anerkennung der nuklearen Nichtverbreitungsnorm bestätigt; die – noch nicht in Kraft getretene – Chemiewaffenkonvention hat ihr eine vergleichbare Norm für die chemischen Kampfstoffe an die Seite gestellt. Andererseits sind die Zweifel an den Erfolgsaussichten multilateraler Nichtverbreitungspolitik nicht geringer geworden. Sie gelten der Dauerhaftigkeit und Leistungsfähigkeit des Staatensystems, das für die Nichtverbreitung verantwortlich ist und seit dem Ende der globalen Bipolarität eine unvorhergesehene Brüchigkeit erkennen läßt.

Die Entwicklung der deutschen Nichtverbreitungspolitik

Die Bundesrepublik Deutschland, deren Entstehung und Entwicklung in den Jahrzehnten des Ost-West-Konflikts untrennbar verbunden war mit der nuklearen Konfrontation im Herzen Europas, nimmt seit ihren frühesten Anfängen einen zentralen Platz in der Nichtverbreitungspolitik ein. Die Grundzüge des Nichtverbreitungsregimes standen für die deutsche Politik niemals zur Disposition; sie waren ihr vorgegeben und auferlegt. Aber den Grad ihrer Mitwirkung konnte sie in diesem Rahmen durchaus selbständig bestimmen. Bis in die Gegenwart hinein wurde und wird ihr nichtverbreitungspolitisches Profil von dieser Doppelrolle geprägt: als Adressat internationaler Einflußnahme, dem der Besitz von Massenvernichtungswaffen verwehrt bleiben soll, und als Akteur internationaler Machtpolitik, der gegenüber anderen Staaten seinen Vorteil zu wahren sucht; bestrebt, sich dem nuklearen Nichtverbreitungsregime einzuordnen, ohne sich ihm bedingungslos unterzuordnen. Dieses Spannungsverhältnis ist auf den drei bereits genannten Handlungsebenen der Nichtverbreitungspolitik nachzuweisen. Aus ihm erklärt sich das zeitweise Schwanken deutscher nichtverbreitungspolitischer Positionen zwischen Anpassung und Auflehnung, zwischen konstruktiver Zusammenarbeit und eigensinniger Widersetzlichkeit.

Eine nachhaltige Interessenbalance hat die Bundesrepublik in der Nichtverbreitungspolitik relativ spät gefunden; die Einsicht in die Vorteilhaftigkeit der Nichtverbreitung ist bei den Deutschen erst allmählich gewachsen. Zum Atomwaffenverzicht, zur internationalen Kontrolle der deutschen Nuklearindustrie und zur Beschränkung der Technologieexporte fanden sich Bundesregierung und öffentliche Meinung anfangs nur widerwillig bereit. Die Bundesrepublik galt zeitweise als Sorgenkind und Zankapfel der Nichtverbreitungspolitik; bei der Ausarbeitung des Atomwaffensperrvertrags in den sechziger Jahren war sie – neben Japan – der schwierigste Verhandlungspartner der internationalen Nukleardiplomatie.

Dieses Erscheinungsbild hat sich mittlerweile gründlich gewandelt. Seitdem die Bundesregierung sich in den neunziger Jahren für eine Verschärfung der Export- und Sicherungskontrollen, für die unbefristete Verlängerung des Atomwaffensperrvertrags, für die Beschleunigung der nuklearen Abrüstung und für ein rigoroses Überwachungssystem für chemische Kampfstoffe engagiert hat, genießt das vereinte Deutschland auch bei früheren Kritikern geradezu den Ruf eines Musterknaben der Nichtverbreitungspolitik.[2]

---

2 Vgl. Harald *Müller* et al., From Black Sheep to White Angel? The New German Export Control Policy (Hessische Stiftung Friedens- und Konfliktforschung, PRIF-Report, Nr. 32), Frankfurt a.M. 1993; Leonard S. *Spector*, Nuclear Nonproliferation: The Contributions of Germany and Japan, Washington, DC 1994.

Im Rückblick wird deutlich, daß die Bundesrepublik von ihrem Verzicht auf Massenvernichtungswaffen mehr profitiert hat, als sie aus ihrem Besitz hätte Nutzen ziehen können – unterstellt, dies wäre von ihrer internationalen Umgebung überhaupt hingenommen worden. Sie gewann als Mitglied des Atomwaffensperrvertrags nicht nur Sicherheit, sondern auch internationales Vertrauen, Ansehen und Einfluß – ein Kapital, das sich sichtbar vor allem im weltweiten Einverständnis mit der Vereinigung Deutschlands ausgezahlt hat.

Die Bundesrepublik hat somit in vorbildlicher Weise demonstriert, daß ein führender Industriestaat auf Massenvernichtungswaffen verzichten und trotzdem – oder vielleicht sogar deswegen – mächtig, wohlhabend und sicher sein kann. Dies ist in der internationalen Politik am Ende des 20. Jahrhunderts keine selbstverständliche oder triviale Einsicht. Gleichwohl muß die Frage offen bleiben, ob dies eine verallgemeinerungsfähige und beliebig reproduzierbare Erfahrung ist. Der deutsche Erfolg verdankt sich vielen günstigen und glücklichen Faktoren – nicht zuletzt dem Umstand, daß er unter dem Schutz der Weltmacht USA gedieh. Falls dies der entscheidende Faktor sein sollte, wäre die deutsche Erfahrung für die meisten Staaten der Gegenwart nicht besonders hilfreich.

Zukunftsperspektiven

Seit dem Anbruch der neunziger Jahre haben sich einige fundamentale Rahmenbedingungen der Nichtverbreitungspolitik verändert. Die strategische Rolle der Kernwaffen ist deutlich verringert, ihre Zahl in Europa drastisch reduziert worden, besonders in Deutschland, einst dem Land mit der höchsten Kernwaffendichte in der Welt. Auch die seit Jahrzehnten bei den amerikanischen und sowjetischen Streitkräften auf deutschem Boden stationierten Chemiewaffen wurden entfernt. Eine direkte militärische Bedrohung Deutschlands ist derzeit nicht erkennbar. Bedrohlich erscheinen jetzt die Gefährdungen durch neue, diffuse Risiken: die Verwahrlosung des ehemals sowjetischen Kernwaffenarsenals, der potentielle Zugriff terroristischer Gruppen auf Massenvernichtungswaffen, der stille Aufwuchs einer ABC-Waffenkapazität in aggressiven oder instabilen Ländern der Dritten Welt, der mutwillige Ausbruch einzelner Staaten aus dem internationalen Nichtverbreitungssystem, nukleare Hegemonial- oder Präventivkriege in konfliktträchtigen Regionen der Welt oder eine direkte Herausforderung der internationalen Ordnung durch gewalttätige Regime mit weitreichenden nichtkonventionellen Terrorwaffen.[3]

Kennzeichnend für alle diese Risiken ist, daß sie sich nicht – unter voraussehbaren Umständen – als unmittelbare Bedrohung gegen Deutschland richten, aber dennoch die deutschen Sicherheitsinteressen berühren. Die Sicherheit des vereinten

3 Vgl. Harald *Müller*, Rüstungs- und Zerstörungspotentiale als Herausforderung der internationalen Politik, in: Karl *Kaiser*/Hanns W. *Maull* (Hrsg.), Deutschlands neue Außenpolitik, Band 2: Herausforderungen, München 1995, S. 201-223.

Deutschland resultiert nicht aus eigener Stärke. Sie ruht in multilateralen Bezügen, in der Verläßlichkeit seiner auswärtigen Bindungen, eingebettet in die Ordnung der Staatengemeinschaft. Alles, was diese bedroht, gefährdet Deutschlands Sicherheit mehr als die der meisten anderen Staaten.

Deutschlands Interessen

Der verantwortungslose Umgang mit Kernwaffen und anderen Massenvernichtungswaffen würde das Netz wechselseitiger Abhängigkeiten, in dem die Sicherheit der Bundesrepublik Deutschland aufgehoben ist, in unerträglicher Weise belasten. Die begründete Furcht vor einem Versagen des Nichtverbreitungsregimes könnte bereits seinen Zusammenbruch auslösen. Deutschland hat ein elementares Interesse daran, dies zu verhindern. In einer nuklearisierten Staatenwelt wäre der deutsche Nichtkernwaffenstaat einer nuklearen Anarchie hilflos ausgeliefert; seine Hilflosigkeit wäre zugleich ein unberechenbares Gefahrenpotential für die Stabilität der Staatenwelt. Denn die mit der Vereinigung noch vermehrte Bedeutung Deutschlands erlaubt ihm nicht, unbemerkt und unbewacht im Windschatten rivalisierender Mächte zu segeln.

Diese Überlegung hat in den letzten Jahren manche Autoren veranlaßt, einer nuklearen Bewaffnung Deutschlands das Wort zu reden, ja sie als notwendig für die Sicherheit Europas auszugeben.[4] Die Diskussion ist müßig, denn sie verkennt, daß die Deutschen – seit der Vereinigung erst recht – nicht die geringste Lust verspüren, sich Kernwaffen zu beschaffen. Es trifft wohl zu, daß die Bundesrepublik eine potentielle Atommacht in dem Sinne ist, daß sie – neben Japan – die besten technischen Voraussetzungen besitzt, eine solche zu werden. Doch die politischen Voraussetzungen fehlen. In Deutschland wie in Japan ist die Einsicht längst Allgemeingut, daß eine nationale Nuklearbewaffnung mehr Probleme schaffen würde, als sie lösen könnte. Sie käme für beide Länder überhaupt erst dann in Betracht, wenn alle besseren Optionen der Sicherheitspolitik bereits verloren wären.

Dies zu verhüten, ist das zwingende und höchste Gebot deutscher Nichtverbreitungspolitik. Daraus folgt zum einen, daß die Nichtverbreitungspolitik kein Selbstzweck sein kann, sondern sich aus dem Imperativ deutscher Sicherheitsbedürfnisse herleiten muß. Zum anderen folgt daraus, daß deutsche Nichtverbreitungspolitik nicht einfach Antiatompolitik sein kann, sondern sich an der sicherheitspolitischen Funktion der Kernwaffen orientieren muß. Wer diese in Rechnung stellt, kann nicht ohne weiteres der Auffassung zustimmen, daß »die Bundesrepublik Deutschland ... als führender Nichtkernwaffenstaat nicht nur ein massives Interesse an der Stabilisierung des Regimes, sondern auch an der Delegitimierung von Kernwaffen und deren Abrüstung« hat.[5] Hier muß man differenzieren.

---

4 Vgl. John *Mearsheimer*, Back to the Future: Instability in Europe After the Cold War, in: *International Security*, Nr. 1, Sommer 1990, S. 5-56; Jeffrey T. *Bergner*, The New Superpowers: Germany, Japan, the U.S. and the New World Order, New York 1991, S. 95-100.

5 Harald *Müller*/Johannes *Preisinger*, Non-Proliferation auf dem Prüfstand. Die Verlängerung des Nichtverbreitungsvertrags und die Zukunft des Nichtverbreitungsregimes (Hessische Stiftung Friedens- und Konfliktforschung, HSFK-Report 3/1995), Frankfurt a.M. 1995, S. II.

Kernwaffen sind wie alle anderen Waffen daran zu messen, ob sie der internationalen Sicherheit dienlich sind. In den Jahrzehnten des Kalten Krieges haben die Kernwaffen als Basis der Abschreckungsbalance zwischen den verfeindeten Weltmächten einen stets umstrittenen, aber letztlich doch überzeugenden Beitrag zur Stabilisierung des Staatensystems geleistet. Wenn es gelingt, diesen disziplinierenden Effekt auch in Zukunft zu bewahren und gleichzeitig zu verhindern, daß Kernwaffen in verantwortungslose Hände geraten, besteht kein Grund, diese bewährten Abschreckungsmittel zu ächten, bevor wirksamere Instrumente der Kriegsverhütung zur Verfügung stehen. Deutschland braucht keine eigenen Kernwaffen, aber es hat aus historischer Erfahrung auch keine Veranlassung, der Friedfertigkeit einer entnuklearisierten Welt zu vertrauen.

Bei chemischen und biologischen Kampfstoffen liegt der Fall anders. Sie sind keine Abschreckungs-, sondern Terrorwaffen, sie untergraben das Ordnungsgefüge der Staaten und vergiften – im realen wie übertragenen Sinne – die internationalen Beziehungen. Es liegt deshalb im Interesse der Bundesrepublik Deutschland, die völlige Eliminierung der biologischen und chemischen Waffen aus dem Arsenal der Staatenwelt anzustreben.

Aufgaben und Handlungsmöglichkeiten Deutschlands

Für die deutsche Politik ergibt sich aus diesen Überlegungen die folgende Agenda auf den drei Handlungsebenen des internationalen Nichtverbreitungsregimes:[6]

Technologiekontrolle: In diesem Bereich hat der exportintensive Industriestaat Deutschland jetzt und in Zukunft die sichtbarste Verantwortung und die greifbarsten Handlungsmöglichkeiten. Den Abfluß proliferationsrelevanter Technologie in unzuverlässige Länder zu kontrollieren und ihren Mißbrauch für illegitime Zwecke zu verhindern, wird bei fortschreitender weltwirtschaftlicher Arbeitsteilung und Globalisierung der Märkte immer schwieriger, aufwendiger und anspruchsvoller. Andererseits sind die Chancen zum Aufbau eines universalen Informations- und Überwachungssystems für den internationalen Transfer sensitiver Güter und Dienstleistungen heute günstiger als je zuvor – falls es gelingt, alle wichtigen Staaten in das gemeinsame Regelwerk einzubinden. Deutschland hat die Aufgabe, nicht nur den eigenen Außenwirtschaftsverkehr zuverlässig zu kontrollieren, ohne ihn unerträglich zu behindern, sondern auch außenstehende oder widerstrebende Länder – hier ist vor allem an China, Indien und die Gemeinschaft Unabhängiger Staaten (GUS) zu denken – zur Zusammenarbeit zu gewinnen und bei der Einrichtung nationaler Bilanzierungs- und Kontrollsysteme zu unterstützen. In die gleiche Richtung müssen deutsche Beiträge zur Verbesserung internationaler Verifikationsmaßnahmen, zur

6 Die folgende Aufstellung enthält wesentliche Elemente aus der »Deutschen 10-Punkte-Initiative zur Nichtverbreitungspolitik«, die Bundesaußenminister Klaus *Kinkel* am 15.12.1993 vorgelegt hat. Diese Initiative hat allerdings den Mangel, daß sie keine eindeutigen Schwerpunkte setzt und die Verknüpfung der Nichtverbreitungspolitik mit anderen sicherheitspolitischen Interessen der Bundesrepublik außer acht läßt. Vgl. *Deutscher Bundestag*, Drucksache 12/6985 vom 7.3.1994 (Jahresabrüstungsbericht 1993), S. 85f.

schadlosen Beseitigung entmilitarisierter Rüstungsbestände und zur internationalen Offenlegung nationaler ABC-Waffenpotentiale zielen.

Bei all diesen Maßnahmen kommt es darauf an, internationales Mißtrauen abzubauen und vermeintlich unversöhnliche Konfliktlinien zwischen unterschiedlich motivierten Staaten (Kernwaffen- und Nichtkernwaffenstaaten, Industrie- und Entwicklungsländer) zu überwinden. Hauptziel aller Ansätze der Technologiekontrolle muß es sein, durch erhöhte Transparenz und Nachprüfbarkeit der technischen Potentiale im Bereich der Massenvernichtungswaffen die gemeinsame Verantwortung der Staatengemeinschaft in den Vordergrund zu rücken. Die deutsche Diplomatie kann nachdrücklich darauf hinweisen, daß Deutschland – eines der offensten und bestkontrollierten Länder der Welt – anderen Staaten nichts zumutet, was es nicht für sich selbst akzeptiert. Freilich: Technologiekontrollen kosten Geld. Das vereinte Deutschland wäre gut beraten, sich beim internationalen Ausbau der Technologiekontrolle zu Nichtverbreitungszwecken spendabel zu zeigen. Die aufzuwendenden Beträge sind gering im Vergleich zum sicherheitspolitischen Schaden, den sie verhüten können.

Verzichtserklärungen: Die Bundesrepublik kann und soll – gegenüber ihren Verbündeten wie gegenüber anderen Staaten – immer wieder daran erinnern, daß sie sehr frühzeitig und mehrfach verbindlich allen Arten von Massenvernichtungswaffen abgeschworen hat. Daß diese ursprünglich einseitigen Verzichtsleistungen inzwischen in einem Netz multilateraler Verträge mit wechselseitigen Verpflichtungen aufgehoben sind, gehört zu den wertvollsten Errungenschaften deutscher Diplomatie. Zu ihren wichtigsten Aufgaben gehört es, diese Errungenschaft zu bewahren und zu festigen. Das heißt vor allem: den 1995 verlängerten Atomwaffensperrvertrag vor Schaden zu bewahren, die 1993 unterzeichnete Chemiewaffenkonvention zum Erfolg zu führen und die seit 1975 geltende Biotoxinkonvention mit einem verbindlichen Verifikationsmechanismus zu versehen.

Beim Atomwaffensperrvertrag kommt es vor allem darauf an, unzufriedene Mitglieder bei der Stange zu halten und die noch abseits stehenden Staaten – namentlich Indien, Pakistan und Israel – allmählich an das nukleare Nichtverbreitungsregime heranzuführen. Alle Maßnahmen, die der wechselseitigen Vertrauensbildung der Mitgliedstaaten dienen, etwa die Verbesserung der internationalen Sicherungskontrollen zum Nachweis der Vertragstreue, sind zu unterstützen. Weiterführende Vereinbarungen der nuklearen Rüstungskontrolle, wie etwa eine Fortsetzung des Abbaus der Kernwaffenarsenale, ein umfassender Teststoppvertrag, ein Abkommen über die Einstellung der Produktion von waffenfähigem Spaltmaterial oder regionale kernwaffenfreie Zonen, können für Deutschland nur vorteilhaft sein.

Gleichzeitig muß die deutsche Nukleardiplomatie aber darauf achten, daß die internationale Nichtverbreitungsdiskussion nicht eine Eigendynamik gewinnt, die den Atomwaffensperrvertrag selbst untergraben könnte. Diese Gefahr droht aus zwei Richtungen. Auf der einen Seite steht eine große Gruppe von Staaten, zumeist aus der Dritten Welt, die darauf pochen, daß die Verlängerung des Vertrages im Mai 1995 mit der ausdrücklichen Verpflichtung der Atommächte zur beschleunigten nuklearen

Abrüstung bis hin zur Abschaffung aller Kernwaffen verknüpft worden sei. Es ist damit zu rechnen, daß bei den in Zukunft beinahe jährlich stattfindenden Überprüfungskonferenzen des Vertrages dieser verbriefte Anspruch ultimativ geltend gemacht wird. Die Kompromißbereitschaft der Atommächte könnte dabei sehr schnell überfordert, der zerbrechliche Konsens der Vertragsstaaten würde permanent strapaziert werden. Deutschland muß bemüht sein, solchen riskanten Konfrontationen die Spitze zu nehmen, und sollte stets darauf hinweisen, daß die nukleare Abrüstungsverpflichtung der Atommächte nach dem Atomwaffensperrvertrag ausdrücklich mit einer Verpflichtung der übrigen Vertragspartner zur konventionellen Abrüstung verbunden ist – ein Junktim, an das sich nur wenige Staaten gern erinnern lassen. Das vereinte Deutschland, das seine Streitkräfte binnen weniger Jahre radikal reduziert hat, kann diesem Anspruch getrost standhalten.

Auf der anderen Seite steht die offenkundige Tatsache, daß die Atommächte sich bisher zu nuklearen Abrüstungsschritten nur nach Maßgabe ihrer nationalen Interessen und nach eigenem Gutdünken herbeigelassen haben. Es obliegt dem Nichtkernwaffenstaat Deutschland, allen Kernwaffenstaaten immer wieder in Erinnerung zu rufen, daß sie als Unterzeichner des Atomwaffensperrvertrags sich in ein multilaterales Rechtsverhältnis begeben und damit auch die beliebige und freie Verfügung über ihre Kernwaffen einem wechselseitigen Interessenausgleich mit den nichtnuklearen Vertragspartnern unterstellt haben.

Sicherheitsgarantien: In der deutschen Nichtverbreitungsdiskussion ist das Problem der Sicherheitsgarantien für Nichtkernwaffenstaaten bisher nur ungenügend thematisiert worden. Das kann kaum verwundern, denn das Privileg der kollektiven Verteidigung, das von den Deutschen im Nordatlantikpakt (NATO) schon seit langem wie selbstverständlich in Anspruch genommen wird, ist auf die meisten Staaten der Welt nicht übertragbar. Die deutsche Politik kann aber nicht die Augen davor verschließen, daß der Atomwaffensperrvertrag vielen seiner Mitglieder – und erst recht den Nichtmitgliedern – als schlecht ausbalanciertes Geschäft erscheint, weil er ihnen den Verzicht auf das stärkste Abschreckungsmittel auferlegt, ohne eine vergleichbare Kompensation zu verschaffen.

Weil sich nicht zuletzt aus diesem Ungleichgewicht die Unzufriedenheit vieler Mitglieder mit dem Nichtverbreitungsregime speist, wäre die deutsche Nichtverbreitungspolitik gut beraten, sich gründlicher und konsequenter als bisher auch mit den Sicherheitsbedürfnissen der übrigen Nichtkernwaffenstaaten zu befassen. Das Spektrum möglicher Verantwortlichkeiten, denen sich Deutschland auf die Dauer nicht entziehen kann, reicht von politischen, wirtschaftlichen und militärischen Beiträgen zur Konfliktlösung in instabilen Weltregionen über den Schutz dritter Staaten vor der Bedrohung durch Massenvernichtungswaffen – etwa Beteiligung an präventiven Maßnahmen der *counter-proliferation*, Satellitenaufklärung, Raketenabwehr – bis hin zu der Frage, wie sich die Bundesrepublik im Rahmen ihrer internationalen Verpflichtungen beim Ausbruch eines Staates aus dem Nichtverbreitungsregime verhalten soll. Die Tatsache, daß die Beschäftigung mit solchen Themen in der deutschen Öffentlichkeit ausgesprochen unpopulär ist, spricht für ihre Dringlichkeit.

SCHLUSSFOLGERUNGEN

Resümiert man die genannten Aufgaben deutscher Nichtverbreitungspolitik, drängen sich zwei Folgerungen auf. Erstens: Die Nichtverbreitung von Massenvernichtungswaffen wird in der deutschen Außenpolitik in Zukunft eine gewichtigere Rolle spielen müssen als in der Vergangenheit. Zweitens: Auf sich allein gestellt und aus eigener Kraft wird Deutschland zur Lösung der nichtverbreitungspolitischen Probleme wenig beitragen können.

Geht man davon aus, daß es eine bewährte Maxime deutscher Politik ist, ihre Verantwortung und ihren Einfluß hauptsächlich im multilateralen Interessenverbund wahrzunehmen, so muß man zunächst fragen, welche Verbundsysteme für die deutsche Nichtverbreitungspolitik in erster Linie relevant sind. Es sind dies offensichtlich die Europäische Union (EU), die NATO, die Internationale Atomenergie-Organisation und die Vereinten Nationen. Jede dieser Organisationen spielt im Nichtverbreitungsregime eine zentrale Rolle. Eine kurze Betrachtung zeigt jedoch, daß auch in diesen Gremien die deutsche Nichtverbreitungspolitik in den engen Grenzen ihrer widersprüchlichen Interessenlage gefangen bleibt.

In der EU hat es Deutschland mit zwei Partnerländern zu tun, Großbritannien und Frankreich, die keinerlei Neigung zeigen, ihre Kernwaffen abzuschaffen oder einer gemeinsamen Verantwortung zu unterstellen. Die 1995 von Staatspräsident Jacques *Chirac* lancierte Offerte, Frankreichs Kernwaffen in den Dienst einer »konzertierten Abschreckung« zu stellen, hat in Deutschland ratlose Verlegenheit, bei den meisten europäischen Partnerländern unverhohlene Abneigung ausgelöst. Solange die europäische Rolle dieser Kernwaffen nicht geklärt ist, bleibt die von der EU angestrebte Gemeinsame Außen- und Sicherheitspolitik eine Leerformel und die »Europäische Option«, an der die Bundesregierung festhält, ohne sie realisieren zu können, eine Schimäre.[7]

In der NATO ist die Rolle der Kernwaffen nach wie vor in erster Linie eine Funktion des deutsch-amerikanischen Verhältnisses. Die »Erklärung von Rom«, die den Kernwaffen in der strategischen Planung der Allianz nur noch den Status von »Waffen des letzten Zugriffs« zuweist, hat daran nichts geändert. Solange die Sicherheit Deutschlands vor allem auf dem Widerlager der amerikanischen Beistandsgarantie ruht, stößt die deutsche Nichtverbreitungspolitik dort an ihre Grenze, wo sie mit der amerikanischen Nuklearstrategie in Konflikt geraten könnte.

In der Internationalen Atomenergie-Organisation steht die deutsche Nichtverbreitungspolitik im Widerspruch zwischen der Forderung nach verschärften Sicherungskontrollen und der Rücksichtnahme auf die Souveränitätsvorbehalte vieler Mitglieder.

7 Bei Unterzeichnung und Ratifizierung des Atomwaffensperrvertrags (1969/1975) hinterlegte die Bundesregierung eine Liste von Vorbehalten, von denen manche obsolet geworden, wenigstens zwei aber heute noch relevant sind: die Bindung an die NATO-Mitgliedschaft und die sogenannte »Europäische Option« – womit die Möglichkeit der nuklearen Bewaffnung eines europäischen Bundesstaates unter Einschluß Deutschlands gemeint ist. Diese Vorbehalte wurden zwar anläßlich der Vereinigung 1990 nicht ausdrücklich für das vereinte Deutschland erneuert, müssen aber weiterhin als rechtsgültig angesehen werden.

Der Konsensbedarf der Organisation beschränkt den Handlungsspielraum auf den gemeinsamen Nenner aller Mitglieder und Nichtmitglieder des Atomwaffensperrvertrags. Solange die Sicherheitspolitik Deutschlands eine unbestimmte nukleare Komponente enthält, bleibt der Nachweis einer objektiven Unterscheidung von Kernwaffenstaaten und Nichtkernwaffenstaaten – die zentrale Aufgabe der IAEO-Sicherungskontrollen – fragwürdig und strittig.

In den Vereinten Nationen schließlich wird die Bundesrepublik spätestens dann mit den inneren Brüchen ihrer Nichtverbreitungspolitik konfrontiert, wenn sie als ständiges oder nichtständiges Mitglied des Sicherheitsrates über die Legitimität von Kernwaffen zu befinden hat. Der reklamierten Verantwortung für die Nichtverbreitung von Massenvernichtungswaffen[8] hat sich der Sicherheitsrat bisher nicht gewachsen gezeigt. Solange die fünf Atommächte als Vetomächte im Sicherheitsrat über Inhalt und Umfang ihrer Rechte und Pflichten selbst bestimmen können, bewegt sich die Nuklearpolitik im Kreise. Es ist eine offene Frage, ob und wie lange dies im Interesse Deutschlands liegt.

Multilaterale Institutionen bieten keinen Ausweg aus dem Dilemma widersprüchlicher Interessen in der Nichtverbreitungspolitik. Sie helfen jedoch, diese Widersprüche auszubalancieren und international verträglich zu repräsentieren. Auf die Dauer ist dies zwar keine befriedigende Problemlösung. Aber das Konzept der Nichtverbreitung zielt überhaupt nicht auf Dauer. Es ruht auf der Hoffnung, daß die Stabilisierung des Status quo ein Zeitfenster für seine Überwindung öffnet. Die deutsche Nichtverbreitungspolitik erfüllt ihren Zweck, wenn sie dazu beiträgt, das Problem der Massenvernichtungswaffen im Staatensystem einzuhegen und in gemeinschaftlicher Verantwortung zu regeln.

8 Vgl. die Mitteilung des Präsidenten des Sicherheitsrats der Vereinten Nationen im Anschluß an eine Sitzung auf der Ebene der Staats- und Regierungschefs vom 31.1.1992 über die »Verantwortung des Sicherheitsrats im Hinblick auf die Wahrung des Weltfriedens und der internationalen Sicherheit« (UN-Dok. S/23500), abgedruckt in: *Europa-Archiv*, 9/1992, S. D365-368.

INTERNATIONALE KRIMINALITÄT

Hans Neusel

Äußere und innere Sicherheit sind von hervorragender Bedeutung für die Stabilität von Staat und Gesellschaft. Ihre Gewährleistung gehört zu den vorrangigen Staatsaufgaben und bildet eine wichtige Legitimationsgrundlage für den modernen Staat. Dabei steht die innere Sicherheit gleichberechtigt neben der äußeren Sicherheit. Es genügt nicht, die Integrität des eigenen Landes vor kriegerischen Entwicklungen und Bedrohungen durch feindliche Mächte zu schützen. Der Bürger hat auch einen Anspruch darauf, daß der Rechtsfrieden im Innern verteidigt wird, damit er sich ohne Furcht vor krimineller Bedrohung und vor Kriminalität in ihren unterschiedlichen Erscheinungsformen nach seinen Möglichkeiten und Fähigkeiten frei entfalten kann.

Die Kriminalitätsbelastung hat sich in den letzten Jahrzehnten weltweit deutlich, zum Teil dramatisch erhöht. Das gilt auch für die europäischen Länder und gerade für Deutschland. Neue, besonders gemeinschaftsschädliche Kriminalitätsformen erschließen sich immer größere geographische Räume und stützen sich mittlerweile auf international organisierte Strukturen. Diese Entwicklung stellt auf nationaler wie auf internationaler Ebene eine Herausforderung nicht nur für die Sicherheitsbehörden dar, sondern vor allem für die Politik und die politisch Verantwortlichen.[1]

Lagebeschreibung

Die typischen und gefährlichsten Formen der Kriminalität mit Auslandsbezug, der internationalen Kriminalität, sind die organisierte Kriminalität und der Terrorismus. Daneben bleibt die Gefährdung wichtiger politischer, militärischer und vor allem wirtschaftlicher Interessen durch Spionage auch nach den dramatischen weltpolitischen Veränderungen der letzten Jahre bestehen. Hauptursachen für die Zunahme der grenzüberschreitenden oder international organisierten Kriminalität in Deutschland dürften die Attraktivität der wirtschaftlich wohlhabenden Bundesrepublik und ihre besondere Lage in einem geographischen Umfeld sein, aus dem auf dem Hintergrund politischer oder wirtschaftlicher Krisen Kriminalität verstärkt nach außen drängt. Letzteres wird begünstigt durch eine politisch erwünschte größere Freizügigkeit und Reisefreiheit, einen allgemeinen Mobilitätszuwachs, durch den Wegfall oder die Erleichterung von Grenzkontrollen, aber auch durch Flucht- oder Migrationsschübe.

1 Vgl. Hans-Georg *Wieck*, Transnationale Gefährdungen der internationalen Sicherheit, in: Karl *Kaiser*/ Hanns W. *Maull* (Hrsg.), Deutschlands neue Außenpolitik, Band 2: Herausforderungen, München 1995, S. 225-237.

Organisierte Kriminalität

Das organisierte Verbrechen hat sich, wie aus besonderen Lagebildern der Polizei ersichtlich, in den letzten Jahrzehnten auch in Deutschland etabliert; seine Strukturen haben sich verfestigt.[2] Bei ihren Straftaten decken die Täter fast alle Deliktsbereiche des Strafgesetzbuches ab, wobei Vermögens- und Eigentumsdelikte, gefolgt von Rauschgift- und Gewaltdelikten, deutlich im Vordergrund stehen. Daneben rücken neue Erscheinungen stärker in das Blickfeld, wie etwa Verstöße gegen das Kriegswaffenkontrollgesetz, illegaler Handel mit Nuklearmaterial und Materialien zur Herstellung von anderen Massenvernichtungsmitteln, Umweltdelikte sowie die sogenannte »Geldwäsche«.

Im Jahre 1994 wiesen knapp zwei Drittel der Ermittlungsverfahren im Bereich der organisierten Kriminalität internationale Bezüge auf; mehr als die Hälfte der ermittelten Straftäter waren keine deutschen Staatsangehörigen.[3] Ursprünglich nur in bestimmten Regionen Europas aktive, über einen langen Zeitraum gewachsene kriminelle Organisationen wie die Mafia unterhalten heute Stützpunkte in fast allen europäischen Staaten. Auch die südamerikanischen und asiatischen Rauschgiftkartelle, kriminelle chinesische Geheimbünde (»Triaden«)[4] und die amerikanische Cosa Nostra haben sich in Deutschland und in anderen westeuropäischen Staaten etabliert. In jüngerer Zeit sind ost- und südosteuropäische Verbrecherorganisationen hinzugekommen. Sie stellen aufgrund ihres zum Teil besonders brutalen Vorgehens nicht nur eine wachsende Gefahr in Deutschland selbst dar, sondern sind auch ein nicht zu unterschätzendes Problem für deutsche Unternehmen, die in den Heimatgebieten dieser Organisationen geschäftlich tätig werden. Es ist kein Geheimnis, daß viele der in Rußland vertretenen deutschen Firmen sich nach oft bitteren Erfahrungen in der einen oder anderen Form mit den örtlich maßgebenden kriminellen Gruppen arrangiert haben.

Die Gewinne, die durch das organisierte Verbrechen erzielt werden, belaufen sich auf enorme Summen. Der jährliche Gesamtumsatz der internationalen Gruppen der organisierten Kriminalität wurde 1995 auf einer Konferenz der Vereinten Nationen auf ca. eine Billion US–Dollar geschätzt. Die amerikanische Bundespolizei (FBI) und die US-Drogenpolizei (DEA) schätzen den jährlichen Umsatz allein im Drogengeschäft auf rund 600 Milliarden D–Mark. Die Anlagen gewaschener Gelder aus Verbrechen der organisierten Kriminalität haben nach Schätzungen der Vereinten

2 Im Jahr 1994 wurden bundesweit 789 Ermittlungsverfahren im Bereich der organisierten Kriminalität geführt (1992: 641; 1993: 776). Sie richteten sich gegen 9 256 (1993: 9 884) Tatverdächtige, die 97 877 (1993: 42 246) Einzeldelikte mit einem Gesamtschaden von mehr als 3 Mrd. DM (1993: rund 1,9 Mrd.) verübten und zusätzlich geschätzte kriminelle Gewinne von 1,2 Mrd. DM (1993: rund 767 Mio.) erzielten. Vgl. Die Kriminalität in der Bundesrepublik Deutschland. Polizeiliche Kriminalstatistik für das Jahr 1994, abgedruckt in: *Bulletin* (Presse- und Informationsamt der Bundesregierung), Nr. 56, 12.7.1995, S. 517-556; hier S. 543.

3 Vgl. ebd.

4 Von den über 50 Triaden mit über 75 000 Mitgliedern, die in Hongkong bekannt sind, unterhalten die Gruppen »Wo-Shing-Wo« und »14 K« selbständige Deutschlandableger.

Nationen den Wert von einer Billion D–Mark bereits überschritten. Bei aller Vorsicht, die solchen Schätzungen entgegenzubringen ist, werden dennoch die Dimensionen sichtbar, mit denen man es hier zu tun hat.

Terrorismus

Viele europäische Staaten sehen sich mit nationalen terroristischen Gruppierungen konfrontiert, die in Verfolgung ihrer politischen Ziele schwere Anschläge bis hin zum wahllosen oder gezielten Mord begehen.[5] Ob in Deutschland, Frankreich, Italien, Spanien oder Großbritannien: in all diesen Ländern haben Terrororganisationen über lange Jahre blutige Spuren gezogen.

Mitunter sind diese Gruppen auch grenzüberschreitend tätig. Auch haben sie Bündnisse geschlossen, um eine gemeinsame »antiimperialistische« Front, eine westeuropäische Guerilla aufzubauen. Die »Rote-Armee-Fraktion« (RAF) unterhielt zeitweise enge Verbindungen mit der französischen »Action Directe« sowie mit den italienischen »Roten Brigaden«. Über lange Zeit hinweg gab es auch eine enge »Kampfgemeinschaft« zwischen deutschen terroristischen Gruppen und nahöstlichen Terrororganisationen. Sie reichte von gemeinsamer Ausbildung bis zu gemeinsamen oder abgestimmten Anschlägen.

Fast alle westeuropäischen Staaten und zahlreiche andere Länder waren aber auch das Ziel international agierender terroristischer Gruppen, von denen einige durch »staatsterroristische« Regime eingesetzt, gefördert oder zumindest geduldet wurden.[6] Zahlreiche schwere Anschläge, darunter dramatische Flugzeugentführungen oder Sprengstoffanschläge auf Flugzeuge, sind ihnen zuzurechnen.

Lange Zeit war das nahöstliche Krisengebiet Zentrum und Hintergrund für anhaltende internationale terroristische Aktivitäten, die sich auch nach Deutschland und in andere westeuropäische Länder erstreckten. In den letzten Jahren rückt der nationalistisch oder religiös-fundamentalistisch motivierte Terrorismus stärker in den Vordergrund. Im Nahen Osten versuchen der militante Zweig der palästinensisch-islamischen Widerstandsbewegung »Hamas« und der »Islamische Dschihad« den israelisch-arabischen Annäherungsprozeß zu stören; in Ägypten und im Maghreb führen extremistische Moslems einen blutigen terroristischen Kampf gegen die etablierten Regime, tragen diesen Kampf aber auch in andere Länder, wie die Entführung einer Air-France-Maschine im Dezember 1994 in Algier oder Mordanschläge in Paris im Jahre 1995 gezeigt haben. Die marxistisch-leninistische »Arbeiterpartei Kurdistans« (PKK) führt ihren Kampf für ein autonomes Kurdistan auch in Deutschland unter

5 Eine international akzeptierte Definition des Begriffs »Terrorismus« gibt es bislang nicht. Deshalb wird hier die von deutschen staatlichen Stellen benutzte Definition zugrunde gelegt. Vgl. Walter *Laqueur*, Terrorismus, Kronberg/Taunus 1977; Ruth *Wehner*, Europäische Zusammenarbeit bei der polizeilichen Terrorismusbekämpfung aus rechtlicher Sicht. Aufgezeigt am Beispiel der Bundesrepublik Deutschland (Schriftenreihe Europäisches Recht, Politik und Wirtschaft, Band 162), Baden-Baden 1993.

6 Als staatsterroristische Länder wurden über längere Zeit Iran, Irak, Syrien und Libyen eingestuft.

Anwendung terroristischer Mittel. Die Zahl ihrer Anschläge ist in den letzten Jahren stark gestiegen.

Terroristische Anschläge sind bislang meist mit »herkömmlichen« Mitteln und Methoden begangen worden. Die Vorfälle in japanischen U-Bahn-Einrichtungen im März 1995, bei denen von Mitgliedern einer Sekte durch den Einsatz von Giftgasen elf Menschen getötet und mehrere tausend verletzt wurden, zeigen jedoch, daß sich das Spektrum der Methoden terroristischer Aktionen tendenziell erweitert. Schon während der Golfkrise in den Jahren 1990/91 hatten westliche Nachrichtendienste Hinweise darauf, daß nahöstliche terroristische Gruppen sich durch weltweite Anschläge auf seiten Iraks in die Auseinandersetzung einschalten wollten und daß dabei auch der Einsatz von Giftgas und bakteriellen Kampfstoffen nicht auszuschließen sei. Diese Hinweise waren Anlaß für international abgestimmte, intensive Schutz- und Abwehrmaßnahmen.

Nachdem in den letzten Jahren verschiedentlich unkontrolliert vagabundierendes radioaktives und spaltbares Material sichergestellt werden konnte, kann mittlerweile auch nicht mehr ausgeschlossen werden, daß sich terroristische Gruppen in den Besitz solchen Materials bringen.[7]

Spionage

Nach wie vor ist Deutschland ein bevorzugtes Ausspähungsziel fremder Nachrichtendienste. Dabei läßt sich insbesondere für die Länder des ehemaligen Ostblocks feststellen, daß eine meist auf Verständigung und Zusammenarbeit mit der Bundesrepublik angelegte Außenpolitik nicht automatisch eine Einstellung der Spionageaktivitäten zur Folge hat. Allerdings haben sich Art und Umfang der gegen die Bundesrepublik gerichteten Spionagetätigkeit mit dem Ende der Ost-West-Konfrontation in Europa und der Auflösung des östlichen Machtblocks wesentlich geändert. Auch Nachrichtendienste des Nahen und Mittleren Ostens unterhalten Stützpunkte in Deutschland und unternehmen intensive Anstrengungen zur Beschaffung politischer, wirtschaftlicher und militärischer Informationen. Darüber hinaus zeigten die Kontroversen zwischen Frankreich und den Vereinigten Staaten in den Jahren 1994 und 1995, die sich gegenseitig der Wirtschaftsspionage bezichtigten, daß Spionage selbst zwischen befreundeten Staaten nicht ausgeschlossen ist.[8]

---

7 Vgl. hierzu Harald *Müller*, Nuklearschmuggel: Tödliches Risiko?, in: *Internationale Politik*, 2/1995, S. 23-30.

8 Amerikanische Flugzeugbaufirmen sagten ihre Teilnahme an der Internationalen Luftfahrtausstellung bei Paris ab, nachdem Frankreich fünf Staatsbürger der Vereinigten Staaten unter dem Verdacht der Spionagetätigkeit zur Ausreise aufgefordert hatte.

Handlungsempfehlungen

Nationale Maßnahmen

In Anbetracht der geschilderten Situation muß die Bundesrepublik Deutschland ihr personelles, organisatorisches und gesetzliches Instrumentarium den gewachsenen kriminellen Bedrohungen entsprechend anpassen und verbessern. Hierzu ist in den letzten Jahren einiges geschehen.[9] Die innenpolitische Diskussion über die Notwendigkeit weiterer gesetzlicher Maßnahmen ist aber noch nicht beendet. Sie hat vor allem in der Regierungskoalition von Union und FDP, aber auch innerhalb der einzelnen Parteien eine erhebliche politische Sprengkraft, wie Drohungen mit einem Koalitionsbruch und der Rücktritt der Bundesministerin der Justiz im Dezember 1995 gezeigt haben.

International agierender Kriminalität kann jedoch allein national nicht wirksam begegnet werden. Angesichts der neuen Qualität des organisierten Verbrechens, der größeren Mobilität der Straftäter und der nachlassenden Bedeutung der nationalen Grenzen bei der Verbrechensbekämpfung müssen neue, wirksamere Formen der internationalen Kooperation und der grenzüberschreitenden Zusammenarbeit entwickelt werden. Dies gilt in besonderem Maße für die Bundesrepublik mit ihren geopolitischen Rahmenbedingungen.[10]

Ziel der deutschen Politik muß es daher sein, auf eine Intensivierung der europäischen und der weltweiten Zusammenarbeit bei der Verbrechensbekämpfung hinzuwirken und in ihrem engeren Umfeld Zonen der Sicherheit zu schaffen, in denen sie gemeinsam mit ihren Nachbarn die Voraussetzungen für eine wirksame Verbrechensbekämpfung verbessert. Hierbei kann man an einige politische Erfolge der letzten Jahre anknüpfen.

Gemeinsame Maßnahmen in der Europäischen Union

In der Europäischen Gemeinschaft (EG) und der Europäischen Union (EU) sind verschiedene Ansätze zu einer engeren Zusammenarbeit bei der Bekämpfung bestimmter Formen der Kriminalität verfolgt worden. Sie reichen von der 1976

---

9 Vgl. Gesetz zur Bekämpfung des illegalen Rauschgifthandels und anderer Erscheinungsformen der Organisierten Kriminalität vom 15.7.1992, abgedruckt in: *Bundesgesetzblatt (BGBl.)* 1992, Teil I, S. 1302-1312; Gesetz über das Aufspüren von Gewinnen aus schweren Straftaten (Geldwäschegesetz) vom 25.10.1993, abgedruckt in: *BGBl.* 1993, Teil I, S. 1770-1775; Gesetz zur Änderung des Strafgesetzbuches, der Strafprozeßordnung und anderer Gesetze (Verbrechensbekämpfungsgesetz) vom 28.10.1994, abgedruckt in: *BGBl.* 1994, Teil I, S. 3186-3198.

10 Deutschland hat mehr unmittelbare Nachbarn als alle anderen europäischen Staaten. Seine Grenzen erstrecken sich auf eine Länge von über 6 000 km. An den Grenzen mit den Partnerstaaten des Schengener Durchführungsübereinkommens finden keine Personenkontrollen mehr statt, und auch an den übrigen Grenzen reisen jährlich mehrere hundert Millionen Personen ein und aus.

begonnenen »TREVI-Kooperation«[11] bis zu den Vereinbarungen von Maastricht. Gleichwohl hat sich Europa bisher nicht zu einer Gemeinschaft der inneren Sicherheit entwickelt, weil nationalstaatliches Souveränitätsdenken gerade im Sicherheitsbereich Gemeinschaftslösungen entgegensteht. Lediglich im Bereich der Staaten des Schengener Durchführungsübereinkommens ist es, als Ausgleich für die vereinbarte Abschaffung der Kontrollen an den Binnengrenzen des Vertragsgebietes, zur Schaffung einer gesetzlich abgesicherten Grundlage für eine engere und vereinfachte polizeiliche und justizielle Zusammenarbeit, für eine verstärkte Kooperation bei der Drogenbekämpfung, für ein gemeinsames polizeiliches Informations- und Fahndungssystem sowie für eine gemeinsame Asylpolitik gekommen.[12]

Somit bleibt der erreichte Stand insgesamt unbefriedigend. Zwar sind im Vertrag von Maastricht einige Bereiche der Verbrechensbekämpfung zu »Angelegenheiten von gemeinsamem Interesse« erklärt worden; es bleibt aber letztlich bei einer modifizierten Regierungszusammenarbeit. Konkrete institutionelle Folgerungen sind bisher nur für die Errichtung eines Europäischen Polizeiamtes (Europol) gezogen worden, das die polizeiliche Zusammenarbeit durch den Aufbau eines unionsweiten Systems zum Austausch von Informationen unterstützen soll. Bis zum Inkrafttreten der nach zähen Verhandlungen am 26. Juli 1995 unterzeichneten Europol-Konvention, die der Ratifizierung durch die nationalen Parlamente der Mitgliedstaaten bedarf, arbeiten in einer Vorläufereinrichtung in Den Haag Verbindungsbeamte aus den Mitgliedstaaten auf der Basis des jeweiligen nationalen Rechts zusammen. Ein Übergang von Europol zu einer Polizei mit – eingeschränkten – Exekutivbefugnissen, wie von deutscher Seite seit langem gefordert, ist nicht in Sicht. Dennoch sollte dieses Ziel weiterhin beharrlich verfolgt werden. Ebenso sollte in diesem Zusammenhang die in einem Gutachten des renommierten Haager Instituts für Auswärtige Beziehungen »Clingendael« an das niederländische Innenministerium gerichtete Anregung aufgegriffen werden, zur Verbesserung des inneren Schutzes der Gemeinschaft auch für die grenzüberschreitende Zusammenarbeit der Ämter für innere Sicherheit (Verfassungsschutzbehörden) neue Kooperationsformen zu finden.

Ziel der deutschen Politik in der EU sollte es sein, die in Titel VI des EU-Vertrags enthaltenen Ansätze und die dort vorgesehenen institutionellen Einrichtungen intensiver für eine engere Zusammenarbeit in der Innen- und Justizpolitik zu nutzen

---

11 Das Akronym »TREVI« (Terrorisme, radicalisme et violence internationale) bezeichnet ein gemeinsames Arbeitsprogramm der EG-Mitgliedstaaten zur Verbesserung der Zusammenarbeit im Bereich der inneren Sicherheit.

12 Das Schengener Durchführungsübereinkommen ist am 26.3.1995 in Kraft getreten. Teilnehmer sind zunächst Belgien, Deutschland, Frankreich, Luxemburg, die Niederlande, Spanien und Portugal. Italien, Griechenland und Österreich werden folgen, sobald die technischen und rechtlichen Voraussetzungen erfüllt sind. Allerdings hat Frankreich unter dem Eindruck schwerer terroristischer Anschläge im Sommer 1995 seine Teilnahme für einen nicht näher festgelegten Zeitraum teilweise wieder suspendiert und die Grenzkontrollen zu den Staaten des Schengener Übereinkommens aufrechterhalten. Vgl. Übereinkommen zur Durchführung des Übereinkommens von Schengen vom 14. Juni 1985 zwischen den Regierungen der Staaten der Benelux-Wirtschaftsunion, der Bundesrepublik Deutschland und der Französischen Republik betreffend den schrittweisen Abbau der Kontrollen an den gemeinsamen Grenzen, in: *BGBl.* 1993, Teil II, S. 1013-1092.

und bei der Regierungskonferenz 1996 auf eine schrittweise Einbeziehung dieser Politikbereiche in das Gemeinschaftsverfahren zu drängen, um so zu wirksameren europäischen Instrumenten der Kriminalitätsbekämpfung zu kommen. Die Voraussetzungen dafür erscheinen derzeit allerdings nicht besonders günstig. Nach einem Evaluierungsbericht des Rates der EU werden schon die bestehenden Bestimmungen des EU-Vertrags in den sensitiven Bereichen der Innen- und Justizpolitik nicht zufriedenstellend angewandt.[13] Vor allem das Erfordernis der Einstimmigkeit für alle in Titel VI erfaßten Bereiche hat nach Meinung der Kommission weitere Fortschritte verhindert.[14]

Darüber hinaus haben einzelne Mitgliedstaaten bereits deutlich gemacht, daß sie eine weitere Übertragung nationaler Souveränitätsrechte auf diesem sensiblen Gebiet derzeit nicht in Betracht ziehen. Bundeskanzler Helmut *Kohl* hat in der Europadebatte des Deutschen Bundestages am 7. Dezember 1995 auf diese Problematik hingewiesen und Zwischenstufen der Zusammenarbeit auf nationaler Ebene als Alternative genannt – mit dem Ziel, das auf diese Weise Erreichte später auf Gemeinschaftsebene zu übertragen.[15] Eine solche Umwegstrategie ist angesichts der Dringlichkeit der Probleme zwar nicht befriedigend; sie wäre jedoch immer noch besser als ein Verharren in der Untätigkeit.

Zusammenarbeit mit den Staaten Mittel- und Osteuropas

Mit unseren Nachbarn in Mittel- und Osteuropa, die nicht der EU angehören, verbinden uns gemeinsame Interessen bei der Bekämpfung der internationalen Kriminalität. In einigen dieser Staaten ist die Kriminalitätsentwicklung nach den politischen und wirtschaftlichen Umbrüchen der letzten Jahre förmlich explodiert, mit entsprechenden Auswirkungen über die Grenzen hinweg. So schleusen etwa kriminelle Organisationen – trotz mittlerweile verstärkter Kontrollen – mit hohem finanziellen Gewinn jährlich Zehntausende von illegalen Zuwanderern über die östlichen Grenzen der Bundesrepublik. Zum Teil organisieren sie ihre Transporte vom fernen Asien bis zum Zielort in Deutschland, mit einer gut ausgebauten Infrastruktur und Stützpunkten in den Durchreiseländern. Tausende von gestohlenen Kraftfahrzeugen gehen den umgekehrten Weg, und immer noch spielt für die Drogenbanden die »Balkanroute« eine wichtige Rolle.

Um hier die notwendige Zusammenarbeit mit den Sicherheitsbehörden der Nachbarstaaten auch auf eine rechtliche Grundlage zu stellen, hat die Bundesrepublik Deutschland mit allen östlichen und südöstlichen Nachbarstaaten bilaterale Abkommen über die Zusammenarbeit bei der Bekämpfung der organisierten Kriminalität

13 Evaluierungsbericht des Rates der Europäischen Union vom 10./11.4.1995, in: Reform '96. Positionen zur Regierungskonferenz (Vertretung der Europäischen Kommission in der Bundesrepublik Deutschland, Europäische Dokumentation, 2/95), Bonn 1995, S. 11-13.

14 Evaluierungsbericht der Europäischen Kommission vom 10.5.1995, in: Reform '96, a.a.O. (Anm. 13), S. 13-18.

15 *Deutscher Bundestag*, Plenarprotokoll 13/77 vom 7.12.1995, S. 6714.

und anderer Straftaten von erheblicher Bedeutung abgeschlossen und diesen Kreis inzwischen um Staaten eines »zweiten Ringes« weiter östlich liegender Länder erweitert. Diese Politik der Absicherung einer gemeinsamen Verbrechensbekämpfung durch bilaterale Verträge und Abkommen sollte fortgeführt werden, um mittelfristig das so entstehende Netzwerk bilateraler Vereinbarungen in ein multilaterales Zusammenarbeitssystem zwischen Staaten gleicher Interessenlage zu überführen.

Zusammenarbeit in internationalen Organisationen

Auch auf der Ebene des Europarats und der Vereinten Nationen gibt es Ansätze für eine gemeinsame Kriminalitätsbekämpfung, die fortentwickelt werden sollten. Dabei handelt es sich insbesondere um Vorschläge zur Harmonisierung von Rechtsvorschriften und für die Rechtshilfe sowie für die Bereiche Drogenkontrolle, Geldwäsche und Terrorismusbekämpfung. Das Wiener Suchtstoffabkommen und verschiedene Abkommen über den Schutz der Zivilluftfahrt und der Seeschiffahrt vor terroristischen Anschlägen sind wichtige Ergebnisse internationaler Zusammenarbeit. Und auch die seit 1955 in fünfjährigem Abstand unter der Verantwortung der Vereinten Nationen veranstalteten Weltkonferenzen zur Verbrechensbekämpfung, zuletzt im April/Mai 1995 in Kairo, verbessern die Voraussetzungen für eine gemeinsame Lageeinschätzung und für die Entwicklung gemeinsamer politischer Strategien.

Fazit: Die Notwendigkeit eines umfassenden Politikansatzes

Über die sicherheitspolitischen Zielsetzungen im engeren Sinne hinaus muß es ein umfassendes Ziel der Politik der Bundesrepublik Deutschland sein, bei ihren bilateralen wie multilateralen Aktivitäten auch auf die Beseitigung der Ursachen für die Ausbreitung der international organisierten Kriminalität oder des internationalen Terrorismus hinzuwirken. Dies erfordert einen integrierten Politikansatz und eine enge Abstimmung zwischen den verschiedenen Ressorts, die den innen- und außenpolitischen, rechts-, wirtschafts- und entwicklungspolitischen Dimensionen der Problematik gleichermaßen Rechnung trägt. Eine gezielte Hilfe zur Verbesserung der politischen und wirtschaftlich-sozialen Bedingungen in den wichtigsten Ursprungsregionen internationaler Kriminalität könnte ein wirksames Mittel zur Kriminalitätsursachenbekämpfung und gegen Flucht- oder unerwünschte Migrationsbewegungen sein. Angesichts der Größe und des Gefahrenpotentials der aufgezeigten Probleme sollten die von internationaler Kriminalität besonders bedrohten Staaten auch in dieser Hinsicht eng und intensiv zusammenarbeiten.

PERSONENREGISTER

SACHREGISTER*

* Hauptstichwörter: (i) souveräne Staaten; (ii) Erdteile; (iii) die Weltorganisation Vereinte Nationen; (iv) Sachfragen und Strukturbegriffe wie Sicherheit, Umwelt, Völkerrecht, Weltgesellschaft, Weltwirtschaft. Bei diesen Hauptstichwörtern wird auf die übrigen Einträge – vor allem für bestimmte Regionen und wichtige Internationale Organisationen – verwiesen.

DIE AUTOREN

Angenendt, Dr. Steffen, wissenschaftlicher Mitarbeiter im Forschungsinstitut der DGAP, Berlin.

Bredow, Prof. Dr. Wilfried von, Professor für Internationale Politik an der Philipps-Universität, Marburg.

Feess, Prof. Dr. Eberhard, Lehrstuhl für Wirtschaftliche Staatswissenschaften IV, Johann Wolfgang Goethe-Universität, Frankfurt am Main.

Glaubitz, Prof. Dr. Joachim, Lehrbeauftragter für Internationale Politik an der Ludwig-Maximilians-Universität, München.

Hacke, Prof. Dr. Christian, Professor für Politikwissenschaft an der Hochschule der Bundeswehr, Hamburg.

Häckel, Prof. Dr. Erwin, Außerplanmäßiger Professor für Politikwissenschaft an der Universität Konstanz; wissenschaftlicher Mitarbeiter im Forschungsinstitut der DGAP, Bonn.

Hofmeier, Dr. Rolf, Direktor des Instituts für Afrika-Kunde, Hamburg.

Holtz, Prof. Dr. Uwe, Honorarprofessor für Politische Wissenschaft an der Rheinischen Friedrich-Wilhelms-Universität, Bonn.

Hubel, Dr. Helmut, DAAD-Gastprofessor für Internationale Beziehungen an der University of California, Irvine.

Janning, Josef, Leiter der Forschungsgruppe Europa und stellvertretender Direktor des Centrums für angewandte Politikforschung, Ludwig-Maximilians-Universität, München.

Joffe, Josef, Leiter des Ressorts Außenpolitik der *Süddeutschen Zeitung*, München; Associate Professor am Olin Institute for Strategic Studies, Harvard University.

Kaiser, Prof. Dr. Dr. h.c. Karl, Otto-Wolff-Direktor des Forschungsinstituts der DGAP; Professor für Politische Wissenschaft an der Rheinischen Friedrich-Wilhelms-Universität, Bonn.

Kielinger, Thomas, freier Publizist, Bonn.

Kolboom, Prof. Dr. Ingo, Professor für Frankreich-Studien und Frankophonie an der Technischen Universität Dresden.

Krause, Dr. Joachim, stellvertretender Direktor des Forschungsinstituts der DGAP, Bonn.

Kreile, Prof. Dr. Michael, Professor für Politikwissenschaft an der Humboldt-Universität zu Berlin.

Kühne, Dr. Winrich, Mitglied der Institutsleitung der Stiftung Wissenschaft und Politik, Ebenhausen.

Mols, Prof. Dr. Manfred, Professor für Politikwissenschaft an der Johannes Gutenberg-Universität, Mainz.

Neusel, Hans, Staatssekretär a.D., Bonn.

Pflüger, Dr. Friedbert, Mitglied des Deutschen Bundestages, Vorsitzender der Deutsch-Polnischen Gesellschaft, Bonn.

Pohl, Prof. Dr. Manfred, Professor für Sprache und Kultur Japans an der Universität Hamburg; Senior Fellow am Institut für Asienkunde, Hamburg.

Ragnitz, Dr. Joachim, Leiter der Abteilung Strukturwandel des Instituts für Wirtschaftsforschung Halle.

Steger, Prof. Dr. Ulrich, Professor für Umwelt- und Innovationsmanagement am Institute for International Management Development (IMD), Lausanne.

Steinbach, Prof. Dr. Udo, Direktor des Deutschen Orient-Instituts, Hamburg.

Tomuschat, Prof. Dr. Christian, Professor für Öffentliches Recht und Völkerrecht an der Humboldt-Universität zu Berlin.

Vogel, Prof. Dr. Heinrich, Direktor des Bundesinstituts für ostwissenschaftliche und internationale Studien, Köln.

Wieck, Dr. Hans-Georg, u.a. Präsident des Bundesnachrichtendienstes 1985-1990, Botschafter in Neu-Delhi 1990-1993.